CW00689028

ISBN 978-0-243-98749-8
PIBN 10721677

Einundzwanzig Bogen

aus

der Schweiz.

Herausgegeben

von

Georg Herwegh.

Erster Theil.

Zürich und Winterthur,

Verlag des Literarischen Comptoirs.

1843.

Druck von Zürcher und Furrer.

In Uebereinstimmung mit Herrn Georg Herwegh hat die Verlagshandlung, aus gebietenden Gründen, deren Erörterung man uns erlassen wird —, sich entschlossen, den vielfach angekündigten **Deutschen Boten aus der Schweiz** als Zeitschrift nicht erscheinen zu lassen; dagegen bietet dieselbe dem Publikum die für die ersten Monatshefte bestimmten Aufsätze hiermit als einen Band an, in der Hoffnung, daß dasselbe durch diese Aenderung in keiner Weise etwas verlieren werde.

Die Verlagshandlung.

Morgenruf.

Die Lerche war's, nicht die Nachtigall,
Die eben am Himmel geschlagen;
Schon schwingt er sich auf, der Sonnenball,
Vom Winde des Morgens getragen;
Der Tag, der Tag ist erwacht,
— Die Nacht,
Die Nacht soll blutig verenden —.
Heraus, wer an's ewige Licht noch glaubt!
Ihr Schläfer, die Rosen der Liebe vom Haupt
Und ein flammendes Schwert um die Lenden!

Die Lerche war's, nicht die Nachtigall:
Erhebt euch vom Schlummer der Sünden;
Schon wollen die Feuer sich überall,
Die heiligen Feuer entzünden.
Frisch auf und die Waffen gefeit!
Der Streit,
Der Gottesstreit soll beginnen.
Hinweg aus des Liebchens rosigem Arm
Und hinein in der Feinde gepanzerten Schwarm
Und auf fliegenden Rossen von hinnen!

Die Lerche war's, nicht die Nachtigall:
Kein Küssen gilt es und Kosen,
Sie singt von nahendem Donnerhall,
Sie singt von des Schlachtfelds Rosen,
Den Rosen, damit in Todeslust
Die Brust,
Die Brust der Helden sich schmücket.
D'rum auf und wohlan, bis frei die Welt,
Sei der Himmel ein einig Kriegerzelt
Und der Dolch der Rache gezücket.

Die Lerche war's, nicht die Nachtigall:
So laß, o Jugend, dein Träumen,
Und wie von den Bergen mit Jubelschall
Die muthigen Wasser schäumen,
Und wie sie jagen in's tiefste Thal
Den Strahl,
Den silbernen Strahl durch's Gelände,
So gib ihr dein Blut, so gib ihr dein Wort,
Daß die Erde nicht ganz und gar verdorrt,
So gib ihr dein Herz, deine Hände.

Die Lerche war's, nicht die Nachtigall;
Die kecke Gespielin der Wolke
Fliegt jauchzend hinter dem Sonnenball,
Hoch über dem staunenden Volke,
Und unter dem Scheffel bleibt auch nicht
Das Licht,
Das Licht der Freiheit verborgen;
Viel tausend Herzen sind angefacht,
Und preiset die Liebe die Sterne der Nacht,
Die Völker, sie preisen den Morgen.

Preußen

seit der Einsetzung Arndt's bis zur Absetzung Bauers.

Man muß vor Allem den Muth einer Meinung haben.

Humboldt.

Das Jahr Vierzig spielt eine so merkwürdige Rolle in der preußischen Geschichte, daß ein Pythagoräer sich leicht hätte veranlaßt fühlen können, irgend eine tiefere Zahlenmystik an die Betrachtung desselben zu knüpfen. Wir freilich aller Mystik, aller Unklarheit und Gefühlsauffassung in den Dingen abhold, die nur vor das Forum des Verstandes gehören, sehen in dem im Jahr 1840 erfolgten Tode Friedrich Wilhelm III. nichts weiter als ein zufälliges Zusammentreffen mit den Combinationen des beschränkten Geistes, der den Riesengang des Weltgeistes durch Classificiren und Rubriciren sich anschaulicher und übersehbarer machen will. Aber was weiß der Weltgeist, vor dem die Weltgeschichte von Anfang bis zu Ende oder besser von Ewigkeit zu Ewigkeit wie ein Gemälde aufgerollt daliegt, von den Jahreszahlen, von den Zeichen und Abschnitten, die wir erfunden haben, um unserm Gedächtniß zu Hülfe zu kommen? Was wird er für eine ästhetische Nothwendigkeit in dem großen Drama der Weltgeschichte — das ein Heraclit eben so gut für eine Tragödie, als ein Demokrit für eine Komödie halten kann — anerkennen, als die der Freiheit der Vernunft, deren endlicher Sieg das Resultat der Geschichte sein muß? Der Kampf gegen sie hat etwas Tragisches für diejenigen, die in ihm fallen und von den Kanonenrädern der Zeit zermalmt werden; etwas Komisches für denjenigen, der von höherm Standpunkte aus dem Pygmäenkriege zusieht, und wie jener Reisende in dem Lande der Liliputer eines Lächelns über das Abmühen der Zwerge gegen den Riesen sich nicht erwehren kann. Ob die Männer einer gewissen Schule, die die Geschichte a priori zu construiren sich getrauen, auf diesem höhern Standpunkte standen, als sie uns das Jahr 1840 als ein höchst merkwürdiges und bedeutsames verkündigten, darüber möge ihnen überlassen bleiben, jetzt a posteriori den Beweis zu führen. Wir sehen nicht die innere Nothwendigkeit ein, daß, weil im Jahr 1740 ein Thronwechsel in Preußen Statt gefunden hat, auch im Jahr 1840 ein solcher sich ereignen mußte: weil damals ein Friedrich der Große den Thron bestieg, auch hundert Jahre später ein Mann von gleichem Geiste in den Gemächern von Sanssouci residiren mußte. Genug aber, es war so; Friedrich Wilhelm III. starb wirklich im Jahr 1840, und dieses Jahr wurde ebenso wohl durch dieses Ereigniß, als durch die daran geknüpften Hoffnungen, Erwartungen und Wünsche ein bedeutsames.

Wie eine schwüle, drückende Gewitterluft lag es über Preußen; das unbehagliche Gefühl des Harrens auf die Erfüllung eines gegebenen Versprechens lastete auf den Herzen. Aber Niemand getraute sich, den guten alten König daran zu erinnern; sein ganzes Wesen war zu sehr mit dem Bewußtsein des Volkes verwachsen, Volk und König waren zusammen eine zu lange Schule der Leiden und der Freuden durchgegangen, als daß man nicht von dem besten Willen des Herrschers hätte überzeugt sein sollen. Unter der langen, segenvollen Regierung Friedrich Wilhelm III. hatte sich ein kindliches Verhältniß zwischen dem Volke und seinem König gebildet, das schöne Band des Vertrauens fesselte beide an einander. Nur Schade, daß es dem Volke so erging wie den Söhnen, die zu lange im Elternhause bleiben; es sind ganz artige, wohlerzogene Jungen, sie machen die feinsten Verbeugungen, wenn der Herr Papa Besuch bekommt, und wissen die schönsten eingelernten Redensarten vom Wetter, vom Theater u. s. w. am Schnürchen herzuleiern, aber sie lernen nie kräftig in der Welt auftreten, nie selbstständig den eigenen Haushalt führen – mit einem Wort, sie werden nie Männer. So erging es den Preußen – es taugt nicht, wenn ein Volk zu lange im Vaterhause bleibt. Den günstigen Moment, sich daraus zu emancipiren – um einen modernen Ausdruck aus dem Rokoko der justinianischen Institutionen zu brauchen – hatten die Deutschen, und also auch die Preußen, übersehen. Der ungeheure Freudenrausch über die unerwartet schnelle zweite Einnahme von Paris hatte ihre Geister umnebelt und die vielen Mittagsessen, die nach deutscher Sitte zur Feier jenes Ereignisses mit patriotischen Liedern und unpatriotischen Weinen aus Bordeaux und der Champagne festlich begangen wurden, ließen es nicht zum ernstlichern und tiefern Erfassen der Bedeutung einer merkwürdigen Zeit und ihrer würdigen Benutzung kommen. Der Korse, der Menschenschinder, der auf deutschen Schulen ziemlich gleich mit Cartouche und Schinderhannes rangirte, den deutsche Caricaturen bald in einem Dintenfaß steckend, bald auf einem Krebse reitend darstellten, wir meinen – wenn unsere Leser noch nicht den Mann erkannt haben sollten, von dem die Rede ist – den großen Napoleon, dieser Feind des deutschen Namens, der die Deutschen verächtlich behandelte, weil sie sich vor ihm nie anders als verächtlich gezeigt hatten, er war durch eine wunderbare Verkettung von Ereignissen, Zufälligkeiten, Unverhofftheiten und ein wenig ungewohnte Thatkraft und Willensstärke der Deutschen besiegt worden; und statt diesen schweren Sieg zu benutzen, wollten die guten Deutschen nun gleich auf Lorbeer ruhen, ohne zu bedenken, daß das gerade auch nicht die wünschenswertheste Art des Ruhens ist. Deutsche Sentimentalität und deutscher Idealismus spielten hier wieder den Deutschen einen gewaltigen Streich. Als der Schlachtendonner verstummt war, da dachte jeder Deutsche nur an den „gemüthlichen" Kartoffelherd im „traulichen" Vaterhaus, an das oder an den sich die „süßen Träume der Kindheit" knüpften, und am liebsten wäre er gleich von dem Schlachtfelde von Waterloo nach Hause gelaufen, um mit seinem „züchtigen, blondgelockten" Mädchen Lützows wilde Jagd, componirt von Weber, zweistimmig zu singen. Wie es nun aber wirklich nach Hause ging, und die Jungfrauen Deutschlands die heimkehrenden sentimentalen Helden an jeder Straßenecke mit einem Vergißmeinnichtstrauß in der Hand empfingen, da ging ihnen das Herz über; sie weinten über ihre Siege und vergaßen, daß das Vaterland noch etwas Anderes von ihnen erwartete als die Vertreibung fremder Eindringlinge, die doch über kurz oder lang von selbst abgezogen wären. Der deutsche Idealismus aber, auch nichts andres als eine Sentimentalität des Verstandes, theoretisirte, während die Fürsten auf dem Congreß zu Wien die eroberten Seelen vertheilten, über die beste Staatsform, und brachte heraus, daß der christliche Staat ein treues Abbild des Gottesreiches im Himmel sein müsse, und daß es jetzt Zeit sei, an die Erbauung des himmlischen Jerusalem nach dem Grundriß, den das ein und zwanzigste Capitel der Offenbarung Johannis davon gibt, zu denken. Der Bau wäre vielleicht wirklich von einigen schwärmerischen Leuten begonnen worden, wenn nicht sämmtliche Jouveliere erklärt hätten, daß es nicht mehr so große Perlen gebe, aus denen man ein ganzes Thor machen könne, und daß ein goldenes Straßenpflaster, wenigstens gleich nach den erschöpfenden Verheerungen eines so langen Krieges, zu theuer sein würde. Um die Verwirrung in Deutschland vollständig zu machen, dichtete der Baron de la Motte Fouqué gerade damals seine mittelalterlichen Romane von den lichtbraunen Hengsten, die freilich meistens zehnmal klüger sind als ihre Reiter, die adelichen Recken, von den magdelichen Jungfrauen und den minniglichen Sängern; und das war denn doch zu viel auf die Verdauungskraft des deutschen Magens gerechnet. Ein auswärtiger Feind, der jenen Augenblick wahrnahm, hätte ein leichtes Spiel gehabt; damals hätte sich trotz der eben erfochtenen Siege Deutschland gleich übergeben. Ueberhaupt müssen wir bei dieser Gelegenheit einem allgemein verbreiteten Irrthum entgegentreten, als ob Deutschland das Herz der alten Jungfer Europa wäre, einem Irrthmu, den man in allen Elementarschulen von den Ufern der Murg bis zu denen der Memel nachbeten hört. Zeigt doch die ganze Geschichte Deutschlands, daß es vielmehr der Magen als das Herz der Europa ist. Das Herz durchströmt den ganzen Körper mit seinem warmen, Leben gebenden Blute, das doch Deutschland nie mit Europa gethan; dagegen verdaut der Magen für den Körper, und das hat Deutschland redlich von jeher für ganz Europa gethan, und da es trotz aller Ermahnungen der Aerzte unterlassen hat, sich recht viel Bewegung zu machen, so hat es jetzt fast beständig einen verdorbenen Magen; wir wünschen sehnlich den Zeitpunkt zu erleben, wo er Nichts mehr wird verdauen können. Sollte aber Jemand einwenden wollen, daß Deutschland doch mit dem warmen Blute seines Gedankens, seiner Philosophie den großen europäischen Körper in allen seinen Adern durchdringe; so erinnern wir nur daran, daß magnetischsomnambule Personen mit dem Magen zu leseu pflegen. Wir glauben daher, — um endlich Licht in die Geographie zu bringen — daß Frankreich vielmehr das Herz ist, dieses Herz, das wir in der linken Brust tragen. Denn jeden Pulsschlag, den es macht, fühlen wir in den entferntesten Theilen Europas vibriren, und als Frankreich seine beiden schweren Herzkrankheiten hatte, da lag ganz Europa schwer danieder. Als nun die ꝛc. Europa ihren — 40. Geburtstag feierte, trat mit einem der fünf Räder ihrer Staatskarosse die Veränderung ein, die unsere a priori Historiker, wie schon erwähnt worden, auf das Bestimmteste vorhergesagt hatten.

Friedrich Wilhelm IV. bestieg unter dem lauten Zuruf seines Volkes oder eigentlich seiner Völker den Thron seiner Väter. Eine allgemeine Unruhe, wie sie immer bei dem Wechsel gewohnter Verhältnisse einzutreten pflegt, bemächtigte sich der Gemüther; Hoffnungen, die seit dem Jahr 1815 in Preußen geschlummert hatten, erwachten mit einmal zu der zuversichtlichsten Erwartung der Erfüllung; Wenige wußten klar und bestimmt, was sie wünschten, aber daß ein anderer Zustand eintreten müsse, fühlte Jeder. Es verbreitete sich das dumpfe Gerücht, daß der neue König die Schuld, womit die blutigen Anstrengungen der Jahre 1813—15 bezahlt werden sollten, anerkennen, und sein Reich mit einer Verfassung beglücken würde. In der östlichsten Provinz, die vielleicht durch die nahe Nachbarschaft und den steten Hinblick auf den traurigen Zustand eines verfassungslosen, der Willkür preisgegebenen Landes zum Bewußtsein des Werthes und der Nothwendigkeit einer Verfassung gekommen war, fand dieses Gerücht den entschiedensten Beifall: die andern nahmen es meistens mit der lethargischen Ruhe und Gleichgültigkeit ächt deutschen Phlegmas auf. Wie ein Schuß dicht unter dem Fenster der Schlafstube, weckte das Wort Constitution, das Viele zum ersten Mal hörten, die ehrlichen Märker und Pommern und wie sonst die Stämme heißen, aus denen der preußische Staat zusammengesetzt ist, aus dem träumerischen Zustande gedankenloser Selbstzufriedenheit. Die Meisten wußten gar nicht, was sie unter einer Constitution sich vorstellen sollten; und am Ende, was kümmert auch die Leute, deren einziges Interesse das Steigen und Fallen der Weizen-, Woll- und Branntweinpreise ist, die Verfassung des Staates? Was kümmert den, der nur den eignen Vortheil im Auge hat, das Allgemeine? Während sie daher Manche als ein Mittel ansahen, Unzufriedenheit und Unruhe im Lande zu erregen, und als entschiedene Gegner derselben sich geberdeten, erwarb sie unter denen sich wieder Freunde, die sie als einen Weg ansahen, zu wohlfeilerer Branntweinsteuer zu gelangen, oder Diäten von drei Thalern zu beziehen, falls man das unverdiente Glück haben sollte, als Deputirter zum Provincial-Landtag gewählt zu werden. Den schlimmsten Querstrich machten aber wieder Sentimentalität und Idealismus. Viele, die die Rolle der vorhin erwähnten guten Jungen im Vaterhause spielen, waren außer sich, daß nun das patriarchalische Verhältniß, in dem Volk und König in Preußen zu einander ständen, gelöst werden sollte. Sie citirten das dreizehnte Kapitel der Genesis, und bewiesen, daß da wohl von den Schafen und Ochsen des Patriarchen Abraham die Rede sei, aber nicht von Constitution; da nun Preußen ein patriarchalischer Staat sei, so könne er folglich auch keine Constitution haben. Auf solche Bibellogik sahen allerdings diejenigen mit Verachtung hinab, die selbstständige Denker zu sein glaubten, kamen aber doch durch folgende Schlußfolgerung auf ein gleiches Resultat: Die Idee ist nicht zu realisiren, denn das Vollkommene ist in der Welt nicht zu erreichen; da daher jede Constitution unvollkommen ist und Mängel hat, so ist gar keine natürlich besser. Eine eigenthümliche Richtung dieser Idealisten ist es, daß sie zum Schluß immer Empiriker werden, und aus Frankreich, England und Nordamerika die Belege für ihre Behauptungen holen, Länder, die sie kaum anders als dem Namen nach kennen, und von deren Verfassung sie nicht viel mehr wissen, als daß sie häufig die Minister wechseln. Daß aber die Bürger eines Staates keine Patriarchenkinder sind, sondern mit Bewußtheit der Vernunft in Freiheit handelnde Männer; Männer, die sich selbst Gesetze geben, und über deren Ausübung wachen, die daher einer Deputirtenkammer bedürfen, um den Einzelwillen der Gesammtheit gegenüber zu vertreten und die beiderseitigen Rechte abzuwägen, eines Königs als Oberhaupt des Staates, in dem die verschiedenen Strahlen des Volkswillens zu einem Spiegelbilde sich vereinigen, einer freien Presse, in der Jeder für die Kammer nicht Wählbare oder nicht Gewählte sein Organ finden müsse, eigene Ansichten auszusprechen, und der Oeffentlichkeit in allen Verhandlungen, die die Allgemeinheit betreffen und daher das Interesse jeder Besonderheit in Anspruch nehmen; daß diese Männer sich von ihres Gleichen richten lassen wollen, und nicht von besoldeten königlichen Richtern, die eine größere Ehre darein setzen, königliche Diener, als Diener des Staates, d. h. des Rechtes, zu heißen, die durch eine in Aussicht gestellte Beförderung oder Ordensverleihung gar zu leicht der Verführung ausgesetzt und dem Einfluß, oft auch dem Befehle des Ministers geradezu unterworfen sind; daß Verantwortlichkeit der Minister eine nothwendige Bedingung zur Beaufsichtigung der Staatsverwaltung und der richtigen Benutzung des derselben jährlich zur Disposition gestellten Staatsvermögens sei; daß bürgerliche Gleichstellung aller Stände, aller Religionen, alles Besitzthums das nothwendigste Erforderniß zu harmonischer Gestaltung des ganzen Staatsorganismus sei; daß es endlich eine Macht im Staate geben müsse, der Jeder, auch der Höchstgestellte, unbedingten Gehorsam schuldig sei, und diese Macht das Gesetz sei, der Ausdruck der Idee des Rechtes und der Freiheit – diese Ansichten wurden nur in Ostpreußen laut geäußert. Aber dieses Ostpreußen, von dessen Hauptstadt bekanntlich die Kritik der reinen Vernunft auszog, um die Welt von dem Wuste des todten Dogmatismus zu befreien, wie später seine Söhne auszogen, sie von den Fesseln französischer Usurpation zu erlösen; Ostpreußen, das einst dem fremden Eroberer zwei mörderische Schlachten lieferte, während die Residenzstadt an der Spree ihn mit festlicher Illumination begrüßt hatte; das die Wiege einer neuen, den Staat regenerirenden Gesetzgebung wurde und, noch nicht von den Verwüstungen des Krieges sich erholend, zuerst von allen Provinzen des Staates die Opfer zu bringen nicht scheute, die dieselbe erheischte; dieses Land wurde dafür von jenen sentimentalen Politikern wie Ismael, der Sohn der Magd, angesehen, den der Patriarch verstoßen und der in der Wüste wohnte.

Während dessen sprach Friedrich Wilhelm IV. die Amnestie über Alle aus, die wegen politischer Vergehen in Untersuchung waren, ernannte Boyen, an den sich die Erinnerung einer denkwürdigen Zeit knüpft, zum Minister, und setzte Ernst Moritz Arndt in seine frühere Amtsthätigkeit ein. Alles drei wurde als epochemachendes Ereigniß begrüßt, als bedeutsames Anzeichen einer neuen Phase der preußischen Geschichte bewillkommt. Und wenn auch die Amnestie als eine gewöhnlich mit dem Thronwechsel verbundene Handlung des Königs angesehen wurde, so betrachtete man besonders die Wiedereinsetzung Arndts als den Ausdruck eines viel versprechenden Gerechtigkeitsgefühls und als die Anerkennung einer Zeit, die man mißverstanden hatte. Waren doch die Ideen, die in den Jahren 1817—22 für demagogisch galten, theilweise schon bis in die Kabinette der deutschen Fürsten gedrungen; war doch das politische Glaubensbekenntniß, das dem Dichter von des „Deutschen Vaterland“ und unzähliger Lieder, die einst die deutsche Jugend begeisterten, früher zum Verbrechen gemacht wurde, allmählig gerade das orthodoxe geworden, und als deutscher Zollverein nebst allen damit zusammenhängenden Bestrebungen für die Einheit Deutschlands in den Katechismus der deutschen Staatspolitik aufgenommen worden. Arndt befand sich daher nicht mehr in Opposition gegen die Regierung, und die Ansicht, daß mit der Wiedereinsetzung Arndts eine Concession an die Forderungen unserer Zeit gemacht sei, wurde daher verhältnißmäßig nur von Wenigen getheilt.

Es ist einmal das Schicksal der Regierungen, daß ihre Völker ihnen immer vorauseilen, wie Kinder den Händen der Wärterinnen entwachsen, die vergebens mit besorgten Mienen hinter ihnen herhumpeln; – und der überall durch die ganze Geschichte sich hinziehende Kampf zwischen Regierung und Volk beruht einzig und allein darauf, daß jene, zäh an dem Alten und Bestehenden haltend, immer erst dann sich zur Annahme einer neuen Idee, einer neuen Maxime bequemt, wenn sie bereits von diesem wieder aufgegeben wird. Dasselbe bewährte sich im Jahr 1840. Die Zeiten der Burschenschaft waren längst vorüber, und es gab wohl selbst auf den Schulbänken der Gymnasien Keinen mehr, der nicht jene mystisch-überspannte Freiheitsschwärmerei, die allein von der Rückkehr zu dem frommen und biederen deutschen Mittelalter alles Heil erwartete, für eine krankhafte, ja eigentlich alberne Erscheinung der Zeit hielt. Unverholen lachte man über die wohlmeinenden Thoren, die eine Wiedergeburt Deutschlands von den Bärenfellen und den Eichelgerichten unserer halbbarbarischen Vorfahren erwarteten, und langhaarige Deutschthümler mit Knotenstock und gesticktem Hemdekragen waren nicht mehr vorhanden, um die Rückkehr des alten Meisters zu begrüßen. Wenn daher Herwegh in seinem schönen Gedichte schmerzvoll ausruft:

> Ihr hattet einen starken Mann genommen
> Und gebt uns einen Greis zurück!

so ist damit noch nicht der eigentliche Grund gesagt, weßhalb Arndts Wiedereinsetzung ein spurlos vorübergehendes Ereigniß war, das ohne die Folgen für Deutschland blieb, die seine enthusiastischen Verehrer – denn unter seinen Jugendfreunden fehlt es an solchen nicht – erwarteten. Der tiefer liegende Grund war der, daß er als Dreizehner plötzlich unter uns Vierziger versetzt wurde – er verstand uns nicht, und wir verstanden ihn nicht. Noch ganz vor Kurzem hatte er sich selbst in seinen Erinnerungen, die von biderbem Deutschthum und grünender Adlichkeit und all den Stichwörtern des komischen Nachspiels zu dem großen Befreiungsschauspiel strotzen, als einen Mann geschildert, der nicht allein ganz und gar mit seinen Ideen, seinen Hoffnungen, seinen Handlungen in den Jahren 13 – 17 wurzelte, sondern auch gar nicht darüber hinausgegangen war. Er ist ein moderner Epimenides, der in jenen Jahren einschlummerte, und im Jahr 40 erwachte; alles war anders geworden, die deutschen Röcke waren verschwunden, die Russen galten nicht mehr für Befreier der Welt und für unsere Freunde, und man konnte – wenn man sich nur vor dem Literaturblatt des Herrn Menzel nicht fürchtete — recht gut ohne Prügel zu bekommen, eben so laut gestehen, daß man die Franzosen liebe, wie der Studiosus Brander im Faust ihre Weine. Kurz es ging Arndt wie jenem Knaben, von dem das Mährchen erzählt, daß er sich in das Innere des Kyffhäuser verirrte, und als er wieder herauskam, kannte er sein Heimatdorf nicht mehr wieder, denn es waren während dessen, ohne daß er es gemerkt hatte, bloß hundert Jahre verflossen. Bei Gott, ein ächt deutsches Mährchen! Auch die Deutschen merken nicht, wenn hundert Jahre um sind, und fühlen sich daher unheimlich in der Welt, die ihnen gewissermaßen unter den Fingern verschwindet.

So der deutsche Arndt. Er schaute noch immer rückwärts in die Zeiten der Vergangenheit, wie der Jüngling, der zum ersten Male das Vaterhaus verläßt, von jeder Anhöhe zurückblickt, um noch einmal den Rauch aus dem väterlichen Schornsteine emporsteigen zu sehn. In die Zeiten des deutschen Mittelalters, wo das schwarzrothgoldene Reichspanier von den Zinnen der Kaiserburg wehte, und so lustige Fehden unter dem Schutze desselben das arme Reich zerrütteten, und zum Gespötte seiner Nachbarn machten; wo jeder Raubritter in seinem unangreifbaren Felsenneste den Gesetzen trotzte, und das Recht zu dem heimlichen Schutze der Fehmrichter flüchten mußte; wo so hübsche Ketzergerichte gehalten wurden, und jedes Mädchen, das unglücklicher Weise rothe Augen von der Natur mitbekommen hatte, sich gefaßt machen mußte, als Hexe den Scheiterhaufen zu besteigen. Mit dieser Sehnsucht stand Arndt ebenso verlassen da, als mit seinem Franzosenhasse. Diesen hatte Börne in Deutschland vollständig zu Grabe getragen; und wer heut zu Tage Börnes Franzosenfresser liest, wundert sich weniger darüber, daß Menzel ein Narr ist, als daß er selber sich jemals von Menzel hat zum Narren machen lassen. Es gibt nur noch Wenige in Deutschland, die es nicht gerne eingestehen, daß wir den Franzosen seit dem Jahr 1789 unendlich viel verdanken, und daß sie gerade Deutschland, dieses träumerische, halb in Schlaf versunkene, halb in Verwesung übergegangene Deutschland nach dem Grundsatze des Hippokrates: Quae medicamenta non sanant, ferrum sanat! ziemlich gründlich getheilt haben. Dafür hat sich — und gewiß nicht mit Unrecht — auch ein Gefühl der Dankbarkeit gegen die Franzosen der jetzigen deutschen Generation bemächtigt, das geradezu als Sympathie sich zu äußern anfängt; und die franzosenfresserigen Rodomontaden, von denen sonst unsere Turnplätze wiederhallten, hört man jetzt nur noch aus dem Munde derer, die die kupferne Kriegsmedaille tragen, und von den Heldenthaten der Jugend zehren, wie heruntergekommene Prinzen von ihrer Apanage. Von der Richtigkeit dieser Behauptung zeugten die verderblichen Bemühungen einzelner deutscher Regierungen, einen erkünstelten Enthusiasmus gegen Frankreich hervorzurufen, als im Jahr 1840 in Frankreich — wo es eben so gut Sechser gibt, wie bei uns Dreizehner — wieder einmal von der Rheingrenze die Rede war; und alle silbernen Pokale und „seltsamen Participal-Constructionen," mit denen der Dichter eines „freien Rheinliedes" bei jener Gelegenheit beschenkt wurde, konnten weder diesen vor einer schnellen Vergessenheit schützen, noch es verhindern, daß man ängstlich in ganz Deutschland statt nach Westen nach Osten blickte, und sich vor den asiatischen Freunden den Rücken zu decken suchte. Von diesen aber hatte gerade Arndt zu viel in seinen Erinnerungen gerühmt; das machte ihn den Vierzigern sogar verdächtig. Und da diese überdies sich nicht mehr dazu entschließen können, rückwärts nach dem äußerst zweifelhaften Paradiese der Vergangenheit mit sehnsüchtigen Blicken zu schauen, sondern ihre Losung ist: Vorwärts! und sie von der Zukunft einen bessern Zustand erwarten, so stimmen sie über Arndt gern in die Worte des Lebendigen ein:

Er ist ein Abendroth, und mag noch feuchten
Manch Auge kummerschwer;
Allein verzeiht, ihr hohen Herrn, erleuchten
Kann er die junge Welt nicht mehr.

Bald darauf kam Friedrich Wilhelm IV. nach Königsberg, um die Huldigung der alten Provinzen entgegen zu nehmen. Es ist bekannt, was auf dem Landtage vorfiel, der alten Staatsgesetzen zufolge den Ständen des Königreichs vor der Huldigung zusteht. Ein städtisches Mitglied desselben hatte bei dieser Gelegenheit an die Zusicherungen aus dem Jahre 15 erinnert, und der preußische Huldigungslandtag fühlte sich veranlaßt, mit einer höchst bedeutenden Stimmenmehrheit den König um die Erfüllung des Versprechens vom 22. Mai 1815 zu bitten. Die Antwort, die darauf den Ständen zu Theil wurde, mochte eine verschiedene Auslegung zulassen, wenigstens wurden von verschiedenen Seiten alle exegetischen und hermeneutischen Kunstgriffe angewandt, sie für oder wider eine bestimmte Ansicht zu deuten. Was auch die Beweggründe der Wenigen, die an der Spitze des Huldigungslandtages standen, und durch überwiegendes Talent ihn leiteten, gewesen sein mögen, den bedeutungsvollen Schritt zu thun, der, wie voraus zu sehn war, ein gewaltiges Aufsehn und noch gewaltigere Bewegung mit fast unberechenbaren Folgen hervorrufen mußte: mag es vielleicht eben nur die Absicht gewesen sein, Aufsehn zu erregen, der Wunsch, eine Rolle in der politischen Welt zu spielen; oder mag der Geist der preußischen Stände aus den Zeiten des großen Kurfürsten in ihnen wieder erwacht sein, mag eine immer gehässiger sich gestaltende, alles freie Leben, alle Selbstständigkeit im Volke lähmende Bureaukratie sie dazu veranlaßt haben, und die Ueberzeugung von der dringenden Nothwendigkeit einer mehr oder minder zu erstrebenden Selbstregierung des Volkes, eines größern oder kleinern ihm einzuräumenden Antheiles an der Leitung von Angelegenheiten, die sein eigenes Wohl betreffen, und kaum ein Anderer, als es selber, gründlich kennen kann: — so viel ist gewiß, daß keiner der Landtagsdeputirten durch diese Bitte dem Könige ein unangenehmes Gefühl zu erwecken glaubte, vielmehr jeder überzeugt war, er käme seinen Wünschen nur dadurch entgegen. Denn es war dem Könige Friedrich Wilhelm IV. der Ruf vorangegangen, daß er ein Freund liberaler Institutionen sei. Daher hüte man sich, einen falschen Maßstab der Beurtheilung anzulegen, wenn die Meisten die Königliche Antwort zu ihren Gunsten, d. h. zu Gunsten des gestellten Antrages, verstanden und deuteten. Die darauf folgende Kabinetsordre aus Sanssouci vom 4. October machte freilich allen Zweifeln, so wie allen solchen exegetischen Exercitien ein Ende, zeigte aber auf eine unwiderlegliche Weise, daß der König ein besserer Historiker sei als die preußischen Stände. Denn Friedrich Wilhelm IV. zeigte durch dieselbe deutlich und klar, daß er wohl wisse, wie auf diesem vorgeschlagenen Wege nicht politische Institutionen entstehen; daß Verfassungen nicht von der Gnade der Fürsten erbeten werden, und daher auch die von Königen geschenkte Constitution – wie die neuern Ereignisse in Hannover, Hessen und Baiern beweisen – schwach und haltungslos ist, und wie ein Stiefkind ohne die, auf natürlichem Verhältniß begründete, Liebe von dem Volke behandelt wird. Das Volk behandelt sie nicht wie seine Tochter, weil es weiß, daß es nicht ihr Vater ist. Hätten die preußischen Stände mehr englische und französische Geschichte studirt, sie würden nie ihren Antrag gemacht haben. Indessen hatte der Huldigungslandtag und der auf ihm gemachte Antrag doch einen gewaltigen und großartigen Erfolg anderer Art. Er weckte das in lethargische Ruhe versunkene preußische Volk aus seinem todtenähnlichen Schlafe; und der mit lautem Jubel in allen deutschen Zeitungen aufgenommene Ruf von dem, was in Königsberg vorgefallen war, mahnte ganz Deutschland an die Worte, die einstens Brutus, der Römer, an seine Hausthüre angeschrieben fand. Preußen hatte sich allerdings von den übermäßigen Anstrengungen des sogenannten Befreiungskrieges zu erholen; indessen nahm seine Siesta einen so bedenklich langwierigen Charakter an, daß erfahrene Aerzte an seinem Aufkommen aus seinem Scheintodten-Zustande zu zweifeln begannen. Das ganze

Volk war in Beziehung auf seine politischen Verhältnisse in eine vollständige Apathie versunken, und ein preußischer Hausvater glaubte seinem Sohne keine nachhaltigere Wegekost für die Reise durch das Leben mitgeben zu können, als ihn vor jeder, noch so fernen Theilnahme an den politischen Interessen seines Vaterlandes zu warnen. Daher war die größte Gleichgültigkeit in dieser Beziehung allgemein verbreitet, und eine Unmündigkeit, die an die Sitte der Abessynier erinnert, der zufolge sie selber beim Essen weder Löffel noch Gabel anrühren, sondern sich Sklaven halten, die ihnen das Nöthige in den Mund schieben. Solche Sklaven hielten sich die Preußen für ihr Geld in den Beamten, um sich selber alles Denken zu ersparen, und sie lebten in dem unbedingten Vertrauen, daß diese auch das Denken viel besser verständen, denn dazu seien sie ja Räthe und Präsidenten und Minister. Aber gerade der preußische Beamtenstand zeichnete sich im Allgemeinen durch eine Gesinnungslosigkeit aus, wie sie vielleicht in wenigen Staaten sich vorfindet; über seine Akten hinaus kümmerte er sich nicht um das Leben des Volkes und dessen reale Interessen, und, nur die Avancementsliste im Kopfe, war jede Weise ihm gleich, in der eine höhere Stufe der großen Treppe vom Auscultator zum Minister erstiegen werden kounte. Und da vollständige Leerheit der Gesinnung für das beste Zeichen ihrer Reinheit und „Brauchbarkeit" galt, so mögen die Abessynier sich meistens besser bei ihren Sklaven stehn. Sollte es eines Beweises hiefür bedürfen, so würde außer dem Gebiete der eigenen Erfahrung, das Jeder nur zu dem Behuf zu durchlaufen hat, eine Geschichte der preußischen Censur aufs vollständigste ihn liefern, und uns zeigen, wie diese in Preußen keine Schrift aufkommen ließ, die nicht den Stempel der allgemeinen politischen Gesinnungs- und Charakterlosigkeit an sich trug, und auf die Grundsätze der preußischen Rechtgläubigkeit sich stützte. Anders deuken, als diese es vorschrieb, war Verbrechen, anders schreiben oder gar handeln unmöglich. Dieser Zustand nahm plötzlich ein Ende, als der Huldigungslandtag an den verhängnißvollen Tag wieder erinnerte, der längst aus dem Gedächtniß des preußischen Volkes gestrichen war, wie er aus jedem guten preußischen Volkskalender es sein mußte. Wie ein Schlag an die Thüre unserer Schlafkammer uns aus den schönsten Morgenträumen weckt, und wir hastig nach der Uhr sehen, so fuhr das preußische Volk über den Antrag seiner Stände aus seiner traurigen Lethargie auf, und hörte unten auf der Straße einen kosmopolitischen Nachtwächter rufen:

Die Glocke die hat Nichts geschlagen!

Da wunderte es sich nicht wenig, da fing es an, genauer zu forschen und anchzusehn, und entdeckte, daß das Buch, was man ihm in die Hände gegeben hatte, den großen Befreiungskampf zu leseu, Rochows Kinderfreund war. Der Huldigungslandtag gab aber nicht bloß das Selbstbewußtsein dem preußischen Volke wieder, sondern weckte zugleich den Kampf der Parteien, der wichtigste Schritt, den ein Volk in seiner Bildung machen kann.

Nur der Kampf führt zum Siege, zur Wahrheit; nur wo Parteien sind, ist geistiges Leben, die nothwendige Bedingung des Kampfes. Bei einem Volke, das den Gegensatz der Partei nicht kennt, und eine uniforme Färbung in Ansichten und Wünschen trägt, kann man sicher sein, Indifferentismus als Grundzug des Charakters zu finden. Als in Rom die Parteien aufhörten, kamen die Neros zur Herrschaft; umgekehrt hörten diese in Spanien auf, als jene begannen. Rußland kennt keinen Kampf der Parteien, aber auch kein Staatsleben, und in den orientalischen Despotien pulsirt des ganzen Staates jämmerliches Scheinleben in der chronique scandaleuse und den blutigen Intriguen des Hofes. England und Frankreich aber werden durch das Parteiwesen, durch das ununterbrochene Reiben der Gegensätze und die in Folge dessen immer in Spannung erhaltene Nationalkraft in frischem Jugendleben bewahrt. England, dieses Land mit der größten Nationalschuld, dem schon vor Jahren mancher deutsche Professor der Staatswirthschaft ein baldiges Ende verkündigt hat, ist gerade durch seine Tories und Whigs, durch seine Radikalen und Chartisten im Stande, die erste Rolle auf dem Welttheater zu spielen, und seine Waffen zu gleicher Zeit an die Ufer des Hoangho, an den Fuß des Himalaya und in die Steppen von Amerika zu tragen. Auch Preußen geht erst seiner wahren Größe entgegen, seitdem der Huldigungslandtag den Kampf der Parteien daselbst hervorrief, Parteien die vorläufig noch unter den allgemeinen Namen der liberalen und illiberalen sich gegenüber stehn. Denn der Liberalismus, den bis dahin die Polizei wie einen entsprungenen Vagabonden mit Steckbriefen verfolgte, darf jetzt wie jeder andere ehrliche Mann frank und frei herumgehn; ja daß er sogar eine Art Ansehn und Bedeutung hat, zeigt das Bestreben vieler Leute, seine Freundschaft zu erwerben, die sonst ganz anders gegen ihn auftraten, und auch noch im Stillen hinter seinem Rücken ganz anders von ihm sprechen. Aber es ist schon ein gutes Zeichen, daß man sich schämt für seinen Feind zu gelten, daß man es vorzieht, wie unsere blasirten Salons sagen, mit ihm wenigstens zu kokettiren. Wer sich aber die Mühe gibt, ihn näher kennen zu lernen, ist erstaunt, in ihm nicht den Dieb, den Mörder, den blutdürstigen Jakobiner zu finden, wie er immer in den vorhin erwähnten Steckbriefen genannt wird, sondern vielmehr einen vernünftigen Mann. Denn der Liberalismus, über dessen Wesen sich so viele Staatsmänner den Kopf zerbrechen, ist — um das große Geheimniß jetzt zu verrathen — nichts anderes, als die Vernunfterkenntniß angewandt auf unsere bestehenden Verhältnisse, mögen diese politischer oder kirchlicher Natur sein. Es gibt daher einen politischen und einen kirchlichen Liberalismus; beide, jedoch in ihrem Wesen eins, trennen sich nur nach den Objecten. Es kann Niemand in dem einen liberal, in dem andern illiberal sein, und wo dies der Fall ist, beruht es wesentlich auf irgend einer Unklarheit im Denken. Denn da der Liberalismus diejenige Richtung des Geistes ist, in der wir in gänzlicher Abstraction von allem Historischen nach dem alleinigen Maßstabe des Vernünftigen das Gewordene, das Daseiende beurtheilen, d. h., überall eines vernünftigen Grundes für dieses letztere uns bewußt werden wollen, so gehört Alles, was in der Geschichte entstanden ist, vor sein Forum. Aus diesem Wesen des Liberalismus ergibt sich nothwendiger Weise, daß er freisinnig sein muß, weil er frei von Vorurtheil und Voraussetzung, den unvermeidlichen Anhängseln des Historischen, ist; denn Freiheit und Vernunft sind dasselbe. Weshalb so wenige Menschen wahrhaft liberal sind, ergibt sich nach dieser Erklärung unsern Lesern von selber. Weshalb die große Masse im Gegentheil ängstlich an dem Historischen festhält, ist eben so klar; es ruht sich allerdings bequemer auf einem Rokoko-Sopha mit den Vorrechten und Vorurtheilen aus den Zeitaltern Ludwigs XIV. gepolstert, als auf der harten nackten Vernunftbank. Bei den so Gebetteten ist Egoismus der Grund ihres Illiberalismus, bei andern ist es Feigheit. Man sollte nicht glauben, wie Viele es gibt, die, aus Furcht, eine richtigere Ansicht, deren Möglichkeit sie zugeben, zu hören, sich beide Ohren zuhalten; denn sie ängstigen sich, um ihrer eigenen Thorheit willen beschämt der reinen Wahrheit ins Angesicht zu sehn. Dieser aber eilt der Liberalismus unaufhaltsam nach, unbekümmert ob unter seinen Füßen manche schimmernde Blume des Vorurtheils geknickt, manche historische Frucht zertreten wird. Gesetz und Rechte schleppen sich bekanntlich wie eine ewige Krankheit in der Menschheit fort; man kann sagen, die Menschheit krankt an ihrer Geschichte, sie von dieser Krankheit zu heilen ist die Aufgabe des Liberalismus. Das Veraltete fällt daher unter seinen Händen in Trümmer; aber diejenigen, die ihn durch den Vorwurf zu verdächtigen suchen, daß er, ohne ans Aufbauen zu denken, nur umstürze, machen wir darauf aufmerksam, daß dies von dem Maurergerüste genommene Bild nicht auf das Reich der Idee paßt, in der das Alte sich nicht stürzen läßt, ohne daß das Neue an die Stelle gesetzt wird. Die gefährlichen Gegner des Liberalismus sind übrigens nicht die Vielen, die dies nicht zu begreifen im Stande sind: hinkt doch die große Masse immer langsam dem raschen Fluge höherer Erkenntniß nach, und man würde kaum irren, die ganze Weltgeschichte für nichts andres als einen Wettlauf höherer und niederer Geister anzusehn, in dem aber nicht die Schnelligkeit, sondern die

Langsamkeit den Gewinn hat, nicht Jene im raschen Fluge Vorauseilenden, sondern die Hinkenden den Kampfpreis – falls man Ehren und Würden dafür ansehn will – davontragen. Seine gefährlichen Gegner sind die Wenigen, die ihn wohl verstehen, die da wissen, daß er Recht hat, und ihn doch verläugnen, wie Petrus den Herrn. Aber ohne Märtyrer wäre die Religion Christi nicht zur Weltreligion geworden; ohne die blutigen Taufzeugen derer, die ihr Leben für ihre Ueberzeugung ließen, hat noch kein Kind der Wahrheit seinen Namen erhalten. Auch der Liberalismus fordert solche Opfer; mögen seine Gegner wenigstens diejenigen achten lernen, die um seinetwillen die Bequemlichkeit, die Ruhe, ja sogar das, wonach sie für Andre streben, für sich aufgeben: die Freiheit; die um seinetwillen den Verfolgungen ihrer bis jetzt noch mächtigern Feinde sich aussetzen, und den Kampf mit der Uebermacht nicht scheuen. Die Zukunft wird seinen Ausgang lehren, aber schon die Vergangenheit stellt Analogien genug auf, aus denen er zu vermuthen ist. Die Vernunft läßt sich nicht unterdrücken, sie hat sich noch immer an ihren Feinden gerächt; sie ist in der Geschichte, aber nicht das Geschichtliche, sie ist so alt wie die Geschichte, aber nicht das Alte, sie ist in der Allgemeinheit, aber nicht in der Mehrheit.

Dieser Partei des Liberalismus steht die Partei derjenigen gegenüber, die, jeder geistigen Bewegung feind, an dem Hergebrachten und Ererbten festhalten, und selbst den Irrthum für geheiligt halten, wenn er von den Vätern überkommen und schwierig auszurotten ist. Der Kampf beider Parteien begann für Preußen im September 1840 zu Königsberg, und deshalb werden diese Septembertage eine merkwürdige Epoche in der preußischen Geschichte bilden, spätere Geschichtschreiber Preußens werden eine neue Aera von ihnen datiren, und die Namen der Männer, die an ihnen handelten, gehören nicht der Vergessenheit an; es sind die Namen derer, die ein ganzes Volk aus dem Schlafe weckten. In Königsberg schien die liberale Partei gesiegt zu haben, in Berlin behielten ihre Gegner die Oberhand. Dies war zu erwarten, ja sogar zu wünschen; denn die Folgen eines zu leicht errungenen Sieges pflegen nicht von langer Dauer zu sein; nur das mühsam Erlangte ist den Menschen theuer. Je härter daher der Kampf der Parteien in Preußen sich gestaltet, desto ruhmvoller wird der einstige Sieg sein, desto gewisser der Kampfpreis. Nichts ist übler als eine unentschiedene Schlacht, nach der beide Heere die Nacht über auf dem Wahlplatz lagern, und es in den spätern Berichten heißt: beide Theile schrieben sich den Sieg zu. Ueber den streitenden Parteien aber stehe der Thron: von ihm herab muß den Siegern der Lorbeerkranz gereicht werden; von ihm herab muß darüber gewacht werden, daß die Kampfgesetze nicht von den

Streitern überschritten und verletzt werden; keiner von beiden Parteien gebe er durch Zeichen der Gunst das Uebergewicht: denn gleiche Waffen und gleiche Sonne verlangt das alte Turnierbuch. Des Richters erste Tugend ist Unparteilichkeit. Anders verhält es sich mit den Bürgern des Staates; sie stehen im Bereich der Parteien und müssen daher auch zu ihnen sich zählen. Vollständige Parteilosigkeit ist gewöhnlich der Beweis, den sie von dem Mangel des eigenen Interesse am Staatsleben ablegen, und nichts ist schädlicher für die Entwickelung eines Volkes, als Lauheit in Beziehung auf die eignen Institutionen; wir erinnern daran, daß Solon Jeden für ehrlos erklärte, der in seinem Staate den Neutralen spielen wollte. Der Tadel, den man häufig den Liberalen vorwerfen hört, daß sie Parteimänner wären, ist daher in unsern Augen ein Lob, was ihnen gesprochen wird; und diejenigen, aus deren Munde wir solche Aeußerungen vernehmen, vergessen in der Regel, daß sie, vielleicht unbewußt, mit gleichem Eifer der Gegenpartei angehören. Entschiedenheit ist in jeder Hinsicht eine männliche Tugend.

Daß ein neues politisches Leben in Preußen begonnen hatte, zeigte sich bei der bald nach dem Huldigungslandtage im Jahr 1841 erfolgten Einberufung der Provinzialandstände. Mit dem lebhaftesten Interesse sah man den Beschlüssen derselben entgegen, mit der ängstlichsten Spannung überwachte man ihr Auftreten, ihr Benehmen, ihre Haltung. Zu gleicher Zeit erschienen die vier Fragen, in denen aus der preußischen Gesetzgebung die Berechtigung zu einer constitutionellen Verfassung nachgewiesen werden sollte, und man sprach von der Schrift eines hochgestellten Staatsmannes, die die Rechtfertigung der Anträge des Huldigungslandtages übernommen hatte. Petitionen für die Erneuerung dieser Anträge ergingen aus verschiedenen Theilen Altpreußens an seine in Danzig versammelten Stände; aus andern Provinzen sind uns dergleichen nicht bekannt geworden. Der König selber kam durch seine bekannten Propositionsdekrete, die den verschiedenen Landtagen vorgelegt wurden, den Wünschen des Volkes entgegen. Die Leistungen der Landtage sind zu bekannt, als daß wir uns hier weiter darüber auszulassen brauchen. Es wurde viel gegessen und getrunken, es wurde viel von Vertrauen gesprochen, es wurden Dankadressen abgefaßt und gehorsamste Bitten entworfen. Wer die von den Landtagen veröffentlichten Denkschriften las, hätte glauben müssen, daß das Land seine artigsten und bescheidensten Leute als Deputirte abgeschickt habe, und ein Franzose oder Engländer hätte in ihnen nicht den Ausspruch der Repräsentanten des Volkes, sondern der Männer, die am eifrigsten um die Vorrechte der Krone besorgt waren, gefunden. Wenn daher die Ergebnisse des letzten Landtages keineswegs den Erwartungen des Landes entsprachen, und man sich nicht veranlaßt fühlte, den rückkehrenden Deputirten Ehrenpforten zu errichten und Ehrenbecher zu überreichen, so muß es nicht weniger zur Erklärung wie zur Entschuldigung dienen, daß jetzt zum ersten Mal die Deputirten an ihre eigene Bedeutung zu glauben anfingen; und jedes gute Ding braucht seine Zeit. Die bedingungsweise gestattete Veröffentlichung der Landtagsverhandlungen durch die Zeitungen war ein entschiedener Fortschritt im Geiste der liberalen Partei; der Antrag um Oeffentlichkeit der Sitzungen, den die preußischen Stände machten, und um Preßfreiheit, der von den rheinischen ausging, waren die einzigen, die allgemeinere Interessen der Verfassungsangelegenheit berührten; so wie diese beiden Landtagsversammlungen von allen acht (mit Ausschluß der entschieden antipreußischen Tendenz des Posener) die einzigen waren, die eine wenigstens nicht illiberale Richtung verfolgten. Die Frage nach Reichsständen hielt man durch die Proposition eines Ausschusses der Deputirten erledigt, über die freilich Friedrich Wilhelm IV. im Herbste 1841 nach den bekannten Breslauer Mißhelligkeiten erst die weitern Aufschlüsse und Erklärungen in der schlesischen Hauptstadt gab; Aufschlüsse, mit denen das preußische Volk jenes Amen, was sein König auf das Denkmal des unblutigen Kriegsextemporale bei Kalisch schrieb, in eine gewisse Verbindung setzte. Während dessen erschienen die Landtagsabschiede, in denen die Bewilligung sämmtlicher wichtigerer Anträge der Stände verweigert wurde; die Regierung liebt es nicht, Ideen vom Volke ausgehen zu lassen.

Erst im Januar des Jahres 1842, nachdem also eine so lange Zeit verflossen war, daß es nicht den Anschein hatte, es geschehe dieser Schritt in Folge der Anträge und Wünsche des Landtages, wurde ein neues Censuredict veröffentlicht, worin eine freiere Besprechung der innern Angelegenheiten gestattet, und den Censoren die genaueste Befolgung des ältern Censurgesetzes vom Jahr 1819 eingeschärft wurde, somit also alle die unzähligen später erschienenen beschränkenden Zusätze und Modificationen desselben indirekt aufgehoben. Dies war offenbar ein Triumph, den die liberale Partei über ihre ängstlichen Gegner feierte, die nichts mehr als die freie, offene Rede fürchten, und so sehr Freunde des Geheimen und im Stillen vor sich Gehenden sind, daß sie am liebsten alle öffentlichen Bekanntmachungen geheim halten möchten. Mit lautem Jubel wurde das neue Censuredict begrüßt, und die fast gleichzeitig entstandenen Gerüchte, daß die Censoren im Geheimen mit Instruktionen entgegengesetzten Inhalts versehen worden seien, fanden um so weniger Glauben, als die Folgen der neuen Verordnung sehr deutlich in der freiern Bewegung der Presse sich zu erkennen gaben. Vor Allem haben wir in dieser Beziehung der Königsberger Zeitung zu erwähnen, die bald nach dem Erscheinen des neuen Censuredictes vom

22. Februar an eine ununterbrochene Reihe leitender Artikel über inländische Zustände geliefert hat; und so wie von Königsberg die Bewegung ausging, ist auch die Königsberger Zeitung die erste unter den preußischen Tagesblättern, die sich offen und frei im Geiste dieser Bewegung ausspricht. Die bekannte, halb wie Verhöhnung, halb wie Unwissenheit klingende Behauptung der Staatszeitung, daß die preußische Presse weder Stoff noch Geschick zur Besprechung innerer Angelegenheiten habe, wird daher täglich auf eine glänzende Weise durch die Rubrik „inländische Zustände" in der Königsberger Zeitung widerlegt, die über alle, unser gesammtes Staatsleben betreffenden Angelegenheiten in ernster und würdiger Haltung spricht. Der Beifall, mit dem diese „inländischen Zustände" bis weit in Deutschland hinein aufgenommen sind und mit steigendem Eifer gelesen werden, zeigt übrigens auf's deutlichste, daß sie mehr das Interesse des Volkes in Anspruch nehmen, als die Klätschereien aus Petersburg oder den Tuilerien, die die Staatszeitung ihren Lesern auftischt. Die Artikel der inländischen Zustände sind alle im Geiste der Opposition geschrieben nnd daher für das Volk eben so interessant, wie für die Regierung beachtenswerth. Liegt es dieser wirklich daran, den Geist und die Wünsche des Volkes kennen zu lernen, so muß sie einer solchen Opposition eine freie Sprache gestatten, denn bei den mangelhaften Grundsätzen, nach denen die Wählbarkeit der Deputirten zum Landtage bestimmt ist, indem das unbewegliche Eigenthum des Volkes, die Scholle, nicht aber das wichtigere bewegliche, das geistige Eigenthum desselben vertreten wird, ist die Presse, die einem Jeden zu Gebote steht, eine nothwendige Ergänzung der Vertretung. Die Presse der Opposition aber sieht grundsätzlich jede Maßregel aus einem andern Gesichtspunkt als die Regierung an, und diese wird dadurch, wenn sie das von ihr Gesagte (wie das englische und französische Minister mit ängstlicher Sorgfalt thun) beachtet, vor Einseitigkeit bewahrt werden. Man kann daher geradezu behaupten, daß eine gute Regierung der Opposition bedarf, und diejenigen, die die Opposition für eine „unpatriotische Fraction" ausgeben, beweisen dadurch hinlänglich ihre gänzliche Unkenntniß politischer Zustände. Sehr zu wünschen wäre es, daß in diesem Sinne auch andere preußische Tagesblätter der Opposition ihre Spalten öffneten, was unsres Wissens bis jetzt erst die wenig verbreitete Elbinger und die Rheinische Zeitung, so wie die Stettiner Börsennachrichten in laufenden Artikeln gethan haben. Denn überall muß die schriftliche Diskussion den Kampf der Parteien zur Förderung der Wahrheit begleiten, und ein Staat, dem es in der That um diese zu thun ist, wie der preußische es oft genug von sich behauptet, muß neben den Organen des entschiedensten Illiberalismus, dem (nun eingegangenen) Berliner politischen Wochenblatt und der Berliner evangelischen

Kirchenzeitung, auch dem Liberalismus einen Raum in den Blättern gestatten. Dieß fordert die Gerechtigkeit, die Klugheit lehrt außerdem aus dem Steigen und Fallen dieser Papiere auf der politischen Börse den Geist der Zeit studiren. Ein anderes erfreuliches Zeichen dieser neu sich für Preußen gestaltenden Zeit ist die viel besprochene Schrift von Bülow=Cummerow, die noch vor einem Jahre eine Unmöglichkeit war, und ihrem Verfasser, wie damals dem Verfasser der Vier Fragen, eine Kriminal=Untersuchung zugezogen hätte. Eine Schrift, die theilweise den schärfsten Tadel über einzelne Maßregeln und ganze Verwaltungszweige unserer Regierung ausspricht, erscheint mit Berliner Censur! Ja, was beinahe noch mehr sagen will, die Regierung läßt sich auf Wiederlegung derselben und auf Selbstvertheidigung in den öffentlichen Blättern ein! Jedenfalls ein erfreulicher Beweis für ihre redlichen Absichten. So rückt der liberale Geist unmerklich aber sicher fortschreitend die Grenzsteine seines Gebietes weiter vor, und hofft noch dereinst die Säulen des Thrones aus ihnen gebaut zu sehn. Der Staat aber befindet sich ganz wohl und ganz ruhig dabei; die freiere Presse hat keine Unruhen, keine Revolutionen hervorgerufen, wie ihre ängstlichen Gegner befürchteten; der Thron steht noch eben so fest wie vorher, und das Vaterland ist noch nicht verrathen. Gebt sie ganz frei, und es ist auf ewig gerettet! Der Liberalismus hat noch nie einem Staate Gefahr gebracht; wohl aber die einseitig versuchte Unterdrückung desselben.

Hand in Hand mit diesen politischen Ereignissen gingen die kirchlich=religiösen. In dieser letzten Beziehung hatte Friedrich Wilhelm IV. zwei noch nicht gelöste Aufgaben von seinem Vater überkommen, den Streit mit der Kirchengewalt des Papstthums und der Absonderung im Protestantismus, mit dem römischen Kirchenrechte und der lutherischen Dogmatik. Als der vorige König das lang erstrebte Werk der Union beider protestantischen Kirchenparteien unter dem lauten Beifall aller freisinnigen Protestanten, denen es mehr um den Geist des wahren Christenthums als um Worte und dogmatische Abstrusitäten zu thun war, glücklich zu Stande brachte, fehlte es nicht an einzelnen engherzigen und schwachsinnigen Männern, denen eine liebevolle Gesinnung und der Frieden mit denjenigen, die nicht die Gegenwart des Leibes und Blutes Christi in, mit und unter dem Brot und Wein des Abendmahles glaubten, als „Gewissenslarheit“ erschien. Ihre Zahl vermehrte sich allmälig so bedeutend, daß sie in den letzten Regierungsjahren Friedrich Wilhelms III. als besondere Secte unter dem Namen der Altlutheraner von der unirten Kirche sich lossagten. Sie wurden von Seiten der Regierung unterdrückt, ihre Geistlichen verfolgt, und lockten eben dadurch eine Menge Schwachköpfe in ihre kirchlichen Versammlungen, die durch die Aussicht auf ein wohlfeiles Märtyrerthum sich ein sicheres Plätz=

chen im Himmel zu erwerben hofften. Als Friedrich Wilhelm IV. den Thron bestieg, war es eine seiner ersten Handlungen, diesen Leuten eine freie Religionsübung zu gestatten, und damit jeder Schein von Zwang in Glaubenssachen entfernt würde, ihnen dasselbe Recht zu gewähren, was im J. 1817 von einzelnen reformirten Gemeinden beansprucht und auch erlangt wurde: die-Freiheit, außerhalb des großen Verbandes der unirten Kirche zu verbleiben. Die altlutherischen Gemeinden wurden vom Staate anerkannt, und auf solche Weise der Vergessenheit übergeben. Ihre Zahl hat sich seitdem, so viel wir wissen, nicht vergrößert; das neunzehnte Jahrhundert bewegt sich um andere Interessen als um kryptokalvinistische und synkretistische Streitigkeiten, und es gibt nicht Viele, die die dogmatischen Bestimmungen der Konkordienformel dem einfachen freien Bibelworte vorziehen. Eine Partei, die beseelt von dem Fanatismus einer gläubigen Beschränktheit, die Ruhe der Kirche zu erschüttern drohte, falls der Anfangs gegen sie ausgeübte Druck ihr mit der Zeit die Kraft des Gegendruckes verliehen hätte,. sank so durch die gewährenden Maßregeln der Regierung zu einer vorübergehenden Erscheinung in der Geschichte des Protestantismus hinab, und schärft dadurch von Neuem den Grundsatz des laisser faire allen Staatsmännern ein.

Schwieriger waren die Verwickelungen mit dem römischen Kirchenrechte, das jedes Nachgeben, jedes Zugeständniß zu neuen Uebergriffen zu benutzen versteht. Sie schienen um so mehr einen ernsten politischen Charakter annehmen zu wollen, als die polnische Provinz Posen ihre Interessen mit denen der katholischen Kirche identifizirte, und es war zweifelhaft ob der Erzbischof von Gnesen sich mehr aus Gehorsam gegen sein geistliches Oberhaupt, denn aus Widersetzlichkeit gegen das weltliche zu den bekannten Handlungen fortreißen ließ, die seine Verhaftung zur Folge hatten. Herr von Dunin wurde von Posen nach Kolberg gebracht, wie einen seiner Vorgänger in der bischöflichen Würde, Athanasius — an den wir damals durch die Kapuzinaden des Herrn Görres erinnert wurden — der Befehl des Kaisers für seinen Ungehorsam von Alexandrien nach Trier versetzte. Die Posener beklagten sich bitter über solchen Eingriff und ihre religiösen Verhältnisse, indem sie ihr — sonst eben nicht sehr enges — kirchliches Gewissen zum Vorwand und Deckmantel tieferer politischer Absichten und Wünsche benutzten.

Die Gerechtigkeit wird es nie läugnen, daß sie sich in einer äußerst zweifelhaften Lage befanden. Theils durch die sonderbaren Fügungen eines unbegreiflichen Schicksals, theils durch eigene Schuld, soweit in dem Weltgange der Geschichte von Schuld des Einzelnen die Rede sein kann, von dem großen gemeinsamen Vaterlande des Polenvolkes losgerissen, voll Reue über sich selbst, voll Schmerz über den Ausgang eines Dramas, das so glänzend mit den Piasten und Jagellonen begonnen hatte, gehorchten sie jetzt mit Widerstreben den Befehlen einer fremden Regierung, bei der sie die Absicht voraussetzen, ihre Nationalität, d. h. jetzt freilich nicht viel mehr als ihre Sprache, zu vernichten. Allerdings fehlte es nicht an preußischen Beamten, die es offen aussprachen, man müsse die Posener zu Preußen machen, noch weniger an solchen, die es verlangten, daß sie gute Preußen sein sollten. Allein während dieß die Polen in ihrem Unglück verletzte, mußte Jeder es für eine vergebliche Sisyphusarbeit halten, der den Geist unserer Zeit zur besondern Aufgabe seines Studiums gemacht hatte. Die Zeiten sind vorüber, wo die Völker sich von den Fürsten verhandeln und vermachen ließen, und für so und so viel Groschen ganze Marke gekauft wurden. Das Zusammenhalten der verschiedenartigsten Stämme, Sprachen, Religionen in einem Staate ist freilich noch viel schwieriger als das Zusammenwürfeln derselben, das sich leichter an dem grünen Tische irgend eines Congresses oder auf dem verwüsteten Platze irgend einer verlornen Schlacht machen läßt. Das Losreißen Belgiens ist ein schlagender Beweis dafür, daß sich Staaten nicht mehr aus so heterogenen Elementen zusammensetzen lassen, wie das strengprotestantische, holländisch sprechende Holland und das strengkatholische, flamändisch sprechende Belgien sind. Aehnlich gestalteten sich die Verhältnisse zwischen Posen und dem preußischen Staate; zu verlangen, daß die Posener preußische Patrioten sein sollen, ist lächerlich; es wird ein befriedigender Zustand eingetreten sein, wenn sie willig dem Gesetzbuche des preußischen Staates gehorchen. Dieser Zustand schien noch in eine bedenkliche Ferne hinausgeschoben zu sein, als der Streit zwischen dem Staat und der römischen Kirche, der hauptsächlich die gemischten Ehen betraf, auch nach Posen hin sich verpflanzte, und, wie einstens in Belgien, partikularistisch = nationale Interessen sich hinter dem römischen Universalismus versteckten. Das schnelle Nachgeben des Erzbischofs bei der Gelegenheit, die der Thronwechsel vom Jahr 1840 ihm darbot, zeigte, daß sein ganzes Auftreten nur eine, unter den Auspicien des Posener Adels versuchte Demonstration in diesem letzten Sinne gewesen war. Er verweigerte nicht, bei der Huldigung in Königsberg zu erscheinen, und nahm dort mit den übrigen Ständen des Großherzogthums die Versicherung in Empfang, daß die polnische Nationalität – so schwierig auch die Entwickelung dieses Begriffes sein mochte – von der preußischen Regierung möglichst beachtet werden solle. Der polnische Katholicismus beruhigte sich mit dieser Entscheidung.

Nicht so leicht wurden die Verhandlungen mit dem rheinischen. Hier waren die Interessen der römischen Kirche nicht die vorgeschobenen Coulissen, hinter denen die Vorbereitungen zu dem später aufzuführenden Drama vor sich gingen, sondern sie waren es in der That selber, um die es sich handelte, und die nicht allein in der Person eines bigotten, von Charakter störrischen, von Bildung unbedeutenden Erzbischofes, sondern auch in einem rohen und wenig aufgeklärten Volke incarnirt waren. Die politischen Tendenzen, für die der rheinische und westphälische Adel diese Mißhelligkeiten und das Mißbehagen des Volkes ausbeuten wollte, fanden indessen keinen Anklang, die Aufreizungen, von Belgien her, kein Gehör bei einer Bevölkerung, die in der Befriedigung materieller Interessen den höchsten Zweck des Staatslebens findet. In den langwierigen Unterhandlungen mit der römischen Curie rächten sich alle die falschen Theorien, die man aus früherer Zeit über das Wesen des Staates und sein Verhältniß zur Kirche überkommen hatte. Die Ansicht, die den Staat für nichts anderes als eine Art polizeilicher Anstalt hält, und, seine sittliche Grundlage verkennend, seine durchaus ideelle, Alles umfassende Bestimmung läugnet, wird in jeder Zeit in die schlimmsten Verwickelungen mit den verschiedenartigsten geistigen Erscheinungen führen, die sich nothwendiger Weise geltend machen müssen; sie wird ihn in Verlegenheiten bringen, aus denen sie ihn nicht zu befreien im Stande ist. Wenn dagegen der Staat in seiner sittlichen Bedeutung erfaßt und ihm somit die Aufgabe ertheilt wird, Alles was die Interessen des Geistes nach den verschiedensten Richtungen hin berührt, zu ordnen, zu leiten und zum Zweck einer höhern sittlichen Entwickelung des Menschengeschlechtes zu durchdringen, so ergibt sich von selbst, daß er auch das religiöse Bewußtsein als ein besonderes Moment seiner selbst erkennt und behandelt, und als eine besondere Seite seines innern Lebens entwickelt. Hier die Freiheit des Einzelnen mit dem allgemeinen Gesetze des Ganzen in Einkang zu bringen, ist das große Räthsel, dessen Lösung dem Staatsphilosophen noch nicht gelungen ist. Zwischen zwei Extremen, von denen das eine die Religion ganz und gar in den Staat und dessen Zwecke aufgehen läßt, wie das in dem alten Rom der Fall war, das andere umgekehrt, wie in der jüdischen Theokratie, den Staat in eine religiöse Anstalt verwandelt, muß er sein Staatsgebäude aufführen, in welchem unbeschadet der religiösen Ueberzeugung jedes Einzelnen die Religion dem sittlichen Staatszwecke folgt. Daher gelte der Grundsatz der größten Freiheit auf dem religiösen Gebiet im Glauben und im Worte, der unbeschränktesten Mannigfaltigkeit des religiösen Vereinslebens, aber des unbedingtesten Gehorsams gegen das Gesetz des Staates. Auf dieser Basis wäre der Streit zwischen Staat und Kirche, wie ihn Preußen in der neuesten Zeit erlebte, nie möglich gewesen; aber freilich sind auf ihr auch keine Verträge und Concordate mit einer Kirchengewalt denkbar, die, außerhalb des Staates bestehend, mit diesem nur wie mit einem abtrünnigen Ketzer verfährt. Wir verkennen daher durchaus nicht die ungeheuren Schwierigkeiten, auf die unter den einmal gegebenen

Verhältnissen und einer großen Bevölkerungsmasse gegenüber, die in ihrer religiösen Beschränktheit auf's zarteste behandelt sein will, die preußische Diplomatie stieß, als das Kölner Ereigniß sie mit dem päpstlichen Stuhle feindlich zusammenführte. Aber wir müssen auch frei bekennen, daß sie diesen gordischen Knoten weder gelöst noch zerhauen hat. Die einzig mögliche Art, wie das Letztere einstens Napoleon gethan und in neuerer Zeit der ungarsche Reichstag versucht hat, liegt nicht im Geiste der preußischen Regierung; diese wollte den Knoten bei Seite schieben, der Erfolg wird lehren, ob dieß möglich ist. Der erzbischöfliche Stuhl von Köln ist zwar wieder besetzt worden, aber die Frage wegen der gemischten Ehen, der wichtigere politische Streitpunkt, nicht erledigt. Im Gegentheil ist eigentlich durch das Resultat der diplomatischen Verhandlungen der Beweis geliefert, daß unter den bestehenden Verhältnissen eine Ehe zwischen Protestanten und Katholiken undenkbar ist, so lange nicht der Grad von geistiger Freiheit erreicht ist, der die Uebergriffe des Pfaffenthums in die heiligsten Privatrechte unmöglich macht. Die Aussicht darauf verliert sich in die graueste Ferne der Zukunft; indessen werden wir es schon als Gewinn und bedeutenden Fortschritt dahin betrachten dürfen, wenn nicht mehr eine finstere, illiberale Partei sowohl in der protestantischen wie in der katholischen Kirche die Macht in Händen haben wird, die die Klarheit der Vernunft als „Seichtheit" und die Duldsamkeit der Liebe als „Laxheit" brandmarkt.

Nachdem in dieser Weise die Mißhelligkeiten mit der katholischen Kirche beigelegt waren, schienen neue mit den nichtchristlichen Mitgliedern unsers Staates ausbrechen zu wollen. Die jüdischen Gemeinden des preußischen Staates, die sich zum großen Theil durch ihre Bildung wie durch tüchtigen Bürgersinn nicht bloß vor ihren Glaubensgenossen in den meisten andern Staaten, sondern auch vor vielen Christen auszeichnen, wurden plötzlich durch Gerüchte erschreckt, die von einer Veränderung in den sie betreffenden Theilen der Gesetzgebung sprachen, Beschränkungen und Entziehung ihnen bereits gewährter Rechte verkündeten. Was man darüber hörte, war Alles im Sinne einer pietistisch-illiberalen Partei, die eben den freundschaftlichen Verkehr und die Gemeinschaft mit den Nachkommen der Männer, die einst den Heiland gekreuzigt hatten, für Sünde und Laxheit hält, und an ihnen für die That der Vorfahren noch jetzt Rache nehmen möchte. Ueber solche Bestrebungen und das von ihnen vielleicht beabsichtigte neue Judengesetz äußerte sich die Königsberger Zeitung in den inländischen Zuständen am 23. März folgendermaßen: Schon vor einigen Wochen verbreitete sich das Gerücht, daß man die Juden in unserem Staate von der allgemeinen Militärpflicht lossprechen, ihnen jedoch den freiwilligen Eintritt in das Heer anheimstellen wolle. Während die Meisten nicht wußten, wie sie diese Sache aufnehmen sollten, glaubten schärfer Blickende darin das Bestreben zu erkennen, die Juden lästiger Pflichten zu entbinden, um ihnen auch einzelne Rechte zu entziehen. Diese Befürchtungen scheinen jetzt in Erfüllung gehen zu sollen. Eine eben in Breslau unter dem Titel: „Die gegenwärtig beabsichtigte Umgestaltung der bürgerlichen Verhältnisse der Juden in Preußen" erschienene Schrift gibt den Hauptinhalt des neuen Gesetzentwurfes in folgender Art an: Damit die jüdische Religion und Nationalität ferner ungeschmälert bewahrt würden, soll von Seiten der Gesetzgebung das Werk der Einverleibung der Juden in das Staatsganze nicht weiter fortgesetzt werden. Es sollen vielmehr von nun an die Juden im preußischen Staate politisch gesonderte und mit besondern Rechten und Pflichten versehene Korporationen bilden, die ganz getrennt vom Staate ihre besondere historische Entwicklung fortsetzen. Es sollen diese Korporationen in Betreff ihrer Angelegenheiten durch Deputirte aus ihrer Mitte bei den Ortsbehörden vertreten werden. Es sollen jüdische Schiedsrichter zur Schlichtung von Streitigkeiten, welche Juden unter einander haben, gewählt werden. Es soll das Recht des Besitzes von Grundstücken nach lokalen Verhältnissen beschränkt werden. Es sollen, um religiöse Grundsätze zu schonen, die Juden statt des Militärdienstes ein Ablösungs- oder sogenanntes Rekrutengeld zahlen; wer jedoch freiwillig in den Kriegsdienst tritt, soll von diesem Rekrutengelde frei sein und auf Avancement dienen können. — — Wenn wir nicht irren, sehen wir hier denselben Geist, der uns die Phantome einer Adels-Reunion, der Erneuerung von Zünften und Innungen und mancher andern Dinge aus einer längst begrabenen Zeit vorführte. Auch das Judenthum soll in seiner frühern häßlichen Gestalt wieder hergestellt, es soll auf die Satzungen des Talmud und in die düstern, engen, schmutzigen Judengäßchen verwiesen werden. Das Band, das den Christen und den Juden jetzt schon zusammenhält, soll zerrissen, die aufkeimende Bruderliebe in den Haß der Feindschaft verwandelt werden. Ist das christlich gehandelt? Ist das Liebe, wenn wir den von uns stoßen, der in Gemeinschaft mit uns treten möchte? Ist das die ernste, vorurtheilfreie Gesinnung, die dem Gesetzgeber seine Aussprüche vorschreiben sollte? Liegt Bildung besonderer Korporationen der Juden, historische Entwicklung derselben abgesondert vom Staate, Beschränkung ihrer Besitzfähigkeit und ihrer Militärpflicht im Interesse der unter und mit uns lebenden Juden? Das Festhalten veralteter unzureichender Formen in ihrer feindlichen Absonderung – heißt dieß die historische Entwicklung fortsetzen? Ist denn das Entziehen schon gewährter Rechte der Weg, auf dem man das Judenthum dem Christenthum und der Gesammtbildung unserer Zeit zuzuführen gedenkt? — Gewiß auch würde die praktische Unausführbarkeit dieser Grundsätze sehr bald von ihrer Unrichtigkeit überzeugen; es würde in tausend Fällen zu der unangenehmsten Kollision mit den bestehenden Gesetzen des Staates und mit der öffentlichen Meinung kommen, die gerechter als manche Theorien des Vorurtheils schon lange die Juden als brave und tüchtige Bürger unseres Staates achten und lieben gelernt hat. Endlich wo bliebe der Geist der Gerechtigkeit, diese einzig sichere Grundlage bürgerlicher Verhältnisse, wenn ein Theil der Staatsbürger zu den Ausgaben und Abgaben des Staates gezwungen würde, ohne ihm das volle Aequivalent dafür zu bieten? Wenn daher die Ausführung der oben erwähnten Grundsätze an diesen Schwierigkeiten scheitern würde, so beruhen auf der andern Seite die Principien, aus denen sie hervorgerufen sind, auf falschen Voraussetzungen. Man will die jüdische Nationalität in ihrer Abgesondertheit bewahren; aber die Juden selbst wissen weder etwas von dieser Nationalität, noch wollen sie etwas davon wissen. Der deutsche Jude will nichts anderes als ein Deutscher sein, und ist es seiner Sprache, Gesinnung und Bildung nach; er kennt kein anderes Vaterland als das deutsche; was geht es uns daher an, ob seine Vorfahren einst in Jerusalem wohnten? Leben doch genug Abkömmlinge von Franzosen, Engländern und Polen unter uns, die wir, ohne solche ängstliche Controle ihrer Stammbäume, mit Recht für unseee Landsleute halten. Wir Preußen dürften uns dann aber vor Allen nicht als Eingeborne ansehn, da wir wissen, daß unsere Voreltern ebenfalls Eingewanderte sind. Spricht man ferner von Bewahrung der jüdischen Religion, so werden die Juden dieß zwar als Zeichen edler Duldsamkeit dem Staate hoch anrechnen, aber doch sich nicht des Lächelns erwehren können, daß der Staat gerade die Sache ihnen ungeschmälert bewahren will, um derentwillen er sie absondern, ja vielleicht aussondern zu müssen glaubt. Sind die Juden in Folge ihrer religiösen Ansichten wirklich schlechte Staatsbürger, so hebe man jede bürgerliche Gemeinschaft mit ihnen auf; dieses Recht hat der Staat. Allein die Erfahrung lehrt uns das Gegentheil; Niemand kann den Juden sittlichen Ernst und was man bürgerliche Tugenden nennt, absprechen, und wir hörten noch nicht, daß Frankreich, Belgien, Holland und Hessen es jemals bereut haben, ihnen alle Rechte des Staatsbürgerthums eingeräumt zu haben. Wenn überdieß der Staat nichts anderes als die höchstmögliche Entwickelung der sittlichen und intellektuellen Kräfte der Menschen bezweckt, so ist nicht einzusehen, warum der Jude nicht ebenso wie der Christ seinen Anforderungen genügen, seinen Zwecken entsprechen soll. Der Staat in seiner Abstraction kennt keinen Unterschied der Religion, und der Ausdruck: christlicher Staat, wenn er etwas anderes als vollkommner Staat sagen soll, ist eine leere Formel. Daß daher auch die preußischen Juden keine besondern Rechte und damit versehene Korporationen verlangen, versteht sich von selbst. Sie erkennen das in unserm Staate geltende Gesetzbuch in allen seinen Theilen an, und unterwerfen sich ihm willig; ja sie halten die Beobachtung unsrer Gesetze für ein ihnen gewährtes, ihre ganze bürgerliche Stellung bedingendes Recht. Wenn christliche Gegner der Juden noch von einem besondern talmudischen Gewohnheitsrechte sprechen, das, einem befangenen Particularismus huldigend, sie unfähig mache, den Gesetzen des Staates vollständig zu genügen, so zeigen sie, daß sie keine Kenntniß von den innern Verhältnissen des Judenthums haben und nicht wissen, daß solche Ueberbleibsel des jüdischen Mittelalters längst den innerhalb des Judenthums vorgegangenen Revolutionen als Opfer gefallen sind. Will man endlich, um das Gewissen der Juden zu schonen, ihnen den Militärdienst erlassen, so warte man doch, bis sie selber im Namen ihres Gewissens darum bitten. Unseres Wissens hat weder ihre religiöse Ueberzeugung noch ihr Ritual sie verhindert, tapfern Antheil an den Schlachten des letzten Krieges zu nehmen. In jeder Hinsicht müssen wir daher dem Votum beistimmen, welches schon im J. 1812 bei Berathung des Edikts vom 11. März desselben Jahres Hardenberg abgab: Ich kann, sagt er, kein Gesetz über Juden billigen, das mehr als vier Worte enthält: Gleiche Rechte, gleiche Pflichten! Sollte, was wir kaum glauben können, der Staat trotz aller dieser gewichtigen Gründe augenblicklichen engherzigen Ansichten folgen und die Juden, in besondere Korporationen ablösend, von uns trennen wollen, so wird uns das doch nie abhalten, was wir ihnen in Wissenschaft, Kunst und industrieller Thätigkeit verdanken, freudig anzuerkennen, und ihnen zum Bunde für die größten und heiligsten Interessen der Menschheit die Bruderhand zu reichen.

Auch jetzt noch leben wir der Hoffnung, daß Preußen, eingedenk der Aufgabe, ein Staat der Intelligenz zu sein, sich nicht den befürchteten Rückschritt zu Schulden kommen lassen wird. Wir sind überzeugt, daß Friedrich Wilhelm IV., der vor Kurzem in Newgate mit einer Ungetauften knieend betete — was, so lange die Geschichte den Namen Hohenzollern nennt, gewiß nicht geschehen ist und dadurch das schönste Zeugniß seiner religiösen Freisinnigkeit und Duldung ablegte – nicht durch seine Zustimmung zu dem beabsichtigten Gesetze seine jüdischen Unterthanen den illiberalen Tendenzen einer engherzigen und kurzsichtigen Partei Preis geben wird. Wir glauben dieß um so mehr, als ein freisinniger Mann, der zu seiner nähern Umgebung gehört, ein Mann von mehr als europäischem Rufe vor Kurzem seine mißbilligende Ansicht über die vorgeschlagenen Aenderungen unserer Judengesetzgebung öffentlich bekannt gemacht hat. Nicht ohne Bedeutung ist es daher, daß gerade jetzt die Berliner Akademie der Wissenschaften zum ersten Mal einen Juden trotz des Widerspruches des Cultusministers zu ihrem Mitgliede gemacht; es ist ein Zugeständniß an die Forderungen der Zeit, wie wir sie sonst von dergleichen Instituten am wenigsten gewohnt sind. Die Regierung aber darf hinter solchen Demonstrationen, die zu einer Art von innerer Nothwendigkeit geworden sind, nicht zurück bleiben, und wir hoffen, recht bald auch den akademischen Lehrstuhl den Juden eröffnet zu sehen, wie in unsern Tagen Baden mit solchem schönen Beispiele vorangegangen ist. Warum geht Preußen nie mit solchem Beispiele voran?

Freilich würde die eben erfolgte Entfernung eines christlichen Lehrers von dem Katheder des akademischen Hörsaales mit solchen Hoffnungen in wunderbarem Widerspruche stehen, wenn wir nicht der Ueberzeugung lebten, ein durchaus vereinzeltes, nicht weiter mit den Absichten und Grundsätzen unserer Regierung zusammenhängendes Ereigniß besprechen zu müssen! Denn als solches sehen wir die Absetzung Bruno Bauers an. Dieser, Privatdozent der Theologie an der Universität zu Bonn, verfaßte eine kritische Schrift über die sogenannten synoptischen Evangelien, in der er, obgleich von supranaturalistischem Standpunkt ausgehend, auffallende und von dem Dogma der Kirche abweichende Resultate seiner wissenschaftlichen Forschung veröffentlichte. Die orthodoxe Partei nahm dieses Werk mit dem größten Unwillen auf; sie versuchte, seinen Verfasser von der kirchlichen, religiösen und politischen Seite her zu verdächtigen, und verlangte laut seine Entfernung von dem akademischen Lehramte. Das Unterrichtsministerium sah sich veranlaßt, diesen Forderungen Gehör zu geben, und verlangte zuvörderst von den theologischen Facultäten der preußischen Universitäten ein Gutachten in dieser Angelegenheit, indem es von ihnen eine Antwort auf die beiden Fragen einholte: in welchem Verhältnisse der Verfasser jener Schrift zum Christenthum und dessen Grundlehren stehe; und ob derselbe fernerhin Lehrer an einer Anstalt bleiben dürfe, die vorzugsweise zur Bildung christlicher Seelsorger bestimmt sei? Die Gutachten fielen, wie das bei dem jetzigen Stande der theologischen Wissenschaft und dem in ihr herrschenden Parteikampfe nicht anders zu erwarten war, sehr verschieden aus. Durchaus günstig für den so schwer Beschuldigten sprachen sich die Hallische und Königsberger Facultät aus, und erklärten die Entfernung Bauers, die einen „Angstschrei des Entsetzens in der ganzen protestantischen Kirche" hervorrufen würde, für einen Eingriff in die freien Rechte der Universitäten und eine unerlaubte Beschränkung der protestantischen Lehrfreiheit. Gerade im entgegengesetzten Sinne hatte sich die Berliner Facultät unter den Auspizien des Herausgebers der evangelischen Kirchenzeitung ausgesprochen; und Marheineke — ein Mann, der immer an der Spitze stand, wo es die Vertheidigung wissenschaftlicher Freiheit galt — sah sich daher, durch die Mehrzahl überstimmt, genöthigt, in einem besonders eingereichten Privatvotum seine durchaus andere Meinung kund zu thun. Er erklärte es offen, daß die unbeschränkteste Freiheit der Kritik auf dem Gebiete der wissenschaftlichen Forschung ein nothwendiges Erforderniß des Protestantismus sei, und daß die Theologie stets mit der Philosophie, mit der Kunst des Denkens Hand in Hand gehen müsse, sonst höre sie auf, eine Wissenschaft zu sein. Bauer sei daher auch ganz besonders zum akademischen Lehrer geeignet; weil nichts erbärmlicher sei, als die Ansicht, daß man die Jugend vor den Kämpfen der Wissenschaft ängstlich bewahren müsse, statt sie vielmehr mitten hinein zu ziehen. Nur auf letzterem Wege erzöge man dem Staate gereifte Männer. Nichts sei übrigens trauriger, als stets von der Freiheit der Wissenschaft in Preußen sprechen und keine haben. Dies ungefähr sind die Grundgedanken in Marheineke's Gutachten, dessen Veröffentlichung, wie der treffliche Verfasser kürzlich versprochen hat, wir mit Sehnsucht entgegen sehen *).

Allein dieses, so wie die andern, günstig über Bauer urtheilenden Gutachten wurden unbeachtet gelassen, und vor wenigen Wochen die Entfernung des Angeklagten „auf Grund der Gutachten inländischer theologischer Facultäten" offiziell ausgesprochen. Somit wurde also der thatsächliche Beweis geliefert, daß die akademische Lehrfreiheit, die als eines der wichtigsten Ergebnisse der Reformation bei uns galt, und als die sicherste Stütze der Wissenschaft und des freien Geistes unsers Volkes angesehen werden muß, nicht in unserm Staate vorhanden sei, und daß alle die Kämpfe hochherziger und freisinniger Männer, die für den Schutz dieses theuersten Palladiums auszogen, um ein Phantom geführt worden sind. Diese Entdeckung bei Gelegenheit eines Ereignisses, das wir seit Wöllners Zeiten nicht mehr für möglich hielten, mußte in ganz Preußen, ja in ganz Europa das gewaltigste Aufsehen erregen; dies fühlte das Ministerium sehr wohl und that daher zur Vertheidigung der ergriffenen Maßregeln folgenden merkwürdigen Ausspruch: „Es kam in der That bei Entscheidung der vorliegenden Frage hauptsächlich darauf an, die Freiheit der Lehre und Forschung nicht weiter zu beschränken, als es zur Erhaltung der Principien der evangelischen Kirche und Theologie durchaus nothwendig ist." Allein diese Worte werden nicht den gewaltsam heraufbeschworenen Sturm beruhigen, sondern vielmehr zu einem allseitigen Orkan vermehren! müssen wir mit der Königsberger Zeitung ausrufen. Wie viel Unklarheit über das Verhältniß des Staates zur Kirche und nun gar zur Theologie liegt in ihnen! Was sie aber deutlich genug aussprechen, ist der Grund-

*) Dies ist, seitdem dies geschrieben wurde, auch geschehen.

satz, daß von unbedingter Lehrfreiheit nicht die Rede sein könne, sondern daß es eine Nothwendigkeit ihrer Beschränkung gebe, und zwar um des Princips der Kirche und der Theologie willen. Das heißt also, die freie Wissenschaft muß ihres eigenen Princips wegen beschränkt werden. Wer sieht hier nicht den Widerspruch? Eine beschränkte Freiheit ist keine Freiheit, und eine Wissenschaft, die um irgend eines Grundes willen beschränkt wird, kann keine freie genannt werden. Wer konnte die Astronomie eine freie Wissenschaft nennen, als man einen Gallilei zum Scheiterhaufen verdammte, weil er das Stillstehen der Sonne behauptete? Wer kann jetzt die Theologie so nennen, da man einen ihrer Lehrer entfernt, der Ansichten, und zwar auf tiefer, gelehrter Forschung begründete Ansichten über Entstehung, Werth und Bedeutung der Evangelien äußert, die mit denen der Orthodoxie nicht übereinstimmen? Wer darf sich zum Richter in dieser Streitsache aufwerfen? wer sich erkühnen, über die Nothwendigkeit der Entfernung, d. h. der Beschränkung der Lehrfreiheit, zu entscheiden; gerade jetzt, in einer Zeit, in der ein heftiger Kampf in der Wissenschaft geführt wird, und zwar um nichts anderes, als um ihre Principien? Denn die Frage nach Wahrheit berührt immer Principien. Wir fürchten, daß Kläger und Richter hier in einer Person das Urtheil gesprochen haben, d. h. die Feinde der Wissenschaft. Denn wer in einem solchen Streite den Beistand des Staates in Anspruch nimmt, der zeigt eben, daß er keine Lehrfreiheit will, weil er sonst so viel Vertrauen zu der heiligen Sache der Wissenschaft haben müßte, daß sie siegreich mit dem Kampfpreis der Wahrheit aus diesem Streite hervorgehen wird. Wer aber keine Lehrfreiheit will, der haßt die Wissenschaft. Denn die Freiheit der Lehre und Forschung auf einen gewissen Raum beschränken, in einen bestimmten Kreis bannen, was heißt das anders, als sie aufheben? Wer nur das lehrt, was vorgeschrieben ist, kann der ein freier Lehrer genannt werden, und der ein freier Forscher, der einem vorgeschriebenen, längst bekannten Ziele nachforscht? Die Mühe kann er sich ersparen; er bleibt doch nur ein Nachbeter, ein urtheilsloser Träger der ererbten Ueberlieferung, und unter seinen Händen, unter solchen Umständen, hört die Wissenschaft auf. Es ist ein kümmerliches Scheinleben, was sie dann wie in der dumpfen Kerkerluft der katholischen Kirche führt. Ist denn die katholische Theologie, die von festen, ein für alle Mal bestimmten Principien ausgeht, und zu allbekannten, in alle Ewigkeit voraus bestimmten Resultaten kommen muß, eine Wissenschaft, oder nicht vielmehr ein bloßes Wissen, ein unorganisches Aufhäufen von allerlei theologisch-historischen Kenntnissen? Und dazu wollt ihr auch die protestantische Theologie hinabwürdigen? sie binden und schnüren, daß sie ein engbrüstiger Katechismus leicht eingelernter todter Glaubensformeln wird, vor deren Zauberkraft sich hier schon die Pforten der Gnade, jenseits die Pforten des Himmels öffnen? ihr, die ihr keinen Begriff von der idealen Macht der Wissenschaft habt, der ihr nicht so viel zutraut, daß sie irrthümliche Erscheinungen zu überwinden im Stande ist. Solche kommen in der Theologie, wie in jeder andern, ja noch mehr als in jeder andern Wissenschaft vor; wir hörten aber noch nie, daß Mediciner, Physiker, Chemiker in ihren gelehrten Streitigkeiten den Staat zu Hülfe gerufen haben; daß man die Wahrheit des pythagorischen Lehrsatzes mit Bajonneten bewiesen hat; warum thut man es in der Theologie? Warum will man die Gottheit Christi mit Kanonen vertheidigen, die Aechtheit der Evangelien mit Scheiterhaufen? Wer kann das Reich der Gedanken mit dem Scepter der weltlichen Macht regieren? Nach einem Bundesgenossen sich umsehen, ist das Eingeständniß der eignen Furcht und Schwäche. Daher verlangt es vielmehr die Würde der theologischen Wissenschaft entschieden, daß man ihr allein die Entscheidung dieses Kampfes überlasse; kämpft sie mit dem Irrthum, so wird sie ihn überwinden; kämpft sie aber mit einer Wahrheit, die sich hier Bahn zu brechen anfängt, so wird keine äußere Gewalt ihr helfen können. Wir erinnern an Strauß, dessen Ansichten jetzt schon das Gemeingut der Gebildeten zu werden anfangen, obgleich man ihren Urheber von seinem akademischen Lehrstuhl vertrieb. Man verwechsele daher vor Allem nicht die Begriffe von Theologie und Kirche; die Facultät, in der die Theologie gelehrt wird, ist keine kirchliche, sondern eine wissenschaftliche Anstalt; sie will nicht Geistliche für ihr künftiges Geschäft abrichten, wie das die katholischen Seminare thun und die ministerielle Anfrage über Bauers fernere Zulässigkeit es voraussetzt, sondern – wie die Worte der Königsberger Zeitung sind — der wißbegierigen Jugend die Weihe der Wissenschaft geben und für das Höchste des Menschen die Idee begeistern. Wer aus ihr diese Weihe der Begeisterung in das Leben mitnimmt, der wird den richtigen Weg nicht verfehlen, und eine Kirche, die den so Geweihten nicht für ihre Zwecke brauchen zu können glaubt, zeigt dadurch am besten, daß sie eine vorübergehend irrthümliche Erscheinung auf dem großen Theater der Weltgeschichte ist. Wir fürchten nicht, daß der preußische Staat dies verkennt; er suchte stets seinen Ruhm darin, an der Spitze der Bildung zu stehen und die freieste Entwickelung der Wissenschaft zu seiner Aufgabe zu machen; hat er dieses auch für die Zukunft nicht aufgegeben, so müssen wir ihm leider sagen, daß der jetzt eingeschlagene Weg nicht zur Lösung dieser großen Aufgabe führt.

Wir hofften – aber freilich wir sehen es jetzt, wir haben uns getäuscht — der preußische Staat würde die Gegenwart am ersten verstehen und sich an die Spitze unserer Zeit stellen. Auch hierin werden ihm andere Staaten den Vorrang ablaufen. Es wird nicht an einsichtsvollen und erleuchteten Regierungen fehlen, die die Bedürfnisse einer neu erwachenden Zeit erkennen, die Forderungen einer neu sich gestaltenden Zeit achten werden. Ja, die Geburtsstunde einer neuen Zeit ist herangekommen; schon befinden wir uns mitten in ihr; und wenn auch eine kurzsichtige Staatsverwaltung ihr nur mit der Axt sollte Beistand leisten wollen, wie es von Hephaistos in jener griechischen Mythe heißt, sie wird sich verwundern, eine geharnischte Pallas Athene aus dem gespaltenen Haupte springen zu sehen. O daß doch nicht bloß in der Fabel die Blinden die Sehenden führen wollen! Warum verkennen nur unsere Regierungen, daß vorzüglich auf dem kirchlich-religiösen Gebiete eine neue Gestaltung der Dinge sich vorbereitet? Die alte abgetragene Form ist für den Wissenden schon zur unerträglichen Last geworden; wir sind so weit gekommen, daß die christliche Kirche der Protestanten sich in eine esoterische und exsoterische trennen muß; die freie Ueberzeugung des Vernunftglaubens kann sich nicht mehr mit dem alten, leeren Dogmatismus befreunden; wer diesem huldigt, kann nicht mehr mit den Anhängern jenes eine Kirche besuchen, eine religiöse Gemeinschaft bilden. Viele unter uns sind schon von der Wahrheit dieser Meinung durchdrungen; wir hören, daß in Berlin selbst, offenbar durch den Gegensatz des krassesten Pietismus hervorgerufen, ein Verein von edeln Männern sich zu bilden im Begriffe ist, die, überdrüssig des Schein- und Heuchelwesens längst nicht mehr geglaubter Dogmen und der auf ihnen beruhenden Ceremonien, unter dem Namen der „Freien" aus der Kirche zu scheiden und zu einer besondern religiösen Gemeinschaft zusammen zu treten gedenken. Heil diesen kühnen Männern! Wir können nicht umhin, ihnen ein freudiges Glückauf! zuzurufen; denn sie sind es, die da wissen, was an der Zeit ist, und die zugleich den Muth haben, dies öffentlich auszusprechen. Mögen sie glücklich zu ihrem hohen Ziele gelangen, und nicht die lange Reihe der Märtyrer vermehren, an denen die christliche Religion, diese Religion der Liebe, leider schon mehr als genug hat. Nein, nicht erst die Nachwelt soll die Wahrheit ihrer Bestrebungen anerkennen; mögen sie es aussprechen, was sie in der tiefsten Tiefe erkannt haben, daß unsere Zeit gleich jener der Reformatoren, ja gleich jener der Entstehung der christlichen Religion und ihrer Lossagung vom Judenthum reif ist, eine neue Frucht an dem Baum der Erkenntniß zu tragen; mögen sie das Christenthum oder noch besser die Religion des neunzehnten Jahrhunderts proclamiren, es wird nicht an Männern fehlen, die trotz aller Drohungen und Gewaltthaten der alten verlassenen Kirche zu ihnen übergehen. Die Regierungen aber, wenn sie diese neue Erscheinung auf dem Theater der Weltgeschichte auch nicht begreifen, werden hoffentlich nicht die Rolle Leo's X oder gar des Judas an ihr spielen; sie werden es wissen, daß das Nothwendige immer erst von der Nachwelt verstanden und gewürdigt wird, und daß der Fluch seine dereinstigen Gegner trifft.

In China hieß es in einer im J. 1726 erlassenen Verordnung: „Die Regierung hält sich Gelehrte, um das Volk in den Pflichten des Gehorsams gegen Fürsten und Väter zu unterrichten, nicht um der schönen Literatur willen, denn diese ist an und für sich eine unnütze Sache." Wir glauben nicht, daß der preußische Staat solche Grundsätze angenommen hat; aber der Triumph, den die illiberale Partei in der Absetzung Bauers feiert, überzeugt uns wenigstens davon, daß er es aufgegeben hat, die Intelligenz und die Macht des Geistes als seine Grundlage und seinen sichersten Stützpunkt anzusehen. Preußen, ein Staat, dem es durch seine geographische wie politische Lage an innerer Festigkeit gebricht, der in materieller Beziehung eben nicht zu den besonders gesegneten gehört, konnte nur in dem Reiche des Geistes sich unerschöpfliche Hülfsquellen erwecken. Diese Erkenntniß begründete einstens seine Größe. Es proclamirte die Freiheit der Wissenschaft und empfing als Gegengeschenk von ihr innern Wohlstand und die Achtung nach Außen. Deutschland überließ sich willig seiner Leitung, weil es in ihm das redliche Streben nach der Wahrheit erkannte und bei ihm die höchsten Interessen der Menschheit gesichert fand. Jetzt hat Preussen freiwillig auf diesen Ruhm verzichtet, und durch die Absetzung Bauers gezeigt, daß es etwas anderes als die Wissenschaft will, und in etwas anderm, als in ihr, die Wahrheit. Ob das Vertrauen des deutschen Volkes ihm bleiben und statt dessen durch romantische, augenblicklich ergreifende Mittel, wie den Kölner Dombau, auf die Dauer zu erhalten sein wird, darauf wird die Zukunft uns antworten. Wir zweifeln, daß sich ein dauerhafter Bund anders als mit des Geistes „Mächten" schließen läßt. Wie wenig zum mindesten die auf den Enthusiasmus und das Gemüth der Menschen rechnenden Mittel vorhalten, hat die Stiftung des Bisthums zu Jerusalem uns gelehrt. Selbst die eifrigsten Männer der Kirche, die anfangs frohlockten und lauten Beifall äußerten, können jetzt, seitdem der Erzbischof von Canterbury dieses Bisthum für ein Bisthum der englischen Hochkirche erklärt hat, sich nur dazu entschließen, die ganze Sache für eine Privatangelegenheit des Königs (freilich auf Staatskosten) anzusehen.

Mit dem eben durch die Zeitungen verbreiteten betrübenden Gerüchte von der Absetzung Hoffmanns von Fallersleben, des witzigen Dichters der unpolitischen Lieder, schließen wir dieses Gemälde. Doch verfehlen wir nicht, als eines freudigen Ereignisses, der zum August zugesicherten Einberufung der Ausschüsse der einzelnen Provinziallandtage zu erwähnen*). Noch nicht zwei Jahre sind seit dem letzten Thronwechsel verflossen, und doch ist diese Zeit so reich an wichtigen und denkwürdigen Ereignissen, wie sie Preußen in Zeiten des Friedens, mit Ausnahme jener bedeutungsvollen Jahre von 1807—1812, noch nicht erlebt hat. Es schien daher nicht unpassend, in dieser flüchtigen Skizze dem spätern Geschichtschreiber vorzuarbeiten. Mag dieser daraus entnehmen, daß wir uns in einer unbehaglichen und unbequemen Zeit des Ueberganges und der Entwickelung befinden: er weiß es, daß es Perioden in der Geschichte gibt, die unter Blut und Thränen die Saat ausstreuen, deren Früchte erst Enkel und Urenkel genießen sollen. Wer daher den Kampf der Parteien bei uns sieht, der erinnere sich, daß aus ihm eine neue Zeit hervorzugehen pflegt; wen die schroffen Gegensätze erschrecken, der bedenke, daß aus dem Zusammenschlagen des Stahls und des Kiesels der Funken des Lichtes geboren wird. Die Gegenwart ist immer unglücklich, die nur die Keime einer bessern Zukunft zu pflanzen berufen ist, während sie von der Vergangenheit eine Mißärnte geerbt hat. Das Licht soll auch bei uns geboren werden! Vergesse dies besonders Keiner von denen, die das Vertrauen der Mitbürger zu ihren Vertretern gemacht hat, und Jeder sei eingedenk der Worte, mit denen Penn sein Gesetzbuch beginnt: „Freiheit ohne Gesetz ist Willkür, Gesetz ohne Freiheit Despotie."

---

*) Der Leser ersieht aus diesen Bemerkungen, daß gegenwärtiger Aufsatz schon vor einer Reihe von Monaten geschrieben worden ist. Anm. d. Red.

Der badische Landtag von 1842.

I.

Einleitung.

Der badische Landtag von 1842 bildet ohne Zweifel einen scharf bezeichneten Abschnitt in der staatlichen Entwickelung des deutschen Volkes. Der laute Freiheitsschrei des gallischen Hahns im Jahr 1830 war verklungen, die politische Trägheit und Gleichgültigkeit hielten reiche Aernte, große und keine Klatschereien und literarischer Scandal waren die Würze zu dem Sklavenbrei des alltäglichen Schlendrians, Gelddurst und ein Rennen nach Erwerb, was man die materiellen Interessen nannte, war die Losung des Tages, und sie wurde von oben herab gnädig beäugelt und begünstigt, weil in geldgierigen Krämerseelen kein prometheischer Funke aufstrahlt und weil die Richtung der Zeit wie eine Finanzspeculation angesehen wurde, wobei man sich aber denn doch verrechnet haben möchte, da auch die materiellen Interessen der Sache der Freiheit dienen müssen und dienen. In dieser welken Zeit tauchte nur hier und da in deutschen Landen ein Wetterleuchten auf.

Hannover machte ein muthiges Gesicht und wendete sich höflich an den Bundestag, der sich officiell für incompetent erklärte; die deutschen Kammern trugen hingegen Bedenken und predigten tauben Ohren für die Brüder in Hannover; Preßfreiheit wurde begehrt und Censuredicte ergingen; die Zeitungen erzählten ausführlich, daß Prinzen auch heirathen, fürstliche Kinder auch getauft werden, und Könige sterben wie Bauern. Fast allmonatlich mußte ganz Deutschland deßhalb entweder in der verzücktesten Exaltation oder in der tiefsten Trauer sich befinden, so daß die guten Michelinge nach den officiellen Zeitungsnachrichten gar nicht mehr wußten, wo sie eigentlich daran waren.

In Baden hatte sich der Sinn für Freiheit und Verfassungsleben noch am wachsten erhalten. Da fuhr der Urlaubsstreit und seine Folgen wie ein Streiflicht über das Land; die wahren Abgeordneten des Volkes erhoben sich, wie Ein Mann, gegen Eingriffe in die Verfassung. Die Minister waren gewöhnt, daß man in glatten, abgedroschenen Formen sie anredete; jedes Wort wurde noch extra in Baumwolle gewickelt, damit man ihnen nicht zu wehe thue, und das nannte man: eine parlamentarische Sprache führen. Die deutschen Minister, die wohl wußten, daß ihnen das Portefeuille an den Leib gewachsen war und nur der Tod sie von ihm trennen könne, nahmen Prisen, während man sie apostrophirte, und die Reden und Vorwürfe glitten an ihnen ab, wie der Hauch am Spiegel.

Da erhoben sich die badischen Deputirten und nannten die Dinge bei ihrem wahren Namen; sie sprachen mit dem Herzen; die Wörterbuhlschaft hatte ein Ende. Das war der Regierung unbequem; es verwischte das Zwielicht ministerieller Erhabenheit; es kam einem adelichen Minister höchst auffallend vor, daß ein schlichter Landmann, ein Bürger aus der Stadt, ein Anwalt ihm unumwunden ins Gesicht sagte: „das ist recht und das ist schlecht"; denn er war ja lediglich an den Bückling des Supplicantenfracks und baumwollene Redensarten gewöhnt.

Nun entstanden eine Reihe halb officieller Artikel, in welchen man die Abwehr der Eingriffe in Verfassungs- und Volksrechte Anmaßung und Angriff auf die Rechte der Krone nannte; das monarchische Princip wurde mit der Person der Minister identificirt, und wer einen Minister angriff, mußte unfehlbar den Regenten angegriffen haben. Die Regierungsjournale versicherten auf das Bestimmteste, die deutschen Verfassungen seien sammt und sonders keine repräsentativen, sondern deutsch-monarchisch-ständische. Was letzteres Wort bedeute, wurde eigentlich nicht gesagt, sondern so oft ein den Ministern unbequemer Act vorging, hieß es immer: das ist gegen den Geist der deutsch-monarchisch-ständischen Verfassungen. Im Hintergrunde lauerte die Idee von Feudalständen, wenn's gut ginge, von Postulatlandtagen, mit denen es sich so bequem regieren läßt; aber geradezu sagen wollte man es denn doch nicht, obschon in der neuesten Zeit die Sache deutlicher ausgesprochen wurde. Eine große Unwissenheit in Verfassungsgesetzen verrieth freilich eine solche Behauptung in Baden, woselbst in dem Verfassungsgesetze vom 23. December 1818 die Verfassung selbst, abgesehen von ihrem Geiste, sogar eine repräsentative genannt wird; eine große Unkenntniß der Geschichte verrieth das unbedingte Berufen auf die alten deutschen Landstände, da verschiedene derselben den Ständen das Recht der Steuerverweigerung ausdrücklich, ja sogar das weitere Recht einräumten, wenn der Regent die beschworne Verfassung verletze oder bräche, sich ihm mit gewaffneter Hand zu widersetzen.

Das wichtigste Moment des badischen Landtags von 1842 ist, daß er nicht der Abglanz fremden Freiheitsgeistes, wie 1831, war, sondern daß dieser Geist sich selbstständig aus dem Volke entwickelte, während in Frankreich immer mehr und mehr die Freiheit entschlummerte und die Minister die Deputirten wählten, nicht aber das Volk. Das war der Zustand der Dinge im Allgemeinen.

Bevor man nun zur Geschichte und Beleuchtung des Landtages von 1842 übergeht, wird es nicht überflüssig sein, auf die Zusammensetzung der zwei Kammern in Baden einen Blick zu werfen, da in der neuesten Zeit sowohl ein ehemaliger Reichsbaron in der ersten Kammer und ein Artikel der Carlsruher Zeitung, offenbar das Kind des Ministers von Blittersdorff, welcher der zweiten Kammer als Lebewohl nachgesendet wurde, so gütig waren, sich so weit herabzulassen und zu behaupten, es sei eine Anmaßung der zweiten Kammer, sich allein als Volkskammer darstellen zu wollen; denn die Mitglieder der ersten Kammer seien auch vom Volke. Die Regierung gehöre mit allen Ministern dazu. Das war eine Manipulation, um das Wort Volk zum sachdienlichen Gebrauch in die adeliche und Ministerhaud zu nehmen, wie ein deutscher Prinz kein Preußen und kein Oesterreich, sondern ein einiges, großes Deutschland hoch leben ließ; ein Wort, das früher vor die Mainzer Commission geführt hätte, nunmehr aber, weil es eben nicht mehr zu verbieten ist, ad usum delphini zugeschnitten wird, und ins Deutsche übersetzt heißt: wenn auch nicht Preußen oder Oesterreich, doch der deutsche Bund.

2.

Zusammensetzung der badischen Kammern.

Die erste Kammer, welche also, wie gesagt, auch eine Volkskammer sein will, besteht nach der badischen Verfassung aus:

1. den Prinzen des großherzoglichen Hauses,
2. den Häuptern der standesherrlichen Familien,
3. den zwei geistlichen Großwürdeträgern (Bischof und evangelischer Prälat),
4. acht Abgeordneten des grundherrlichen Adels,
5. zwei Abgeordneten der Landesuniversitäten,
6. acht Mitgliedern, die der Großherzog ohne Rücksicht auf Stand oder Geburt ernennt.

Das ist denn doch kein Senat, wie der belgische. Unter Volk hat man bisher immer die Staatsbürger begriffen, die sich an Rechten unbedingt gleich sind, die keine Vorzüge der Geburt, keine Vorzüge des Standes für sich in Anspruch nehmen und keinen Vorzug als den der Intelligenz anerkenuen. Bisher hat man die Aristokratie immer in Gegensatz zum Volke gestellt; noch ist unter den hochadelichen Herren das Wort Canaille als Bezeichnung des Bürgers nicht verschwunden; bis heute haben jene gnädigen Herren der Entlastung des Bodens sich entgegengestemmt, und gegen die Gesetze, welche sie selbst mit verfassen halfen, indem ihre gewählten Vertreter in der ersten Kammer ihre Zustimmung gaben, die Hülfe des Bundes in Anspruch genommen; bis heute jedem Fortschritt, wenn er nicht von Oben commandirt war, ein starres, verstocktes Nein entgegengesetzt.

Fassen wir aber nun die Zusammensetzung dieser Kammer ins Auge, so ergibt sich, daß kein freisinniger Vorschlag, kein Vorschlag zum Fortschritt, keine Adresse an den Großherzog, worin um etwas Zeitgemäßes gebeten wird, die Zustimmung dieser Kammer erhalten kann, wenn nicht die Regierung a priori mit der zweiten Kammer einverstanden ist, folglich eine Adresse überflüssig wird, indem die Regierung dann ohne dieses schon mit der Sache herausrücken wird. Denn nehmen wir zum Beispiel an, die zweite Kammer verlangte in einer Adresse an den Regenten Geschwornengerichte, die Regierung hätte eine Abneigung dagegen, geschwind wird die erste Kammer sie in der Abstimmung über die Adresse der zweiten Kammer theilen. Würden nämlich die acht Grundherren als unabhängige Gutsbesitzer mit der zweiten Kammer eines Sinnes sein, was, per parenthesis gesagt, schwerlich je vorkommen wird, gleich wird ihr Votum durch die acht Staatsdiener aufgewogen; die zwei Deputirten der Universitäten würden durch die zwei geistlichen Würdeträger paralisirt; die Prinzen des Hauses werden sich mit der Regierung nicht in Opposition setzen, – und das ist eine Volkskammer?!

Es ist komisch, wie der Freiherr von Andlau in der zwölften Sitzung der ersten Kammer am 26. August, bei Gelegenheit der Großjährigkeit des Erbgroßherzogs und seiner Einführung in die erste Kammer, in einer wohlstudirten Rede sich entrüstet erklärte, daß man daran zweifle, die erste Kammer sei eine Volkskammer. Was würde der goldgeharnischte Reichsfreiherr mit dem lichtbraunen Rößlein gesagt haben, wenn ihn, den Volksrepräsentanten, ein schlichter Landmann im Kreise anderer Junker mit einem Händedruck und den Worten hätte begrüßen wollen: „O Angehöriger und Theil des Volkes u. s. w.“ Hellauf hätten die Freiherren gelacht, und verlegen hätte der Volksrepräsentant versichert, so sei es doch eigentlich nicht gemeint gewesen, sondern ...... War es eines Mannes, der dem Volke angehören will, würdig, in das weiche und zugängliche Herz eines Fürstensohnes bei dessen Eintritt in das politische Leben die Verdächtigung einzugießen, als sei die andere Kammer auf dem Wege, welchen der Nationalconvent und seine Wohlfahrts- und Sicherheitsausschüsse gingen! War es würdig, den Morgen jenes politischen Lebens (und die ersten Eindrücke verwischen sich nicht leicht) mit Anspielungen auf den Tod Ludwigs XVI. zu begrüßen, Haß und Mißtrauen in eine jugendliche Brust zu säen, ein unheimliches Gefühl gegen die andere Kammer in ihm heraufzubeschwören! Und wer hat denn mehr Könige gemordet, als die Standesgenossen des Freiherrn? Wer hat in der jüngsten Geschichte Gustav III., wer hat die russischen Zaaren gemeuchelt? Man lese in dieser Beziehung nur die von einem Franzosen gegebene geschichtliche Zusammenstellung. Davon hat die zweite Kammer nie gesprochen; das hätte ein Bürger bei solchem Anlasse nicht gethan.

Die zweite Kammer ist zusammengesetzt aus 63 Abgeordneten der Städte und Aemterbezirke. Jeder Staatsbürger, der das 25. Jahr zurückgelegt hat, im Wahldistrikt als Bürger angesessen ist, oder ein öffentliches Amt bekleidet, ist Wähler; ausgeschlossen sind bloß Hintersassen, Gewerbsgehülfen, Gesinde, Bediente.

Diese Wähler wählen Wahlmänner und diese den Abgeordneten. Abgeordneter kann jeder werden, der einer der anerkannten christlichen Confessionen (katholische und evangelische) angehört, 30 Jahre alt, in dem Häuser-, Grund- und Gewerbssteuerkadaster mit einem Capitale von 10,000 fl. eingetragen ist, oder eine Rente von wenigstens 1500 fl. von einem Stamm- oder Lehensgute, oder eine fixe und ständige Besoldung oder Kirchenpfründe von gleichem Betrage als Staats- oder Kirchendiener bezieht, auch in diesen beiden letztern Fällen wenigstens irgend eine directe Steuer aus Eigenthum zahlt.

Diese Wahlordnung ist nun ein Stein des Anstoßes, wie in dem acht Spalten großen Artikel der Carlsruher Zeitung, der unmittelbar nach dem Schlusse des Landtages erschien, mit vieler Gleißnerei gepredigt wird. Eben so ist es auch die Bestimmung der Verfassungsurkunde, wonach derjenige, welcher im G e w e r b s t e u e r kadaster mit 10,000 fl. eingetragen ist, Abgeordneter werden kann. Man möchte gerne, wie in Frankreich, einen Wahlcensus eingeführt wissen; denn wenn dieses geschehen würde, so hätte, wie in Frankreich, die Regierung gewonnenes Spiel. Die Wähler würden dann auf einige tausend reducirt; es wären meist reiche und, wie die meisten Reichen, ängstliche Leute; sie wären leicht zu bearbeiten und zu controliren; wenn aber jeder Bürger Urwähler ist, geht das nicht an. Man hat wohl eingesehen, daß die Urwähler es sind, welche den Abgeordneten erküren; denn wählen die Urwähler freisinnige, unabhängige Bürger zu Wahlmännern, so hilft alle Bearbeitung der Regierung nichts, ein liberaler Abgeordneter wird gewählt. Sogar die selige oberdeutsche Zeitung ging in einer ihrer letzten Nummern in jene Ansicht ein; auch sie wurde vornehm, und meinte, es sei denn doch etwas zu weit gegangen, wenn alle Bürger, ob sie etwas besäßen oder nicht, Wähler sein könnten. Es ist gut, daß ein Blatt, welches die Ausübung staatsbürgerlicher Rechte lediglich von dem

Besitz abhängig machen wollte, welches den ersten Menschenrechten den Krieg erklärte, aufgehört hat, zu erscheinen.

Ist denn der intelligente Mann, dem die Zufälligkeit der Glücksgüter versagt ist, ist der Bürger, welcher alle staatlichen Pflichten getreulich erfüllt, der steuert wie der Reiche, ein Paria, weil er nicht gefüllte Truhen im Hanse hat? Ist der ärmere Bürger schlechter, wie der Reiche? fühlt er nicht Wohl und Wehe des Vaterlandes, wie jener? ist ihm die Sache des Vaterlandes und der Freiheit weniger theuer? und soll er mit allen edlen Gefühlen seiner Brust ausgeschlossen sein von der Ausübung staatsbürgerlicher Rechte? sich dabei unvertreten sehen? Das ist Furcht und Feigheit, das ist Geldhochmuth und Kastengeist, das ist Machiavellismus. Die Reichen und Besitzenden allein retten das bedrängte Vaterland nicht, und wenn der ärmere Bürger gut genug ist, sein Blut für das Gemeinwohl als Krieger zu verspritzen, muß er auch gut genug sein, mitzureden bei den allgemeinen Landesangelegenheiten, denn Blut ist mehr als Geld, und nur da ist ein wahres Repräsentativsystem vorhanden, wo alle Bürger an der Volksvertretung Theil nehmen. Vergeßt, ihr Hochmüthigen, die Worte des Heilandes nicht, daß ein Kameel eher durch ein Nadelöhr geht, als ein Reicher in das Himmelreich kommt.

Der Groll auf die Wahlordnung hat noch einen andern Grund. Als nämlich die Regierung im Jahr 1831 das neue Gemeindegesetz vorlegte, wonach alle Schutzbürger in das Gemeindebürgerrecht übergingen, dachte sie nicht an den Umstand, daß damit eine Reihe Staatsbürger, welche bisher nicht wahlberechtigt waren, Wähler würden, mithin die Zahl der freien Wähler sich bedeutend mehrte, und mit Bedauern sagte man sich nun, da haben wir eine Ungeschicklichkeit gegen unser System begangen. Wie man nun diese Wahlordnung gerne geändert sähe, so möchte man auch die Bestimmung der Verfassung hinsichtlich des Gewerbsteuercapitals modificirt wissen.

Der Anwalt, der Arzt, der Gelehrte, der Künstler u. s. w., welche ein jährliches Einkommen, und wenn es auch 10,000 fl. betrüge, was also zu 4 Procent einem Steuercapitale von 250,000 fl. gleich käme, versteuern, sind von der Deputirtenstelle ausgeschlossen, wenn sie nicht Grundeigenthümer sind oder aus einem Gewerbe steuern — ihre Steuer nennt man eine Classensteuer — und schließt sie von den Deputirtenstellen aus, wenn sie nicht diese Steuer entrichten. Diese Ungerechtigkeit, welche einem einfältigen Erben, wenn er nur Liegenschaften überkommen hat, mehr Rechte einräumt, als der höchsten Intelligenz, hat sich nun bisher damit ausgeglichen, daß derselbe ein Gewerbsteuerpatent als Weinhändler löste, 10,000 fl. gemäß diesem Patent versteuerte, und darüber schreien die Minister, sogar einzelne Bürger, deren Hirnschale mit der weißen Nebelkappe der Michelinge bedeckt ist, und Beamte, welche 1500 fl. Besoldung verdient oder erkrochen haben und zu fünfen 25 Ruthen Wiesen besitzen, Zetter.

Was oben von der Wahlberechtigung aller Bürger gesagt ist, gilt auch hier; aber das muß noch gefragt werden, ob der Arzt, der Anwalt, der Gelehrte, der Künstler, die von früh bis spät im Schweiße ihres Angesichts ihr Brod verdienen, die Waffe der Intelligenz demjenigen leihen, den das Glück mit einer umfassenderen Ausbildung nicht begünstigt hat, weniger Liebe zum Vaterlande und seinen Interessen hegen, als ein Staatsdiener, der seine Bureaustunden hält oder nicht hält, der, sei es durch Verdienst, Kriecherei oder sonstige Erniedrigung, zu einer Besoldung von 1500 fl. gelangt und dem von Regierungs wegen angerathen worden ist, fünf Ruthen Wiesen zu kaufen, um landtagsfähig zu sein? Ist es nicht gleichgültig, ob ich Weinhandel treibe oder nicht, wenn ich nur regelmäßig meine Steuer entrichte? Ein Wort weiter zu verlieren, wäre vom Uebel, und nur das muß beigefügt werden, wie der Geldhochmuth den Armen gering schätzt und Machthaber bösen Gewissens den Armen fürchten, eben so fürchten sie den freien, unabhängigen Mann, ausgerüstet mit Kenntnissen, die er gebrauchen kann und wird zur Vertheidigung der Freiheit und der Volksrechte.

3.

Die Wahlen zum Landtag von 1842.

„Sie werden den Mannheimern sagen, daß wir ihnen den Staatszuschuß zum Theater verweigern, daß wir ein Regiment wegnehmen, daß wir das Oberhofgericht nach Carlsruhe verlegen, daß die Eisenbahn von Darmstadt über Heidelberg geführt wird, daß für Mannheim nicht das Mindeste geschieht, wenn sie wieder solche Liberale in die Kammer senden. Sie bürgen mir für den Erfolg der Wahlen", sprach der Minister von Blittersdorf zu dem Regierungsdirector, und als dieser entgegnete, die Mannheimer seien nicht Leute, die sich so leiten und bestimmen ließen, und daß er für den Erfolg der Wahlen keine Bürgschaft übernehme, daß er den Mannheimern jenes nicht sagen werde, so lange es ihm der Regent nicht befehle, entgegnete der Minister, der Fürst habe es befohlen und der Regierungsdirector werde es aus dessen Mund vernehmen. Als dieser erwiederte, daß in der Audienz nicht ein solches Wort gefallen sei, entgegnete der Minister: so werden Sie es noch hören. Allein in weitern Audienzen geschah nichts der Art. Dieses als Einleitung und erste Charakterzeichnung des Ministers von Blittersdorf, und nun zu den Wahlen selbst.

Nachdem die zweite Kammer in ihren Beschlüssen vom 7. und 22. Mai

1841 ausgesprochen hatte, daß sie, beim Schweigen der Verfassung über diese Frage, das Recht der Urlaubsverweigerung, wie es sich die Regierung im Wege eines einseitigen Actes angemaßt hatte, nicht anzuerkennen vermöge, erschien unterm 6. August gedachten Jahres in dem officiellen Organ, in welchem sonst nur Gesetze, Verordnungen, Regierungsacte verkündigt werden, dem Regierungsblatte, ein von keinem der verantwortlichen Minister unterzeichnetes Manifest, welches sich tadelnd über die zweite Kammer ausspricht. Gleichwie man in allen Reden und halbofficiellen Artikeln den Gesichtspunkt der Urlaubsfrage total verrückt hatte, welcher lediglich der war: Kann die Regierung eine durch die Verfassung nicht entschiedene Verfassungsfrage durch einen einseitigen Act oder nur durch Vorlage eines Gesetzes an die Kammern behufs der Ergänzung oder authentischen Interpretation der Verfassungsurkunde lösen? eine Frage, die sich schon aus dem Wesen des Repräsentativsystems löst, wie sie auch in der Verfassung selbst gelöst ist, wonach zu neuen Gesetzen, wie authentischen Interpretationen zweifelhafter Stellen der Verfassungsurkunde, die Zustimmung der Kammern nöthig ist — eben so begingen die Minister die Feigheit, sich hinter die Person des Regenten zu verkriechen, ihn ein Manifest in die Welt senden zu lassen, während nach der Bestimmung jeder Verfassungsurkunde „die Person des Monarchen heilig und unverletzlich sein soll", mithin jeder Regierungsact von einem Minister contrasignirt sein muß, weil, wenn ein solcher Act verfassungswidrig wäre, daher eines Angriffs der Kammern gewärtig sein müßte, die Person des Regenten in die Discussion gezogen würde. Als nun aber dieses Manifest in der zweiten Kammer zur Sprache kam, als die Minister gefragt wurden, ob sie die Verantwortlichkeit übernähmen, sahen sie die enorme Ungeschicklichkeit, den groben Verstoß am Constitutionalismus, sahen ein, wie sie durch ihre Ränke den Regenten zu compromittiren im Begriffe gestanden, und erklärten nun, sie übernähmen die Verantwortlichkeit. Daß dieses aber gar ihre Anhänger noch als etwas Sublimes ansahen, kann man nur der geringen politischen Einsicht solcher Leute verzeihen, die nicht begriffen, daß die Minister, sie mochten ja oder nein sagen, in der Klemme saßen, und in dieser dilemmatischen Lage nur den Weg wählten, der doch noch formell mit der Verfassung hielt. Denn, sagten sie „nein", so brachen sie ihrer Stellung als Minister in einem constitutionellen Staat den Stab, und den Vorwurf der Feigheit wusch ihnen kein Wasser mehr ab. Als nun aber die Kammer dem ihr nachgesandten offenen Sendschreiben oder Manifeste irgend eine Wirksamkeit beilegen zu können vermeinte, erfolgte, am 18. Februar 1842, die Auflösung des Landtags. Den 24. desselben Monats wurde der Staatsministerialerlaß wegen Anordnung der neuen Wahlen gefaßt, im Regierungsblatte vom 27. Febr.

abgedruckt und zwischen dem 28. und 2. März durch dieses officielle Organ im Lande bekannt. Am 7. und 8. März erschienen in dem halbofficiellen Organ der Carlsruher Zeitung die bekannten, der bessern Erinnerung wegen hier eingerückten Ministerialrescripte:

„Carlsruhe, den 7. März. Von Seiten der Chefs sämmtlicher Ministerien sind bezüglich auf die Vornahme neuer Wahlen zur Ständeversammlung Circulare an die ihnen untergeordneten Beamten ergangen. Wir theilen sie nachstehend mit:

„I. Der Finanzminister an die Herren Directoren der Steuer-, Zoll-, Domänen- und Berg- und Hüttenverwaltung. Das höchst beklagenswerthe Benehmen einer, wenn auch nur unbedeutenden, Mehrheit der zweiten Kammer hat die großherzogliche Regierung in die Nothwendigkeit versetzt, die Stände aufzulösen. Sie hofft, von den neuen Wahlen eine Kammer zu erhalten – der entschiedenen Mehrheit nach aus Männern zusammengesetzt, mit denen sie die wahren Interessen des Landes befördern kann, die ihren Ruhm darin, nicht aber in beständigen Angriffen auf die Rechte der Krone, in ehrsüchtigen Anmaßungen und fruchtlosen Kämpfen suchen. Unbesorgt könnte und würde die Regierung das Ergebniß der Wahlen erwarten, der Einsicht und Vaterlandsliebe der Bewohner des Großherzogthums vertrauend, wenn nicht die Partei welche die Auflösung der Kammern herbeiführte, alle Mittel in Bewegung setzte, um das Volk zu ihren Gunsten zu stimmen und die Wahl ihrer Candidaten durchzusetzen, während die Anhänger der Regierung, von keiner Leidenschaft getrieben, mit Ruhe den Umtrieben ihrer Gegner zusehen. Diese Verhältnisse machen es der Regierung zur Pflicht, so weit es verfassungsmäßig zulässig ist, auf die Wahlen einzuwirken, und den Bestrebungen einer Partei entgegenzutreten, welche die Wahlfreiheit nur für sich in Anspruch nimmt. Die Regierung kann für diesen Zweck zunächst nur durch ihre Organe wirken: durch die Staatsbeamten, auf welcher Stufe des öffentlichen Dienstes sie auch stehen mögen; von diesen kann sie aber erwarten, und erwartet von ihnen mit Zuversicht, daß sie ihr staatsbürgerliches Wahlrecht im Einklange mit ihren Pflichten als Staatsdiener, im Interesse und zum Wohl des Vaterlandes ausüben, und, so weit möglich, in gleichem Sinne ihren Einfluß auf ihre Mitwähler geltend machen werden. Die Regierung wünscht, und muß im Interesse des Landes wünschen, daß nur Männer zu Abgeordneten gewählt werden, welche durch Einsicht, gemäßigten Charakter und Vaterlandsliebe für ein gedeihliches Zusammenwirken mit ihr Bürgschaft geben, und indem sie nur dieses will und nur zu diesem Zweck die Mitwirkung aller Staatsbeamten in Anspruch nimmt, glaubt sie von ihnen nur dasjenige zu verlangen, was die Pflicht jedes Staatsbürgers ist. Ich ersuche Euer Hochwohlgeboren, gegenwärtiges Schreiben allen Beamten und Angestellten Ihrer Verwaltung mitzutheilen. Carlsruhe, den 4. März 1842. v. Böckh.

„II. Der Staatsminister des großherzoglichen Hauses und der auswärtigen Angelegenheiten an den großherzoglichen Oberpostdirektor. Vorgänge, die zu Jedermanns Kunde gelangt sind, haben die Auflösung der Stände nothwendig gemacht, neue Wahlen zur Ständeversammlung sind angeordnet worden. Die Regierung würde ihre Stellung, so wie ihre Pflichten verkennen, wenn sie bei einem Akt, der so wesentlich auf das Wohl des Ganzen einwirkt, unthätig bleiben und versäumen wollte, einer Partei, die bei Vornahme neuer Wahlen stets die größte Thätigkeit entwickelte und voraussichtlich wieder entwickeln wird, mit allen ihr gesetzlich zustehenden Mitteln offen und entschieden entgegen zu treten. Indem die Regierung hierzu fest entschlossen ist, glaubt sie die Freiheit der Wahlen zu sichern, die gefährdet wäre, wenn jener Partei das Feld für ihre einseitigen Bestrebungen ohne Gegenwirkung offen gelassen würde. Die Regierung hat keinen andern Wunsch, als daß nur solche Männer zur Ständeversammlung gewählt werden, welche treue Anhänger des Großherzogs und der Verfassung sind, und diese Anhänglichkeit dadurch bewähren, daß sie die Verfassungsurkunde nicht als ein Mittel zu allmäliger Realisirung selbst gebildeter politischer Theorien, sondern als ein in allen seinen Bestimmungen gleich unantastbares Ganze betrachten; – Männer, die ihre wichtige Stellung als Abgeordnete – fern von Selbstsucht und Eitelkeit – nur dazu benutzen, um das unzertrennlich verbundene Wohl des Regenten und des Landes auf dem durch die Verfassung vorgezeichneten Wege wahrhaft zu fördern; – Männer, die Wohlwollen mit Einsicht verbinden, und eingedenk sind, daß ohne Selbstbeschränkung nichts Gutes dauernd gedeihen kann. Die Regierung setzt voraus, daß sie in diesem Wunsche allen ihr ergebenen Staatsangehörigen begegnet; von ihren sämmtlichen Beamten darf und muß sie aber erwarten, daß dieselben bei dessen Durchführung thätig mitwirken werden. — Sie hofft und verlangt, daß die Staatsbeamten insgesammt von ihren staatsbürgerlichen Rechten Gebrauch machen, und gemeinsam mit ihr zur Erreichung eines Zieles beitragen werden, wodurch an die Stelle unfruchtbarer, kostspieliger und zeitraubender Streitigkeiten die einträchtige Förderung der wahren Landesinteressen treten wird. Euer rc. beauftrage ich, Vorstehendes zur Kenntniß aller Ihnen untergeordneten Staatsdiener und Angestellten zu bringen, und darüber zu wachen, daß den darin ausgesprochenen Ansichten nicht zuwider gehandelt werde. Karlsruhe, den 2. März 1842. v. Blittersdorf.

„III. Zirkulare des Hrn. Präsidenten des großherzoglichen Justizministeriums an den Hrn. Oberhofgerichtspräsidenten und die HH. Präsidenten der vier Hofgerichte. Die Wahlen zur zweiten Kammer der Ständeversammlung werden ehestens Statt finden. Die Regierung hält für ihr Recht, bei Vorgängen, die für die Gesammtheit von so wesentlicher Bedeutung sind, nicht passiv zu bleiben; sie hält für ihre Pflicht, einer Partei, die, um ihre Candidaten durchzusetzen, stets eine besondere Thätigkeit geäußert hat, und voraussichtlich neuerdings äußern wird, mit allen ihr zu Gebote stehenden gesetzlichen Mitteln offen und entschieden entgegenzutreten, sie gedenkt eben hiedurch die Freiheit der Wahlen zu sichern, die unläugbar gefährdet wäre, wenn das Streben jener Partei unerwiedert gelassen würde. Die Regierung wünscht, daß nur solche Männer zur Ständeversammlung gewählt werden möchten, welche treue Anhänger des Großherzogs und der Verfassung sind, und diese Anhänglichkeit dadurch offenbaren, daß sie die Verfassungsurkunde nicht als ein Mittel zur allmäligen Realisirung einseitiger Theorien, sondern als ein in allen seinen Theilen gleich unantastbares Ganzes betrachten, Männer, die, fern von Selbstsucht und Eitelkeit, sich als Abgeordnete gewissenhaft bemühen, das unzertrennlich verbundene Wohl des Regenten und des Landes auf dem durch die Verfassung vorgezeichneten Wege zu fördern. Die Regierung ist überzeugt, in diesem Wunsche der großen Mehrheit der Staatsangehörigen zu begegnen; sie setzt insbesondere voraus, daß die öffentlichen Diener jeder Klasse hiermit vollkommen einverstanden sind; sie glaubt daher, wo es sich um dessen Erfüllung handelt, auf Ihre thätige Mitwirkung rechnen zu dürfen, und gibt sich folgeweise der Hoffnung hin, daß dieselben, zur Wahl in erster oder zweiter Ordnung berufen, nur für wohlgesinnte Männer stimmen, die, unfruchtbaren Streitigkeiten feind, in der einträchtigen Erörterung wahrhaft praktischer Interessen diejenige Aufgabe erblicken, welche nach der Verfassung von den Ständen gelöst werden muß. Euer Hochwohlgeboren beauftrage ich hierdurch, Vorstehendes zur Kenntniß aller Ihrer Untergebenen zu bringen, auch dieselben freundlich mit Ihrem Rathe zu unterstützen, wenn und insofern sich hierzu nähere Veranlassung ergeben sollte. Carlsruhe, den 4. März 1842. Jolly.

„IV. Der Präsident des Ministeriums des Innern an die Vorstände der diesem Ministerium untergeordneten Verwaltungszweige. Die Staatsregierung hält es im Interesse des Landes für nothwendig, den nunmehr vor sich gehenden Wahlen der Wahlmänner und Abgeordneten zur Bildung der zweiten Kammer der Ständeversammlung die größte Aufmerksamkeit zu widmen, und dahin zu wirken, daß solche Männer gewählt werden, welche als Freunde der Ordnung, mit ächter Liebe zum Vaterland, Besonnenheit und Selbstständigkeit verbinden, und ebenso das Vertrauen des Landes wie der Regierung verdienen, damit von der bevorstehenden Ständeversammlung erfreuliche, dem Lande zum Besten gedeihende Ergebnisse gehofft werden können, und diese Hoffnungen in Erfüllung gehen. Zur Erreichung dieser Absicht hat die Staatsregierung nicht nur die thätige und zweckmäßige Mitwirkung der Vorsteher der Amtsbezirke und ihrer Mitbeamten in Anspruch genommen, sondern sie hält sich auch zu der Erwartung berechtigt, daß alle Staats- und Diener der Kirche, die Lehrer der höhern Lehranstalten, Volksschullehrer und übrige Angestellte sich an jene anschließen und dazu mitwirken werden, damit, sowohl bei der Wahl der Wahlmänner, als der Wahl der Abgeordneten, die Absichten der Regierung erreicht und das Wohl des Landes befördert werde. Insbesondere erwartet sie, daß überall, wo es nöthig, dem Einfluß einer der Regierung entgegenstehenden Partei begegnet und die Urwähler, wie die Wahlmänner, vor Täuschung und Zwang bewahrt, über ihre Interessen aufgeklärt werden, damit solche nach ihrer Ueberzeugung handeln, weil diese, gestützt auf bisherige Erfahrung, auf den redlichen Sinn und auf Vertrauen zur Regierung, kein anderes als ein gutes Resultat herbeiführen kann. Die Regierung vertraut insbesondere dem Pflichtgefühl sämmtlicher Diener und Angestellten, daß sie sich in keiner Weise bestimmen lassen werden, die Absichten der der Regierung entgegenstehenden Partei zu unterstützen oder zu befördern. Frhr. v. Rüdt."

Gleichzeitig tauchten in den der Regierung ergebenen Blättern eine Reihe von Artikeln voll der gemeinsten Invectiven, Verdrehungen und Verläumdungen gegen die Majorität der aufgelösten Kammer auf, wogegen jede Erwiederung, sogar auf persönliche Angriffe einzelner Mitglieder derselben, die Druckerlaubniß versagt wurde. Nachdem man also durch diese Rescripte Jeden, der an der Staatskrippe stand, aufgefordert hatte, mit den Mitteln des öffentlichen Dienstes, also mit allen Mitteln des Beamtendespotismus und Paschalismus zu wirken, nachdem man zuvor, durch die Versetzungen und Degradirungen Sanders, vom Hofgerichtsrath zum Amtmann, Hoffmanns, vom Ministerialrath zum Einnehmer, Schinzingers, Peters, vom Oberhofgerichtsrath zum Amtmann, u. s. w., jedes Fünkchen Muth und Selbstständigkeit in den Beamten erstickt und sie zu dem gemacht hatte, was Blittersdorf sie nannte, „Werkzeuge, welche die Regierung jederzeit zerbrechen könne;" nachdem der Geistliche, der Schullehrer, schmachvoller Weise selbst der Richter, kurz vom obersten Beamten bis herunter zum Waldhüter und Polizeidiener, alle bearbeitet waren, rückte die Cohorte ins Feld.

Sie begannen, wie ihre Herren und Meister, die Mitglieder der Opposition und die liberalen Candidaten beim Volke zu verdächtigen, deren öffentliches und Privatleben mit dem Geifer der Lüge zu beschmieren; sogar die äußere Persönlichkeit mußte Stoff abgeben, um einen Liberalen als eine

Art von Wilden, grau in grau zu malen. Es wurde gedroht mit Verlegung der Amtssitze, der Collegialgerichte und Stellen, Verweigerung der Staatszuschüsse zu öffentlichen Anstalten, mit der Nichtausführung projectirter Straßen und öffentlicher Bauten, und ebenso wurden hinwiederum Versprechungen gemacht so enorm, daß Badens Steine Thaler werden müßten, sollten alle die Versprechungen an Straßen, Canälen, öffentlichen Bauten, Verlegung von Staatsanstalten, Belohnungen, Zulagen und dergl. realisirt werden; man stellte in Aussicht verlorene Prozesse zu ressumiren und gewinnen zu machen, eingeleitete Untersuchungen niederzuschlagen; man veranstaltete Gastmäler mit dem Bemerken, die Kosten würden aus der Amtscasse und geheimen Mitteln bestritten. Die Amtmänner, die sonst den Bauer nur mit der souverainen Amtsmiene betrachteten, die uns noch aus der napoleonischen Souverainitätsepoche unauslöschlich eingeprägt geblieben ist, oder mit Lakaiengrobheit behandelten, schüttelten ihnen die Hand, gingen mit ihnen Arm in Arm spazieren, tranken mit ihnen in Gasthäusern und Schenken. Sie leiteten gegen Einzelne ohne allen Grund Untersuchungen ein, um sie wo möglich zur Malzeit beseitigt zu wissen; Pakete und Briefe auf der Post wurden erbrochen, um nach Wahlumtrieben zu fahnden; die Männer gleicher Gesinnung waren genöthigt, ihre Mittheilungen einander auf besonderen Wegen zukommen zu lassen. Gensdarmen, Polizisten, Spione lauerten aller Orten und Enden. Die beiden erstgenannten trugen unter Bedrohen Wahlzettel zur Unterschrift von Haus zu Haus. Die Beamten ließen sich das feierliche, handgelübdliche Versprechen geben und Urkunden darüber ausstellen, daß der Wähler und Wahlmann an den Wahleid sich nicht binden, sondern den ihm vom Beamten bezeichneten Candidaten wählen wolle. Einzelne Beamte baten die Wahlmänner unter vielen Thränen, doch keinen andern als den Regierungscandidaten zu wählen, um sie, die Beamten, doch nicht ins Unglück zu bringen. An den Wahltagen selbst standen allenthalben Gensdarmen, wie die Minister in der Kammer zu versichern die Naivität hatten, zum Schutze der Wahlfreiheit; die Beamten liefen unter den Wahlmännern herum: besprach sich Einer, den sie gewonnen hatten, mit einem freien, selbstständigen Wahlmann, geschwinde drängten sie sich dazwischen. Dort hatte der Brigadier der Gensdarmen ein eigenes Zimmerchen im Wahlhause eingeräumt erhalten, in welches unter Aegide des Beamten die Wahlmänner getrieben wurden, um die Wahlzettel zu schreiben, ja in einem Amtsbezirke im Neckarkreise fertigte ein Brigadier sogar die Wahlzettel aus, wie man sie brauchte. Da ließ sich der Beamte von Jedem den Wahlzettel unter Drohen, Beloben und Versprechen zeigen, hier hielt ein landesherrlicher Wahlcommissär, gegen seine Pflicht, eine fulminante Rede gegen die liberalen Candidaten und Deputirten, dort reiste

Einer (Eichrool) im großen Staate herum, ging in die Hütte des Wahlmannes und schüttelte ihm die rauhe Hand. Ein Beamter versicherte den versammelten Wahlmännern, Itzstein habe, so zu sagen, dem Großherzog den Dolch auf die Brust gesetzt, ihn geistig ins Antlitz geschlagen. Kurz, Ekel erfüllt den Mann, wenn er den hochmüthigen Beamten in dieser Steifbettlermanier herumziehen und manövriren sah, wenn er sah, wie sogar die Waldfrevler, welche bei öffentlicher Arbeit angestellt waren, unter der Bedingung entlassen wurden, sich zur Abstimmung zu verfügen, um einen der Regierung ergebenen Wahlmann zu wählen. Das erkannte das Volk wohl, es konnte vor solchem Getriebe, vor solchen Werkzeugen keine Achtung haben, es mußte sich sagen und sagte es: welch schlechte Sache muß es sein, die solcher Mittel bedarf; jedermann sah ein, daß all das Rennen, Laufen, Herablassen, Drohen, Schimpfen, Versprechen der Beamten lediglich von ihnen in der Hoffnung geschah, sich damit Zulage, Beförderung, ein Bändchen zu erringen. Nicht künstliche Aufregung durch die Mitglieder der Majorität der aufgelösten Kammer waren es, welche die Wahlen des Landtags 1842 herbeiführten, nein: der gesunde Sinn des Volkes durchschaute das gemeine Treiben. Der einfältigste Landmann sah ein, daß es eben doch, wie er sich ausdrückt, „keine klare Sache“ sein müsse, wenn der sonst so störrige Herr Amtmann mit ihm Arm in Arm spazieren gehe oder beim Biere sitze.

Wir werden vielleicht in einem spätern Artikel die Beamten, welche bei diesem Treiben am thätigsten waren, sammt der Art und Weise ihrer Umtriebe, der Oeffentlichkeit namentlich übergeben: es wird gewiß nicht unerwünscht sein. Lächerlich und absurd war es nun ab Seiten der Minister, als man die Wahlrescripte angriff, zu sagen „wir haben es nur gethan, um der Thätigkeit der Opposition entgegen zu wirken; wir haben, unter Anflehung des heiligen Beamtendespotismus und Paschalismus, nur den Schutz der Wahlfreiheit dahin bezweckt, Leute in der Kammer zu sehen, die nicht zu der bekannten Opposition gehören. Als ob zur Zeit der Ministerialrescripte, die fast gleichzeitig mit dem Wahlausschreiben erschienen, die Opposition schon hätte vernünftiger Weise in Thätigkeit sein können. So einfältig waren die Liberalen nicht, zu schießen, ehe die Schlacht begann, obwohl dieses in der jüngsten Zeit den Ministern vorgeworfen werden kann, die alle acht Tage eine Broschüre erlassen, um auf die übers Jahr vor sich gehenden Ergänzungswahlen schon jetzt zu influiren. Am Besten aber beurkundet der Volksgeist, daß alle diese türkischen Mittel — nichts halfen, daß die Liberalen in den Wahlen weitaus siegten, und daß es nur in wenigen Bezirken der Regierung gelang, mit namhafter Majorität ihre Candidaten durchzudrücken; wie z. B. in der Residenzstadt Carlsruhe. Als nun aber die Regierung in dem Wahlkampfe unterlegen war, hieß es: die Mitglieder der aufgelösten zweiten Kammer, oder vielmehr achte oder zwölfe von den Einunddreißig, hätten das Volk aufgewiegelt, hätten falsche Gerüchte ausgestreut, Flugschriften verbreitet, Reisen gemacht, kurz diese wenigen Männer hätten die ganze Wahl geleitet. Wirklich, ein schlechteres Compliment konnten sich Blittersdorf und seine persische Legion nicht machen. Also auf so mürben Pfeilern stand ihr System, daß es vor 8 — 10 Männern der zerschrieenen, verläumdeten, begeiferten Opposition fallen mußte; daß gegen sie das ganze Beamtenheer, die Scheere der Censur und der Knebel des Preßzwangs, der Hagel der Drohungen und der Platzregen der Versprechungen vergebens ins Feld zogen! Armer Strohhalm des Trostes, auf dem ihr umsonst euch bemüht, den Strom der öffentlichen Meinung zu überschwimmen!

Hätte die badische Regierung nur mit Einem der Sätze, die sie den Liberalen in die Schuhe schob, und von denen sie behauptete, diese aufwieglerischen Hebel hätten die Wahlen zu Stande gebracht, einem liberalen Mitgliede der Kammer oder freisinnigen Bürger zu Leibe gekonnt: die Untersuchung wäre nicht ausgeblieben. So aber wurden, wie die Pariser Polizei gelegentlich Emeuten anzettelt, um sie sich dienlich zu löschen, von der Regierungspartei selbst Gerüchte ersonnen, welche die Liberalen ausgesprengt haben sollten, und die sie dann in der Carlsruher Zeitung mit vielem Pomp selbst wieder als unwahr darzustellen und zu widerlegen suchte. Wie wenig sie dem Volksgeist trauen konnten, geht daraus hervor, daß, als Itzstein, der bekanntlich an mehreren Orten zugleich gewählt wurde, seine Oberländer Wahlmänner besuchte, um ihnen zu danken, eine Reise die einem Triumphzuge glich, und ein Regierungsdirector die Gensdarmerie mit der Verhaftung desselben beauftragt hatte, von Carlsruhe aus mittelst Estafette der Befehl annullirt wurde, weil man für den Fall des Vollzugs jenes Befehls blutige Scenen fürchtete.

4.

Das Ministerium Blittersdorf und sein System.

Das politische System eines Menschen hängt mit seiner Persönlichkeit und seinen Verhältnissen innig zusammen. Der Minister Blittersdorf ist ein von Haus aus armer Adelicher, das ist: ein bedeutungsvolles Subject und Prädicat. Seine finanziellen Verhältnisse haben sich durch Verehelichung mit einer bürgerlichen, einer Frankfurter Banquierstochter günstiger gestaltet; wenn gleich noch zur Zeit nicht so bedeutend, daß er, wie dieses Jahr in Kissingen der Fall gewesen sein soll, jedes Jahr 12,000 fl. verspielen könnte. Von Charakter ist er hochfahrend, herrschsüchtig und wiederum aalglatt, einschmeichelnd und listig, besitzt jene, an Gründen nicht überfließende, Leute schwächeren Geistes blendende, Salonsprache und Redegabe; daher auch Mancher hinter seinen Reden in der Kammer etwas suchte, aber bei ruhiger Analyse nichts fand, als Behauptungen ohne Beweis, Widerspruch ohne Widerlegung, eingekleidet in eine wörterglänzende Sprache. Sein politisches System verräth Frechheit, aber keine Kühnheit, Unüberlegtheit, aber keinen Muth, einen Satz Stirn an Stirn durchzukämpfen. Der Fürst Metternich soll ihm, nach glaubwürdigen Versicherungen von Männern, die, auf Schloß Johannisberg, bei dem bekannten Diener, im Jahre 1841, anwesend waren, gelegentlich des von Blittersdorf angezettelten Urlaubsstreits, gesagt haben: „Es war sehr ungeschickt, Herr von Blittersdorf, diesen Streit zu einer Zeit anzuregen, in welcher Regierung und Stände durchaus einig waren." Was es, ins Deutsche übersetzt, heißt, wenn Metternich etwas ungeschickt nennt, bedarf keiner Ausführung. Blittersdorf ist ein politischer Spieler, aber er hat nicht den Muth va banque! zu rufen, er möchte um jeden Preis herrschen und portefeuille und Gehalt nicht verlieren. Sein System ist durchaus nicht das rein monarchische. Er möchte den Fürsten von der Cotterie seiner Standesgenossen umgeben wissen, der Adel soll herrschen, der Regent dem Adel verfallen, das Volk incanaillirt werden; sein Prinzip ist das aristokratische, wie Winters Prinzip das monarchische war. Winter liebte seine Heere, Blittersdorf möchte sich unentbehrlich machen. Wie alle derartige Individuen, verhehlt er die Wahrheit, verdreht sie, erregt Befürchtigungen, greift jeden Moment auf, um ihn seinem Herrn als Angriff auf die Rechte der Krone darzustellen, und treibt die Ungeschicklichkeit so weit, jeden Angriff auf die Minister als einen Angriff auf die Rechte der Krone darzustellen, seine Person mit dem monarchischen Prinzip zu identifiziren. Die von ihm ausgehenden, vielen Zeitungsartikel, leicht am Style erkenntlich, sind weniger berechnet, auf das Volk, als nach oben, zu wirken, weil er weiß, daß das Volk weder Minister macht noch absetzt; daher drehen sich auch alle diese Artikel um Eine Axe, nämlich, alle Handlungen der Kammer als Angriffe auf die Kronprärogative darzustellen. Unterstützt wird er von seinen Standesgenossen, besonders von dem gesammten Ministerialadel, weil sie einsehen, daß er für ihre Herrschaft streitet.

Vielfach hat er schon ausgesprochen, die bädische Verfassung sei keine repräsentative (eine Unwahrheit, die oben widerlegt ist), sondern eine monarchisch-ständische, d. h. eine aus den alten Feudalverfassungen allein zu interprätirende. Eine Interprätation aus analogen Verhältnissen anderer repräsentativer Staaten in Verfassungen erklärt er für hohle Theorie und politischen Schwindel. Sein Streben ist, die Verfassung zu einer feudalen Grundlage zu führen, womit folglich nur Geburts-, Geld- und Beamtenaristokratie vertreten würden, das ist in seinen Artikeln offen gesagt, das scheint durch alle seine Reden und Thaten durch, und darum artikulirt er in Broschüren und Pamphlets gegen die Wahlordnung und für Einführung eines Census. Mit solcher Verfassung ließe sich bequem regieren. Der Fürst bliebe in seiner Stellung, die er in allen Repräsentativverfassungen einnimmt, und wornach er, nach Blittersdorfs in der Kammer, gelegentlich der Erwähnung der englischen Verfassung, geäußerten Ansicht, eine Null ist. Das Volk, ausgeschlossen von der unmittelbaren Theilnahme an dem Verfassungsleben, wäre ebenfalls Null, und übrig bliebe der Adel, die furchtsamen Reichen, die Geistlichkeit. Letztere kann und darf im Staate nicht herrschen, die Reichen gehen nicht dienen, taugen auch nicht, nach adeligen Begriffen, zu allen Aemtern, wenn sie bürgerlicher Herkunft sind, haben keinen Zutritt bei Hof, können folglich auch keinerlei Einfluß auf den Regenten ausüben, und so bleibt denn der Adel allein übrig, und das ist das System Blittersdorfs. Er benutzt folglich aus der constitutionellen Staatsverfassung, was in seinen Kram taugt, ebenso aus den Feudalverfassungen und der absoluten Monarchie. Letztere wäre ihm nicht die bequemste, weil er, gegenüber der unbeschränkten fürstlichen Macht, weniger Spielraum hätte.

Das ist aber nichts Neues: so hat es der Adel aller Zeiten und Orten gehalten; und der verarmte und arme Adel, erbittert über den Mangel an Glücksgütern (darum um so gefügiger und die herrschsüchtigen Plane fein anlegend), ist es, der das Spiel um die Herrschaft unternahm. Jedes Blatt der Geschichte bestätigt diesen Satz.

Er hat seine Vorschule in der Eschenheimer Gasse zu Frankfurt gemacht; als badischer Minister versuchte er es mit der Urlaubsfrage, um zu sehen, ob sich die Kammer gefügig zeige; der unerwartete, starre Widerstand, selbst von Seiten der Beamten, erbitterte ihn, und sein System wurde durch den Zorn durchschüttelt, so daß alle Fäden des Gewebes zu Tage gingen, und wie es bei leidenschaftlichen Menschen geht, reihte sich Ungeschicklichkeit an politischen Fehler. Der Anlaß zu dem Streit zwischen Regierung und Ständen ist, wie man diesseits gewiß weiß, nicht von Außen angeregt worden, er ist sein Werk; wäre es auch nicht sein Werk, so wäre die Sache feiner eingefädelt und feiner durchgeführt worden, oder man hätte auf kluge Weise den Streit fallen lassen oder abgelenkt, und den Streich auf günstigere Zeit verspart. Daß der ganze Streit sein Werk ist, geht aber ferner noch daraus hervor, einmal, daß nicht nur die allgemeine Stimme, nein, daß die Beamten, sogar die seiner nächsten Umgebung, die Sache als sein Werk bezeichnen, daß die anderen Minister ebenfalls hier und da dieses durchblicken ließen und daß dieselben, unter schwierigern Zeitverhältnissen und ebenso wichtigen politischen Fragen, theils damals schon als Minister, theils als Regierungscommissaire, nicht mit der Gewaltthätigkeit auftraten, die Fragen durchhauen wollten und das Kind mit dem Bade ausschütteten. Sehen wir auf den Erfolg, den sein System herbeiführte, so ist er ein der Sache der Freiheit günstiger; wie von einem elektrischen Funken berührt, hat die Bewegung und das Ringen um Recht und Freiheit durch die deutschen Gauen geschlagen, und im Ausland Theilnahme erweckt, und solch ein Erfolg beweist, daß Blittersdorf ein ungeschickter politischer Spieler ist.

5.

Wirksamkeit der zweiten Kammer.

Von der Wirksamkeit der ersten Kammer als einer negativen, wie Mephistopheles im Faust von sich sagt:

„Ich bin der Geist der stets verneint,“

sprechen wir nicht. Die Wirksamkeit der zweiten Kammer muß unter einem doppelten Gesichtspunkte aufgefaßt werden; nämlich in so fern, als sie sich über Gegenständen allgemeinen Interessens verbreitete, und als sie sich mit Badens Sonderinteressen beschäftigte. Allein selbst diese Sonderinteressen lassen sich wieder auf einen allgemeinen Standpunkt zurückführen und vom Gesichtspunkte des Repräsentativsystems betrachten. Indessen wollen wir nichts desto weniger Jedes gesondert behandeln, müssen jedoch diesen Detailbetrachtungen Einiges voraus schicken.

Kaum war der Landtag von 1842 geschlossen, so erhoben die Geknechteten in Wort und Schrift die Stimme und riefen: Nun, was hat euch denn die gepriesene Opposition heimgebracht? Nichts als ein Gesetz über Hundstaxen, eine Schuld von vielen Millionen (zum Baue der Eisenbahn) und eine lange Kammersitzung, die, wie alle Landtage, dem Lande viel Geld kostete.

Bei der Mehrzahl des Volkes verhallte diese Rede, ohne irgend Eindruck zu machen: es wußte sich sein Urtheil selbst zu formen. Indessen gibt es in der Welt auch viele einfältige und dumme Leute, und solche, die das Nachdenken scheuen, die natürlich der Spielball jedes Zudringlichen sind, der an seinen Sack spricht, und für diese waren jene Reden und Schriften berechnet.

Wie matt und mager solche Sätze sind, liegt zu Tage.

Die Kosten des Landtags in einer Büdjetperiode, also während zweier Jahre, belaufen sich auf 63,000 fl., oder, in runder Summe, auf 70,000 fl., also auf 35,000 fl. per Jahr. Nach einer Berechnung in der Mannheimer Abendzeitung vom 7. October 1842, Nr. 236, aus welcher wir die Zahlen entnahmen, weil wir sie geprüft und richtig befunden haben, macht dieses jährlich auf den Kopf der Bevölkerung des Landes, von 1,200,000 Seelen, einen 21/120stels Kreuzer, oder, das Höchste angenommen, zwischen 5 – 6 Kreuzer durchschnittlich auf den Steuerpflichtigen. Würde man alle stimmfähigen Bürger abstimmen lassen, ob ihnen diese Last, welche sie für die Stände bestreiten, zu groß sei, die Antwort wäre leicht zum voraus gewiß. Einen Schoppen geringen Weines, eine Tasse Cafee wird der Bürger doch für die Verfassung hingeben; ein Günstling, eine Meute Hunde, einige Hofdiener mehr angestellt, kosten einem Lande ebenso viel und weit mehr, und wo die Controle der Stände den Haushalt nicht überwacht, schießt leicht Unkraut und Geschmeiße auf, welches das Landmark verschlemmt. Leute, welche nur eine schwache Idee vom Repräsentativsystem haben, verlangen von den Ständen nicht mehr, als was ihnen die Verfassung einräumt. Die Deputirten können zu ihren Mitbürgern nicht Gesetze heimbringen, wenn die Regierung keine vorlegt, und sie bringen besser keine Gesetze heim, als solche, die dem Geiste der Zeit und den Rechten des Volkes nicht entsprechen. Preisen würden wir den Deputirten, der ein Strafprozeßgesetzbuch verwirft, das auf heimliches Verfahren gebaut ist. Kaum waren in Baden die Wahlen im Sinne des Fortschrittes ausgefallen, so erklärte man, solchen Ständen würde die Regierung keine neuen Gesetze – das unabweislich Gebotene, wie das Anlehensgesetz, ausgenommen – vorlegen. Also nur mit einer Kammer von blindergebenen Creaturen will man die Bahn der Gesetzgebung gehen! Ist denn das unparteiische Urtheil freier Constitutioneller zu fürchten, und werden sie das Gute verwerfen, wenn es in einer Zeit kömmt, in welcher über einzelne politische Fragen Zwiespalt herrscht? Gerade durch Vorlage längst versprochener, längst ersehnter, längst erbetener Gesetze hätte die Regierung zeigen können, daß sie zu unterscheiden weiß zwischen dem Wohle des Volkes und dem Streit mit den Ministern. Sie hat es nicht gethan. Sie hat es nicht gethan, weil sie als Partei gegen Partei sich stellte, und nicht über den Parteien lediglich das allgemeine Wohl berücksichtigte. Das ist das verderbliche System der Minister.

Die Stände haben gebeten und die Regierung ermächtigt, von dem Staatsüberschuß von 985,000 einen Steuernachlaß an der Liegenschaftsaccise, dieser ungerechtesten und unconsequentesten aller Steuern, ins Werk zu setzen. Der erste Paragraph unserer Grundsteuerordnung verfügt, daß die Steuer auf dem Ertrag ruhe. Hier wird vor allem Ertrag schon die Steuer von Capital genommen, und steht also im directesten Widerspruch mit dem Staatsgrundsatz selbst. Sie hat es nicht gewollt. — Man hat eventuell Besserstellung der Volksschullehrer, welche schlechter gestellt sind, als Stallbediente des Landesgestüts, man hat Straßenbauten beantragt. Sie hat es nicht gewollt. Sie wollte nicht, daß die Opposition diesen Ruhm mit nach Hause nehme.

Der Eisenbahnbau, längst beschlossen, längst begonnen, erforderte ein großes Capital; die Stände haben es bewilligt; nun ruft der goldbetreßte Diener: „Nur Schulden haben sie heimgebracht!" Das ist zum Erbarmen einfältig. Wird denn die Summe in das Meer geworfen, oder wird nicht für das Geld ein den Capitalwerth darstellendes Werk errichtet, das Verkehr, Handel und Wohlstand fördert. Hätten diese Böswilligen gewußt, daß jeder Landmann sagt: Bisher hatte ich 5000 fl. Geld und keine Hütte, nun habe ich 1000 fl. geliehen und dafür eine Hütte gebaut, bin folglich nicht ärmer, so würden sie nicht so kurzsichtig gewesen sein, um zu vermeinen, daß ihre Rede bei irgend einem Menschen Eindruck machen könne.

Der Beruf constitutioneller Kammern der ganzen Welt ist uns der: dem voranschreitenden Bösen, dem Mißbrauch der Macht, der Verschleuderung der Staatsgelder den unerschütterlichen Wall freier Männerherzen entgegenzusetzen, zu schlechten Zwecken kein Geld zu bewilligen, um Gutes und Zweckmäßiges zu bitten, und mit der Regierung bei Gesetzes- und andern Vorlagen zu berathen, was Noth und nicht Noth, was gut und nicht gut, und nach ihrer Ueberzeugung und ihrem Eide zu genehmigen oder zu verwerfen, nicht rechts und nicht links schauend, sich nicht sehnend nach Gunst, nicht scheuend Haß und Verfolgung.

Was hilft die Initiative der Gesetzgebung den Kammern? Wenn die Deputirten und die Pairskammer einig sind, und der Herrscher will nicht, legt sein Veto ein, so ist Wunsch und Mühe vergebens. Nur dann hat die Initiative der Gesetzgebung Werth, wenn der vollziehenden Gewalt kein absolutes Veto zusteht, daß also, z. B., wenn beide Kammern, trotz dreier Vetos, auf dem Gesetze, das sie berathen und beschlossen haben, beharren, die Sanction durch ein viertes Veto nicht verweigert werden darf.

Dieses Recht ist aber den deutschen Kammern nicht eingeräumt, und es ist Einfalt oder Bosheit, mehr an sie zu verlangen, und dieses Verlangen vor dem Volke in lügnerischen Farben und Formen zu verbreiten.

Was die zweite Kammer der Stände geleistet hat, liegt zu Jedermanns Einsicht offen da. In Nord und Süd, in Ost und West ist ihr Thun besprochen, geprüft, kritisirt worden; wir werden daher nur summarisch auf die einzelnen Gegenstände verweisen. Wie sie für die Sache des Fortschrittes, für bürgerliche Freiheit gestrebt, gegen ministerielle Willkühr gerungen hat, steht auf jeder Blattseite ihrer Annalen, ein durchlaufender goldener Faden zieht es durch alle Verhandlungen. Sie hat die Trägen aus der Lethargie geweckt, die Muthlosen ermuthigt, die Schwächeren gekräftigt.

Als Gebot der Zeit und der Gestaltung der Verhältnisse wurde noch die Entfesselung des Gedankens verlangt. Die Censur, dieser Gedankenraub, mit Recht ein Henkeramt charakterisirt. In der That, ein Censor ist ärger als Herodes, der Betlehems Kinder doch erst ermordete, als sie geboren waren. Die Censur ist ein feigerer Mörder, sie läßt nicht geboren werden.

Wer den Bericht Rindeschwenders über Sanders Motion um freie Presse je las, muß Zeugschaft geben, daß die Sache der freien Presse von einer Seite beleuchtet wurde, wie bisher nie geschehen. Mit bedeutungsvollen Worten hat Welker die Aufhebung der Ausnahmsgesetze des deutschen Bundes, die Carlsbader Beschlüsse, die Beschlüsse von 1832 und 1834, und was darin über Preßfreiheit, Steuerverweigerung, Volksversammlungen, Universitäten und Schulen verfügt ist, beantragt, in seiner rücksichtslosen, edlen Weise den Wunsch erhoben, daß der deutsche Bund ein öffentlicher deutscher Nationalverein und nicht ein geheimer deutscher Fürstenverein sein möge. Wir verweisen auf seine Rede in der 23. öffentlichen Sitzung, die wiederhallte in jedem deutschen Herzen, das für das große Vaterland glüht.

Ministerverantwortlichkeit und die Stellung der Minister zu den Repräsentanten wurde in der strengsten Form der Logik erörtert. Den unwiderleglichen Obersatz des Syllogismus habe man zwar geläugnet, aber nicht widerlegt. Das Repräsentativsystem wurde in seinen Grundzügen auf das Genaueste beleuchtet, und weil man das Licht scheut, und im Zwielicht sich die Mährchen der ministeriellen Macht und Gewalt besser erzählen lassen, dieses Licht als ein falsches verschrien, aber nicht gezeigt, daß und warum es kein wahres Licht sei.

Die besondern Interessen Badens verlor die Kammer nicht einen Moment aus den Augen, und die größern politischen Interessen ließen den Abgeordneten nicht vergessen, daß ihm auch die hausväterliche Pflicht der particularen Landesinteressen obliege.

Dieses mußte die Thronrede beim Schlusse des Landtags anerkennen; das mußten die Minister bei den Debatten eingestehen. Noch auf keinem Landtage wurde der Staatshaushalt und das Staatsvermögen einer so gründlichen Würdigung unterworfen. Die Büdjetberichte von 1842 sind eine Vorarbeit für alle künftigen Landtage. Jeder einzelne Posten des Staatsvermögens und Staatshaushaltes wurde bis zur letzten Quelle einer gründlichen Untersuchung unterworfen, und deren Resultat in die Berichte niedergelegt. Die Staatseinkünfte stellten sich weit höher dar, als sie veranschlagt, die Finanzen, welche der Minister mit dunkeln Farben geschildert, als glänzender dar, als sie bezeichnet waren; einen Rechnungsverstoß der Controlkammer von mehreren Hunderttausenden mußte der Minister dem Berichterstatter, nachdem er zuerst den bestimmtesten Widerspruch eingelegt hatte, in der nächsten Sitzung zugestehen.

Eine Motion beantragte eine gerechtere Besteuerung nach dem Vermögen. Der reiche Capitalist auf dem seidenen Pfuhle steuert nichts, oder wie der Taglöhner aus 500 fl.; der Bauer aber, der die verpfändete Hütte besitzt, versteuert diese Hütte, unangesehen der darauf ruhenden Pfandschaft; er steuert für den Reichen.

Verbesserung der Volksschullehrer wurde beantragt, welche, bisher mit dem Mangel kämpfend, den Menschen zum Menschen bilden, für das Große und Schöne empfänglich machen sollen.

Schutz der inländischen Industrie und Production, Verbesserung des Gewerbswesens, nothwendige Modificationen der Zollgesetzgebung, dringende Straßen-, Ufer- und andere öffentliche Bauten wurden auf das gründlichste besprochen, und die dießfallsigen Wünsche und Anträge an die Regierung gestellt.

Die Erleichterung der Militärlast, welche in diesen Friedenszeiten ein Viertheil der reinen Staatsrevenüen erschöpft — der Wurm, der an den Staatsgebäuden nagt, und sie unter der Schuldenlast zu begraben oder dem schändlichen Bankrotte zuzuführen droht — wurde dringlich verlangt; die Bundeskriegsverfassung und ihre zweifelhaften Bestimmungen einer besondern Discussion unterworfen.

Vergleichsgerichte zur Abschneidung von Prozessen, eine constitutionellere, mehr sichernde und wohlfeilere Wehrverfassung durch Landwehreinrichtung, Vorlage eines Normaletats, als Schutzwehr gegen das Anwachsen des Beamtenheeres und der Besoldungen, gesetzlich gewährte Unabhängigkeit der Richter, Trennung der Justiz von der Administration, ein auf Oeffentlichkeit und Mündlichkeit gegründetes Strafsverfahren, volksmäßige Landraths- oder Kreisratheinrichtung wurden als unabwendbare Anforderungen der Zeit, des Fortschrittes und der staatlichen Durchbildung und des Gemeinwohles begehrt; mit aller Energie das Attentat auf das heiligste Volksrecht, die Wahlfreiheit, durch die Circulare der Minister, bekämpft, und die ministerielle Gewalt in ihre Schranken zurückgewiesen; das Recht des Landes auf Staatsgüter gewahrt, da die Verfassung nicht entscheide, was Staatsdomainen und was Patrimonialgüter des Regentenhauses sind, und die, in Folge des Lüneviller Friedens, der Secularisation u. s. w. verfallenen Besitzungen nicht als privatives Eigenthum der regierenden Familie, sondern als Staatsgut anzusehen sind.

Alles dieses ist neben der gründlichen Berathung des umfassenden Büdjets in den kurzen Zeitraum von ungefähr vier Monden zusammengedrängt, und doch wagen es seine Feinde, des Volkes und der Freiheit, der Kammer vorzuwerfen, „sie haben keine neuen Gesetze und keine Steuernachläße heimgebracht.“ Neben dem Schirm der Verfassung und der Volksrechte liegt hier ein Material vor der Regierung ausgebreitet, wovon ein Zehntheil, dem

Lande lebendig zugeführt, immerhin, als eine Abschlagszahlung, dankenswerth wäre. Wer ist nun Schuld, wenn von allem dem nichts geschieht? Diese verläumdete Kammer hat es gewünscht, beantragt, erbeten; es wünschen es Hunderttausende im Lande und in deutschen Landen; sie wird kein Gesetz zum allgemeinen Wohl verwerfen; sie hat nichts begehrt, was den Rechten der Krone zu nahe tritt, was, wie jene so oft sich auszudrücken belieben, „revolutionär ist.“ Aber man will nicht, man will der Entwickelung und dem Fortschritte nichts bewilligen. Hierin liegt die Lösung des Räthsels. Wir schließen diesen Abschnitt mit Sanders denkwürdigen Worten in der vierten öffentlichen Sitzung:

„Ja, eine neue Zeit verdrängt die alte, und ihren Warnungsruf hat sie erschallen lassen, sich ihr anzuschließen, und wer sich ihr nicht freiwillig anschließt, der wird von ihr erfaßt und weiter mit fortgerissen werden, als es der Fall gewesen, wenn er sich ihr angeschlossen und ihre Leitung übernommen hätte, und wer sich ihr sogar noch widersetzt, der wird von ihr ergriffen und erdrückt, zernichtet und zertrümmert werden. Das ist die Lehre der Geschichte, die durch alle ihre Blätter geht; das ist die rächende Hand der Nemesis, die früher oder später, aber gewiß alle jene ergreift, die sich der Anerkennung der Rechte des Volkes und den vernünftigen Fortschritten der Zeit entgegenstellen. Sera numinis vindicta sed eo certior.

Die Fähigkeit der heutigen Juden und Christen, frei zu werden.

Von Bruno Bauer.

Die Emancipationsfrage ist eine allgemeine: Juden wie Christen wollen emancipirt werden. Wenigstens muß und wird die Geschichte, deren Endzweck die Freiheit ist, darauf hinarbeiten, daß beide, sowohl Juden und Christen, in dem Verlangen und Streben nach Emancipation zusammentreffen, da zwischen beiden kein Unterschied vorhanden ist, und vor dem wahren Wesen des Menschen, vor der Freiheit, beide in gleicher Weise sich als Sclaven bekennen müssen. Der Jude wird dazu beschnitten und der Christ getauft, damit sie beide ihr Wesen nicht in der Menschheit sehen sollen, vielmehr der Menschheit entsagen und sich als Leibeigene eines fremden Wesens bekennen und zeitlebens, in allen Angelegenheiten ihres Lebens, aufführen.

Wenn wir sagen, beide müssen in dem Verlangen nach Emancipation zusammentreffen und sich vereinigen, so wollen wir damit nicht etwa den Gemeinsatz aussprechen, daß die vereinte Kraft stärker ist, als die zersplitterte, noch viel weniger den Satz, daß die Bewegungen und Discussionen, zu denen das Verlangen der Juden nach Emancipation Anlaß gegeben hat, dazu gedient hätten, auch in den Christen das Verlangen nach Freiheit zu erwecken, oder gar, daß die Christen auf die Agitation und Hülfe der Juden rechnen müßten und dürften, wenn sie sich würdig machen und von der Bevormundung, in der sie bisher gelebt haben, befreien wollten: sondern einzig und allein wollen wir damit sagen, daß das Werk der Emancipation, aber der Emancipation als solcher, der Emancipation überhaupt, erst möglich ist, aber auch gewiß ausgeführt werden wird, wenn allgemein anerkannt ist, daß das Wesen des Menschen nicht die Beschneidung, nicht die Taufe, sondern die Freiheit ist.

Wir beabsichtigen vielmehr in diesem Augenblicke, zu untersuchen, in welchem Verhältnisse die Juden zu dem Endzweck stehen, welchen die Geschichte sich mit der Entschiedenheit des „entweder — oder“, also so, daß es heißt: „jetzt oder nie", zu setzen beginnt, ob sie dazu beigetragen haben, daß die Geschichte zu dieser Entschiedenheit Muth gefaßt hat, ob sie der Freiheit näher stehen, als die Christen, oder ob es ihnen noch schwerer fallen muß, als diesen, freie Menschen und zum Leben in dieser Welt und im Staate fähig zu werden.

Berufen sich die Juden auf die Trefflichkeit ihrer religiösen Sittenlehre, d. h. ihres geoffenbarten Gesetzes, um zu beweisen, daß sie fähig seien, gute Bürger zu werden, und ein Recht auf die Theilnahme an allen öffentlichen Staatsangelegenheiten hätten, so hat für den Kritiker dieses ihr Verlangen nach Freiheit keine andere Bedeutung, als das Verlangen des Mohren, weiß zu werden, oder noch weniger Bedeutung: es ist das Verlangen, unfrei zu bleiben. Wer den Juden als Juden emancipirt wissen will, nimmt sich nicht nur dieselbe unnütze Mühe, als wenn er einen Mohren weiß waschen wollte, sondern er täuscht sich selbst bei seiner unnützen Quälerei: indem er den Mohren einzuseifen meint, wascht er ihn mit einem trockenen Schwamme. Er macht ihn nicht einmal naß.

Gut! sagt man, und der Jude sagt es selbst, der Jude soll auch nicht als Jude, nicht weil er Jude ist, nicht weil er ein so treffliches, allgemein menschliches Princip der Sittlichkeit hat, emancipirt werden, der Jude wird vielmehr selbst hinter den Staatsbürger zurücktreten, und Staatsbürger sein, trotz dem, daß er Jude ist und Jude bleiben will; d. h. er ist und bleibt Jude, trotz dem, daß er Staatsbürger ist und in allgemein menschlichen Verhältnissen lebt: sein jüdisches und beschränktes Wesen trägt immer und zuletzt über seine menschlichen und politischen Verpflichtungen den Sieg davon. Das Vorurtheil bleibt trotz dem, daß es von allgemeinen Grundsätzen überflügelt ist. Wenn es aber bleibt, so überflügelt es vielmehr alles Andere.

Nur sophistisch, dem Scheine nach, würde der Jude im Staatsleben Jude bleiben können; der bloße Schein würde also, wenn er Jude bleiben wollte, das Wesentliche sein und den Sieg davon tragen, d. h. sein Leben im Staat würde nur Schein oder eine momentane Ausnahme gegen das Wesen und die Regel sein.

Die Juden haben sich z. B. darauf berufen, daß ihr Gesetz sie nicht daran gehindert habe, in den Befreiungskriegen mit den Christen gleiche Dienste zu leisten und auch am Sabbath zu fechten. Es ist wahr, sie haben, trotz ihrem Gesetze, Kriegsdienste geleistet und gefochten; ihre Synagoge und der Rabbiner haben ihnen sogar ausdrücklich die Erlaubniß gegeben, sich allen Verpflichtungen des Kriegsdienstes zu unterziehen, auch wenn sie mit den Geboten des Gesetzes in Widerspruch ständen; damit ist aber auch ausgesprochen, daß die Arbeit oder Aufopferung für den Staat am Sabbath diesmal nur ausnahmsweise gestattet sei, und die Synagoge und diese Rabbiner, die in diesem Falle einmal die Erlaubniß ausnahmsweise gegeben haben, stehen im Grunde über dem Staate, der diesmal nur eine precäre Vergünstigung erhält, die ihm nach dem obersten, dem göttlichen Gesetze eigentlich nicht gewährt werden dürfte.

Ein Dienst, der dem Staate mit einem Gewissen geleistet wird, welches in ihm eigentlich eine Sünde sehen sollte, und diesmal nur darum keine Sünde sieht, weil der Rabbiner Dispens gegeben und gesagt hat — was er aber ein andermal nicht zu sagen braucht, weil er es eigentlich niemals sagen dürfte — daß es diesmal keine Sünde sei, diesen Dienst zu leisten: ein solcher Dienst ist unsittlich, weil ihn das Gewissen desavouirt; er ist precär, weil ihn das Gesetz verbietet, also auch jeden Augenblick wirklich verbieten kann, und müßte also auch in jedem sittlichen Gemeinwesen desavouirt werden. Nur eine Zeit, die über sich selber unklar ist, kann ihn für etwas Besonderes ausgeben: eine Zeit, die endlich einmal wieder ganze und volle Menschen kennt und haben will, wird ihn als eine tausendfache Heuchelei zurückweisen, und diejenigen, die von ihm viel Rühmens machen, wenn sie sich nicht von der Hohlheit ihrer Sache überzeugen wollen, nur als unglückliche Ueberbleibsel und Opfer einer innerlich durch und durch falschen Vergangenheit bemitleiden können.

Was haben nun die Juden gethan, um sich über einen Standpunkt zu erheben, der ihnen die Heuchelei nothwendig macht, und um die Kluft auszufüllen, die ihnen den Zugang zur Höhe der wahren und freien Menschlichkeit abschneidet? Nichts haben sie dafür gethan, so lange sie Juden bleiben wollen und der Meinung leben, sie könnten als solche freie Menschen werden.

Wie haben sie sich zu der Kritik verhalten, welche die Christen gegen die Religion überhaupt gerichtet haben, um die Menschheit von der gefährlichsten Selbsttäuschung, von dem Urirrthum zu befreien? Sie haben gemeint, dieser Kampf gehe nur das Christenthum an, und da sie nur daran dachten, welche Leiden und Qualen die Herrschaft des Evangeliums ihnen bereitet habe, so haben sie sich unendlich gekitzelt, wenn die Kritik — seit Lessing, d. h. seitdem sie Etwas von ihren Thaten zu hören anfingen — über das Christenthum herging. Sie waren so beschränkt, daß sie in ihrer Schadenfreude nicht merkten, daß wenn das Christenthum, das vollendete Judenthum fällt, durch ihre Religion fallen muß; sie wissen jetzt noch nicht, was in diesem Augenblicke um sie herum vorgeht; sie sind so apathisch und theilnahmslos gegen die allgemeine Angelegenheit der Religion und der Menschheit, daß sie Nichts gegen die Kritik thun, und so knechtisch in der religiösen Täuschung befangen, daß sie noch nie in den Heeren, die gegen die Hierarchie und die Religion zu Felde gezogen sind, mitgefochten haben. Kein Jude hat etwas Entscheidendes in der Kritik geleistet, Keiner Etwas dagegen. Die christlichen Eiferer, die Himmel und Erde gegen die Kritik beschwören, sind menschlichere Figuren, als der Jude, der sich nur kitzelt, wenn er von weitem hört, daß es wieder einmal über das Christenthum hergegangen sei, und ihr Gegensatz gegen die Kritik beweist, daß sie im Grunde selbst mit ihr verwickelt, wenn auch gespannt sind; sie glauben, gegen sie kämpfen zu müssen, weil sie fühlen, daß es sich in diesem Kampfe um die Sache der Menschheit handelt; der Jude aber glaubt sich in seinem Egoismus geborgen, denkt nur an seinen Feind, das Christenthum, und hat doch noch nie etwas Entscheidendes gegen ihn vollbracht.

Er konnte gegen das Christenthum Nichts vollbringen, weil ihm die schöpferische Kraft fehlt, die zu diesem Kampfe gehört. Gegen die vollendete Religion kann nur diejenige Macht kämpfen, die im Stande ist, an ihre Stelle die Anerkennung des wahren, vollen Menschen zu stellen. Gegen das Christenthum kann nur er selbst kämpfen, weil es den allgemeinen Begriff des menschlichen Wesens, also seinen eigenen Feind, wenn auch allerdings in religiöser Form, enthält. Das Judenthum hat nicht den vollen Menschen, das entwickelte Selbstbewußtsein, d. h. den Geist, der in Nichts mehr eine ihn beengende Schranke sieht, sondern das befangene Bewußtsein, welches mit seiner Schranke, und zumal nur einer sinnlichen, natürlichen Schranke, noch kämpft, zum Inhalt der Religion gemacht. Das Christenthum sagt: der Mensch ist Alles, ist Gott, ist das Allumfassende und Allmächtige, und drückt diese Wahrheit nur noch religiös aus, wenn es sagt: Nur Einer, Christus ist der Mensch, der Alles ist. Das Judenthum befriedigt dagegen nur den Menschen, der es immer mit einer Außenwelt, mit der Natur, zu thun hat, und befriedigt eben in religiöser Form sein Bedürfniß, wenn es sagt, die Außenwelt sei dem Bewußtsein unterthan, d. h. Gott hat die Welt geschaffen. Das Christenthum befriedigt den Menschen, der sich in Allem, im allgemeinen Wesen aller Dinge — religiös ausgedrückt — auch in Gott, wieder sehen will; das Judenthum den Menschen, der sich nur von der Natur unabhängig sehen will.

Der Kampf gegen das Christenthum war also nur von christlicher Seite her möglich, weil es selbst, und nur es allein, den Menschen, das Bewußtsein, als das Wesen aller Dinge gefaßt hatte, und es nur darauf ankam, diese religiöse Vorstellung vom Menschen, eine Vorstellung, welche eigentlich die ganze Menschheit vernichtete, weil nach ihr nur Einer Alles ist, aufzulösen. Der Jude war dagegen mit der Befriedigung seines noch natürlichen Bedürfnisses, welches ihm seine sinnlichen, religiösen Beschäftigungen, seine Waschungen, Reinigungen, seine religiöse Auswählung und Reinigung der täglichen Speisen zur Pflicht machte, viel zu sehr beschäftigt, als daß er daran denken konnte, was der Mensch überhaupt sei. Er konnte nicht gegen das Christenthum kämpfen, weil er nicht einmal wußte, worauf es bei diesem Kampfe ankam.

Jede Religion ist nothwendig mit Heuchelei und Jesuitismus verbunden: sie gebietet dem Menschen, das, was er eigentlich ist, als Gegenstand der Anbetung, als etwas Fremdes zu betrachten, also so zu thun, als ob er Nichts dergleichen, d. h. Nichts, gar Nichts in sich wäre; die Menschlichkeit aber läßt sich nicht vollständig unterdrücken, und sucht sich nun auf Kosten des angebeteten Gegenstandes, der aber doch noch immer in seiner Geltung bestehen bleiben soll, geltend zu machen.

Aber wie verschieden muß nun nach dem, was so eben über den Inhalt beider Religionen gesagt ist, der christliche und der jüdische, zumal der jüdische Jesuitismus der Gegenwart sein!

Der christliche Jesuitismus ist eine allgemein menschliche That und hat die jetzige Freiheit erzeugen helfen; der jüdische Jesuitismus, der neben dem Christenthum bestand, ist von vorn herein bornirt, ohne alle Folgen für die Geschichte und die Menschheit überhaupt, und nur die Marotte einer beiseits lebenden Secte.

Der Jude sieht in der Religion die Befriedigung seines Bedürfnisses und die Freiheit von der Natur; am Sabbath soll seine religiöse Anschauung auch That werden, oder seine Freiheit und Abgezogenheit von der Natur zur wirklichen Anschauung kommen: da aber seine Bedürfnisse in der Religion doch nicht wahrhaft befriedigt sind, also auch am Sabbath ihn beunruhigen, das wirkliche, prosaische und bedürfnißvolle Leben und das ideale Leben, in welchem er sich um die Befriedigung seiner Bedürfnisse nicht mehr bekümmern sollte, in Widerspruch stehen, so muß er auf Mittel und Auswege sinnen, um seine Bedürfnisse zu befriedigen, ohne den Schein, daß er das Gesetz befolge, d. h. über den Bedürfnissen erhaben stehe, zu verletzen. Der jüdische Jesuitismus ist die bloße Schlauheit des sinnlichen Egoismus, gemeine Pfiffigkeit, und bei allem dem, weil er es immer mit ganz natürlichen, sinnlichen Bedürfnissen zu thun hat, rohe, plumpe Heuchelei. Er ist so plump und widerlich, daß man sich nur mit Ekel von ihm abwenden, aber ihn nicht einmal ernsthaft bestreiten kann. Wenn z. B. der Jude am Sabbath von einem christlichen Dienstboten oder Nachbar sich das Licht anzünden läßt, und zufrieden ist, wenn er es nur nicht selbst gethan hat, obwohl sein Schein doch ihm allein zu gute kommt, wenn er von dem fremden Dienstboten das Zimmer heizen läßt, um nicht zu erfrieren, obwohl das göttliche Gebot, daß er am Sabbath kein Feuer anmachen solle, ihn vor dem Frieren und Erfrieren schlechthin sicher stellen müßte; wenn er das Sabbathsgesetz nicht zu übertreten meint, sobald er an der Börse sich nur mit passiven Geschäften begnügt, als ob er sie nicht zu activen machte, wenn er, um ihnen zu begegnen, auf die Börse geht und sich überhaupt auf sie einläßt; wenn er endlich christliche Compagnons oder Commis hat, die für ihn am Sabbath die Geschäfte führen, als ob deren Arbeit nicht seiner Firma und seinem Säckel zu Gute kämen —: so ist das eine Heuchelei, gegen die ein anständiger Mensch nicht einmal besonders kämpfen kann.

Wenn aber der Christ den Begriff des Geistes und das Selbstbewußtsein religiös fassen, also verkehrt fassen muß, und das wirkliche Selbstbewußtsein gegen diese Verkehrtheit reagirt, ohne sie aufheben zu dürfen, so ist der Jesuitismus, der daraus entsteht, etwas ganz Anderes, so ist ein wissenschaftlicher Kampf nicht nur möglich, sondern auch nothwendig und sogar die Voraussetzung von der Geburt und dem Aufgange der höchsten, menschlichen Freiheit.

Der jüdische Jesuitismus ist die Schlauheit, mit welcher sich das sinnlichste Bedürfniß befriedigt, weil es an der vorgespiegelten und gesetzlich gebotenen Befriedigung nicht genug haben kann. Er ist nur thierische List. Der christliche Jesuitismus dagegen ist die theoretische Höllenarbeit des nach seiner Freiheit ringenden Geistes, der Kampf der wirklichen Freiheit mit der entstellten, vorgeheuchelten, d. h. mit der Unfreiheit, ein Kampf, in welchem zwar die kämpfende, wirkliche Freiheit, so lange sie kämpft, und zumal noch religiös und theologisch kämpft, sich selbst immer wieder zur Unfreiheit herabwürdigt; aber dieses grausame und fürchterliche Spiel weckt doch endlich die Menschheit auf und reizt sie, ihre wirkliche Freiheit ernstlich zu erobern.

Selbst der eigentliche Jesuitismus, der Jesuitismus des kirchlichen Ordens, war ein Kampf gegen die religiösen Satzungen, der Spott der Frivolität, eine That der Aufklärung, und nur deßhalb widerlich und sogar schmutzig, weil die Aufklärung und Frivolität in rein kirchlicher, nicht in freier, menschlicher Form auftraten.

Wenn der jüdische Casuist, der Rabbiner, fragt, ob es erlaubt sei, das Ei zu essen, welches ein Huhn am Sabbath gelegt habe, so ist das simple Narrheit und schimpfliche Consequenz der religiösen Befangenheit.

Wenn die Scholastiker dagegen fragten, ob Gott, wie er im Schooß der Jungfrau Mensch wurde, auch z. B. ein Kürbis werden könnte, wenn Lutheraner und Reformirte sich darüber stritten, ob der Leib des Gottmenschen zu gleicher Zeit an allen Orten gegenwärtig sein könne: so ist das zwar lächerlich, aber nur deßhalb, weil es der Streit über den Pantheismus in religiöser und kirchlicher Form war.

Die Christen stehen also deßhalb höher, weil sie den religiösen Jesuitismus, diese sich selbst abwürgende Unfreiheit, bis dahin entwickelt haben, wo Alles auf dem Spiele steht, wo die Unfreiheit Alles umfaßt und die Freiheit und Aufrichtigkeit die nothwendige Folge ihrer Alleinherrschaft sein mußten. Die Juden stehen tief unter dieser Höhe der religiösen Heuchelei, also auch tief unter dieser Möglichkeit der Freiheit.

Das Christenthum entstand, als der männliche Geist der griechischen Philosophie und classischen Bildung in einer schwachen Stunde sich mit dem brünstigen Judenthum vermischt hatte. Das Judenthum, welches Judenthum blieb, hat diese Vermischung und Liebesumarmung, nachdem es ihre Frucht geboren hatte, vergessen. Es wollte nicht einmal seine Frucht anerkennen. Das Judenthum dagegen, welches die herrliche Gestalt der gottlosen und weltlichen Philosophie beständig in der Erinnerung und lieb behielt, sie nie vergessen konnte und sich immer mit dem Gedanken an die schöne menschliche Gestalt des gottlosen Kerls herumtrug, bis es an der Erinnerung starb und an seiner Stelle die wirkliche Philosophie wieder dastand — dieses an seiner heidnischen Liebe und Vermischung gestorbene Judenthum ist das Christenthum.

Daß im Christenthum die Unmenschlichkeit höher getrieben ist, als in jeder andern Religion, ja auf ihren höchsten Gipfel getrieben ist, kommt nur daher, und war nur deßhalb möglich, weil es den schrankenlosesten Begriff der Menschheit gefaßt hatte und ihn in der religiösen Fassung nur verkehrte, entstellte, das menschliche Wesen unmenschlich machen mußte. Im Judenthum ist die Unmenschlichkeit noch nicht so hoch getrieben; der Jude als Jude hat z. B. die religiöse Pflicht, der Familie, dem Stamme, der Nation anzugehören, d. h. für bestimmte menschliche Interessen zu leben; dieser Vorzug ist aber nur scheinbar und nur in dem Mangel begründet, daß der Mensch in seinem allgemeinen Wesen, nämlich der Mensch, der mehr ist als nur Glied der Familie, des Stammes oder der Nation, dem Judenthum noch nicht bekannt war.

Die Aufklärung hat daher ihren wahren Sitz im Christenthum. Hier kann sie die tiefste Wurzel schlagen, hier ist sie entscheidend, und zwar, nachdem auch die Griechen und Römer ihre Aufklärung gehabt hatten, aber durch die Auflösung ihrer Religion nur zur Geburt einer neuen Religion den Anlaß geben mußten, für alle Zeilen, für die ganze Menschheit entscheidend. Die Aufklärung der Griechen und Römer konnte nur eine bestimmte, eine noch unvollkommene Religion, d. h. eine Religion stürzen, die noch nicht durch und durch Religion und vielmehr noch mit politischen, patriotischen, künstlerischen und so zu sagen humanen Interessen vermischt war. Das Christenthum ist vollendete, reine Religion, Nichts als Religion;

die Aufklärung, die es erzeugt und von der es gestürzt wird, entscheidet daher die Sache der Religion und der Menschheit überhaupt. Es mußte aber aus beiden Gründen, die eigentlich nur Ein einziger Grund sind, diese entscheidende Aufklärung erzeugen, weil es der Gipfel der Unmenschlichkeit und die religiöse Vorstellung von der reinen, unbeschränkten, allumfassenden Menschlichkeit ist.

Aus demselben Grunde erklärt es sich, daß eine so lange Reihe von Jahrhunderten nöthig war, ehe die Aufklärung und Kritik die Vollendung und Reinheit erreichen konnten, in welcher sie fähig waren, wirklich eine neue Epoche der Geschichte der Menschheit zu machen. Eben deßhalb, weil das Christenthum eine so umfassende Vorstellung von der Menschlichkeit enthält, konnte es so lange den Angriffen auf seine Unmenschlichkeit widerstehen. Die Angriffe waren so schwierig, so zaghaft, so halb — noch jetzt sind sie es in manchen Regionen der Aufklärung, wo man noch von dem christlichen Gebot der allgemeinen Menschenliebe, vom christlichen Gesetz der Freiheit und Gleichheit viel Rühmens macht — weil man sich von dem religiösen Gebot der Bruderliebe imponiren ließ und nur schwer dahinter kommen konnte, daß eben dasselbe Gebot, weil es religiös ist, die Liebe also durch den Glauben beschränkt und aufhebt, den Haß, die Verfolgungswuth erzeugt, das Schwert in Bewegung gesetzt und die Scheiterhaufen angezündet hat. Untergeordnete Religionen konnten eher fallen, weil die Hindernisse, die sie der Entwickelung der Menschheit entgegensetzten, sich eher fühlbar machten, d. h., weil sie von vornherein auf einer beschränkten Auffassung des menschlichen Wesens beruhen und die Aufklärung viel früher reizten, irreligiös zu werden. Aber diese Aufklärung war noch nicht für die Religion überhaupt entscheidend, da sie nur eine bestimmte, nur Eine Schranke umstieß, nicht die Schranke, nicht die Beschränktheit und Unfreiheit überhaupt. Diese Aufklärung war auch deßhalb nicht entscheidend, weil sie nicht einmal die bestimmte, noch unvollkommene Religion in der Art auflösen konnte, daß sie die Illusion, den Ursprung und die menschliche Entstehung derselben richtig erklärte. Nur die Aufklärung, welche die Illusion überhaupt, die Religion schlechthin erklärt und auflöst, wird auch die Illusion und den Ursprung der untergeordneten Religionsformen richtig erklären.

Das Christenthum selbst hat für diesen Satz einen Beleg geliefert. Für den Katholiken war es leichter als für den Protestanten, sich von der religiösen Bevormundung zu befreien, aber schwerer und fast unmöglich, die Religion überhaupt aufzulösen und ihren Ursprung richtig zu erklären. Die religiöse Bevormundung war roher, äußerlicher, bot also auch endlich für den Angriff bequemere, äußere Handhaben, und konnte, weil sie nicht bis in das Innerste eingedrungen war und noch nicht den ganzen Menschen umfaßte, leichter abgeworfen oder zurückgewiesen werden. Aber sie wurde zugleich falsch erklärt, als roher, verständiger Betrug angeklagt, die wahre Quelle der Religion, die Illusion, die Selbsttäuschung der Bevormundeten blieb dabei bestehen, konnte wenigstens bestehen bleiben und den Aufgeklärten, der sich nur von einer bestimmten Illusion und nicht einmal von dieser richtig befreit hatte, sich wieder unterwerfen und selbst in seiner Aufklärung irre führen. Im Protestantismus dagegen ist die Illusion vollständig und allmächtig geworden, weil sie den ganzen Menschen einnimmt und ihn nicht von außen durch priesterliche, hierarchische oder kirchliche Gewalt überhaupt, sondern von seinem eigenen Innern aus beherrscht. Im Protestantismus ist das Abhängigkeitsgefühl als solches und in seiner Reinheit und weitesten Allgemeinheit, d. h. in seiner totalen und absoluten Beschränktheit zum Princip erhoben. Hier, wo es das Wesen des Menschen bildet und der Mensch außer dem, daß er religiöser ist, nicht noch etwas Anderes, z. B. Politiker, Künstler, Philosoph ist, wenigstens nicht sein darf, hier dauert es am längsten, daß der Mensch es wagt, sein eignes und von ihm bis dahin als sein einziges, wahrhaftes Wesen anerkanntes Wesen anzugreifen und vielmehr als sein Unwesen von sich abzustoßen und zu vernichten. Aber wenn es einmal geschieht, so geschieht es gründlich, für alle Zeiten, für die ganze Menschheit, so daß die Sache für immer abgemacht ist und der Kampf nie wieder aufgenommen zu werden braucht: vor Allem aber geschieht es richtig, indem die religiöse Illusion nicht mehr auf den bloßen Betrug einer Priesterkaste zurückgeführt, sondern als die allgemeine Illusion der Menschheit überhaupt begriffen wird.

Der Protestantismus hat jetzt das Höchste geleistet, was er leisten kann und was seine höchste Bestimmung ist; er hat sich selbst und mit sich zugleich die Religion überhaupt aufgelöst. Er hat sich zum Besten der Freiheit der Menschheit aufgeopfert. Was hat nun das Judenthum geleistet? Oder vielmehr: was hilft es, wenn der Jude sein Gesetz nicht einmal auflöst, sondern übertritt, und wenn es sein Bedürfniß und Vortheil erfordert, für nichtig erklärt? Was es hilft? Nichts für die Menschheit, sondern nur der ungehinderten Befriedigung eines beschränkten, sinnlichen Bedürfnisses. Wenn der Protestantismus, und in ihm das Christenthum, sich auflöst, so steht der volle, freie Mensch, die schöpferische und für ihre höchsten Schöpfungen nicht mehr gehinderte Menschheit auf dem Platze: wenn der Jude sein Gesetz übertritt, so kann ein einzelner Mensch oder eine gewisse Anzahl von Menschen ungehindert den Geschäften des Verkehrs nachgehen, essen und trinken, was die Natur gibt, ein Licht anbrennen, wenn es finster wird, Feuer anzünden, auch wenn es Sabbath ist.

Aufgeklärte Juden hat es eher gegeben, als es aufgeklärte Protestanten oder gar Christen gab, weil es leichter war, ein Gesetz zu annulliren, was nur mit den himmlischen Bedürfnissen im Kampfe liegt, als ein Abhängigkeitsgefühl aufzulösen, dessen Herrschaft in der Entwickelung der menschlichen Natur begründet ist und nur gestürzt werden konnte, als der Mensch zur Erkenntniß seines wahren Wesens sich erhoben hatte. Es ist leichter, das sinnliche Bedürfniß trotz einem Gesetze, das als göttlich gilt, zu befriedigen, als eine neue und zumal die wahre Auffassung von dem Wesen des Menschen, die mit der gesammten bisherigen Ansicht der Menschheit von ihr selbst im Gegensatz steht und in einen Kampf auf Tod und Leben sich setzen muß, zu gründen und durchzusetzen.

Der Jude gibt der Menschheit Nichts, wenn er sein beschränktes Gesetz für sich mißachtet: der Christ, wenn er sein christliches Wesen auflöst, gibt der Menschheit Alles, was sie nur in Empfang nehmen kann: er gibt ihr sie selbst: er bringt sie zu sich selbst wieder, nachdem sie sich bis jetzt verloren und nie in der That besessen hatte. Der Jude kann nicht einmal ruhig sein und ein gutes Gewissen haben, wenn er in seiner Weise, d. h. nur des sinnlichen Bedürfnisses halber sein göttliches Gesetz umgeht: die Menschheit, die sich nach ihrem religiösen Verlust wiedergewonnen, besitzt sich mit ruhigem Gewissen und hat erst ihre wahre Reinheit und Lauterkeit gewonnen. Wer ein beschränktes Gesetz zu seinem Besten aufhebt, gewinnt durch den Kampf, weil er leicht beendigt ist, keinen Zuwachs an Kräften: ein Kampf dagegen, der gegen die Unfreiheit überhaupt und gegen den Urirrthum durchgesetzt ist, gibt der Menschheit alle ihre Kräfte und zwar mit einer Elasticität zurück, die unwiderstehlich ist und alle Schranken, die sie bisher einengten, über den Haufen wirft.

„Es wird also von eurer Seite her gar nicht anerkannt werden, wie viel die christliche Bildung, selbst die christliche Aufklärung den Juden verdankt? Und wollt ihr auch nicht einmal anerkennen, daß euer Streben nach politischer Freiheit durch das Verlangen der Juden nach Emancipation mächtig angeregt ist und unterstützt wird?"

Kann auch die Axt zu dem, der sie schwingt, sagen, sie schwinge ihn?

Es ist nicht wahr, daß die Juden auf die Aufklärung des vorigen Jahrhunderts Einfluß gehabt oder gar schöpferisch in sie eingegriffen hätten. Was sie in diesem Gebiete geleistet haben, steht tief unter den Leistungen der christlichen Kritiker, ist für die Entwickelung der Geschichte nicht von Bedeutung gewesen und war nur das Erzeugniß einer Anregung, die von der christlichen oder aus der christlichen Welt hervorgegangenen antichristlichen Aufklärung auf sie übergegangen war.

Man wird uns wahrlich nicht den Vorwurf zu machen wagen, daß wir uns von Parteilichkeit für das Christenthum bestimmen und leiten ließen: man wird uns hoffentlich mit diesem Vorwurfe auch nicht beschwerlich fallen, wenn wir es verneinen, daß das Judenthum das Streben der neueren Zeit nach Freiheit angeregt oder unterstützt habe. Man hat auf beiden Seiten, auf jüdischer und christlicher, einen gewaltigen Fehlgriff sich zu Schulden kommen lassen, wenn man die Judenfrage von der allgemeinen Frage der Zeit trennte und nicht daran dachte, daß nicht nur die Juden, sondern auch wir emancipirt werden wollen.

Die Juden können nur die Emancipation verlangen, weil die ganze Zeit danach verlangt. Sie werden von dem allgemeinen Trieb und Streben der Zeit mit fortgerissen. Es wäre die lächerlichste Uebertreibung, wenn man mit Ernst behaupten wollte, die Juden hätten mit ihrem Verlangen nach Emancipation eine Frage angeregt und unterstützt, welche das ganze achtzehnte Jahrhundert in Bewegung gesetzt hatte und in der französischen Revolution ziemlich ernsthaft verhandelt und entschieden war.

Wenn wir überall, wo es dem Fortschritt gilt, die christliche Welt an der Spitze finden, das Christenthum also sich als der Trieb zum Fortschritt beweist, so heißt das nicht: das Christenthum als solches, das Christenthum für sich habe den Fortschritt gewollt und bewirkt. Im Gegentheil: käme es wirklich auf dasselbe an, so wäre der Fortschritt unmöglich. Es reizt vielmehr nur deßhalb so mächtig zum Fortschritt, weil es ihn schlechthin unmöglich machen will; es ist der Trieb zur Entwickelung der wahren Menschlichkeit, weil es die reine, die höchste, die vollendetste Unmenschlichkeit ist. Nicht das Christenthum als solches hat die Geister im achtzehnten Jahrhundert befreit und die Fesseln des Privilegiums und Monopols zersprengt; sondern die Menschheit hat es gethan, die innerhalb des Christenthums an der Spitze der Civilisation stand, wo sie innerhalb dieses geschlossenen Kreises sich in den tiefsten Widerspruch gegen sich selbst und ihre Bestimmung versetzt hatte; die Menschheit hat es gethan, die Alles überflügeln mußte, wenn sie die Schranken durchbrach, die sie sich in ihrer religiösen Befangenheit im Christenthume gesetzt hatte. Die Juden wurden von dieser reißenden Bewegung nur nachgeschleppt, sie sind nur die Nachzügler, nicht die Vordermänner und Führer des Fortschritts, und sie ständen nicht einmal da, wo sie jetzt stehen, wenn sie hätten darauf warten wollen, daß sie die Auflösung ihrer Satzungen mitten in die Bewegung der neueren Kultur versetzen sollte. Um sich in dieser zu befinden, mußten sie sich erst von dem Alles zersetzenden Gift der christlichen oder wenn man so sagen will, der antichristlichen Bildung und Aufklärung gleichsam anstecken lassen.

Das Judenthum und Christenthum sind schon in ihnen selbst, als Religion, eine Form der Aufklärung und Kritik, und wenn es ihre Bestimmung war, die Menschheit zu beherrschen, so war es auch ihr Loos, an ihnen selbst, an der Aufklärung, die sie enthielten, unterzugehen, und die Aufklärung, die in ihnen religiös paralysirt war, in ihrem Untergange frei zu lassen. Oder mit andern Worten: die Aufklärung, die sie in religiöser Form waren, zerstörte sie, indem sie die religiöse Form zerbrach, um wirkliche, vernünftige Aufklärung zu werden.

Natürlich wird auch unter diesem Gesichtspunkte das Christenthum wieder an der Spitze stehen, da es selbst Nichts anderes als das an seiner eigenen Aufklärung untergegangene Judenthum, d. h. die religiöse Vollendung der Aufklärung ist, welche das Judenthum enthielt.

Der Mensch wird als Glied eines Volkes geboren und ist dazu bestimmt, Bürger des Staats zu werden, dem er durch seine Geburt angehört; seine Bestimmung als Mensch geht aber weiter als die Grenze des Staats, in dem er geboren ist. Die Aufklärung, die den Menschen über die Einfriedigung in das Staatsleben erhebt und mit dem einzelnen und allen einzelnen Staaten entzweit, drückte das Judenthum in der religiösen Form aus, daß es hasse; alle Staaten und Völker sind vor dem Einen, vor Jehova unberechtigt und haben kein Recht zu bestehen. Nur gegen sich selbst, gegen das Eine Volk wollte das Judenthum mit dieser Aufklärung nicht Ernst machen: Ein Volk ließ es als das einzig berechtigte bestehen und stiftete damit gerade das beschränkteste und abenteuerlichste Volks- und Staatsleben.

Das Christenthum führte die religiöse Aufklärung, welche das Judenthum begonnen hatte, zu Ende: es strich auch das Eine noch stehen gebliebene Volk aus der Liste der Völker, erklärte es geradezu für das verworfene Volk, hob alle Volks- und Staatsverhältnisse auf und proclamirte die Freiheit und Gleichheit aller Menschen.

Die Proclamation, mit der es auftrat, ist also dieselbe, mit welcher das Werk der neueren Aufklärung und zugleich der Schöpfer derselben, das freie und unendliche Selbstbewußtsein, sich der Welt ankündigt und allen Schranken und Privilegien den Krieg ansagt. Das Selbstbewußtsein ist weder der Bauer, noch Bürger, noch Edelmann, vor ihm sind Juden und Heiden gleich, es ist weder nur deutsch, noch nur französisch; es kann nicht zugeben, daß es Etwas geben könne, was von ihm schlechthin getrennt sei oder über ihm stehe, es ist die Kriegserklärung und der Krieg selbst, ja, wenn es sich zum wirklichen Selbstbewußtsein vollendet hat, der Sieg über Alles, was als Monopol, als Privilegium und ausschließlich für sich gelten will. Klagt also nicht über seine zerstörende Gewalt, es will und wirkt, was das Christenthum, für welches ihr kämpft, auch wollte und nur falsch ausführte, weil es dasselbe in *religiöser Form* ausführen wollte.

Die religiöse Aufhebung ist immer oberflächlich, weil sie die Verhältnisse, die sie auflöst, nicht von innen, durch ihre eigene Dialektik und durch den wissenschaftlichen, theoretischen Beweis, sondern nur dadurch auflöst, daß sie sich einfach über sie erhebt, sie roh und kurzweg läugnet, also im Grunde noch bestehen und schlecht genug bestehen läßt, ja sich so wenig von ihnen losreißen kann, daß sie dieselb.n doch wieder, aber freilich in einer abenteuerlichen Form herstellt. Sie ist die Erhebung in die Luft, ins Phantastische, und ist demnach die phantastische Wiederspiegelung dessen, worüber sie sich weit erhaben dünkt. So ist das eheliche Verhältniß, welches das Christenthum auflöst, als die Ehe der Gemeinde mit ihrem Herrn oder im Verhältniß der Himmelsbraut zu dem Himmel, oder in der Schwärmerei des Mönchs für die himmlische Jungfrau und der Nonne für den Bräutigam, dem sie sich gelobt hat, wiederhergestellt. Die Ständeunterschiede leben wieder auf in den Ständen der nur Berufenen, der Auserwählten und derjenigen, die nach dem unerforschlichen und willkürlichen Rathschlusse des Allerhöchsten verdammt sind: die religiösen Stände beruhen eben so auf der Natur wie die politischen, nur aber auf einer chimärischen Natur. Der Staat, und zwar der despotische Staat erscheint wieder in der Heerde, die für sich willenlos ihrem Einen Herrn unterworfen ist, sogar der Gegensatz der Staaten und Reiche ist wieder erwacht in dem Gegensatze, in welchem das Himmelreich zu dem Reiche dieser Welt steht, die Fürsten liefern sich noch Schlachten, wenn der Himmelsfürst und der Fürst dieser Welt sich unaufhörlich und an allen Orten bekämpfen, und der Haß und die Feindschaft der Völker sind wieder angefacht, wenn die Schafheerde und die Schaar der Böcke, die linke und die rechte Seite sich gegenüberstehen nnd sich gegenseitig als schlechthin fremd, als den reinen Gegensatz betrachten müssen.

Die Religion ist der Widerspruch, daß sie alles, wonach ihr Wille trachtet, verneinen, was sie verneinen will, chimärisch befestigen, und was sie zu geben verheißt, versagen muß. Sie verneint die natürlichen Unterschiede der Stände und Völker und macht sie nur phantastisch, sie verneint das Privilegium und stellt es in der ausschließlichen Herrschaft des Einen und in dem Vorrecht der willkürlich Auserwählten wieder her; sie verneint die Sünde und schließt Alles unter die Sünde, sie erlöst von der Sünde und macht alle Menschen zu Sündern; sie will Freiheit und Gleichheit geben und versagt sie, ja stiftet eine Oekonomie der Ungleichheit und Unfreiheit.

Sie kann nicht wirklich aufheben, was sie verneinen will, weil sie sich nicht mit dem wirklichen Selbstbewußtsein, sondern mit einem voreiligen, exaltirten, also ohnmächtigen Willen und mit der Phantasie dagegen richtet.

Sie kann nicht wirklich geben, was sie zu geben verspricht, weil sie es eben nur geben, aber nicht erarbeiten, erobern will. Gleichheit und Freiheit, die nur gegeben, nicht erarbeitet werden, sind die Ungleichheit und Unfreiheit selbst, weil sie das Privilegium und die Knechtschaft nicht durch die Arbeit, durch wirklichen Kampf aufgehoben werden, also vielmehr bestehen lassen.

An diesem Widerspruch geht die vollendete Religion unter. Sie reizt das Verlangen nach Gleichheit, welches gegen die Privilegien zu Felde ziehen will, aber stillt es nicht, indem es den Feldzug nicht einmal zugibt und den Feind der Gleichheit vielmehr unsterblich und göttlich macht. Sie will Freiheit geben, aber gibt sie nicht nur nicht, sondern vielmehr die Ketten der Sclaverei.

Was sie will und wozu sie reizt, ist aber der Wille der Menschheit und der Gegenstand ihres Verlangens. Die Religion muß also, wenn er endlich ausgeführt wird, nach ihrem eigenen Willen untergehen. Die Ausführung ihres Willens ist aber die Aufklärung, die Kritik, das befreite Selbstbewußtsein, welches nicht flieht, wie sie, sich nicht in die phantastische Wiederspiegelung dieser Welt erhebt, sondern sich durch die Welt durchschlägt und den Kampf mit den Schranken und Privilegien wirklich durchführt.

Das Christenthum ist diejenige Religion, die der Menschheit das Meiste, nämlich Alles, verheißen, aber auch das Meiste, nämlich wiederum Alles, versagt hat. Es ist demnach die Geburtsstätte der höchsten Freiheit, wie es die Macht der größten Knechtschaft war. Seine Auflösung durch die Kritik, d. h. die Auflösung seiner Widersprüche ist die Geburt der Freiheit und selbst der erste Act dieser höchsten Freiheit, die sich die Menschheit erobert, erobern mußte und nur im Kampfe gegen die Vollendung der Religion erobern konnte.

Das Christenthum steht demnach weit über dem Judenthum, der Christ weit über dem Juden, und seine Fähigkeit, frei zu werden, ist bei weitem größer, als die des Juden, da die Menschheit auf dem Standpunkte, wo er sich als Christ befindet, an dem Punkte angelangt ist, wo eine durchgreifende Revolution alle Schäden, die die Religion überhaupt angestiftet hat, heilen wird, und die Elasticität der Kraft, die sie dieser Revolution entgegen führt, unendlich ist.

Der Jude steht tief unter diesem Standpunkte, also auch tief unter dieser Möglichkeit der Freiheit und einer Revolution, welche das Geschick der gesammten Menschheit entscheidet, weil seine Religion nicht durch sich selbst für die Geschichte bedeutend ist und in die Weltgeschichte eingreifen kann, sondern nur durch ihre Auflösung und Vollendung im Christenthum praktisch und weltgeschichtlich werden konnte.

Der Jude will frei werden: daraus folgt aber nicht, daß er Christ werden muß, um der Möglichkeit der Freiheit näher zu kommen. Knechte und Leibeigene sind sie beide, der Jude wie der Christ, und wenn die Aufklärung dahinter gekommen ist, daß das Judenthum wie das Christenthum die Leibeigenschaft des Geistes sind, dann ist es zu spät: dann ist die Einbildung und Selbsttäuschung, daß der Jude durch die Taufe zum freien Manne und zum Staatsbürger werden könne, nicht mehr möglich, wenigstens kann sie nicht mehr aufrichtig sein. Er vertauscht nur den einen privilegirten Stand mit dem andern, den einen, der mit mehr Plackereien verbunden ist, mit dem andern, der vortheilhafter scheint, aber ihm die Freiheit und Staatsrechte, weil sie der christliche Staat selbst nicht kennt, nicht ertheilen kann. Der größere Vortheil, der mit dem privilegirten Stand des Christen verbunden ist, kann manchen Juden dazu bewegen, sich der Taufe zu bedienen, um seine Stellung im christlichen Staate für sich vortheilhafter zu machen; aber die Taufe macht ihn nicht frei, und wenn sämmtliche Juden das christliche Glaubensbekenntniß ablegen wollten, so würde die Macht des Christenthums daraus keinen Zuwachs erhalten.

Es ist zu spät. Das Christenthum wird keine Eroberungen mehr machen, die auch im entferntesten wichtig und bedeutend genannt werden können. Die Zeit der weltgeschichtlichen Eroberungen, die ihm ganze Völker gewannen, ist für immer vorüber, da es den Glauben an sich selbst verloren und seine geschichtliche Aufgabe vollständig erfüllt hat.

Wenn sie frei werden wollen, so dürfen sich die Juden nicht zum Christenthum bekennen, sondern zum aufgelösten Christenthum, zur aufgelösten Religion überhaupt, d. h. zur Aufklärung, Kritik und ihrem Resultate, der freien Menschlichkeit.

Die geschichtliche Bewegung, welche die Auflösung des Christenthums und der Religion überhaupt als eine vollendete Thatsache anerkennen und der Menschheit den Sieg über die Religion sichern wird, kann nicht mehr lange ausbleiben, da das Selbstbewußtsein der Freiheit sich allen bestehenden Verhältnissen entzogen hat, in totalem Widerspruch mit denselben steht und die ungeschickten und ohnmächtigen Maßregeln, die man von Seite des Bestehenden gegen dasselbe ergreift, ihm nur immer neue Siege und Eroberungen gewinnen.

Die Völker, die sich an die Spitze dieser Bewegung stellen werden, werden nicht mehr das Evangelium von dem Einen, der alle Menschen unter die Sünde beschlossen hat, sondern die Botschaft von der Menschlichkeit und befreiten Menschheit den andern noch gefangen gehaltenen Völkern und Welttheilen bringen. Die Kreise und Völker, die sich dieser Bewegung nicht anschließen und den Glauben an die Menschheit nicht annehmen wollen, werden sich selbst bestrafen, indem sie sich bald überflügelt, außerhalb die Geschichte gestellt und auf die Stufe der Barbaren und der Paria's versetzt sehen werden.

Wenn das am grünen Holz geschieht, was wird am dürren geschehen? Wenn die Zukunft der Christen, die im Christenthume stehen bleiben wollen, also auch von der Entwickelung der Menschheit unendlich überholt werden, von der Beschaffenheit und so trübe ist, was kann die Zukunft der Juden sein, die auf einem noch untergeordneten Standpunkte stehen und auf ihm stehen bleiben wollen?

Sie mögen selber zusehen: sie werden sich selber ihr Geschick bestimmen; die Geschichte aber läßt mit sich nicht spotten. Die Pflicht des Christen ist es, das Resultat der Entwickelung des Christenthums, die Auflösung desselben und die Erhebung des Menschen über den Christen aufrichtig anzuerkennen, d. h. aufzuhören, Christ zu sein, um Mensch und frei zu werden. Der Jude dagegen muß das chimärische Privilegium seiner Nationalität, sein phantastisches, bodenloses Gesetz — so schwer ihm das Opfer fallen mag, da er sich ganz und gar aufgeben und den Juden verneinen muß — der Menschheit, dem Resultat der Entwickelung und Auflösung des Christenthums, zum Opfer bringen. Er braucht sich nicht mehr das Dementi zu geben, daß er seine Religion einer andern aufopfert. Was er aber zu thun hat, ist mehr und schwerer, als nur eine Religion mit der andern zu vertauschen.

Der Christ und der Jude müssen mit ihrem ganzen Wesen brechen aber dieser Bruch liegt dem Christen näher, da er aus der Entwickelung seines bisherigen Wesens unmittelbar als seine Aufgabe hervorgeht; der Jude dagegen hat nicht nur mit seinem jüdischen Wesen, sondern auch mit der Entwickelung der Vollendung seiner Religion zu brechen, mit einer Entwickelung, die ihm fremd geblieben ist und zu der er Nichts beigetragen hat, so wie er auch die Vollendung seiner Religion als Jude weder herbeigeführt noch anerkannt hat. Der Christ hat nur Eine Stufe, nämlich seine Religion zu übersteigen, um die Religion überhaupt aufzugeben; der Jude hat es schwerer, wenn er zur Freiheit sich erheben will.

Vor dem Menschen ist aber Nichts unmöglich.

Heidenlied.

Wie lebten doch die Heiden
So herrlich und so froh!
Das war ein Volk von Seiden,
Wir sind ein Volk von Stroh;
Entführt' ein Ochs ein schönes Kind
Zuweilen auch — doch glaubet mir:
Die Heiden waren nicht so blind,
Nicht halb so blind, als wir.

Die Heiden, 's ist doch schade
Um solch ingenium;
Sie hießen Vier gerade
Und nahmen Fünf für krumm;
Auch hatt' die Jungfernschaft ein End',
Sobald die Magd ein Kind gebar,
Dieweil das N. T.
Noch nicht erfunden war.

Sie thaten, was sie mochten,
Die Frechheit war enorm;
Sie siegten, wenn sie fochten,
Auch ohne Uniform;
Sie hatten keine Polizei
Und tranken lieber Wein, als Bier.
Wie waren doch die Heiden frei,
Die Heiden! — aber Ihr?

Und von Achill und Hektor,
Wie's im Homerus steht,
Bis zu dem letzten Rektor
Der Universität,
Da gab's kein Buch in ganz Athen —
O schreckliche Verworfenheit!
Man wurde vom Spazierengeh'n
Und von der Luft gescheidt.

Wie wußten sie die Tatzen
Den Pfaffen abzuhau'n!
Die durften nur nach Spatzen,
Nicht nach den Weibern schau'n;
Den Prinzen gar erging es schlecht,
Die fanden kaum ein Nachtquartier;
Wie hatten doch die Heiden Recht,
Die Heiden! -- aber Ihr?

Die Heiden, ach! die Heiden,
Die keine Christen sind,
Sie spinnen doch die Seiden
Für manch' ein Christenkind;
D'rum lebe hoch das Heidenpack
Und jeder ächte Heidenstrick,
Homerus mit dem Bettelsack
Und ihre Republik!

G. Herwegh.

Socialismus und Communismus.

Vom Verfasser der europäischen Triarchie.

— Wenn es wahr ist, daß unsere Zeit noch immer an dem Gegensatze von Theorie und Praxis leidet, daß die objektive Welt, welche der Gegenwart aus der Vorzeit überkommen ist, mit der subjektiven unserer modernen Gefühle und Ideen im Widerspruche steht: so ist in keinem civilisirten Lande diese Krankheit gefährlicher, dieser Widerspruch schneidender, als in Deutschland. — Zu welcher Tiefe der Empfindung, zu welcher Klarheit des Bewußtseins haben die Herren der deutschen Literatur Geist und Gemüth ihrer Landsleute herangebildet? Im Himmel unserer Ideen herrscht kein Vorurtheil, keine Art von Haß mehr — da wird die Würde des Menschen auf's Vollständigste anerkannt, da werden seine ewigen Rechte proklamirt; da sind alle Menschen Brüder und Genossen Einer Familie, da existiren keine dem blinden Egoismus barbarischer Zeiten entsprungene Institutionen mehr, ja, da herrscht die absoluteste Gleichheit – und welche Sophismen auch der in unserer Außenwelt verkörperte Egoismus gegen diese absolute Gleichheit der Menschen vorbringen, wie sehr er sich abmühen mag, das Wesentliche am Menschen mit dem Zufälligen an ihm, das Normale mit dem Abnormen, kurz, die wahre Natur des Menschen, den Geist, mit seiner noch unwahren, rohen Natur zu vermengen und zu verwechseln, um am Ende zu dem Schlusse zu gelangen, es gebe eben so viele verschiedene Menschennaturen, als es verschiedene Individuen gibt: in unserm tiefsten Juuern sind wir doch von der wesentlichen Gleichheit aller Menschen überzeugt. Wir fühlen dies mit unsern größten Dichtern, wir erkennen es mit unsern erhabenston Denkern. Ja, Deutschland ist in der Theorie am weitesten — aber leider auch nur in der Theorie. Der Deutsche ist zu geistig, zu allgemein, um auf bestimmte, concrete Lebensverhältnisse einzugehen. Er ist so eminent unpraktisch, daß er nicht einmal den Versuch wagt, seine Ideen ins Leben einzuführen. Seine edelsten Gefühle, seine erhabensten Gedanken betrachtet er als schöne Träume, als „Ideale", und während andere Nationen durch ihre Thaten oft ihre eigenen Ideen überflügeln — wie z. B. die französische in der ersten Revolution – wagt es die deutsche nicht, den Saum ihrer Gefühle und Gedanken mit praktischen Händen zu erfassen. Während wir so die freiesten Menschen, die reinsten Demokraten, die radikalsten Communisten sind, ertragen wir daneben die Zerrissenheit unserer Wirklichkeit ganz friedlich. Wir dulden Alles und sehen von unserm erhabenen philosophischen Standpunkte oder gar mit religiöser Resignation auf die schlechte Wirklichkeit herab. Indem wir uns nicht zutrauen, unsere Ideen ins Leben einzuführen, wenden wir unsere Augen von der Gegenwart ab, dem Jenseits der Zukunft zu. Nirgends hat die Religion des Jenseits einen bessern Boden gefunden, als in Deutschland. Nirgends hat gegenwärtig die Philosophie der That mit größern Hindernissen zu kämpfen, als bei uns, die wir noch immer an der mittelalterlichen Weltkrankheit, an dem Gegensatze von Praxis und Theorie, von Politik und Religion, von Diesseits und Jenseits laboriren.

Und doch kann die Philosophie der That ihr Prinzip nur von Deutschland erhalten. Nur da, wo die Philosophie überhaupt es bis zu ihrem Culminationspunkt gebracht hat, kann sie über sich selbst hinaus und zur That übergehen. Der nur im Geiste und durch den Geist entstandene Gegensatz von Diesseits und Jenseits kann prinzipiell auch nur im Geiste und durch den Geist wieder überwunden werden. — Wirklich ist die deutsche Philosophie bereits zum Prinzip der Neuzeit durchgedrungen und Philosophie der That geworden; aber noch stehen wir erst am Anfange dieses wichtigen, geistigen Prozesses, noch sind es nur Wenige, die den Muth haben, die Schärfe des Gedankenschwertes der Außenwelt zuzukehren. Einige abstrahiren noch ganz und gar vom Leben; Andere, die es schon zu nahe an sich heran kommen ließen, um es ignoriren zu können, suchen sich, so gut es eben gehen will, mit demselben abzufinden, und da sie zu schwach sind, die Wirklichkeit dem Selbstbewußtsein gemäß zu gestalten, kehren sie ihre Waffe gegen sich selbst und machen den selbstmörderischen Versuch, ihr eigenes Bewußtsein nach der schlechten Wirklichkeit zu modeln. Zu den Letztern gehört Stein,*) dessen Bestrebungen über eine tief in das Wesen der modernen Welt eingreifende Erscheinung ein richtiges Urtheil zu gewinnen, hier näher beleuchtet werden sollen. Hierzu aber müssen wir vorab uns selbst über das Wesen dieser Erscheinung, so wie über deren innere Beziehung zur Philosophie und zum modernen Geistesleben überhaupt ein richtiges Urtheil zu verschaffen suchen.

Das vorige Jahrhundert ist noch nicht bis zum Grundprinzip der Neuzeit hindurch gedrungen, obgleich es diesem Prinzipe, der absoluten Einheit alles Lebens, den Weg zu den Culturstaaten Europa's dadurch bahnte, daß

*) Siehe s. Buch: der Socialismus und Communismus des heutigen Frankreichs. Ein Beitrag zur Zeitgeschichte von L. Stein Dr. der Rechte. Leipzig, bei Otto Wigand.

es sich polemisch und kritisch gegen die mittelalterliche Gestaltung des socialen Lebens, gegen Staat und Kirche verhielt. Indem es aber über Religion und Politik Aufklärung verbreitete, ließ es doch die Basis dieser Doppelerscheinung unangetastet und begnügte sich damit, die „Mißbräuche“, die sich in Kirche und Staat — wie es wähnte, aus Böswilligkeit oder Dummheit der Leuker dieser Institute — eingeschlichen haben, zu beleuchten und dagegen eine „vernünftige“ Religion und „rechtliche“ Politik zu empfehlen. — Wie die Aufgabe des vorigen Jahrhunderts eine doppelte war, sich einem doppelten Zwecke zuwandte, einem religiösen und einem politischen, so theilten sich auch zwei Nationen in diese Arbeit: die deutsche warf sich hauptsächlich auf das religiöse, die französische vorzüglich auf das politische Gebiet. Dort bildet Kant, hier die Revolution das Ziel und Ende des vorigen Jahrhunderts. Von nun an beginnt in der Geschichte der Neuzeit eine neue Periode. Das vorige Jahrhundert wollte einen neuen Staat, den Rechtsstaat, und eine neue Religion, die Vernunftreligion, gründen. Doch kaum hatte es seinen negativen Zweck, den Umsturz der alten Religion und Politik, in der Wirklichkeit erreicht, so zeigte sich auch schon der innere Widerspruch seiner weitern Bestrebungen. Jede Politik, sie mag eine absolutistische, aristokratische oder demokratische sein, muß nothwendig, ihrer Selbsterhaltung wegen, den Gegensatz von Herrschaft und Knechtschaft aufrecht erhalten; sie hat ein Interesse an den Gegensätzen, denn ihnen verdankt sie ihr Dasein — so wie mit der himmlischen Politik, mit der Religion, nicht mit dieser oder jener, sondern mit der Religion überhaupt, die Geisteskechtschaft nothwendig verknüpft ist; denn auch sie kann den Menschen nicht zur Freiheit (des Geistes) kommen lassen, ohne sich selbst zu negiren, auch sie hat ein Interesse daran, daß das Göttliche, die Sittlichkeit, dem Menschen ein Jenseitiges, ein Aeußerliches bleibe, daß er im Streben nach diesem Ziele verharre, da mit der Erreichung desselben ihr eigenes Dasein aufhört. — Nun negirte zwar das vorige Jahrhundert den alten Staat, aber nicht den Begriff des Staates überhaupt, nicht den Gegensatz der auseinandergehenden, abstrakten Persönlichkeiten mit ihrem ganzen egoistischen Anhängsel, somit nicht die Nothwendigkeit einer äußerlichen Regierung oder Beherrschung derselben. Man suchte das Uebel des Staates, wie der Religion, nicht im Wesen dieser Institute, sondern in der zufälligen Form derselben, oder in der Bosheit oder Dummheit der Staatsgewalten und Kirchenhäupter — und als man nun den „Rechtsstaat“ und die „Vernunftreligion“ gründen wollte, erschrack man nicht wenig, hinter der ganzen scharfen und scharfsinnigen Verstandeskritik keinen einzigen positiven, organischen Gedanken zu erblicken. Die Religion war „aufgeklärt“, aber die Vernunft sträubte sich auch gegen jede neue Religionsform; die Politik des ancien régime, die alte Regierungsform war gestürzt, aber kein neuer „Rechtsstaat" wollte sich consolidiren. Seit Kant und der französischen Revolution suchte man vergebens nach einer vernünftigen und gerechten Basis für Staat und Kirche — aus dem sehr einfachen Grunde, weil diese mittelalterlichen Formen des socialen Lebens weder auf Vernunft, noch auf Gerechtigkeit gegründet, sondern ganz naturwüchsig aus den blinden Kämpfen des Egoismus und dem Bedürfniß des egoistischen Individuums entstanden sind. – Während man inzwischen im öffentlichen Leben vergebens nach neuen Formen der gestürzten mittelalterlichen Institutionen strebte und eine Form die andere verdrängte, ohne daß die letzte dem modernen Geiste mehr Befriedigung bot, als die erste, bildeten sich im Stillen, und in der That ganz polizeiwidrig, neue Ideen aus, die sich nicht nur kritisch der Vergangenheit, sondern auch organisirend der Zukunft gegenüber verhielten. Man fing an, sich dem Grundprinzip der modernen Welt zuzuwenden. In Deutschland sprach Fichte zuerst, freilich noch etwas roh und wild, die Autonomie des Geistes aus; in Frankreich sehen wir in Baboeuf die erste und daher ebenfalls noch rohe Gestalt eines einheitlichen Sociallebens auftauchen. Oder populär ausgedrückt: Von Fichte datirt in Deutschland der Atheismus – von Baboeuf in Frankreich der Communismus, oder, wie jetzt Proudhon sich präziser ausdrückt, die Anarchie, d. h. die Negation jeder politischen Herrschaft, die Negation des Begriffes Staat oder Politik.

Es ist hier das wesentlich neue Element hervor zu heben, welches mit Fichte und Baboeuf in Deutschland und Frankreich sich zu entwickeln begann. Während das allgemeine Bewußtsein von nun an nur noch an der Errungenschaft des vorigen Jahrhunderts zehrt, so daß noch heute in Deutschland Alles, mit wenigen Ausnahmen, unbewußt oder bewußt nach den Kantischen Verstandeskategorien denkt und die „Religion innerhalb der Grenzen der reinen Vernunft" (des abstrakten Verstandes) noch immer als das große Strebeziel der Zeit betrachtet wird — in Frankreich dagegen Nichts populärer ist, als der „Rechtsstaat" mit seiner „Volksvertretung", seiner „Gleichheit vor dem Gesetze" und seinen sonstigen Fiktionen – während dessen, sagen wir, entwickelt sich auf beiden Seiten des Rheines — in Deutschland und Frankreich — ganz im Stillen das Prinzip der Zukunft. — Man betrachtet gewöhnlich irrthümlicherweise Kant als den Begründer der deutschen Philosophie und ein geistreicher Poet-Philosoph, Heinrich Heine, zog sogar eine Parallele zwischen den verschiedenen Phasen der französischen Revolution und der deutschen Philosophie, wo er Kant und Robespierre, Fichte und Napoleon, Schelling und die Restauration, Hegel und die Julirevolution als analoge Erscheinungen neben einander stellte. Der wahre Begründer der deutschen Philosophie aber, wenn man nun einmal einen persönlichen Repräsentanten für den Zeitgeist genannt haben will, ist kein Anderer, als derjenige, dessen Weltanschauung eben so sehr der französischen Socialphilosophie zu Grunde liegt — Spinoza — und was die Heinesche Analogie betrifft, so sind nur Kant und Robespierre, d. h. die religiöse Revolution, analoge Erscheinungen. Die deutsche Philosophie aber, die positive Entwickelung der Geistesfreiheit, dieser Prozeß, der mit Fichte begann und mit Hegel endete, hat mit den weitern Experimenten der französischen Politik so wenig Gemeinschaftliches im Prinzip, daß in der That die Phantasie eines Dichters dazu gehört, um hier Analogien heraus zu finden. Desto analoger aber, ja wesentlich identisch ist die deutsche Philosophie, die bis Hegel nur eine esoterische Wissenschaft war und erst jetzt als spekulativer Atheismus ihre Wirkung aufs Leben auszuüben beginnt, und die französische Socialphilosophie, die in gleicher Weise erst jetzt, nach St. Simon und Fourier, sich von der Schule befreit und als wissenschaftlicher Communismus ins Volk einzudringen anfängt. Die Aehnlichkeit zwischen diesen beiden Erscheinungen ist keine poetische, sondern eine philosophisch nachweisbare. Nachdem nämlich der Baboeuf'sche Communismus und der Fichtesche Idealismus sich durch ihren eignen Nihilismus zu Grunde gerichtet hatten, sehen wir in Deutschland Schelling und Hegel, in Frankreich St. Simon und Fourier erstehen. Das Prinzip der Neuzeit, die absolute Einheit alles Lebens, welches sich in Deutschland als abstrakter Idealismus, in Frankreich als abstrakter Communismus manifestirt hatte, treibt nun seinen concreten Inhalt aus sich heraus. Schelling und St. Simon gelangen als Gefühlsmenschen durch unmittelbare Anschauung zu ihren Resultaten und geben sie als solche, ohne sie zuerst durch die Dialektik der Spekulation zu vergeistigen, der erstaunten Welt preis, welche mehr durch Ueberredung, als durch Ueberzeugung für dieselben gewonnen wird; es ist aber eben darum noch nicht das wahre, weil es noch nicht das auf wissenschaftlichem Wege gewonnene Resultat ist. Das Prinzip der Neuzeit gewinnt zwar jetzt schon in den verschiedenen Gebieten, die es in Deutschland und Frankreich betritt, einen festen Boden — es wird eine Macht und vor ihrem belebenden Hauche verschwinden die todten, starren Gegensätze der schlechten Wirklichkeit, hier im socialen Leben, dort in der Natur. Aber diese Macht hat noch nicht ihre Berechtigung gewonnen, sie hat sich noch nicht vor dem Geiste gerechtfertigt — und obgleich sie, eben ihrer Unmittelbarkeit wegen, die Herzen schneller hinreißt und bei der für alles Gute und Große empfänglichen Jugend raschern Anklang findet, als die gleichzeitig auftauchenden, in strengwissenschaftlicher Form aufgestellten Lehren Hegels und Fouriers, so muß sie doch am Ende der höhern Macht der

Wissenschaft das Feld räumen. — Wenn man die Schriften jener auf scheinbar ganz verschiedenen Gebieten arbeitenden und in keinerlei äußern Beziehung stehenden Schriftsteller, so wie die Schicksale ihrer Theorien vergleicht, ist man erstaunt über die Aehnlichkeit derselben. Diese Aehnlichkeit erstreckt sich bei Hegel und Fourier bis auf die Bildung neuer Wörter und Wortfügungen, und von St. Simon, der freilich nicht, wie sein deutscher Geistesgenosse Schelling, sich selbst überlebte, darf man kühn behaupten, daß, wenn er heute noch fortvegetirte, er eben so, wie Schelling, sich den Conservativen anschließen würde, wie das ja auch bei seinen vorzüglichsten Schülern, z. B. Michel Chevalier, wirklich der Fall ist. — Es ist eine wesentlich gleiche Arbeit, die der deutsche und französische Geist über sich genommen, und wem noch ein Zweifel über das einige Grundprinzip übrig bleibt, aus dem in Deutschland die Lehre von der absoluten Geistesfreiheit, in Frankreich jene der absoluten socialen Gleichheit mit allen ihren Consequenzen entstanden, der gehe einen Schritt weiter, als diese Theorien, der verfolge noch die praktischen Wirkungen derselben, wie sie sich eben jetzt und gerade hier auf der Gränze zwischen Deutschland und Frankreich manifestiren — und auch der letzte Zweifel über die gleichen Bestrebungen Deutschlands und Frankreichs muß, wie Nebel vor der Sonne, dahin schwinden.

Die heutigen Socialtheorien Frankreichs nähern sich zwar, sofern sie praktisch ins Leben einzugreifen beginnen, wieder dem Baboeuf'schen Communismus, aber sie sind ihrem Wesen nach wirklich eben so weit über Baboeuf hinaus, wie die heutige deutsche Philosophie, die in ihrer Energie und Thatenlust ebenfalls wieder mehr an den Fichte'schen Atheismus anknüpft, wesentlich doch über diesen hinaus ist. Denn zwischen dem Baboeuf'schen Communismus und dem heutigen liegt die ganze Fülle der französischen Socialphilosophie, wie zwischen dem Fichte'schen und dem heutigen Atheismus die ganze Dialektik der deutschen Philosophie liegt. Die große Idee Fouriers, der den Organismus der Arbeit auf die vollkommenste Freiheit der Bewegung aller Neigungen gründete, ist für den heutigen Communismus nicht verloren — und obgleich die Concessionen, welche Fourier, wie Hegel, dem Bestehenden gemacht hat und die auch deren Systeme ästhetisch, moralisch und intellektuell verunstalten, ein näheres Anschließen an Fourier und Hegel unmöglich machen, so erhält doch gerade im Communismus, im Zustande der Gemeinschaft, die Fourier'sche Hauptidee erst ihre wahre Bedeutung und praktische Ausführbarkeit, wie andrerseits die Hegel'sche Idee der „absoluten Persönlichkeit" erst im Atheismus ihren rechten Sinn erhält und vor falschen Deutungen bewahrt wird.

Durch Fourier und Hegel wurde der französische und deutsche Geist zu dem absoluten Standpunkte erhoben, auf welchem die unendliche Berechtigung des Subjekts, die persönliche Freiheit oder die absolut freie Persönlichkeit, und das Gesetz der nicht minder berechtigten objektiven Welt, die absolute Gleichheit aller Personen in der Gesellschaft, keine Gegensätze mehr, sondern die beiden sich gegenseitig ergänzenden Momente eines und desselben Prinzips sind, des Prinzips der absoluten Einheit alles Lebens. — Der sehr populäre Einwurf, der dem Communismus bisher, namentlich vom französischen Geiste gemacht wurde, daß nämlich der Zustand der Gemeinschaft, in welcher die absoluteste Freiheit aller Menschen und jeder Thätigkeit herrschen soll, ohne daß ein äußeres Gesetz, eine Regierung irgend welcher Art, diese Freiheit vor Willkür schütze — daß ein solcher sozialer Zustand ein „idealer" sei und keine Menschen, sondern „Engel" voraussetze, dieser sehr verständige Einwurf ist hier beseitigt. Fourier und Hegel haben erkannt, daß es nur Eine menschliche Natur, wie überhaupt nur Ein Prinzip des Lebens gibt, nicht aber ein gutes und ein böses, Engel und Teufel, tugendhafte und lasterhafte Menschen — und indem Fourier mit dieser höhern Lebensanschauung an die socialen Zustände herantrat und es auf dieselben anwandte, fand er, daß jede Neigung gut ist, wenn sie nur nicht durch äußere Hindernisse gehemmt oder umgekehrt auch durch Reaktion krankhaft gereizt wird, sondern vollkommen frei hervortreten und ihre Thätigkeit appliziren kann. — Es ist dies das Geheimniß, welches Spinoza schon in seiner Ethik ausgesprochen hat, das aber erst durch Fourier seine Bedeutung für die objektive Welt der menschlichen Gesellschaft, wie es andrerseits durch Hegel erst seine wahre Bedeutung für die subjektive Welt des menschlichen Geistes gewonnen hat. Wie nämlich Fourier das Problem der socialen Gleichheit gelöst und den populär-verständigen Einwurf, als setze die absolute Gleichheit „Engel" voraus, beseitigte, ohne daß er selbst den großen Dienst, den er dem Communismus hierdurch geleistet hatte, zu ahnen schien — da er sich ja ausdrücklich gegen die Negation des Eigenthums verwahrte — so hat Hegel das Problem der persönlichen Freiheit gelöst und hierdurch — eben so unwillkürlich, wie es scheint — einen andern Einwurf beseitigt. Der noch nicht durchgebildete deutsche Geist nämlich sträubte sich gegen eine Gesellschaft, in welcher jedes persönliche Eigenthum und somit auch, wie er wähnte, jede persönliche Freiheit vernichtet sei. Durch Hegel kam aber der deutsche Geist zu der Erkenntniß, daß die Freiheit der Person nicht in der Eigenthümlichkeit des Einzelnen, sondern in dem allen Menschen Gemeinschaftlichen zu suchen sei. Jeder Besitz, der nicht ein allgemein menschlicher, ein allgemeines Gut ist, kann meine persönliche Freiheit nicht fördern — ja, nur dasjenige ist wahrhaft mein eignes, unverletzliches Eigenthum, welches zugleich ein allgemeines Gut ist.

Ein besonderer, individueller Besitz muß mir nothwendig wieder einmal geraubt werden, wie er mir selbst nur durch Beraubung aller Anderen eigenthümlich sein kann. — Proudhon hatte den Nagel auf den Kopf getroffen, wenn er auf die Frage: qu'est ce que c'est la propriété? antwortete: la propriété, c'est le vol. — Der französische und deutsche Geist haben das Grundprinzip der Neuzeit zur Wahrheit gemacht. Um aber auch diese Wahrheit im Leben zu verwirklichen, müssen sich jene beiden Momente derselben, die persönliche Freiheit und die sociale Gleichheit, wieder vereinigen. Ohne die absolute Gleichheit, ohne den französischen Communismus einerseits, andrerseits aber ohne die absolute Freiheit, ohne den deutschen Atheismus, kann weder die persönliche Freiheit, noch die soziale Gleichheit eine wirkliche Wahrheit werden. So lange der Zustand der Gegensätzlichkeit und Abhängigkeit in der objektiven Welt noch Erkennung findet, so lange noch die Politik die Welt beherrscht, ist auch eine Befreiung derselben von den Fesseln der himmlischen Politik nicht denkbar. Religion und Politik stehen und fallen mit einander, denn die innere Unfreiheit der Geister, die himmlische Politik, stützt die äußere, und diese wiederum jene. So wie im Communismus, im Zustand der Gemeinschaft, keine Religion denkbar ist, weil sie, das Prinzip der Gegensätzlichkeit und Unfreiheit, nothwendig zur Negation des Communismus treibt — eben so ist umgekehrt im Atheismus, im Zustande der Geistesfreiheit, keine Politik denkbar. Als Robespierre an die Stelle der gestürzten alten, compakten Politik das Phantom einer „freien Politik" setzen wollte, mußte er vor allen Dingen dekretiren, daß der Convent die Existenz eines „höchsten Wesens" anerkenne, d. h. er konnte das Phantom eines „Rechtsstaates" nicht ohne das Phantom einer „Vernunftreligion" ins Leben führen.

Gehen wir nun, nachdem wir das Wesen des französischen Communismus und seine innere Beziehung einerseits zum deutschen Atheismus, andrerseits zum Grundprinzip der modernen Welt aufgefaßt haben, an die Steinsche Darstellung dieser Erscheinung und sehen zu, was er aus dieser Erscheinung gemacht hat!

Stein fühlte, daß Socialismus und Communismus, wie sehr sie auch in mancherlei Beziehung und namentlich darin aus einander gehen, daß jener mehr eine Theorie ist, während dieser unmittelbarer ins praktische Leben eingreift, ferner darin, daß der Sozialismus sich im Grunde nur auf die Organisation der Arbeit bezieht, während der Communismus das ganze soziale Leben umfaßt und in ihm eine Radikalreform, die Aufhebung des Privateigenthums, so wie jeder Herrschaft erstrebt – er fühlte, sagen wir, daß trotz dieser Verschiedenheit in den Resultaten des Communismus und Socialismus doch das Grundprinzip beider identisch sei. Theils ihre gleichzeitige historische Entstehung und Fortbildung, theils ihre unverkennbare innere Beziehung zu einander, da sie beide ihr Hauptaugenmerk auf das Proletariat richten, mußte Stein nöthigen, einen gemeinsamen Grund für beide Erscheinungen zu suchen. Diesen Grund fand er nun in dem demokratischen Geiste, der sich schon vor der Revolution in Frankreich zeigte, mit ihr ins Leben trat, und in und nach derselben sich immer entschiedener ausbildete. Man muß diesem richtigen Instinkte Steins Gerechtigkeit widerfahren lassen. Ein Anderer hätte vielleicht, statt der Gleichheit, die Freiheit als das Prinzip der heutigen Geistesrichtung in Frankreich aufgestellt und durch diese irrige Auffassung gerade das Charakteristische, was Frankreich den allgemeinen Zeitbestrebungen und namentlich Deutschland gegenüber eigenthümlich ist, ganz aus den Augen verloren. Es ist ganz richtig: die Gleichheit ist das spezifische Element des modernen Frankreichs, und es war nicht zufällig, daß Philipp von Orleans sich den Namen Egalité beilegte. Daß aber dieser Grund nicht allein ausreicht, um die Erscheinungen im socialen Leben des heutigen Frankreichs zu erklären; daß es überhaupt kein letzter Grund, kein Prinzip, sondern nur ein Moment des großen Prinzips ist, welches die moderne Welt bewegt — wenn auch, wie wir bereits zugegeben haben, dieses bestimmte Moment gerade in Frankreich prävalirt; — daß mithin die socialen Bewegungen Frankreichs seit der Revolution keinen zureichenden Grund in ihm haben: das hätte schon ein Blick auf das Wesen der Gleichheit selbst, die ohne Freiheit und Einheit gar nicht denkbar ist, dann aber wiederum ein Blick auf die Revolutionsgeschichte zeigen können, welche zwar die Egalité als ihren Mittel- und Schwerpunkt in den Vordergrund stellte, daneben aber auch die Freiheit und Einheit nie vergaß. Die Liberté, Egalité und Unité bilden überall in der Revolutionsgeschichte die heilige Trias, welche die Herzen entflammte in dem Kampfe gegen Unterdrückung, Ungerechtigkeit und Lüge aller Art. — Stein verschloß seine Augen gegen diese Erkenntniß, weil er sich überhaupt der ganzen Bewegung der Zeit gegenüber nicht als ein Erkennender verhält. Wir dürfen es eben nicht anders als einen glücklichen Instinkt nennen, wenn Stein gerade die Egalité so sehr betont; er fühlte sich von jener demokratischen Bewegung, in deren Mitte er sein Buch schrieb, gleichsam erdrückt — er athmete ihre Luft ein und diese Luft preßt ihm ängstliche Seufzer aus der Brust. Ja, Stein sieht den hereinbrechenden Sturm, der die Grundfesten der Gesellschaft erschüttern wird, voraus, aber nicht, weil er die geistigen Elemente kennt, sondern weil er mit ihnen, wie das Thier mit den natürlichen Elementen, in unmittelbarer Berührung steht; die Zukunft erleuchtet ihn daher auch nicht, sondern sie erschreckt ihn nur. Das „Prinzip“, von dem er spricht, hat, für ihn wenigstens, keinen soliden Boden; er hat es, wie gesagt, aus der Luft gegriffen oder vielmehr er ist von der Luft, die in Frankreich mit dem Elemente der Gleichheit geschwängert ist, ergriffen worden. — Das wahre Prinzip der französischen Geistesrichtung liegt tiefer. Die Wahrheit, die sich einerseits als subjektive Freiheit, andrerseits als objektive Gleichheit oder Gerechtigkeit manifestirt, die Wahrheit, deren wesentliches Merkmal die Einheit, das ist das eigentliche Prinzip der französischen, wie der deutschen, modernen Geistesrichtung. Der gute Stein hat dieses Prinzip ganz und gar verkannt, deshalb erschien ihm die französische Geistesrichtung als eine einseitige. Einseitig ist sie allerdings, sie verfolgt eine bestimmte Seite der Wahrheit, die Seite der Gerechtigkeit, weil sie eben mehr zur That, als zur Idee berufen ist. Aber ein Irrthum ist darum diese Richtung keineswegs. Sie hat eine entschieden ausgesprochene Beziehung zu ihrem Gegensatze; sie ist sich dieser Beziehung bewußt, weil ihr eben das Mittelglied, die Wahrheit oder das Prinzip der Einheit nicht fehlt. Freilich schwebt nach Stein's Darstellung die Egalité in der Luft; man weiß nicht, woher sie gekommen, daher auch nicht, wo es eigentlich mit ihr hinaus soll. Aber was kann Frankreich dazu, daß ein deutscher „Doktor der Rechte" nicht zum Verständniß dessen kommen kann, was den französischen Geist bewegt? — Das ganze Stein'sche Buch ist im Grunde nichts als ein langer Seufzer — wie man deren so häufig von jenen vernimmt, die den positiven Gehalt unsrer modernen Bestrebungen nicht zu erfassen vermögen, und dennoch über diesen Bestrebungen zu stehen vermeinen — die darum die „negativen" Tendenzen der Zeit bejammern, weil sie nicht im Stande sind, ihren positiven Inhalt zu begreifen.

Der grobe Irrthum, zu dem Stein zunächst durch seine schiefe Auffassung des französischen Geistes fortgetrieben wird, besteht darin, daß er in dem Streben nach Gleichheit nur die rein äußerliche, materielle Richtung auf den Genuß hin erblickt. — Während er selbst den sogenannten Materialismus unsrer Zeit entschuldigt, indem er darin nur die erste Arbeit der abstrakten Persönlichkeit sieht, sich einen concreten Inhalt zu geben, findet er im Communismus nur das Streben des Proletariats, sich einen gleichen Genuß mit den Besitzern zu verschaffen. Es ist aber gerade einer der Hauptvorzüge des Communismus, daß in ihm der Gegensatz von Genuß und Arbeit verschwindet. Nur im Zustande des getrennten Besitzes ist der Genuß von der Arbeit unterschieden. Der Zustand der Gemeinschaft ist die praktische Verwirklichung der philosophischen Ethik, welche in der freien Thätigkeit den wahren und einzigen Genuß, das sogenannte höchste Gut erkennt — so wie umgekehrt der Zustand des getrennten Besitzes die praktische Verwirklichung des Egoismus und der Unsittlichkeit ist, welche einerseits die freie Thätigkeit negirt und sie zur Arbeit des Sklaven herabwürdigt, andrerseits an die Stelle des höchsten Gutes des Menschen den thierischen Genuß setzt als das würdige Ziel jener eben so thierischen Arbeit. — Stein steckt noch mitten in diesen Abstraktionen von Arbeit und Genuß, während der Communismus längst darüber hinaus und — versteht sich, im Geiste seiner ersten Repräsentanten — bereits das geworden ist, was er einst in der Wirklichkeit sein soll: **Die praktische Ethik.** — Stein kennt den Communismus nur in seiner ersten, rohesten Gestalt; was seit Baboeuf mit der Idee des Communismus vorgegangen ist, die socialistischen Lehren St. Simons, Fouriers, Proudhons u. s. w. betrachtet er nicht als Entwickelungs- und Durchgangsstufen jener Idee, sondern isolirt als selbstständige Erscheinungen, deren Zusammenhang mit der allgemeinen Idee der Egalité er wohl ahnt, deren specielle Beziehung auf den Communismus ihm aber so wenig zum Bewußtsein gekommen ist, daß er z. B. Proudhon neben Lamennais gruppirt, und ihn, weil er eben nicht weiß, wo er ihn hinstellen soll, zu einem „nebengeordneten Schriftsteller" macht! Ein Communist ist ihm Proudhon nicht, obgleich er das persönliche oder Privateigenthum in der schärfsten Weise kritisirt und negirt. Nach dem Bilde freilich, welches er, Stein, sich vom Communismus gemacht hat, kann Proudhon kein Communist sein, denn Proudhon ist wissenschaftlich! Er kann aber auch kein Socialist in dem Sinne Steins sein, denn er negirt ja das Privateigenthum. Ergo ist er ein „nebengeordneter Schriftsteller"! — Den eigentlichen Socialismus trennt Stein ganz und gar vom Communismus; er gibt eine magere Abstraction von St. Simons und Fouriers Theorieen, die sich in bereits erschienenen deutschen Uebersetzungen und vereinzelten Darstellungen mindestens eben so gut vorfinden; aber vom wesentlichen Zusammenhang dieser und der communistischen Theorieen keine Spur. — Mit seiner armseligen Kategorie der Egalité glaubt er Alles abgemacht zu haben. Abgesehen hievon ist das ganze Buch eine ideenlose Compilation, ein Nebeneinanderaufstellen von St. Simon, Fourier, Leroux, Lamennais, Proudhon, Baboeuf, Capet u. s. w., welche alle in einer gewissen Ordnung, in Reihe und Glied, Mann neben Mann, wie preußische Kamaschenhelden aufgepflanzt stehen. — Nach der Einleitung hätte Stein seine Darstellung mit Baboeuf beginnen müssen. Diese erste Gestalt des Communismus ging unmittelbar aus dem Sansculottismus hervor. Die Gleichheit, welche Baboeuf im Auge hatte, war daher eine Sansculottengleichheit, eine Gleichheit der Armuth. Reichthum, Luxus, Künste und Wissenschaften sollten abgeschafft, die Städte zerstört werden; der Rousseau'sche Naturzustand war das Phantom, das damals in den Köpfen spuckte. Das große Feld der Industrie war diesem Communismus noch eine terra incognita. Es war der abstrakteste Communismus, die Gleichheit sollte auf negativem Wege, durch die Ertödtung jeder Lust erzielt werden. Es war ein mönchischer, ein christlicher Communismus, aber ohne Jenseits, ohne Hoffnung auf eine bessere Zukunft. Nur die Naturbedürfnisse wurden als wirkliche anerkannt, aber gewiß auch nur aus Noth. Hätte man sich den Menschen ohne Leib machen können, so würde man auch diesen negirt haben. Da dies nicht anging, ließ man den Ackerbau bestehen als ein Mittel, die leiblichen Bedürfnisse zu befriedigen. Diese ärmste Gestalt des Communismus konnte ihr Leben nicht in der Theorie fristen, da sie selbst alle Wissenschaft negirte; sie mußte sogleich praktisch werden. Aber die Wirklichkeit war schon auf einer viel höhern Stufe, als dieser Naturzustand, weshalb er denn auch den Kürzern zog. — Die Ursachen, welche zur Zeit des Kaiserreichs und der Restauration die Entwickelung des demokratischen Geistes äußerlich hemmten, dagegen um so stärker im Innern der Gesellschaft den Gegensatz zwischen Bourgeoisie und Proletariat ausbildeten, wodurch eben jener Geist sich dergestalt kräftigte, daß er nach der Julirevolution in reichster Mannigfaltigkeit hervortreten konnte — werden von Stein mit einer Klarheit und Einfachheit nachgewiesen, die um so wohlthuender, je unerquicklicher im Uebrigen die doctrinäre Breite, verbunden mit häufigen Wiederholungen, dem Leser entgegentreten. Was den letztern Umstand betrifft, so wird z. B. der Zusammenhang des Communismus mit dem Proletariat bis zum Ueberdrusse wiederholt. Es ist dies die einzige lebensvolle Seite, welche Stein dem Communismus abzugewinnen vermag. Wo es sich dagegen um die Berechtigung der Ansprüche des Proletariats handelt, da schlüpft er mit einigen philosophischen Floskeln darüber hinweg, und man sieht an der Haltungslosigkeit seines Raisonnements die Unfähigkeit, hier zu einem Verständniß zu gelangen. Dieses Verständniß konnte ihm freilich nur durch die Einsicht in den Zusammenhang des Communismus mit dem Socialismus und der Wissenschaft aufgehen, eine Einsicht, die ihm, wie gesagt, ganz und gar mangelt.

Wie sich eigentlich Stein die Lösung des socialen Problems, dessen Wichtigkeit er anerkennt, — wie er sich die endliche Versöhnung des Proletariats und der Bourgeoisie oder des Gegensatzes von Geldaristokratie und Pauperismus denkt, läßt sich aus seinem Buche, wo zwar über diesen Punk viel hin und her raisonnirt wird, nicht mit Bestimmtheit ersehen. So viel ist gewiß, im Communismus, den er nicht begreift, sieht er nur ein Schreckbild, aber keine Versöhnung. Er muß also eine Vermittlung der Gegensätze im Zustande der Gegensätzlichkeit für möglich halten. Er hat dies auch durch einige allgemein gehaltene Phrasen leise angedeutet und sich hiedurcht so wie andrerseits durch seine Polemik gegen die „negativen“ Tendenzen in

Deutschland seinen Platz unter den „Vermittlern“ angewiesen. — In der That ist aber an Vermittelung der Gegensätze im Zustande der Gegensätzlichkeit nicht zu denken Stein bringt zwar auch den trivialen Satz vor, daß ja, nachdem die Standesunterschiede aufgehört haben, ein Jeder sich Besitz erwerben köune; aber er erkennt es doch auch anderseits wieder an, daß dieses „Recht“ des Erwerbes nur ein illusorisches sei, da überall, wo der erworbene oder ererbte Besitz sich mit dem „Recht“ der abstrakten Persönlichkeit, mit dem Talent und der Arbeit verbindet, er nothwendig den Sieg über das bloße „Recht“, über das mittellose Talent davon tragen müsse. Es scheint, daß Stein einen Ausweg in der Aufhebung der Erblichkeit des Besitzes findet, obgleich er dies nirgends ausspricht. Es gibt aber hier, wie überall, wo es sich um Prinzipien handelt, keine Vermittlung zwischen zwei entgegengesetzten. Das Prinzip des Privateigenthums involvirt, daß Jeder mit dem Seinigen nach Belieben schalten und walten kann; ich kann mein Eigenthum vererben und verschenken, sonst ist es eben nicht mein Eigenthum, und ich werde es in der Regel meinen Kindern oder meinen nächsten Anverwandten oder auch meinen Freunden, aber nicht dem Staate, nicht dem Allgemeinen hinterlassen. Soll die Erblichkeit aufgehoben werden, wie es die St. Simonisten wollten, so ist eben damit das Privateigenthum aufgehoben, und es kommt dann nur noch darauf an, das Wesen des Communismus zu begreifen. Baboeuf begriff dieses Wesen nicht, wie wir sahen. St. Simon begriff es ebenfalls nicht; er hatte nur die Ordnung, aber nicht die Freiheit im Auge; er wollte eine Hierarchie, die schlimmste aller Regierungsformen, weil die consequenteste. Wo aber die Freiheit vernichtet ist, kann auch keine Gleichheit, keine Gerechtigkeit bestehen. St. Simon wollte die Gleichheit ohne die Freiheit, Fourier dagegen wollte die Freiheit ohne die Gleichheit; wie jener zu neuerungssüchtig war und in seinem praktischen Eifer die Theorie vernachläßigte, so war dieser zu conservativ und wollte eine ganz neue und wahrhaft originelle Idee, jene der absolut freien Arbeit, mit dem Bestehenden vermitteln. Die neuesten Socialreformer und Communisten sind endlich dahin gelangt, den Begriff des Communismus in seiner ganzen Schärfe und Tiefe zu fassen. — Nur durch die absolute Freiheit, nicht nur der „Arbeit“ in dem engern, bornirtern Sinne, sondern jeder menschlichen Neigung und Thätigkeit überhaupt — ist auch die absolute Gleichheit oder vielmehr Gemeinschaft aller erdenklichen „Güter“ möglich, so wie umgekehrt nur in dieser Gemeinschaft wiederum jene Freiheit denkbar ist. Die Arbeit, die Gesellschaft überhaupt soll nicht organisirt werden, sondern sie organisirt sich von selbst, indem Jeder thut, was er nicht lassen kann, und unterläßt, was er nicht thun kann. — Zu irgend einer Thätigkeit, ja zu sehr verschiedenartiger Thätigkeit hat jeder Mensch Lust – und aus der Mannigfaltigkeit der freien menschlichen Neigungen oder Thätigkeiten besteht der freie, nicht todte, gemachte, sondern lebendige, ewig junge Organismus der freien menschlichen Gesellschaft, der freien menschlichen Beschäftigungen, die hier aufhören, eine „Arbeit“ zu sein, die hier vielmehr mit dem „Genuß“ durchaus identisch sind.

Von einer „Vermittelung“ des Communismus und des Prinzips des persönlichen Eigenthums kann keine Rede mehr sein. Von nun an beginnt der wahre, der bewußte Prinzipienkampf. Die bisherige Geschichte hat das Prinzip des persönlichen Eigenthums keineswegs rein durchgeführt; je mehr wir uns der Neuzeit nähern, desto mehr finden wir, daß jenes Prinzip seinem Gegner, dem Communismus, Concessionen macht. Die bisherige Geschichte war nur ein blinder, naturwüchsiger Kampf zwischen dem abstrakt Allgemeinen, dem Staate, und dem Egoismus der Einzelnen, der bürgerlichen Gesellschaft. Nur in der bürgerlichen Gesellschaft herrscht das Prinzip des persönlichen Eigenthums in seiner Reinheit. Das Eigenthumsrecht schlug aber mit dem Prinzip der abstrakten persönlichen Freiheit in sein Gegentheil um; das persönliche Eigenthumsrecht brachte zunächst die Sklaverei hervor. Es bedurfte der Arbeit von Jahrtausenden, um dem abstrakten Rechtsstaate den Sieg zu verschaffen. Er selbst mußte sodann, weil er die bürgerliche Gesellschaft noch als feindlichen Gegensatz hatte, ebenfalls in sein Gegentheil umschlagen. Das Recht des Allgemeinen wird im Zustande der Gegensätzlichkeit und des Egoismus zum Unrechte Aller. Der Rechtsstaat, auf seiner höchsten Spitze angelangt, ist entweder das Recht des Einzelnen, der den Staat in sich concentrirt und von sich sagt: l'état c'est moi; oder er ist die Volkssouverainetät. Aber nicht nur in diesen beiden Formen, sondern auch in dem Zwitterding der „constitutionellen Monarchie“, in dem Justemilieu zwischen Monarchie und Republik, hat der abstrakte Rechtsstaat sich bereits geschichtlich durch seine eigne Dialektik negirt. – Nehmen wir nur das Eine Beispiel, die Republik, weil diese noch der Liebling vieler deutschen Philosophen ist. Der Rechtsstaat soll also dem Volke die Souverainetät geben; aber indem er die abstrakte persönliche Freiheit, das persönliche Eigenthum, zu garantiren berufen ist, muß er, die abstrakte Einheit oder Allgemeinheit der verschiedenen Persönlichkeiten, sich über dieselben und ihnen gegenüber stellen. Es entsteht somit der Widerspruch, daß das Volk, welches sich selbst beherrschen will, in Regierer — Herrschaft — und Regierte — Knechtschaft — aus einander geht. Das Recht der Gesetzgebung, welches dem ganzen Volke gehören sollte, wird nothwendig nur von einem Theile desselben ausgeübt, und zwar jederzeit von dem Theile des Volkes, der es versteht, durch Gewalt oder List die Macht an sich zu reißen. – Die Höflinge oder Regierungsschmeichler haben in so fern Recht, wenn sie sagen, die Regierungsform im Staate sei ganz gleichgültig. Der positive Rechtsstaat, wie er in Nordamerika schon seit der letzten Hälfte des vorigen Jahrhunderts, in Europa seit der französischen Revolution theilweise besteht, ist allerdings ein Fortschritt über den feudalistischen, theokratischen und despotischen, d. h. über den noch mit der Naturbestimmtheit des Eigenthums, der Abstammung, Nationalität, Religion u. s. w. behafteten Staat, obgleich der Rechtsstaat, der ja ebenfalls die Naturbestimmtheiten noch nicht überwunden, sondern nur beseitigt hat, diesen bestimmten menschlichen Gesellschaften näher steht, als der absoluten menschlichen Gesellschaft, dem Communismus – wie ja auch der Protestantismus ein Fortschritt über den Katholizismus ist, obgleich er ebenfalls diesem näher steht, als dem Atheismus — und wenn ich die Wahl hätte zwischen Nordamerika und Rußland oder zwischen der französischen und österreichischen Politik, so würde ich erstere eben so gewiß, als die protestantische der katholischen Religion vorziehen. Aber prinzipiell ist die Regierungsform allerdings gleichgültig — jede ist der absoluten Freiheit und Gleichheit ihrem Wesen nach entgegen und von der Despotie bis zur Republik, von dem Erbkönigthum, das unmittelbar aus der bürgerlichen Gesellschaft hervorgegangen ist, bis zur Wahlregierung durch Stimmenmehrheit, die das Naturelement des persönlichen Eigenthums in der Staatsform überwunden hat, gibt es doch noch immer Herrschaft und Knechtschaft. Im besten Falle wird die kleinere durch die größere Zahl beherrscht. Aber das Repräsentativsystem, welches in unsern großen Staaten eine Nothwendigkeit ist, macht es zu gleicher Zeit nothwendig, daß selbst bei dem radikalsten Wahlgesetz die Herrschaft der Majorität eine illusorische ist; sie schlägt nothwendig in die der Minorität um — die Minorität regiert, kann nur regieren. Aber diese hat auch nur eine illusorische Macht; sobald sie dem Volke fühlbar, d. h., sobald sie eine wirkliche Macht wird, wird sie gestürzt, um — das Spiel so lange zu wiederholen, bis der Staat, der Zustand der Gegensätzlichkeit, sich dialektisch vernichtet und dem einigen socialen Leben, dem Zustande der Gemeinschaft, Platz gemacht hat.

Einem Werke, das auf diese Weise die historische Entwickelung des Communismus darstellt, haben wir noch entgegen zu harren. Stein's Buch läßt in dieser Beziehung nicht Vieles, sondern Alles zu wünschen übrig.

Wir wollen schließlich noch das Verhältniß Stein's, als eines Hegelianers der Mitte, zum Communismus bezeichnen. — Stein ist ein politischer

Rationalist, daher nicht nur in Bezug auf den politischen Atheismus, d. h. in Bezug auf den Communismus, sondern auch in Betreff des positiven Rechtsstaates, über welchem er nur scheinbar steht, zu einem klaren Urtheil unfähig und jeden Augenblick dem Mißgeschick ausgesetzt, in reaktionäre Tendenzen zu verfallen, weil er dem Phantom eines Rechtsstaates, dem „Vernunftstaate" nachjagt, der nirgend als in dem Gehirne der politischen Rationalisten existirt, so wie die „Vernunftreligion" nur eine Fiktion der religiösen Rationalisten ist. — Die Sache ist nämlich diese: Hegel hat den Staat als die wirkliche Vernunft aufgefaßt haben wollen. Als solcher umfaßt er nicht nur die Rechtssphäre, sondern das ganze Leben des Menschen. In dieser Auffassung fällt der Begriff „Staat" mit jenem der absoluten menschlichen Gesellschaft zusammen. Die absolute menschliche Gesellschaft aber kann nicht an irgend einem bestimmten Orte oder in irgend einer bestimmten Zeit fixirt gedacht werden; das Leben der menschlichen Gesellschaft ist das Leben der Weltgeschichte. In der Weltgeschichte aber ist der Staat aufgehoben. — Es erging Hegel mit dem Staate, wie mit der Religion; indem er Beiden das Absolute unterschob, um ihnen eine „ewige" Basis zu geben, hob er sie eben damit auf. — Stein gehört nur zu denjenigen Hegelianern, die ihren Lehrer „mißverstanden" haben, die noch von einem „absoluten", von einem „vernünftigen" Staate (und von einer „vernünftigen, absoluten" Religion) träumen, und dadurch sich selbst eine Blöße und ihren Gegnern eine Waffe geben. — Man hat diese Hegelianer mit ihrem „Vernunftstaate" verhöhnt und man kounte dies in der That mit demselben Rechte, mit welchem Bruno Bauer den „beinernen Esel Isaschar" vom Standpunkte des Glaubens aus verhöhnt und vernichtet. — Die noch keine politische Atheisten, sondern politische Rationalisten sind, legen den Maßstab der Kritik nicht an den Staat überhaupt, sondern an diesen und jenen Staat, an diese und jene Regierungsform, und indem das Phantom eines „Vernunftstaates" oder einer „vernünftigen" Regierung noch in ihren Köpfen spukt, setzen sie die Abhängigkeit des Menschen in demselben Augenblick voraus, wo sie seine Selbstständigkeit, seine Freiheit in Anspruch nehmen. Ihre Liberalität ist eine Fiktion; sie sind nur in einer Sphäre liberal, die keine Wirklichkeit hat, keine Wirklichkeit haben kann. Der „Vernunftstaat" ist entweder kein Staat, oder nicht die Wirklichkeit der Vernunft, denn diese negirt die Bestimmtheit des Eigenthums, der Religion, der Nationalität, der Regierung, kurz, den ganzen Inhalt des Staates, ohne welchen er eben überflüssig wäre; sie erkennt nur die absolute Freiheit des Menschen an, eine Freiheit, die nur in der absoluten, aber nicht in dieser oder jener, nicht in einer noch mit Naturbestimmtheiten behafteten, menschlichen Gesellschaft realisirbar ist. Da aber die rationalistischen Politiker eine solche bestimmte menschliche Gesellschaft, einen Staat als das Absolute setzen, so kommen sie nie zur Wirklichkeit der Vernunft. Wo sie aber zur Wirklichkeit des Lebens hinabsteigen, werden sie reaktionär. In dieser, d. h. in der Praxis, gibt es bis jetzt noch keine menschliche Gesellschaft, die ihrem Begriffe entspricht. Es gibt nur Staaten, d. h. Gesellschaften, die noch mit den erwähnten Naturbestimmtheiten behaftet sind. Als solche haben sie nicht den Beruf, die absolute Freiheit zu verwirklichen, sondern denjenigen Grad von Freiheit, denjenigen Grad von Vernünftigkeit, der ihrem Standpunkte entspricht. Denn es gibt allerdings höhere und niedere Stufen der Staats- oder Regierungsform. Das Kasten- und Ständewesen ist z. B. gegenwärtig überwunden; wir haben wirkliche Staaten, welche die Naturbestimmtheiten als Staaten wenigstens, wenn auch noch nicht als menschliche Gesellschaften, überwunden haben; wir haben wirkliche Staaten, welche sich rein in der Rechtssphäre bewegen und Alles, was außerhalb derselben fällt, wie z. B. die Religion, die Abstammung, das persönliche Eigenthum, d. h. das Privatrecht, zwar nicht überwunden, aber doch, wie schon gesagt, beseitigt, d. h. als nicht zu ihrem Bereiche gehörig, von sich, dem Staatsrechte, getrennt haben; wir haben wirkliche Staaten, welche diese Trennung, z. B. von Staat und Kirche, als Prinzip aufstellen. — Die am weitesten fortgeschrittenen, modernen Staaten huldigen diesem Grundsatze; andere gibt es, wo diese freiern Prinzipien noch nicht ins Leben geführt, wo sie noch nicht wirklich, positiv, aber doch möglich sind, weil das Bewußtsein des Volkes diese liberalern Prinzipien bereits in sich aufgenommen hat. Die rationalistischen Politiker wollen aber von diesen liberalern Prinzipien nichts wissen; sie wollen ihren „Vernunftstaat", und da dieser eine Fiktion ist, so wollen sie in der Wirklichkeit keine liberalen Prinzipien — und es darf uns daher keineswegs wundern, wenn einer von diesen Hegelschen (politischen) Rationalisten z. B. die Behauptung aufstellte, Protestanten, Katholiken und Juden hätten kein Recht, im Staate gleichgestellt zu werden, weil sie keine „vernünftigen" Staatsbürger sein können, so lange sie keine Menschen, d. h. Atheisten, sondern eben noch Protestanten u. s. w. sind — oder auch, wenn diejenigen, die jetzt die „Lehrfreiheit" in Anspruch nehmen, doch keineswegs Ernst damit machen und den Grundsatz der Trennung von Schule und Staat anerkennen möchten. Ueber diese und ähnliche reaktionäre Schritte brauchte man sich nicht zu wundern, denn die politischen Rationalisten wissen eben so wenig dem positiven Rechtsstaate, als der absoluten menschlichen Gesellschaft ihr Recht widerfahren zu lassen. Sie sind weder in der Theorie, noch in der Praxis, sondern nur in der Fiktion ihres „Vernunftstaates“ liberal. Stein gehört noch obendrein auch in religiöser Hinsicht zu den Hegelianern der Mitte, und wir dürfen uns bei ihm am wenigsten wundern, daß er weder das Positive der gegenwärtigen Verhältnisse, noch die theoretische Wahrheit des Communismus zu erfassen vermag, sondern überall pure „Negation“ und „destruktive Tendenzen“ sieht und bejammert.

Die Eine und ganze Freiheit!

——

÷ ÷ Das philosophische Deutschland hat in den letzten zwei Jahren eine jener großen Umwandlungen erfahren, welche nicht nur in der Geschichte der Philosophie, sondern auch in der Weltgeschichte Epoche machen. Die Philosophie als solche ist sogar an dieser Umwandlung weniger betheiligt, als die Geschichte der Menschheit überhaupt, und wie der Fortschritt, von dem wir sprechen, weniger ein philosophischer als ein weltgeschichtlicher, so ist er auch weniger von der Philosophie oder deren Repräsentanten, also nicht so, wie die bisherigen Fortschritte in der Philosophie, von bestimmten Personen oder gar von einem einzigen philosophischen Genie, als vielmehr von Völkern, und zwar näher vom Genius des deutschen und französischen Volkes ausgegangen. Der Gedanke, daß die Philosophie ins Leben eingreifen, daß sie That werden müsse, hat sich in den weitesten Kreisen Bahn gebrochen. Wenn aber einerseits die Schnelligkeit, mit der sich dieser Gedanke ausgebreitet hat, Beweis genug von dessen Zeitgemäßheit ist, so mag uns dagegen andrerseits die Fassung, in welcher er bis jetzt ausgesprochen wurde, das Allgemeine und Unbestimmte seines Inhalts, den Beweis liefern, daß man sich bis jetzt über das, was man will, noch keine genaue Rechenschaft abgelegt hat. Man fühlt wohl, wie zwischen Denken und Handeln, zwischen der geistigen und socialen Freiheit ein so inniger Zusammenhang besteht, daß die eine ohne die andere nicht zu ihrer vollen Wirklichkeit kommen kann. Im Allgemeinen erkennt man sogar diesen Zusammenhang; man weiß, daß im denkenden Subjekte, wie in der objektiven Welt der menschlichen Gesellschaft, die Freiheit von einem und demselben Prinzipe ausgeht; man gibt es zu, daß sie kein Monopol der Philosophen, daß sie allgemeines Gut werden muß, wenn sie mehr als eine Fiktion sein soll — und die jüngern Philosophen begnügen sich nicht mehr damit, die Wirklichkeit zu begreifen, sondern sie haben schon den Muth und den Willen, den Begriff zu verwirklichen. — Aber wir haben noch nirgend gesehen, daß man über diesen bloßen Muthwillen hinausgegangen wäre; wir haben noch nirgend den wirklichen Zusammenhang der geistigen und socialen Freiheit von unsern Philosophen entwickelt gefunden.

Die deutschen Philosophen scheinen, trotz ihrer Anerkennung der freien That und des innigen Zusammenhanges der geistigen und socialen Freiheit, mit der wirklichen Volksfreiheit noch nicht Ernst machen zu wollen. Ihr ganzer Fortschritt, den sie bisher gemacht haben, beschränkt sich auf das Bestreben, der Philosophie beim Volke Eingang zu verschaffen. Wollen sie aber wirklich das Volk gewinnen, so müssen sie vor allen Dingen auch den Volkswünschen bei sich selber Eingang verschaffen. Es ist ein nutz- und fruchtloses Unternehmen, das Volk geistig frei machen zu wollen, ohne ihm zugleich die wirkliche, sociale Freiheit zu geben, und wenn Ihr mit der Freiheit nicht Ernst machen wollt, so ist nicht abzusehen, worin Ihr Euch zu Eurem Vortheil von denen unterscheidet, die da behaupten, es sei gegen die Philosophie nichts einzuwenden, nur müsse man die „Fackel der Aufklärung" dem Volke nicht in die Hände geben, weil sie hier nicht „leuchte", sondern „zünde". Ihr fürchtet Euch vor dem Volke, weil Ihr von dessen Wünschen gar keine Notiz nehmt. Wer bürgt aber dafür, daß Ihr nicht dieselbe Gesinnung wie jene Furchtsamen hegen werdet, sobald Ihr die Gefahren kennen lernt, welchen dasjenige, was Ihr als ein Heiligthum verehrt, ausgesetzt ist, wenn einmal das Volk die Freiheit, die Ihr ihm predigt, realisiren will? — Ihr seid noch keineswegs von der Wahrheit durchdrungen, daß die geistige und sociale Freiheit mit einander stehen und fallen, sonst würdet Ihr es aufgeben, dem Volke nur von der Geistesfreiheit zu sprechen oder ihm statt der wirklichen socialen Freiheit das Phantom eines „freien Staates" vorzuhalten. Das Volk, das „im Schweiße seines Angesichts", wie die Bibel lehrt, arbeiten muß, um sein elendes Dasein zu fristen — das Volk, das nicht frei thätig sein kann — dieses Volk (und Ihr kennt kein anderes) dieses Volk, sagen wir, bedarf der Religion; sie ist seinem gebrochenen Herzen ein eben so unerläßliches Bedürfniß, wie der Branntwein seinem schmachtenden Magen, und es ist eine grausame Ironie, von Sklaven oder Verzweifelnden Nüchternheit und Heiterkeit des Geistes zu verlangen. So lange Ihr das Volk nicht aus dem Zustande des Thieres erheben könnt oder wollt, lasset ihm auch das Bewußtsein, oder vielmehr die Bewußtlosigkeit des Thieres. So lange das Volk in materieller Knechtschaft und Elend schmachtet, kann es nicht geistig frei sein; das Unglück kann wohl in letzter Instanz die religiöse Selbstverleugnung, aber nicht das philosophische Selbstbewußtsein erzeugen.

Eben so nutz- und fruchtlos ist aber auch andrerseits, das Volk zur wirklichen Freiheit zu erheben, es an den Gütern des Daseins zu betheiligen, ohne es von der geistigen Knechtschaft, von der Religion zu befreien. Es gibt nur Eine Freiheit! Man kann nicht sagen, daß die eine der andern, z. B. die sociale der geistigen vorhergehen müsse. Die geistige und sociale Knechtschaft ist ein Kreis, dessen diabolische Macht nur gebrochen werden kann, indem man aus demselben heraus in die gesunde Lebenssphäre der Freiheit tritt und so dem Zauber mit Einem Schlage ein Ende macht. Ein Volk, das nicht selbstständig denkt, kann auch unmöglich selbstständig handeln. Die Religion kann wohl das unglückliche Bewußtsein der Knechtschaft dadurch erträglich machen, daß sie dasselbe bis zur Zerknirschtheit steigert, in welcher jede Reaktion gegen das Uebel und somit jeder Schmerz aufhört — wie das Opium in schmerzlichen Krankheiten gute Dienste leistet — der Glaube an die Wirklichkeit der Unwirklichkeit und an die Unwirklichkeit der Wirklichkeit kann wohl den Leidtragenden eine passive Gefühlsseligkeit, eine thierische Bewußtlosigkeit, aber nicht die aktive Energie, nicht die männliche Thatkraft geben, bewußt und selbstständig gegen das Unglück zu reagiren und sich vom Uebel zu befreien. Die wirkliche und die geistige Knechtschaft, das Unglück und die Religion, bedingen sich gegenseitig und so wie die wahre Religion, das Christenthum, historisch nachweisbar eine Tochter des Unglücks ist, so hat das Unglück wiederum seine größte Stütze und die stärkste Garantie seiner Fortdauer in der Religion. — Die dem Volke die sociale Freiheit ohne die geistige geben wollen, unternehmen ein eben so unmögliches Werk, wie die Philosophen, die die Geistesfreiheit allein vorbereiten möchten. Indem sie neben der socialen Freiheit die geistige Knechtschaft, die Religion, bestehen lassen, heben sie mit dieser Knechtschaft jene Freiheit in dem Augenblicke selbst wieder auf, wo sie dieselbe als wirklich setzen. Denn die Religion betrachtet die wirklichen Güter der Welt als äußerliche, die Religion spaltet das einige Leben entzwei, weil sie eben ein Produkt des unglücklichen Bewußtseins ist. Der religiöse Mensch kann nicht nach wirklichen Gütern streben, denn dieses Streben wird unter seiner Hand entweder zu materieller Genußsucht, oder zur Ironie, die das Gegentheil dessen ist, was sie zu sein scheint. — Die also eine sociale Freiheit ohne die geistige wollen, machen mit der Freiheit eben so wenig Ernst, als diejenigen, die eine geistige ohne eine sociale Freiheit zu erstreben scheinen. Im besten Falle schlägt ihr Streben nach einem unabhängigen Dasein in materielle Genußsucht um. Der wahre Genuß, die freie Thätigkeit des menschlichen Willens, existirt für den geistig unfreien, für den religiösen Menschen gar nicht. Die Religion verdammt die menschliche Neigung als das Böse. Des Menschen Wille, sagt sie, ist böse von seinem Ursprunge an. Was in der Freiheit das ursprünglich Gute, das ist in der Knechtschaft das ursprünglich Böse. Der freie Wille, die menschliche Neigung zur freien That kann von dem System der Knechtschaft nicht als das Gute anerkannt werden, und wo der Tod als das wahre Leben angepriesen wird, da muß natürlich das wahre Leben als der Tod erscheinen und verdammt werden.

Wollt Ihr also mit Eurer Freiheit Ernst machen, so bleibt nicht auf halbem Wege stehen. Begnügt Euch nicht damit, diese oder jene Form der Knechtschaft anzugreifen; verfolgt und zerstört die Knechtschaft von Grund aus: seid radikal! Es gibt nur Eine Knechtschaft, wie es nur Eine Freiheit gibt! Das Wesen des Menschen, das Spezifische, wodurch er sich vom Thiere unterscheidet, besteht eben in seiner freien, von jedem äußern Zwange unabhängigen Thätigkeit. Diese Freiheit ist, wie das einzige Leben, so auch der einzige Genuß des Menschen. So lange diese eine und ganze Freiheit nicht hergestellt ist, lebt der Mensch nicht rein menschlich, sondern mehr oder weniger thierisch; er hat entweder ein unglückliches Bewußtsein, das Bewußtsein seines Elends, oder er schwelgt in Müssiggang und materieller Genußsucht, greift zu den bekannten, betäubenden Mitteln, zu Opium, Religion und Branntwein, ertödtet so alles Lebensbewußtsein in sich und sinkt zum Ideal aller Braminen, Rabbinen und Mönche, aller Pfaffen, Pietisten und Mucker hinab.

Der Unterschied zwischen der geistigen und socialen Knechtschaft, zwischen der religiösen und politischen Regierungskunst ist nur ein formaler; jene will den Menschen einer überirdisch-irdischen, diese will ihn einer irdisch-überirdischen Macht unterwerfen. Beide vernichten alle sittliche Macht, alle Freiheit im Menschen und in der Welt, im Geiste und in den objektiven Schöpfungen desselben. An die Stelle des Rechts und der Gerechtigkeit setzen sie die Gnade und das Vertrauen auf äußere Mächte. Die himmlische Regierung ist die beste Stütze der irdischen und diese wiederum der himmlischen. Beide erreichen ihr Ziel, die Vernichtung aller Freiheit und jedes wahren menschlichen Lebens, auf dieselbe Weise, indem sie nämlich den Lebensnerv der Freiheit, die Einheit von Arbeit und Genuß, zerschneiden, und den Menschen in zwei Wesen theilen, in einen arbeitenden Sklaven und in ein genießendes Thier. „Sechs Tage sollst Du arbeiten und am siebenten — ruhen!“ lehrt die Bibel, und unsere Staatsmänner finden diese Lehre noch immer sehr weise, obgleich sie das Motiv dieses Gebotes („weil Gott in sechs Tagen die Welt erschaffen, am siebenten aber geruht hat“) nicht eben billigen; denn sie denken sich die Trennung von Arbeit nnd Müssiggang schon nicht mehr als ein göttliches Ideal. Ihr Gott ist wenigstens kein Fabrikarbeiter mehr! — Dagegen finden es unsere Politiker noch immer sehr angemessen, daß das Volk an ein „jenseitiges“ Leben glaube und „diesseits“ dafür „bete und arbeite“; ja, sie sind sogar gutmüthig genug, ihm schon auf Erden einen Vorgeschmack des himmlischen Genusses zu geben, wie denn die consequentere österreichische Regierung eben so sehr die Genußsucht ihrer Unterthanen fördert, als in Baiern und Preußen der Glaube poussirt wird. „Zwei Blumen blühen“ noch immer in Deutschland für den

„weisen Finder": Genieße, wer nicht glauben kann, heißt es in Oesterreich. Wer glauben kann, — gehe nach Baiern oder Preußen! — Aber „die Weltgeschichte ist das Weltgericht" ....

So wenig Unterschied zwischen der geistigen und materiellen Knechtschaft, eben so wenig Unterschied besteht zwischen der geistigen und materiellen Freiheit. Man kann nicht die eine ohne die andere vertheidigen oder gar ins Leben rufen und es ist nicht gerade nöthig, daß das Volk in Elend schmachte, um die sociale Freiheit, oder daß es unter der Pfaffenherrschaft seufze, um die Geistesfreiheit wünschenswerth zu finden. Es ist vielmehr gewiß, daß überall, wo nicht die eine und ganze Freiheit existirt, auch keine Garantie gegen die äußerste Knechtschaft vorhanden ist. Ein Volk, das frei sein will, muß auch das letzte Gewebe der Lüge und des Truges zerreißen, welches die Wahrheit verschleiert. — Möglich, daß die geistige und materielle Knechtschaft dem Volke erst in ihrer unerträglichsten Gestalt als ein Uebel zum Bewußtsein kommt; möglich, daß diesem Uebel nicht vorgebeugt werden kann, daß es vom Volke selbst erst erlebt werden muß und die wahre Freiheit nur durch Blut erkauft werden kann; möglich, daß Staat und Kirche erst wieder einige Schritte zurück thun und in ihrer wahren, ursprünglichen Gestalt auftreten müssen, um dem Volke die Erscheinungen der Religion und Politik, die von der Wahrheit einen Heiligenschein abgeborgt haben, in ihrem Wesen und Prinzip kennen zu lernen — die neueste Geschichte scheint sogar auf eine solche Entwickelung durch die überall sich kundgebende religiöse und politische Reaktion hinzudeuten — möglich also, sagen wir, daß das Maß des Uebels, welches uns durch die mittelalterlichen Institutionen der Religion und Politik beschieden worden, noch nicht voll ist, daß die Giftbrut so lange anschwellen muß, bis sie von selber berstet und die Lüge also noch eine kleine Weile Frist hat: das aber darf uns nicht abhalten, zu bekämpfen, ja bis in den Tod zu verfolgen und mit der Wurzel auszureißen, was wir schon lange als den großen Feind der Volksfreiheit und alles menschlichen Lebens erkennen. — Gewisse Leute, die nichtsdestoweniger als Volks- und Freiheitsvertheidiger gelten wollen, scheinen anderer Ansicht zu sein. So wie wir der Ueberzeugung leben, man könne dem Uebel nicht früh genug vorbeugen, so scheinen jene sogenannten Liberale der Ansicht zu huldigen, man könne ihm nicht spät genug steuern. Charakteristisch ist in dieser Beziehung, was neulich in der Augsburger Zeitung dem „preussischen Communismus" vorgeworfen wurde. In Deutschland, wird hier unter andern ähnlichen Gründen gegen die in Rede stehende Geistesrichtung vorgebracht, in Deutschland sei das Volk ja noch nicht am Verhungern, wie in England. Nach diesem Raisonnement bestimmt nicht Kopf und Herz, sondern der Magen die Wahrheit und das Zeitgemäße ihrer Erscheinung.

Wir unsrerseits glauben dagegen, daß eine Wahrheit zeitgemäß ist, sobald sie erkannt wird — und wir wollen nicht warten, bis eine Hierarchie und die rohe Gewalt der Industrieritter das Volk geistig und leiblich knechtet, um erst dann, wann es vielleicht wieder zu spät ist, gegen die mittelalterlichen Institutionen, gegen Staat und Kirche zu Felde zu ziehen. Wir wollen die innere Lüge aller Religion und Politik, so wie den innigen Zusammenhang der geistigen und socialen Freiheit aufdecken.

Noth bricht Eisen.

Noth bricht Eisen! Feige Brut,
Kriecht und duckt euch, gähnt und ruht!
Laßt euch knuten, laßt euch schinden,
Leib und Seel' mit Stricken binden,
Mit dem Sprüchlein: Noth bricht Eisen,
Würzet das Bedientenbrot! –
Männer singen andre Weisen:
Eisen, Eisen bricht die Noth!

Noth bricht Eisen! Nein, zumal
Faßt das Eisen, faßt den Stahl,
Für des Menschen höchste Güter,
Eurer Grenzen treue Hüter,
Gegen Teufel und Tyrannen
Steht und wehrt euch bis zum Tod!
Alle kann ein Sprüchlein bannen:
Eisen, Eisen bricht die Noth!

Eisen, Eisen bricht die Noth!
Was dich fesselt, was dir droht,
Armes Volk, von allem Bösen
Kann das Eisen nur erlösen.
Rollt das Rad der Zeit geschwinder,
Flammt der Himmel blutig roth:
Gott bewahr' uns Weib und Kinder!
Eisen, Eisen bricht die Noth!

L. Seeger.

Polen's Zukunft
und
der Graf Gurowski.

(Von K. Nauwerck.)

Derselbige Mann, welchem die gelehrte und ungelehrte Welt für die Entdeckung der „Civilisation" in „Rußland", und zwar der Blüthe aller Civilisation, unendlich verpflichtet ist, beleuchtet jetzt mit seiner Staatsweisheit das Schicksal seiner Landsleute, der Polen*). Er stellt in diesem Buche den Polen eine rein russische Zukunft in Aussicht. Wie Unrecht hatten also die Russen, daß sie selbst in Jahrhunderten sich nicht in Mongolen verwandeln wollten! — Himmel und Hölle, Vorsehung und Diplomatie, alte und neue Geschichte, Philosophie und Rhetorik werden herbeibeschworen, den Polen begreiflich zu machen, daß sie höchst einfältig und ungerecht sind, wenn sie keine Russen sein wollen. Unglaublich, wie die Menschen verstockt sein können. Würde der Gefangene nicht viel „vernünftiger" handeln, die Knute zu küssen? Ist ihm nicht das geliebte Rückenfleisch an's Herz gewachsen? Ist nicht die satte Knechtschaft süßer, behaglicher, als die Freiheit bei Wasser und Brot?

Polen soll sich ruhig und zufrieden in die „Macht des Schicksals" in den „Willen der Vorsehung" ergeben. Für dies Land soll es kein anderes Heil geben, als in der Verschmelzung mit Rußland. Jeder Mensch, der etwas Höheres als den Magen kennt, kann nicht den Untergang seiner eigenen Nation, den Verlust ihrer Selbstständigkeit verkündigen, als nothwendig und heilsam rechtfertigen, ohne ein ungemessenes Erstaunen zu erregen, ohne daß man an seinem Verstande oder an seiner Ehrlichkeit irre wird. Andererseits ist man versucht, solche Rathschläge, man solle sich ohne Murren dem Gebote des Siegers unterwerfen und jede Hoffnung für immer fahren lassen, für die blutige Geißel des Hohns zu nehmen, geschwungen von einem galligen Patrioten, welcher das brennende Gefühl tiefster Erniedrigung seines Landes wach erhalten will und aus dieser Quelle den Feuerstrom der Rache

---

*) Gurowski hat ein neues Zeugniß seines Patriotismus veröffentlicht: „Der Polen Zukunft" (übersetzt v. Dr. E Herrmann).

erhofft. Doch so spricht Graf Gurowski nicht; es ist ihm der nüchternste Ernst mit dem Aufgehen Polens in Rußland. Wir zweifeln nicht an seiner Ueberzeugung, wir reihen ihn nicht unter die Verräther, welche seit der Mitte des vorigen Jahrhunderts am Falle des Vaterlands arbeiteten; wir zweifeln lediglich an seiner Urtheilsfähigkeit. Wäre es klarer in seinem Kopfe, so würde er jene Ueberzeugung verabscheuen. Aber bei Gott ist kein Ding unmöglich, sagen die Gottesgelehrten; selbst nicht die Apotheose Rußlands durch einen Polen. Man muß zugeben, daß dies ohne Märtyrerthum nicht möglich ist. Sicherlich wird mehr Muth erfordert, die Unfreiheit, als die Freiheit zu vertheidigen. Aber das audaces fortuna juval scheint sich bei dem Grafen nicht zu bewähren, wie er selbst und sein Uebersetzer andeuten. Vor und nach 1830 opferte Gurowski, laut des Schlußwortes, Alles für „seinen glühenden Irrthum". — „Schöpfte er daraus eine bittere Erfahrung, so fühlt er sich dadurch wenigstens zu Gesinnungen zurückgeführt, welche mehr im Einklang mit den Bestimmungen der Vorsehung stehen." Er fühlt und sieht sich isolirt, aber „sein Glaube gibt ihm die Kraft, die peinlichsten Entbehrungen zu ertragen, denn das sind die, welche die moralische Existenz des Individuums treffen." — Der Uebersetzer hebt nachdrücklich hervor, daß nur innere Ueberzeugung den in seine Heimat zurückgekehrten Gurowski beseele, und bewundert seinen Heroismus. „Wir müssen uns aber wundern, daß ein Monarch nicht aufmerksamer ist auf die unläugbaren Fähigkeiten eines Mannes, der seinen Interessen unaufgefordert dient, ohne irgend einen andern Antrieb, wie es scheint, als die Ueberzeugung an den Tag zu legen, welche er aus tiefen Studien und aus schmerzlicher Erfahrung geschöpft hat." Also doch nur „scheint"? Der Uebersetzer vergaß sich. Seine Verwunderung über den „Monarchen" ist einer von den riesigen Wegweisern, die man unmöglich übersehen kann; sie ist durch und durch deutsch. Man könnte es nicht lange aushalten, Deutscher zu sein, wäre man nicht durch die Gewohnheit, sich dessen zu schämen, abgestumpft. Gurowski glüht für das Heil Polens, wie er es sich ausgedacht hat; und nun soll er, verlangt der Deutsche, sogleich z. B. angestellt werden. Unverzeihlich ist es immerhin, daß der Monarch seine Leute nicht auf der Stelle erkennt. Vorzüglich wenn einer „unaufgefordert" die gehörigen Ansichten hat. Andere Kabinette, z. B. ein deutsches, welches mit seinen Publicisten heilloses Unglück hat, wenden gern schon etwas Erkleckliches daran, auch bevor sie noch Thaten, d. h. Worte sehen. Der betreffende Monarch empfindet aber gar vielleicht Mißtrauen in die Aufrichtigkeit der Bekehrung; möglicher Weise kann er beim besten Willen nicht daran glauben, daß ein warmer Pole jemals ein warmer Russe werde.

Als in Berlin die Flugschrift: Pensées sur l'avenir des Polonais veröffentlicht war, sagte die Augsburger Allgemeine Zeitung davon: „Es ist ein Werk voller Energie; in jeder Zeile spricht sich ein tiefer Gedanke aus" ꝛc. Messen wir einmal, wie tief das Wasser ist.

Mir kommt die Schrift vor, wie eine chinesische Suppe; spärlich sind darin die festen Brocken. Oefter stößt man auf die Haifischflosse der russischen mechanischen Ausdehnungssucht; und wie auf einer chinesischen Tafel, sind alle Gerichte mit dem Ricinusöl des Sklaventhums gewürzt.

Tiefe Gedanken! Sage mir doch Jemand einen plattern, gemeinern, unwürdigern Gedanken als den, welcher den Grundton der Gurowski'schen Schrift bildet: Polen muß die erbärmliche Nationalitätsfrage gänzlich aufgeben und als erobertes Land gut russisch werden; denn das ist der offenbare Wille der göttlichen Vorsehung. Die Polen sollen „sich nicht hartnäckig gegen vollbrachte Thatsachen auflehnen. Denn diese Thatsachen scheinen eben dadurch, daß sie vollbracht sind, die Resultate göttlicher Bestimmungen zu sein". — „Mit dem Geschicke des ungeheuren Staates hat die Vorsehung die Polen unwiderruflich vereinigt." Wie mag doch der Verf. sich einbilden, daß in unsern Zeiten Völker- und Staatsfragen noch mit den kindischen Argumenten des göttlichen Willens gelöst werden? Um bei dem Katechismusstyl zu bleiben, legt sich denn Gott schlafen, wenn er sich müde gearbeitet hat, wenn etwas Großes geschehen ist? Ist denn die Weltgeschichte noch immer ein Spiel mit hölzernen Figuren, welche ein unsichtbarer Direktor an Dräthen springen läßt? Lange genug weiß man doch schon, daß das Geheimniß des „göttlichen" Willens — der menschliche ist. Die Vorsehung ist ein Phantom, sobald Du sie ablösest von dem individuellen, dem Volks- und dem Menschheitsgeiste. Die Weltgeschichte ist nichts so Außerordentliches, daß sie nicht aus der menschlichen Vernunft sich erklären ließe; sie enthält nichts Uebermenschliches. Allen „vollbrachten Thatsachen" stehen demnach die zu vollbringenden Thatsachen gegenüber; in jenen, wie in diesen, liegt rein menschlicher Gehalt. Das Vollbrachte ist fertig und nicht fertig; der erste Akt eines Drama's ist an sich fertig, und doch erst der unvollendete Anfang des Ganzen. Allerdings ist das Geschehene unwiderruflich; aber da die Zeit noch nicht aus ist, so kann immerfort Neues geschehen, und dieses wird nicht minder unwiderruflich als das Alte sein. Die Hoffnung fallen lassen, sich, außer an Händen und Füßen gebunden, auch noch mit ganzer Seele den Feinden überliefern, ist die Sache schlaffer, feiger Menschen. Eine besiegte Nation ist erst dann völlig besiegt, wenn sie sich selbst aufgibt.

Unser Verf. aber will, daß seine Nation selbst ihr Todesurtheil unterschreibe, daß sie sich bei lebendigem Leibe für todt halte. Am schlimmsten für ihn selbst, wenn ihm das unvertilgbare Feuer des Nationalgefühls mangelt, wenn er kein Organ für die Vaterlandsliebe hat. Was er als solche in Anspruch nimmt, mag Anhänglichkeit an die Geburtsscholle sein, Liebe zum freien Vaterlande ist es nicht.

Wozu die unnütze Mühe, zu beweisen, daß alle Hoffnungen auf Polens „Wiedergeburt" eitel und nichtig seien? Das Schicksal des Landes, meint Gurowski, sei auf immer besiegelt: es sei ein aufgelöster und durch andere eingesogener Körper, der folglich nicht wieder der alte werden könne. Für solche Wiedergeburt gebe es weder in der Geschichte noch in der Natur ein Beispiel. Der Verf. fällt über seine eigenen Beine. Wäre Polen „aufgelöst und eingesogen", so würde er sich nicht so in Schweiß sprechen, sich nicht die geringste Mühe geben, den Polen das Evangelium der Knechtschaft zu predigen. Gerade dies beweist noch zum Ueberfluß, daß Polen bloß zerrissen und festgebunden ist. Der Verf. selbst eifert gegen den glühenden Nationalhaß, gegen die Aufregung und Unzufriedenheit mit dem Bestehenden; was soll also sein Sophisma vom Eingesogensein? Verschlungen ist noch nicht verdaut. Der Slavismus zwischen Elbe und Oder ist vom Germanismus eingesogen; nicht aber Polen von den drei Mächten, am allerwenigsten von Rußland. Preußen hat vermöge seiner größern Civilisation verhältnißmäßig am meisten in der Germanisirung gethan; ehe Rußland mit seinen mechanischen Mitteln nur so viel erreichte, müßten Jahrhunderte verfließen. Polens Wiedergeburt hat deßhalb die stärksten Wahrscheinlichkeitsgründe für sich. Schon manches Volk ist in ähnlicher Lage gewesen; und wie nannte es diejenigen Landsleute, welche ihm den lächerlichen Rath gaben, sich „einsangen" zu lassen? Wir danken dem Verfasser für die Parallele zwischen dem römischen Reiche und — Rußland (sie ist für schläfrige Kabinette und Völker sehr zeitgemäß;) erinnern ihn aber zugleich, daß die Geschichte von vielen unterjochten Völkern erzählt, welche sich früher oder später frei gemacht haben. Portugal gehörte sechzig Jahre zu Spanien; Griechenland war Jahrhunderte geknechtet. Nähere Beispiele bedürfen noch weniger der Erwähnung.

Die Ursachen, welche Polens Fall herbeigeführt haben, sind bekannt. Das Land ging durch Selbstverschuldung (die Masse des Volkes litt unschuldig unter den Fehlern und Verbrechen vornehmer Parteien) und hauptsächlich durch diplomatischen Straßenraub zu Grunde. Die Verblendung der Aristokratie war es wiederum, welche wesentlich zum Mißglücken der neuesten Revolution beitrug. Nichtsdestoweniger ist es eine unverzeihliche Verkehrtheit, aus der wie auch entstandenen Knechtschaft eines Volkes den Schluß zu ziehen, es müsse sich hoffnungslos in dieselbe fügen und sie sich so behaglich als möglich machen.

Alle Hoffnungen sucht Gurowski niederzuschlagen. Wiedergeburt sei weder von innen noch von außen zu erwarten. Die erstere, durch die innern Lebenskräfte, werde selbst von den Hoffenden für unmöglich gehalten, welche somit das Vorhandensein dieser Kräfte selbst läugneten. Die Patrioten geben dies gewiß nicht zu. Mit den materiellen Kräften wird es allerdings immer schlimm aussehen, so lange drei Großmächte einem unterworfenen Volke gegenüberstehen. Wird aber das lebendigste Nationalgefühl für nichts gerechnet? — Bloß von außen her ist noch kein Volk frei geworden; aber die Veranlassung kann außerhalb seiner Grenzen eintreten. In Folge auswärtiger Ereignisse hat manches Land schon Umwälzungen erfahren. Der diplomatische Verf. kann mit gutem Gewissen die „politischen Kombinationen" höher anschlagen, als er es thut. Er überschreitet die Grenze des Absurden mit solchen Phrasen, wie: „sie erwarten die Wiedergeburt von einem Zusammentreffen der Ereignisse, welches nicht Statt findet und nicht Statt finden wird". Man glaubt einen Propheten Gottes zu hören. Die meisten großen Veränderungen sind eingetreten, ohne daß die Diplomaten eine Ahnung davon hatten.

Mit mehr Schein spricht der Verf. gegen diejenigen Polen, welche von dem konstitutionellen Systeme und seiner Weiterverbreitung in Europa Hülfe und Heil für ihr Vaterland erwarten. Er hat ganz Recht, daß der Konstitutionalismus nicht kriegssüchtig sei, und daß der privilegirte Mittelstand am meisten für sich selbst sorge. Wer muß aber nicht lachen, wenn das wohlhäbige Bürgerthum herabgesetzt wird, damit der Adel in seiner Reinheit besser leuchten könne? Weun die wahren Monarchien einen Krieg an der Spitze ihres Adels führten, stand dieser stets in der ersten Reihe und diente den Geringen als Schild." Scheint es doch, als hätten die Heere, welche den Potentatenlaunen oder den Völkerschicksalen dienten, aus lauter Edelleuten bestanden, als hätte nicht das gewöhnliche Volk und immer das Volk so ziemlich allein das nöthige Blut lassen müssen.

Daß der Verf. kein Freund von dem „Bastardprinzip des konstitutionellen Systems" ist, kann nicht befremden. Seine Ungnade erstreckt sich natürlich noch weiter, über alle „demokratischen und republikanischen Formeln". Das alles ist eitel Ahriman und muß vor der jungfräulichen Autokratie vergehen; das Heil der Welt kommt ja von dem providentiellen Protektor Rußland.

Obwohl das konstitutionelle System sicherlich nicht geeignet ist, den Schlußstein der politischen Entwickelung Europa's zu bilden, weil die Gemeinfreiheit nicht in der Befriedigung der Selbstsucht Censuszahlender und in den Privilegien der Bourgeoisie liegt, so kommt ihm doch eine relative Wahrheit zu. Der Absolutismus kann es nicht richtig würdigen; selbst dann, wenn er sich ohne dasselbe nicht mehr halten kann (solche Zwitter verfassungen haben wir in Deutschland), feindet er es an. Die Demokratie kämpft auch gegen dasselbe, aber nicht zu Gunsten der Vergangenheit, sondern der Zukunft. Es hält die Mitte und bildet den Uebergang zwischen dem Absolutismus von Individuen oder Kasten und dem Demokratismus, auf ähnliche Weise wie der Protestantismus zwischen dem Katholicismus und der philosophischen Religion, d. h. der Philosophie selbst. Die gemischten Prinzipe aber haben geringere Lebensdauer, als die reinen; diese haben es bloß mit Einem Feinde zu thun, das Justemilieu sieht sich von zweien eingeschlossen. Man unterscheidet leicht das Wahre und das Falsche in dem, was der Verfasser vom konstitutionellen Prinzipe sagt: „Als ein falscher und vorübergehender Begriff, auf eine schwankende Grundlage gestützt, lebt es nur ein künstliches Leben, und hat keine Zukunft. Seine Ohnmacht, den Völkern irgend etwas Gutes zu bringen, hat sich an dem hellen Tageslichte der Erfahrung gezeigt. Der Rücklauf, den es auf allen Punkten erfährt, ist wahrlich kein Beweis der Lebenskraft." Nichts Gutes hätte es gebracht? Der Verf. muß dies im Schlafe geschrieben haben oder nichts von der Geschichte der konstitutionellen Staaten wissen. Ueberall haben sich die Konstitutionen als eine gute Vorschule der Freiheit bewährt; unter ihrem Schutze sind sehr positive Verbesserungen eingeführt worden, welche man vom absoluten Regimente vergebens erwartete. Und je mehr demokratisirend, desto größer war ihre Heilsamkeit. Hierin liegt der Beweis, daß sie über sich selbst hinausweisen und zur reinen Demokratie hinsteuern. Die zahlreichen Symptome der letzteren sind nicht „Rückläufe" des Konstitutionalismus, sondern Proben einer neuen, weit höheren Freiheitswelt.

Polen war es nicht vergönnt, von feindseligen Nachbaren ungestört seine innere Durchbildung zu vollenden. Die Verfassung von 1791, so unvollkommen sie auch war, bildete doch einen gewaltigen Fortschritt, mit der alten Wahl- und Vetowirthschaft verglichen. Aber diese Verfassung kam denjenigen, welche schon zweimal das Blut Polens gekostet hatten, im höchsten Grade unwillkommen, wie freundlich auch Anfangs einige diplomatische Phrasen lauten mochten. Dazu nehme man die Schandrotte der Verräther, und das Weitere erscheint als ganz natürliche Folge. —

In manchen Aeußerungen zeigt sich der Verf. als Socialisten; er weiß mit Wärme über das Elend der untern Klassen zu sprechen. Die Entwickelung des Wohlbehagens scheint der Kern seiner Philosophie. Aber indem er alles andere gegen die materiellen Interessen zurücktreten läßt, indem er die politischen Bedingungen der Socialentwickelung als bedeutungslos hinstellt, geräth er mit seiner eigenen Philanthropie in Widerspruch. Nicht allein überhäuft er die Regierungen, besonders die absoluten, mit Lobsprüchen, weil sie den Wohlstand beförderten (was doch in manchem

Lande bei weitem nicht wahrheitsgemäß ist), sondern er glaubt auch die materiellen und die höheren Interessen auseinander halten, ja die letzteren gar nicht erwähnen zu dürfen. Schon oft haben wir diese gemeine und den menschlichen Geist herabwürdigende Theorie anhören müssen, welche ein Volk, mit Ausnahme der Regierenden, in einen Ameisenhaufen verwandeln möchte: „Die Bewegung, welche Europa und die christliche Welt gegenwärtig mit sich fortreißt, das ist die Arbeit, die Industrie, der Friede. Um den Frieden zu haben, ist Einigkeit nöthig, und so viel als möglich die Concentration und Einheit der Staaten.“ Hiezu gehörten „mächtige physische Proportionen, die wesentlichen Bedingungen der Gesundheit und Stärke“; deßhalb nehme — wer weiß nicht, was nun folgt? — Rußland eine der wichtigsten Stellen ein. Liegt hier auch einer der „tiefen Gedanken“, welche der Korrespondent der Augsburger Zeitung in der von Frieden und Milde überströmenden Schrift des bekehrten Polen entdeckt hat? Wo lehrt die Weltgeschichte, daß ein Mensch oder ein Staat gerade dicke Knochen oder einen großen Rumpf haben müsse, um große Dinge zu wirken? Doch weiter in der Theorie der Ruhe um jeden Preis, der Beschmutzung der Nationalehre, der Verleumdung der Freiheit, der Stumpfheit gegen die idealsten Güter der Menschheit. Umsonst verkriecht man sich in klingende Phrasen, umsonst mißbraucht man den heiligen Namen der Menschheit: „Ich habe die innige Ueberzeugung, daß es ein Verbrechen der verletzten Menschheit ist, nur durch den leisesten kleinsten Hauch zu Haß, zu Kriegen, zu Zerrüttungen anzutreiben.“ Man werde nicht glücklich, meint der Graf, durch „Trümmer und Blutströme“. Sehr wohl; aber, sagt sogar der weichliche Perser: bin ich denn ein Hund, um glücklich zu sein? Man müßte also um das elende Leben betteln, nach hingeworfenen Glücksbrocken schnappen? Um Ehre handelt es sich gar nicht? Wären die Völker wirklich so niederträchtig, daß sie Alles, Alles hingäben, um den Wanst zu füllen? Nein, Herr Graf, leseu Sie doch die Geschichte, um zu lernen, daß viele Völker mit Blutströmen freudig dasjenige „Glück“ eroberten, welches allein der menschlichen Bemühung würdig ist, daß oft erst nach einem „Kopf über Kopf unter“ die wahre „Ordnung“ erreicht werden kounte. Glaubt man, daß dieser Gang der Dinge mit einem Male aufgehört habe, während doch die Hindernisse und Feindseligkeiten gegen die ruhige, organische Entwickelung der Völker noch meistens dieselben wie früher sind?

Der ehrlose Friede ist recht eigentlich Krieg, fressender Krieg, innere Unzufriedenheit und Zerrissenheit des Volksgemüths; dagegen ein Krieg um das Höchste, um die edelsten Besitzthümer menschlichen und staatlichen Daseins ist wahrhaft Friede, Gewissensruhe, Befreiung von Schamröthe. War es nicht bei allen Völkern so, welche Gut und Blut an die Wahrheit und

Freiheit ihres geschichtlichen Lebens setzten? Kein Mensch, kein Volk kann sittliche Würde mit solchen Grundsätzen erwerben: „Das Glück hängt von dem Wohlbehagen, dem Besserbefinden ab. Ohne diese gibt es keine Moral und keine Moralität. Diese Vortheile aber verlangen Ordnung und Sicherheit, um allgemein zu werden. — Die Seele alles Guten, jeder Verbesserung, das Element, in welchem allein dieses Gute existiren kann, ist die Ordnung und wird es stets sein. — Die Ordnung ihrerseits kann nicht ohne Hierarchie bestehen. Die Gesellschaft kann daher nicht unter einem erstickenden Niveau leben und sich entwickeln. Jede Verbesserung, welche nicht als Grundlage die Ordnung und die Hierarchie hätte, so wie die Erhaltung der erworbenen und bestehenden Stellungen, wäre der menschlichen Natur widerstrebend." Man sieht, daß in unserer Schrift gar zu viele Spinnweben auszukehren sind; fast nichts Solides bleibt übrig. Der letzte der angeführten Sätze ist die geschichtswidrigste Erschleichung. Wenn das „Erworbene und Bestehende" schlecht ist, so ist die „Verbesserung" ohne die Vernichtung desselben unmöglich; da es beständig unvollkommen ist, so muß es beständig dem Besseren weichen. Dies ist die allein wahre Theorie des „Erhaltens". Ein Sophist oder ein gedankenloser Schreiber aber scheut sich nicht, die Erhaltung des Bestehenden eine Verbesserung zu nennen! Und doch weiß jeder Schüler, daß die meisten und wichtigsten Fortschritte, daß die weltgeschichtlichen Umgestaltungen sich erst im Kampfe gegen die „Ordnung und Hierarchie" durchgesetzt haben. Nicht das „Niveau" ist „erstickend", denn dabei kann Jedermann den Kopf oben halten und frei athmen; vielmehr die Pyramide ist das rechte Bild für unfreie Staaten, in welchen die Masse ganz unten in der Presse liegt. Die „Ordnung", welche so viel geliebkost wird, ist der heuchlerische Euphemismus für Druck und Knechtschaft. Wie oft soll man euch diese Maske noch abreißen? Also auch hier wieder, und mit Bentham's Worten: „Unter allen abstrakten und vieldeutigen Bezeichnungen gibt es kein Wort, welches mehr in der Höhe der Illusion schwebte, als das Wort Ordnung, die gute Ordnung. Dieses Wort dient wunderbar, eine gewisse Ideenleere zu maskiren und doch zu imponiren. Ordnung ist das Lieblingswort in dem Wörterbuche der Tyrannei."

Charakteristisch ist die gute Meinung des Verfassers von den heutigen Inhabern der Gewalt: „Die, welche heutzutage am aufrichtigsten, am reinsten das Glück der Völker wünschen, sind ganz sicher die Herrscher. Die, welche es verhindern, das sind ganz sicher die Politiker aller Schattirungen." Der Verf. vergaß bloß, sich selbst und seines Gleichen auszunehmen. Da aber die Herrscher auch Politiker eigener Schattirung sind, so „verhindern" sie auch; was wird da aus dem armen Völkerglücke? „Die absoluten Regierungen sind es, welche am eifrigsten daran arbeiten, alle großen Verbesserungen allgemein zu machen und zu verbreiten, die Last der ihnen unterworfenen Völker zu erleichtern." Wie man sieht, wagt sogar Gurowski nicht, die absoluten Herrscher als Beförderer der geistigen Interessen und somit der geistigen Freiheit zu preisen. Allein auch für die materiellen Interessen sorgen bekanntlich viele absolute Regierungen gar nicht oder zu wenig oder auf verkehrte Weise. Beispiele zu allen diesen Klassen sind wohlfeil zu haben. In Italien z. B. liegt die Nationalökonomie noch in den Windeln; man befolgt dort Regierungsgrundsätze, deren sich zivilisirte Länder schämen.

Gewisse Regierungen, weil sie ihre wahre Pflicht, an ihrer eigenen Entbehrlichkeit zu arbeiten, die Völker in der Erringung selbstbewußter Mündigkeit zu unterstützen, nicht fest ins Auge fassen, gerathen in eine wunderliche Klemme. Sie befördern das Aufblühen der materiellen Interessen, weil ein Volk, je reicher, desto zeugungslustiger und zahlungsfähiger ist, und weil das Materielle den Menschen von dem Höheren, Idealen, z. B. der politischen Freiheit abzieht. Brod und Spiele! Andrerseits aber fürchtet eine solche Regierung wieder das Ueberhandnehmen der soliden, materiellen Bestrebungen, sobald ihnen der Kamm schwillt und sie Miene machen, sich mit den Staatsangelegenheiten zu befassen, eben in Folge der unausbleiblichen Einsicht, daß diese in die allernächsten Interessen so tief eingreifen. Gegen dieses Uebel sucht dann die Regierung mit doppeltem Eifer den Menschen einzuprägen, was ihr allein als Ideales gilt: die Kirchlichkeit und die ewige Seligkeit, oder die Alterthumsforschungen und andere nnschuldige Gelehrsamkeit.

Es versteht sich von selbst, daß der Panslavismus und sein Träger Rußland in des Verfassers System die Hauptrolle spielt. Er spricht von der „mehr und mehr vollständigen Inthronisation des slavischen Prinzips", welches „sich in keinen Formen bequemer fühlen könne, als in denen Rußlands, welches allein wirklich existire". Man höre Münchhausen politisiren: „Niemand in Europa bestreitet jetzt noch die ungeheuren und schnellen Fortschritte Rußlands auf den verschiedenen Wegen der Zivilisation. Meistens ist es nicht mehr ein oberflächlicher Firniß (wie glücklich wird hier der Hieb der öffentlichen Meinung aufgefangen!), sondern ein tiefes Verstehen, so wie eine umfassende Entwickelung des National- und Menschen-Geistes und seiner Anforderungen." Wo „die meiste Autorität herrsche", wo „die Gewalt wegen der Tiefe ihrer Wurzeln am wenigsten in Zweifel gezogen werde", da seien alle Bestrebungen zum Bessern am gesichertsten. „Wenn die Versuche zum Umsturz aus dem Occident kamen, so könnte die Organisatiou wohl aus einer entgegengesetzten Richtung kommen." Alle Zeichen in allen Ländern verkündigen, daß nicht mehr die Autorität, sondern die Autonomie bewegendes Prinzip und Ziel der Völker ist. Das hilft aber Alles nichts, umsonst ist die Weltgeschichte seit einigen fünfzig Jahren durchlebt worden: die Gurowski's, die Gentze, die Corberon's u. s. w. sehen und hören nichts. Die gewaltigste Entwickelung ist von Westen her angeregt worden; manche Verhältnisse haben einen unerwarteten Umschwung erfahren. Vergebens! Alles ist eitel „Aufregung und Umsturz"; der wahre Heiland soll uns erst aus Rußland kommen! Von ganzem Herzen wünschen wir der russischen Nation Gedeihen und Lebensreichthum; aber kann man etwas Faderes, Plumperes, Anmaßenderes hören, als dies Pochen auf russische Fortschrittspolitik, auf die Tiefen halbasiatischer Weisheit? Das weitvorausgeeilte Europa sollte von einem Lande, wo der Kampf zwischen Absolutismus, Bojarenthum und leibeigner Masse noch nicht entschieden ist, wo der raffinirteste Despotismus und das drückendste Adelsthum um die Wette die unsittlichsten, verdorbensten Zustände hervorrufen, in die Schule genommen werden? Glaubt der Verfasser, daß die russische Regiererei in Europa unbekannt sei? Gerade, weil sie sich versteckt, sich der Oeffentlichkeit schämt, weiß man sehr genau, wie man mit ihr daran ist.

Doch kehren wir zu den Polen und ihrer Nationalität zurück. Der Verf. gibt sich an zahlreichen Stellen die erbarmenswertheste Mühe, seinen Landsleuten das ewige Brüten über der Vergangenheit, die Unzufriedenheit, den Haß und die Verbissenheit vorzuwerfen. Sie sollten sich hübsch schonen, ihre geistigen Kräfte nicht aufreiben, russische Beamte werden, „Männer, welche für die wohlthätigen Absichten der Regierung nützlich sind". Es handle sich nicht mehr um Polen, sondern um die Polen, d. h. eine Sorte russischer Unterthanen. „Alles scheint die Individuen aufzufordern, eine so verderbliche Bahn zu verlassen, an deren Ende sie nur das moralische und intellektuelle Nichts finden können, materielles Elend — und — man verzeihe mir das Wort — thierische Erniedrigung." Wie dieser Rhetor allen Völkern alter und neuer Zeit den Text liest! Was immer als menschliche Hoheit geleuchtet hat, die Treue gegen das Vaterland bis in den Tod, die unermüdliche Vertheidigung der Nationalität, die glühendste Liebe zur Freiheit — fort damit, das alles führt zu — thierischer Erniedrigung! — Die Polen, meint der Verfasser, sollen sich mit Schottland, Irland und andern „verschwundenen Nationalitäten" trösten. Klingt das nicht wie Spott? Als wenn diese Vergleichung in den wichtigsten Punkten paßte! Ein ungeheurer Unterschied doch, dem russischen oder dem britischen Reiche einverleibt sein. Schotten und Iren haben Mittel und Wege eigenthümlicher innerer Entwickelung, von welchen sich keine Spur in Polen finden läßt. Jene konnten sich gegen Unterdrückung stemmen, und haben es gethan; dies rechnet unser Verf. aber den Polen zum thörichten Verbrechen. Hören wir von ihm noch einen Ausdruck der Theorie des unbedingten Gehorsams: „Alle unterjochten Nationen haben sich, später oder früher, und auf Kosten ihres eigenen Wohlstandes — gefügt, je nachdem die Individuen den Lauf der Dinge erleichterten oder sich dagegen sperrten.“ Wie zart gesagt: der Lauf der Dinge! Die ganze Behauptung ist wieder eine armselige Unwahrheit; und was zuweilen geschehen ist, verdient noch keine Nachahmung. Darum braucht aber bei den Widerspenstigen die Nationalität noch zu keiner bloßen „Kneipen-, Bierhaus- und Marktfrage“ herabzusinken.

Eine handgreifliche Verkennung des „Bestehenden“, possierlich genug bei dem Fanatismus der Ruhe und bei der Kopfscheu vor jeder Umwälzung, ist die Herabsetzung der Nationalität als eines leeren Namensunterschiedes. „Alle diese Fragen der Nationalitäten werden mehr und mehr Nebenfragen, und verschwinden vor den großen und edeln Tendenzen der Menschheit.“ Wir sind gewiß die Letzten, welche dem bornirten Hasse zwischen Nationen das Wort reden; aber die Sache stellt sich doch ganz verschieden, wenn von Unterdrückern und Unterdrückten die Rede ist. Dann ist die Abstoßung des fremden Elementes eine Tugend; am wenigsten kann die gewaltübende Regierung auf Liebe Anspruch machen. Aber auch ohne alle Rücksicht auf ein solches Verhältniß ist die Nationalität, zunächst die Sprache, immer eine nothwendige Form, in welcher sich ein bestimmter Volksgeist offenbart. Jede Nation will sich selbst ausleben. Gerade das Gegentheil von Gurowski's Behauptung ist wahr, und heutzutage in tieferem Sinne als jemals. Die vollendetste Darstellung der Nation, als politischer Einheit, gewinnt erst in neuerer Zeit mehr Raum. Der dynastische Zufall, das Privaterbrecht in seiner Anwendung auf Völker und Staaten, sowie die diplomatische Tranchirkunst und die Seelenverkäuferei der Kongresse wird immer mehr dem vernunftgemäßen Zusammenfallen von Nation und Staat weichen. Man muß blind sein, um nicht wahrzunehmen, daß die Völker mit dem entschiedensten Eifer nach ihrem eigenen Schwerpunkte hinarbeiten, daß ein jedes sich zur staatlichen Einheit zusammenschließen will. Das Zerrissene findet sich zusammen, das Zusammengeleimte trennt sich, das Unterjochte macht sich frei. Die Künstlichkeit und das vielfach Provisorische im europäischen Staatensystem kann auf die Dauer nicht bestehen. Die Nationalitäten sind auf zweierlei Weise noch außer ihrem vollen Rechte. Einentheils sind mehrere Nationen und Fetzen von Nationen in Einen Staat zusammengeballt oder lose aneinandergehängt. Dies ist der Fall am meisten mit Oesterreich und Rußland. Die Zukunft dieser Staatsaggregate ist durch ihr Wesen selbst vorgezeichnet; so wie die nöthige Zeit um ist, werden sich auf einmal oder nach einander die mechanisch-dürftig zusammengehaltenen organischen Bestandtheile trennen und ein reicheres selbstständiges Leben beginnen. So wird auch Polen sich aus Rußlands Krallen befreien. Ungarn wird sich hinlänglich stark fühlen, einen eigenen Staat zweiten Ranges zu bilden. — Anderntheils gibt es zerstückelte Nationen. Eine und dieselbe Nation ist in mehrere, selbst Dutzende Staaten zerrissen. Und diese einzelnen Staaten sind nicht allein einheimische, sondern auch Stücke von auswärtigen. Deutschland und Italien sind in dieser Lage. Von dem erstern sind einige Provinzen, obwohl noch im Bundesverbande, doch fremden Kronen unterworfen. Von dem Bundesverhältnisse Preußens und Oesterreichs gar nicht zu reden. Die politische Theilung des deutschen Volkes hat natürlich die verdrehtesten Zustände hervorgebracht. Noch schlimmer ist die italienische Nation daran, welche nicht einmal den Namen eines Bundesstaates zum Spielzeug hat. Auch von Italien sind mehrere beträchtliche Stücke in den Händen ausländischer Regierungen. Die eine derselben, die österreichische, ersetzt dem ganzen Lande thatsächlich die mangelnde formelle Bundesbehörde. Das österreichische Kabinet ist für Italien, was der deutsche Bund für Deutschland. Sonst würde das Schicksal des wiedergebornen Italiens schon jetzt in voller Entwickelungsarbeit sein, gerade wie in Spanien, dessen Angoulême's jetzt privatisiren. Am vollständigsten ist die polnische Nation sich selbst verloren gegangen, da sie ganz und gar an auswärtige Mächte vertheilt ist. Doch nein, man hat noch den Freistaat Krakau übrig gelassen; die Preisaufgabe seiner Theilung blieb ungelöst, oder vielmehr sie wurde so gelöst, daß er drei Herren statt eines einzigen bekam.

Die genannten zerschnittenen und zerbröckelten Nationen werden nicht verfehlen, sich ihrer Einheit wieder zu bemächtigen. Es wird ihnen weniger schwer werden, als Manchen das Zusammensuchen ihrer Glieder am Auferstehungstage.

Wird einmal Polen wieder polnisch und erfüllt dann im Geiste der heutigen Zivilisation seine nationale Bestimmung, so steht zu hoffen, daß auch die Gurowski's sich der neuen Ordnung der Dinge anschließen werden. Denn alte Liebe rostet nicht.

Die Schweiz.

Die Jesuiten.

Historischer Ehrentempel der Gesellschaft Jesu. Aus dem Französischen von J. B. F. Wien, 1841.

Das Verhältniß der Jesuiten zum Leben, zu Kirche und Staat, aus ihren Lehren und Handlungen dargestellt. Von einem Katholiken. Zürich und Winterthur, Verlag des literarischen Comptoirs. 1841.

Der Jesuitismus, treu geschildert von einem Protestanten. Gegenstück zu der Flugschrift: Das Verhältniß der Jesuiten zum Leben u. s. w. Zürich, 1841.

Missionspredigten der ehrw. Väter aus der Gesellschaft Jesu, P. Burgstaller, P. Damberger, P. Schlosser, gehalten in der Pfarrkirche zu Sursee, Kantons Luzern, vom 1. bis 10. Jenner 1842. Getreu nachgeschrieben von mehrern Zuhörern. Luzern, gedruckt bei A. Petermann. 1842.

Verhandlungen des Großen Rathes des Kantons Luzern in seiner Sitzung am 9. September 1842, betreffend die Jesuitenfrage. Nach einer stenographischen Nachschrift herausgegeben. Zweite verbesserte und mit zwei Aktenstücken vermehrte Auflage. Luzern, bei Xaver Meyer.

Die ehrwürdigen Väter der Gesellschaft Jesu sind arg verleumdet worden. Von der zweiten Hälfte des sechszehnten Jahrhunderts an wurde keine publizistische Schlechtigkeit verübt, an der man ihnen nicht größern oder geringern Antheil zuschrieb; nach ihrer Aufhebung schritten sie als Exjesuiten, Gespenstern gleich, durch die Welt, und kamen den Herausgebern der Allgemeinen deutschen Bibliothek und der Berliner Monatschrift jede Nacht im Traume vor. Könnten die Herren Nikolai, Gedike und Biester zurückkommen, wie das Wild, auf welches sie Jagd machten, die Jesuiten, revenants geworden sind, so würde es ihnen ohne Zweifel große Genugthuung gewähren, daß sie denjenigen gegenüber, welche sie als Jesuitenriecher verkleinerten und lächerlich machten, Recht behalten haben —

Recht nämlich in so fern, als sie das „für ewige Zeiten" der Bulle Clemens XIV. „Dominus ac redemptor noster" für keine hinlängliche Garantie gegen das Wiederkommen der „wie Hunde Hinausgeworfenen" ansahen. Unrecht hatten sie aber, wenn sie ein solches Wiederkommen für eine Kalamität hielten. Es ist vielmehr ein Glück. Hätte man den Rumpf mit glühendem Eisen ausgebrannt, so daß es für immer wäre um sie geschehen gewesen, so würden sie vielleicht unter den Edelsten der Nachwelt Vertheidiger gefunden haben, wie die Tempelherren sie fanden. Die Art, wie die Minister der Bourbonen und Braganza mit ihnen verfuhren, hätte sie vielleicht zu Märtyrern gestempelt: vor diesem Irrthum ist die Geschichte bewahrt worden. Das neunzehnte Jahrhundert wird die Rechtstitel untersuchen, auf welche die Jünger Loyola's ihr Begehren, in integrum restituirt zu werden, stützen, und den Prozeß in zweiter und letzter Instanz entscheiden.

Bekanntlich waren es die Potentaten, welche trotz der Aufhebungsbulle die Jesuiten als solche bei sich fortbestehen ließen — Katharina, Friedrich und Voltaire. Letzterer hatte wenig Dank davon, daß er dem Père Adam in Ferney ein Asyl vergönnte und mit ihm Schach spielte; er wird noch heut zu Tage dem Luzerner Volke von den Missionären als die Wurzel alles Bösen dargestellt; sie vergessen jedoch beizufügen, daß diese Wurzel in ihrem eigenen Garten groß gezogen wurde. Vielleicht wollen sie den Stiefvater der Revolution nur für den Witz büßen lassen, zu dem ihm der gute Père Adam so oft herhalten mußte. Friedrich, dankbar der guten Dienste eingedenk, welche der Beichtvater Kaiser Leopolds seinem königlichen Ahnherrn geleistet hatte, dehnte die Toleranz auch auf dessen Ordensbrüder aus. Sie flößten ihm keine Besorgniß ein und konnten in Schlesien ungehindert ihr Wesen forttreiben, Klassiker kastriren, akademische Disputationen halten und die unbefleckte Empfängniß vertheidigen, wie es ihnen beliebte. Er ging dabei von einem sehr praktischen Gesichtspunkte aus, über den der Fürst von Ligne, der selbst einen Hausjesuiten hielt, in seinen Memoiren Aufklärung gibt. „Pourquoi", äußerte sich der König, „a-t-on détruit aussi les dépositaires des grâces de Rome et d'Athènes, ces excellents professeurs des humanités, et peut-être de l'humanité, les ci-devant révérends pères? l'éducation y perdra; mais comme mes frères, les rois catholiques, très-chrétiens, très-fidèles et apostoliques les ont chassé, moi, très-hérétique, j'en ramasse taut que je puis, et l'on me fera peut-être la cour pour en avoir; je conserve la race, et je disais aux miens l'autre jour: Un recteur comme vous, mon père, je puis très-bien le vendre 300 écus; vous, révérend père provincial, 600; ainsi des autres, à proportion: quand on n'est pas riche, on fait des spéculations." Dank dieser klugen Vorsorge, hat sich die Race wirklich erhalten, und erfreut sich in unsern Tagen gedeihlicher Pflege und Vermehrung. Sie hat aber auch die gute Eigenschaft und verträgt wie gewisse Hausthiere jedes Klima — das rein monarchische eben so gut, wie das rein demokratische. Wo das politische Thermometer auf dem Gefrierpunkt steht, befindet sie sich sehr wohl; allein fast noch behaglicher dort, wo das Volk glaubt, es regiere sich selbst. Wer die Absicht hätte, einen Appendix zu der Monachologie des Hofrathes von Born zu schreiben, könnte die heutigen Jesuiten zu anziehenden Studien benutzen. Sie nähren sich wie die Vögel der Luft und die Lilien des Feldes, pflanzen sich kryptogamisch fort und vertragen sogar die Preßfreiheit.

Nach theilweisen Wiederbelebungen in einzelnen Staaten (das päpstliche Breve für Rußland ist vom 7. Mai 1801, das für Neapel vom 30. Juli 1804 datirt), wurde der Jesuitenorden für die ganze katholische Welt durch die Bulle Pius VII. „sollicitudo omnium" wieder hergestellt. Es liegt außerhalb der Grenzen dieses Aufsatzes, die Fortschritte zu schildern, welche er seitdem in außerdeutschen Ländern gemacht hat; für unsern Zweck genügt es, zwei Staaten im Auge zu behalten, von denen es scheint, daß sie, Deutschland gegenüber, als archimedische Punkte benutzt werden sollen — Oesterreich und die Schweiz.

In Oesterreich hatten sich die Jesuiten so brauchbar gezeigt, daß Ferdinand II. sie in seinem Testamente mit nachdrücklichen Worten seinen Nachfolgern empfahl, nnd diese verfehlten auch nicht, die Empfehlung zu beherzigen. Zur Zeit der Aufhebung besaß der Orden in der österreichischen Provinz ein Profeßhaus (das großartige Gebäude umfaßt jetzt die Bureau's des Hofkriegsrathes), 31 Kollegien, 3 Probehäuser, 33 Seminarien, 22 Residenzen, 11 Missionshäuser, und zählte 1772 Gesellschafter; in der böhmischen 1 Profeßhaus, 26 Kollegien, 3 Probehäuser, 25 Seminarien, 13 Residenzen, 12 Missionshäuser mit 1239 Gesellschaftern. Bei allem guten Willen, mit dem ihnen der fromme Franz, unter dessen Erziehern sich auch ein Exjesuit, Namens Diesbach, befunden hatte, zugethan war, lag es doch nicht in seiner Macht, ihnen zu der vorigen Blüthe zu verhelfen. Bis zum Jahr 1827 blieben sie auf Galizien beschränkt; seither sind ihnen in den italienischen Provinzen, in Oberösterreich, Steiermark und Tyrol Kollegien eingeräumt worden, so daß sie jetzt, 269 an der Zahl, sieben Klöster bewohnen. 34 Ordensglieder sind auf Pfarreien ausgesetzt (siehe Bechers statistische Uebersicht der Bevölkerung der österreichischen Monarchie nach den Ergebnissen der Jahre 1839—1840); die übrigen widmen sich theils der Jugenderziehung, theils vor der Hand dem beschaulichen Leben. In Galizien werden eine philosophische Lehranstalt (zu Tarnopol, mit fünf Professoren; ihr Direktor ist der Provinzial des Ordens in Galizien) und zwei Gymnasien (zu Tarnopol und Sandec) von den Jesuiten versehen; in Tyrol gehören die Lehrer des Gymnasiums zu Insbruck, der Rektor, die Präfekten und theilweise auch die Lehrer der dortigen theresianischen Ritterakademie dem Orden an. Bei dem Ueberflusse an Welt- und Ordensgeistlichen, mit dem Tirol gesegnet ist (auf 329 Einwohner kommt ein Weltgeistlicher, auf eine Bevölkerung von 812000 Seelen, in runder Zahl, 829 männliche Ordenspersonen, dazu noch 452 Nonnen, also auf ungefähr 220 Einwohner ein geistliches Individuum), erscheint es einigermaßen auffallend, daß man gerade diese Provinz auswählte, um dort mit der Jesuitenpädagogik einen Versuch anzustellen. Da der Zweck ihrer Berufung nach Oesterreich überhaupt und nach Tyrol insbesondere gewiß nicht darin bestand, daß sie sich die Pflege der Wissenschaften und die Förderung derselben angelegen sein lassen sollten, so ist es wohl überflüssig, zu untersuchen, was sie auf diesem Gebiete geleistet haben. Der Orden, welcher einst in katholischen Landen die Wissenschaft fast als sein Monopol betrachtete, hat in unserer Zeit auf Gelehrtenruhm ganz Verzicht geleistet; seitdem er so wohlfeil erworben werden kann, finden ihn die Jesuiten unter ihrer Würde. Ihre Aufgabe, die Bekämpfung des Protestantismus oder, was das Nämliche sagen will, der Revolution, erfüllen sie besser, wenn sie sich auf den Glauben beschränken. Der Vollständigkeit wegen mag jedoch angeführt werden, daß im Jahre 1841 in Insbruck von einem Jesuiten Weninger eine Schrift herausgegeben wurde, unter dem Titel: „Apostolische Vollmacht des Papstes in Glaubensentscheidungen.“ Schreiber dieses hat sie nicht gelesen, und ist deßhalb genöthigt, sich auf das Urtheil zu beziehen, welches das von einigen Mitgliedern der sehr orthodoxen theologischen Fakultät in München redigirte Archiv für theologische Literatur über diese Schrift fällt. „Vorliegendes ist wohl das erste theologische Werk“, heißt es dort, „das von einem Mitgliede der wieder hergestellten Gesellschaft Jesu in deutscher Sprache erscheint.... Allein es fehlt viel, daß wir dem Verfasser das Verdienst einer wissenschaftlichen Begründung des genannten wichtigen Rechtes zugestehen oder in seiner Arbeit auch nur einen wirklichen Beitrag zur Lösung der von ihm selbst unserer Zeit gestellten wissenschaftlichen Aufgabe erkennen können.... Indem der Verfasser seiner Abhandlung keine andere Form zu geben wußte, hat der schwierige Gegenstand durch seine Bemühung an Klarheit, Bestimmtheit und Konsequenz nicht das Mindeste gewonnen, und muß seine Arbeit als weit hinter den gewöhnlichen Anforderungen der Wissenschaft stehend bezeichnet werden....“ Ex uno disce omnes. Der Theologe Weninger, welcher „mit Erlaubniß der Obern“ als schriftstellerischer Repräsentant seines Ordens in Deutschland auftritt, scheint auf der nämlichen Stufe wissenschaftlicher Ausbildung zu stehen, wie der Philosoph Romano in Rom, über den sich der „Herold des Glaubens“, ein anderes Organ römisch-katholischer Orthodoxie, also äußert: „Was den P. Romano betrifft, so ist mir aus dieser Rezension (in den römischen Annali delle Scienze religiose) weder sein philosophisches System, noch Umfang und Kraft seines Geistes klar geworden; doch will mich bedünken, als stehe es mit seiner philosophischen Bildung nicht sehr glänzend. Seine Untersuchung, „ob es eine Philosophie gebe, und wenn dieses der Fall, welches Mittel es gebe, sich eine gute und sichere Philosophie zu verschaffen“, seine Eintheilung in „Dogmatiker und Eklektiker“, der Grund dieser Eintheilung und seine Hinneigung zum Eklektizismus lassen vermuthen, daß seine philosophischen Studien weit zurückliegen. Soll man daraus auf den Stand der philosophischen Studien bei den Jesuiten, deren Gesellschaft der Autor angehört, überhaupt schließen?“ Allein, wie schon angedeutet wurde, kommt bei den heutigen Schützern der Jesuiten der Grad ihres Wissens gar nicht in Betracht, und mit Recht. Kaiser Franz wenigstens, der in seinem Testamente den Jesuiten ein bedeutendes Legat ausgesetzt haben soll, ließ es ihnen sicher nicht auf den Grund hin zukommen, daß sie gründlichere Philologen oder scharfsinnigere Philosophen seien, als die übrigen Ordensgeistlichen seiner Staaten. Noch verdient bemerkt zu werden, daß die Verfügung Kaiser Josephs II., durch welche dem Regularklerus untersagt wurde, mit auswärtigen Obern in Verbindung zu stehen, auf die Jesuiten keine Anwendung findet; unterm 18. Nov. 1827 gestattete ihnen Franz I. den ungehinderten Nexus mit dem P. General. Eben so wurden sie auch laut eines Hofkanzleidekretes vom 8. April 1828 von den Bestimmungen des allgemeinen Amortisationsgesetzes dispensirt, und haben, wenn sie unbewegliche Güter erwerben, davon bloß Anzeige an die Behörde zu machen. Ungeachtet dieser Begünstigungen ist es wenig wahrscheinlich, daß der Wirkungskreis der Jesuiten in Oesterreich eine bedeutende Ausdehnung erfahren wird. Eine oder die andere Lehranstalt mag ihnen wohl noch übergeben werden; daß sie indessen mit der Leitung des Jugendunterrichtes wieder in der Weise betraut würden, wie dieß vor ihrer Aufhebung der Fall war, ist nicht zu besorgen. Dieser Unterricht ist ohnedieß fast ganz in den Händen des Klerus (unter den eilf Beisitzern der Studienhofkommission sind eilf Geistliche) und wird zum größten Theile von eigens zu diesem Zwecke dotirten Ordenskongregationen versehen; es wäre also recht eigentlich eine revolutionäre Maßregel, die tausend ganz im Sinne der Regierung geschulten nnd schulenden Mönche durch die Scholastiker und Magister der S. J. zu verdrängen. Schreiber dieser Zeilen fühlt sich gedrungen, bei dieser Gelegenheit die Liberalität der österreichischen Zensur zu rühmen. Er fand nämlich in einem, mit deren Erlaubniß unlängst erschienenen Buche (Wien und die Wiener, von M. Koch) folgende Stelle: „Die Erziehung, welche die Jesuiten Leopold I. gegeben hatten, entfremdete ihn dem Leben und machte ihn von Helfern und Rathgebern so abhängig, daß die Kraft, zu regieren, nie in ihm zur Entwickelung kommen konnte. Unter seiner Regierung hat der politische Einfluß der Jesuiten am verderblichsten gewirkt. Aber eben das Abgehen von ihrer eigentlichen Bestimmung grub dieser Gesellschaft das frühe Grab. Nachdem sie einmal das ihrer Institution ganz fremde Gebiet politischer Wirksamkeit betreten hatte, darauf durch die unseligste Verblendung geduldet und mit Reichthümern überhäuft worden war, wagte sie maßlose Uebergriffe, und breitete eine Herrschsucht aus, die zuletzt staatsgefährlich ausschlagen und den Haß aller Völker erregen mußte. Ferdinand II. hatte ihr in Oesterreich 36 Kollegien erbaut; Leopold ertheilte dem Wiener Jesuitenkollegium ständische Gerechtsame, und hatte bereits die Urkunde der Schenkung der Grafschaft Glatz für sie ausfertigen lassen, als glücklicherweise Lobkowitz es noch zur rechten Zeit verhinderte." Guter Pater Lamormain, dies hast du um die Wiener Zensur nicht verdient! Was hilt ein „historischer Ehrentempel", wenn daneben eine Schandsäule steht!

Mit den restaurirten aristokratischen Verfassungen sind auch die Jesuiten wieder in die Schweiz gekommen. Sie besitzen Kollegien und versehen Lehranstalten in den Kantonen Wallis, Freiburg und Schwyz. Ueberdies sind sie in Zug und Luzern als Missionäre aufgetreten und nahe daran, mit Triumph in den Sitz des katholischen Vorortes zurückzukehren. Es ist nicht möglich und auch nicht nöthig, hier in alle Einzelnheiten der Frage einzugehen, wie sie dem Schweizervolke täglich in einem halben Hundert Zeitungen und Flugschriften vorgelegt wird; wir können uns eben so wenig darauf einlassen, die wissenschaftliche Befähigung der schweizer. Jesuiten zu prüfen, und verweisen diejenigen, welche gerne leeres Stroh dreschen, auf ein paar, einer halben Oeffentlichkeit anheimgefallenen Specimina derselben, nämlich des P. Bellefroid lithographirten Abriß der Schweizergeschichte, und die im Schuljahre 1841 an der Lehranstalt in Freiburg aus der Theologie, Philosophie und Physik aufgestellten Theses. Von diesen sagte der Staatsschreiber der gegenwärtig am Ruder befindlichen, bei Papst und Nuntius in hohen Gnaden stehenden Luzerner Regierung, „er wolle mit ihnen in der Hand an jeden nur einigermaßen mit ächter Wissenschaftlichkeit vertrauten Mann die Anfrage richten, ob eine solche Lehranstalt auf wahre Wissenschaftlichkeit Anspruch machen dürfe." (S. Verhandlungen des Großen Rathes u. s. w., S. 46.) Wir sind ferner nicht im Stande, zu untersuchen, wer Recht hat, ob der „Protestant", welcher behauptet, daß „nicht selten Studirende von andern Lehranstalten mit den besten Zeugnissen zu den Jesuiten kommen und dennoch gegen die Schüler in Freiburg so weit zurückstehen, daß sie um eine bis zwei Klassen zurücktreten müssen" — oder diejenigen Mitglieder der obersten Erziehungsbehörde des K. Luzern, die erklären, daß gute Zeugnisse mitbringende Zöglinge von Freiburg in Luzern kaum in derjenigen Klasse fortkommen können, in der sie dort schon gewesen sind. Diese Dinge zu schlichten, überlassen wir gerne den zunächst Betheiligten und Solchen, die über die Eigenschaften der Jesuiten von heute wie von gestern noch nicht im Klaren sind. Wie wollen bloß einige Blicke in ein republikanisches Stillleben thun, um zu sehen, wie weit es unsere Stammgenossen in den Alpen mit ihrer Isolirung gebracht haben.

Die Crême der römisch-katholischen Partei in der Schweiz arbeitet seit Jahren dahin, die Erziehung der Jungen und die Gewissen der Alten den Jesuiten in die Hände zu spielen. In Schwyz, wo vor 80 Jahren die Landsgemeinde fast einstimmig beschlossen hatte, es solle bei Verlust der Ehrenfähigkeit und des Landrechtes Niemand sich erfrechen, je wieder auf Einführung der Jesuiten anzutragen, beeifern sich die Leute, Steine herbeizuschleppen zum Bau einer neuen geistigen Zwingburg, und die Väter des Vaterlandes stehen dabei und reiben sich wohlgefällig die Hände. In Luzern spielt ein reicher Bauer, den ein paar Priester am Gängelbande führen, den Demagogen, und leitet die Diskussion über die Frage, ob die Jesuiten berufen werden sollen, in der Sitzung des Großen Rathes mit folgenden Worten ein: „Ich wünschte, daß man diesen Gegenstand mit ruhiger Stimmung möchte behandeln. Ich erkläre mich offen und frei für die Jesuiten. Aber daß der Trugschluß herumgeboten wird, daß derjenige, der nicht zu der Berufung der Jesuiten stimmt, gegen die katholische Kirche und gegen den Papst sei, von dem weiß ich gar nichts, und es scheint, der Herr Stadtpfarrer wisse mehr, als ich. Ich erkläre demnach, daß diejenigen, welche nicht für die Jesuiten sind, eben so gut sein können, wie die andern. Ich frage, dürfte man eine solche schlechte Zumuthung zumuthen, weil er nicht zur Berufung stimme, daß er dann ein schlechter Katholik wäre?" Ein anderer Staatsmann, seines Zeichens ein Buchbinder und Präsident der mit Abfassung eines Gutachtens über die Frage beauftragten Kommission, läßt sich in folgender Weise vernehmen: „Es wurde gesagt, daß der Kanton Luzern durch die Einführung der Jesuiten bei der Eidgenossenschaft verlieren würde, und man hat auf Neuenburg und Basel hingewiesen. Ich habe aber von der Regierung von Neuenburg eine ganz andere Ansicht; ich glaube, sie sei zu grundsätzlich, als daß sie die bisher betretene Bahn verlassen sollte. Ich weiß auch, daß der geistreiche Landammann Baumgartner der Ansicht ist, daß es die andern Kantone nichts angehe, ob Luzern die Jesuiten rufen wolle oder nicht. Es wird dann noch gesagt, daß die Protestanten sich daran stoßen werden; es mag sein, daß einige Anstoß daran finden werden, aber andere Protestanten urtheilen auch anders. Es hat dann noch in der heutigen Diskussion der Kaiser von Oesterreich und der König von Baiern auftreten müssen. Es muß aber bemerkt werden, daß der Kaiser von Oesterreich den Jesuiten selbst drei Kollegien übergeben hat; erst neulich fand eine solche Uebergabe mit großer Festlichkeit Statt ...." Was der große Rath an Intelligenz enthält, stellt sich auf die Seite der Jesuitengegner — die Mehrheit des Erziehungsrathes, einer zum Theil aus Geistlichen bestehenden Behörde, der fromme Regierungsrath, welcher seiner Zeit die neue Verfassung dem Papste zur Einsicht und Gutheißung überschickt hatte, fast einstimmig, die geachtetsten Glieder der Weltgeistlichkeit — sie alle sprechen sich auf das entschiedenste gegen die Berufung aus, allein sie werden der Masse, welche sie selbst ein paar Jahre früher zur Bekämpfung des Radikalismus entzügelt hatten, nicht mehr Meister und erhalten, nachdem sie sich in Beweisgründen erschöpft, den demüthigenden Auftrag, „über die Gesellschaft Jesu und über die allfälligen Bedingnisse, unter denen sie die höhere Lehranstalt ganz oder theilweise übernehmen würde, Erkundigungen einzuziehen". Wäre der Schreiber dieser Zeilen unter den Beauftragten, so würde er das Resultat der von ihm eingezogenen Erkundigungen einem hohen großen Rathe des Kantons Luzern vorlegen, wie folgt:

„Die ehrwürdigen Väter der Gesellschaft Jesu sind arg verleumdet worden. Man hat sogar behauptet, sie mischten sich zuweilen in Staatsangelegenheiten. Der Unterzeichnete ist im Stande, dies aus den glaubwürdigsten Quellen zu widerlegen. Der „Protestant", welcher Bücher zur Vertheidigung der römisch-katholischen Religion schreibt und deshalb gegründeten Anspruch auf Unparteilichkeit hat, sagt ausdrücklich: „Die klarsten Beweise, daß die Gesellschaft Jesu sich niemals in politische Angelegenheiten mischen konnte, gehen theils aus dem Institute, d. h. den Ordensgesetzen und Regeln selbst, theils aus den Generalkongregationen und aus den Verordnungen der Ordensgenerale hervor, welchem zufolge keinem Mitgliede — ja dem Ordensgenerale selbst nicht — die Einmischung in fremde, mit dem Hauptzwecke der Stiftung in Widerspruch stehende Angelegenheiten gestattet ist, so zwar, daß sie nicht einmal der Vermächtnisse der Sterbenden sich annehmen und gar durch keine Bitten zur Besorgung oder Schlichtung irgend welcher weltlichen Angelegenheiten sich dürfen bewegen lassen, auch überdies auf alle Aemter, Ehrenstellen und Würden ganz unbedingt verzichten müssen .... Wurde auch von Zeit zu Zeit solche Einmischung mit den härtesten

Strafen belegt, so lag dabei nicht so fast Ungehorsam der Ordensglieder, als vielmehr die Zudringlichkeit der Fürsten zum Grunde, welche auf alle Weise die ausgezeichneten Männer der berühmten Gesellschaft in ihr Interesse zu ziehen suchten." Wie wahr und schön gesagt! Der Unterzeichnete kann sich nicht enthalten, die betreffenden Stellen aus den Dekreten der Generalkongregationen und den Verordnungen der Ordensgeneralen hier beizufügen. „In virtute sanctae obedientiae" lautet das 5. Dekret der im J. 1593 abgehaltenen Generalkongregation, „praecipitur Nostris omnibus, ne quis publicis, et saecularibus Principum negotiis, quae ad rationem status pertinent, ulla ratione se immisceat, nec quantumvis per quoscunque requisitus aut rogatus, ejusmodi res tractandas suscipiat." Da später einige Zweifel entstanden, in welchem Sinne dieser Kanon zu nehmen sei, erläuterte ihn der General Aquaviva dahin: „Universe loquendo, eaque pertinent ad solam conscientiam directionemve principum aliorumque, qui poscunt consilium, per canonem non prohiberi." (S. Institutum Societatis Jesu auctoritate congregationis generalis XVIII. Pragae, 1757.) Dieser Aquaviva scheint ein sehr scharfsinniger Mann gewesen zu sein, deswegen hat man auch die privata monita auf seine Rechnung gesetzt, wie in Placcii Theatro Anonymorum zu lesen ist. Abermals eine Verleumdung, von den Feinden der Jesuiten ausgestreut, welche auch die boshafte Bemerkung gemacht haben, „diese monita seien entweder die wirkliche Vorschrift des Betragens der Jesuiten, oder sind von ihrem wirklichen Betragen abgezogen und also eine treue Schilderung desselben." Wie wenig Gewicht darauf zu legen ist, daß im gemeinen Leben jesuitisch so viel bedeutet als zweizüngig oder hinterlistig, bedarf keiner Erörterung. Daß die Jesuiten ein Collegium practicum über den sogenannten Tirannenmord gelesen, kann ihnen, selbst wenn es wahr wäre, in unsern Augen gar nicht zum Vorwurfe gereichen, sonst müßten wir uns ja auch des schönsten Kapitels unserer Geschichte schämen. Wie viel sie in der Moral geleistet haben, ist hier nicht der Ort, weitläufiger auseinanderzusetzen. Vermittelst ihrer drei mit Recht zu preisenden Erfindungen in diesem Fache, des Probabilismus, des Gedankenvorbehaltes und der Lehre von der Art und Weise, die Absicht zu lenken (methodus dirigendi intentiones), oder mit andern Worten, des Satzes, daß der Zweck die Mittel heilige, haben sie es dem Menschen möglich gemacht, ganz ohne Sünde, mindestens ohne Todsünde zu leben, allein, wie alle Wohlthäter des Menschengeschlechtes, schlechten Dank davon gehabt. Man beschuldigte sie, diese Grundsätze zu ihrem eigenen Vortheile etwas zu weit auszudehnen, und benützte mit der den Kindern der Welt eigenen Schlauheit ein paar harmlose Scherze, welche einige ehrwürdige Väter zur Erholung mit ihren Beichtkindern und Schülern trieben, um ihre Bemühungen um das Seelenheil der Erwachsenen und die Erziehung der Jugend zu verdächtigen. Du lieber Gott, wir alle haben unsere Schwachheiten! Ferner entblödete man sich nicht, den Orden unersättlicher Habgier anzuklagen — eine Anklage, die von selbst zusammenfällt, wenn man bedenkt, daß alle Glieder desselben das Gelübde der Armuth ablegen. Hat man nicht die Unverschämtheit so weit getrieben zu behaupten, die Jesuiten benützten ihre Missionen zu Handelsspekulationen, und als Beleg ihr Benehmen in Paraguay und den Bankerott des ehrwürdigen la Valette angeführt? Gesetzt, la Valette habe wirklich Bankerott gemacht — was beweist ein einziger Bankerott gegen so viele Jesuiten, die nicht Bankerott gemacht haben? Was die Hauptbeschäftigung, der sich die Jesuiten widmen, den Jugendunterricht betrifft, so ist es Jedermann bekannt, daß, Voltaire allein ausgenommen, der ihnen mißrathen ist, alle ihre Zöglinge ein exemplarisches Leben geführt haben und einige davon sogar im Geruche der Heiligkeit gestorben sind. Der augenscheinlichste Beweis jedoch, der geradezu als Gottesurtheil gelten kann, welcher Schaden der katholischen Welt aus der Aufhebung des Ordens erwachsen ist, geht aus der durch keine Sophistik abzuleugnenden Thatsache hervor, daß genau zwanzig Jahre nach dieser beklagenswerthen Uebereilung der Enkel desjenigen Königs, unter dessen Regierung der Sturz der ehrwürdigen Väter erfolgte, seinen Kopf unter das Messer der Guillotine legen mußte. Discite justitiam moniti et non contemnere Jesuitas. Es würde den Unterzeichneten zu weit führen, alle Verdienste der ehrwürdigen Väter um die Wissenschaften aufzuzählen. Er beschränkt sich deshalb lediglich auf die Bemerkung, daß ihre Fertigkeit im Kalendermachen, was ohne Zweifel der am meisten praktische Zweig des menschlichen Wissens ist, selbst den Chinesen, deren patriarchalisches Staatsleben so lange Zeit in Europa mit Recht als mustergültig angesehen wurde, Bewunderung einflößte. Um böswillige Verkleinerungen, welche von einer gewissen Seite herkommen könnten, im Voraus zu entkräften, wäre nur noch beizufügen, daß sich die Jesuiten allerdings nicht damit beschäftigten, philosophische Systeme auszuhecken, von denen eines das andere widerlegt; allein wer von uns wird sie darum tadeln wollen? Wir wissen ja, wohin alle sogenannte Philosophie am Ende führt und haben in unsern Tagen nur zu abschreckende Beispiele davon gesehen. Die ehrwürdigen Väter übten ihren Scharfsinn lieber an solchen Fragen, von deren Entscheidung das Eine, was noth thut, das Heil unserer unsterblichen Seele abhängt, und mit welcher staunenswerthen Subtilität sie derlei Gegenstände nach allen Seiten untersuchten, davon liefert den deutlichsten Beweis des großen Sanchez unsterbliches Werk über das h. Ehesakrament. Der Unterzeichnete bricht hier ab, um auf die neueste Zeit überzugehen."

„Es ist vielfach zum Nachtheil des wiederhergestellten Ordens ausgelegt worden, daß Baierns frommer Ludwig, der sich doch fortwährend als eine Stütze der römisch-katholischen Religion erweise, demselben nicht gestatte, sich in seinen Staaten von Neuem anzusiedeln. Der Unterzeichnete maßt sich natürlich nicht an, in die Geheimnisse des baierischen Kabinets eingeweiht zu sein, allein er kann nicht umhin, die bescheidene Vermuthung zu äußern, daß hier vielleicht bloß eine Intrigne des Herrn von Hormayr zum Grunde liege. Er schließt dies aus dem Umstande, daß der genannte Herr im 28. Jahrgange seines historischen Taschenbuches sich verlauten läßt: „In keinem deutschen Lande errangen die Jesuiten so schnell und so unbedingtes Uebergewicht als in Baiern, in keinem erfuhren sie solche königliche Großmuth, und keinem haben sie schlechter gelohnt.“ Auf wie schwachen Füßen diese Antithese steht, erhellt schon daraus, daß die Jesuiten es nicht einmal der Mühe werth gefunden haben, sich dagegen zu vertheidigen. Wenn sie sich um alle Verleumdungen bekümmern wollten, die man gegen sie ausstreut, hätten sie so viel zu thun, besonders in den von der Preßfreiheit heimgesuchten Ländern. Herr von Hormayr wird sich wohl nicht einbilden, daß man ihm eher glauben werde, als 16 Päpsten, deren Zeugnisse zu Gunsten der Gesellschaft Jesu im „historischen Ehrentempel“ nachgelesen werden können. Sechzehn Päpste! Der Unterzeichnete bedauert, daß der Herr Staatsanwald Kamer von Schwyz darauf keine Rücksicht nahm, als er die Erklärung veröffentlichte, die unlängst in öffentlichen Blättern zu leseu war. Sie zielt, um ihrer kurz zu erwähnen, dahin, zwei Patres vom Kollegium in Schwyz der Erbschleicherei, des Mißbrauchs der Beichte u. s. w. zu verdächtigen. Die beiden ehrwürdigen Diener Gottes, Namens Peder und Cavin, leiteten als Beichtväter die Gewissen der zwei unverheirateten Schwestern des Herrn Kamer. Der eine soll seine Beichttochter zu dem Entschlusse gebracht haben, Nonne zu werden, und der andere der seinigen die Absolution auf den Grund hin versagt haben, weil sie und der Bruder die Schwester von diesem Schritte abhalten und ihr den ihr zukommenden Vermögensantheil nicht herausgeben wollten, damit sie über denselben zu frommen Zwecken verfüge. Ferner, heißt es in dieser Erklärung, habe man die eine Schwester zu bewegen gesucht, alles in dieser Sache Veröffentlichte für Lüge und Verleumdung zu erklären und zu diesem Zwecke alle Ueberredungskünste, selbst Drohungen auf sie wirken lassen. In dieser ganzen Geschichte, von der die Feinde der Jesuiten in der Schweiz so viel Aufhebens machen, erblickt jeder Wohldenkende nichts als einen über das gewöhnliche Maß der Pastoralklugheit hinausgehenden Eifer für die Ehre Gottes. Zu allem Ueberflusse belehrt uns unser Gewährsmann, der „Protestant“, eine in jedem Betracht höchst achtungswerthe Autorität, über die Kunstgriffe, welche gerade im Kanton Schwyz angewendet wurden, um die wohlthätige Wirksamkeit der Väter zu beeinträchtigen. „Als unlängst", erzählt der „Protestant", „die Jesuiten im Kanton Schwyz Mission hielten, hatte man auch nicht unterlassen, den dortigen Landleuten das Vorurtheil beizubringen, daß dieselben nur politische Dinge zur Sprache bringen würden, aber wie sehr erstaunten jene, als in all ihren Predigten auch nicht die leiseste Anspielung auf politische Gegenstände bemerkbar war, sondern nur Tugend und göttliche Dinge gepredigt wurden." Und damit ist der Unterzeichnete zugleich auf den Punkt gelangt, von welchem aus die Angriffe auf die ehrwürdigen Väter sich am siegreichsten zurückweisen lassen. Er legt zu diesem Zwecke Auszüge aus Predigten vor, deren Authentie keiner der vielen hundert Zuhörer zu bestreiten wagte. Dem Aufkläricht werden sie freilich nicht behagen — um den Beifall desselben aber haben sich diejenigen nie beworben, welche den Beruf haben, den verderblichen Zeitgeist zu bekämpfen und die Uebel, an denen die Welt krank liegt, zu heilen."

(Missions-Predigten u. s. w.) Seite 11: „Am Ende unserer Tage, was haben wir gesehen an Napoleon? Er stieg wie eine Rakete auf und zerplatzte. Was hat er von all' seiner Herrlichkeit gehabt, als er noch auf Erden war? Was davon noch im Grabe? Ich habe ihn selbst gesehen, habe ihn oft gesehen, ihn nahe gesehen, ich habe auf seinem stieren Gesichte nichts gesehen, als das Spiel unsinniger Leidenschaften — Mißmuth, Menschenhaß, Mißvergnügen, Wahnsinn; das kömmt Alles vom Teufel. So ist's überhaupt bei den Menschen." S. 37: „In unsern Tagen namentlich hat der Lügengeist eigne Bücher verfertigen lassen, um den gottvergessenen Sünder zu bestricken, um die Gottesfurcht zu hintertreiben. Unter diesen Büchern, die man verbreitet, ist auch das verrufene, von der Kirche verdammte Werk: „Die Stunden der Andacht", zu Aarau gedruckt, besonders verbreitet. In diesem Buche ist von nichts weiter die Rede, als von der Milde, der Güte und Barmherzigkeit Gottes; daß man nichts von ihm zu fürchten habe; da wird nichts gesagt von der Gerechtigkeit Gottes, noch weniger von den Strafen der Hölle, während doch der Heiland sagt: „Den da oben fürchtet, der euch in die Hölle stürzen kann." So wird der Sünder eingeschläfert; Alles zum Zwecke, die Gottesfurcht zu verdrängen." S. 58: „Wer die „Stunden der Andacht" liest, die mit Recht verdammt sind, welche die Sittenlehren so darstellen, daß die Glaubenslehren wegfielen und Christus nur der größte Weise war; wer sie liest, der begeht eine schwere Sünde, ja eine Todsünde, nicht nur gegen das Kirchengebot, sondern auch gegen das Naturgesetz." S. 60: „Bei den Reformirten ist noch mehr Aberglauben. Weil sie keinen wahren Glauben haben, müssen sie mehr Falsches glauben. Eine gute Frau eines Bauers ist mehr werth, als Rousseau und Voltaire und der ganze Schwarm der Ungläubigen. Sie waren die abergläubischsten Menschen. Das größte Meisterstück des Satans besteht darin, daß er die Leute glauben macht, er, der Satan, existire nicht." S. 68: „Hätte sich wohl Napoleon einfallen lassen, daß der Tod so geschwind und auf eine solche Weise sich anmelden werde, der so viele Menschen hatte, der die geschicktesten Aerzte hatte; hätte er gedacht, daß er so jung im Weltmeere auf einer Insel am Magenkrebse sterben müsse, er würde anders gehandelt haben." S. 80: „Vor Anno 15 war Einer in Konstanz, der um 3 Thaler das Fleischessen für's Lebenlang erlaubte. Er hatte so viel Macht es zu erlauben, als ich, keine. Wer eine Dispens vom Fastengesetz erhalten zu haben vorgibt und es übertritt, begeht eine Todsünde; denn kein Priester, kein Bischof kann vom allgemeinen Kirchengesetze dispensiren. All' diese vorgeblichen Dispensen sind null und nichts. Bis und so lange das Fastengesetz nicht aufgehoben ist, sündigt Jeder tödtlich, der an einem Fasttag Fleisch ißt." S. 139: „Fremde Moden nachahmen, die Brust nicht mehr so zu bedecken, wie die Mütter und Großmütter gethan, sondern wie die Bernerinnen, ist auch gefehlt. Man hat darüber gelacht, und die es in die Welt hinausgeschrieben, haben keinen Verstand und kein Herz für das Sittliche. Auf die Geschichte der Menschheit stütze ich mich, daß noch nie Etwas geändert worden ist, ohne in der Sittlichkeit auch geändert zu haben. Und wenn das so ist, so habe ich Pflicht, die Eltern davor zu warnen. Und wenn's Menschen gibt, die solche Sitten anfangen, Tänze, Bälle, Schauspiele einführen, um die Tugend und das Ansehen der Kirche zu untergraben (ich thue meine Pflicht, sie davor zu warnen), sie haben's einst zu verantworten. Am jüngsten Tage wird man sagen, ob ich Recht gehabt habe. Wenn es solche Mädchen hier gibt, so macht es, wie die Töchter einer Mutter es gemacht haben. Als die Mutter einen achtzigjährigen Mann fragte, wie es im Dorfe mit der Sittlichkeit stehe, sagte er: Siehe nur, wie's an der Brust der Töchter aussieht. Sie erzählte das ihren Töchtern, worauf dieselben die Chemisetten ergriffen und verbrannten. Ich habe das Gleiche an andern Orten den Töchtern auch gesagt, und sie haben's weggerissen und verbrannt. Macht's Ihr, Töchter von Sursee, auch so! — Vorigen Jahres, einen Tag vor Sexagesimä, bin ich mit der Post hier durchgefahren. Ich sah mehrere Mädchen maskirt; das anzusehen, hat mir im Herzen wehe gethan. Ich fordere Sie auf, liebe Töchter, es nicht mehr zu thun. Gott der Herr hat das Verkleiden schon im alten Bunde streng verboten. Wenn Ihr etwas Spaß treiben wollt, so thut es, ohne Euch zu maskiren. Anderwärts sah ich lauter Knaben maskirt. Wer sich zur Nachtzeit maskirt, dem fehlt es am Herzen, oder die Unschuld ist am Rande des Verderbens. Christliche Leute sollen sich nicht maskiren; denn nicht immer

die braven Leute maskiren sich, und wer brav ist, darf sich nicht maskiren."
S. 146: „Wie schrecklich ist die Lage eines Verdammten! Jedes Laster erhält seine eigene Strafe. Die Augen werden gestraft durch den Anblick des gräßlichsten Abgrundes, der höllischen Flammen; sie werden gestraft durch den Anblick der höllischen Geister, um so zu büßen die Freiheit, die man seinen Augen gelassen, schändliche Dinge anzusehen. Die Ohren werden gestraft durch Anhören ewiger Gotteslästerung, gegenseitiger Verwünschung von Seite derjenigen vom Anhange des Satans, daß sie sich von ihnen haben täuschen, haben verführen lassen. Und warum müssen die Verdammten diese Strafe leiden? Um zu büßen die Freude an ärgerlichen Gesprächen, an unreinen Liedern; um zu büßen wegen des Gespöttes über die h. Religion, wegen der Verleumdung ihrer Nebenmenschen. Es wird gequält der Gefühlssinn, um zu büßen für die Berührung unehrbarer Gegenstände. Es wird die Zunge gequält, um zu büßen die Sünden, die der Verdammte mit der Zunge begangen, als eines Werkzeuges, das Gift seines Herzens auszubreiten; schändliche Lieder zu singen und die Unschuld zu verführen; um zu büßen die Sünden, die durch die Zunge mit einer unzusättigenden Trinklust begangen wurden. Es werden die Hände, die der Verdammte zur Ungerechtigkeit ausgestreckt, angebunden mit ewigen Ketten. Es werden die Füße, die der Verdammte zum nächtlichen Herumschwärmen gebraucht hat, angebunden; die er gebraucht, zu besuchen die Lustbarkeiten, die Tanzböden."
S. 154: „Ich will Euch noch einige Beschreibungen über die Ewigkeit der Hölle anführen. Es gehen vorüber so viele Jahrtausende, als Tropfen im Meere sind — doch dieses Alles wird noch nicht ein Ende nehmen. Es gehen vorüber so viele Millionen Jahrtausende, als Sterne am Himmel und Stäubchen in der Erde sind und Sandkörner am Meere — die Ewigkeit der Hölle verliert noch nichts von ihrer Dauer. Es werden Thränen vergossen werden, so viele Thränen, daß daraus eine neue Sündfluth entstehen könnte; aber die Ewigkeit der Hölle verliert noch nichts von ihrer Dauer. Wie viele Millionen Jahrtausende vergangen sein werden, die Ewigkeit der Hölle verliert noch nichts von ihrer Dauer. Die Heiligen Gottes haben ihren Zustand beherziget; es haben da große Sünder Buße gethan, gestärkt durch den großen Gedanken an die Ewigkeit der Hölle."
S. 163: „Es gibt Gelegenheiten und Tänze, wovor jeder ehrliche Mensch erröthen und sie verabscheuen muß, wodurch man so häufig zur Sünde verleitet wird und verleitet werden muß, vorzüglich durch die nächtlichen Tänze, namentlich durch die Schwindeltänze, die Schleifer — Walzer und Langaus genannt — wo man sich so schamlos und auf so freche Weise benimmt, daß es unmöglich ist, keine Sünde zu begehen. Geht nur an einen solchen Ort hin und schauet hinein, was sehet ihr da? Nichts als Lumpenpack und

Hurenpack; nur Hurenkerls und Huren führen da den Reihen an. Es gibt öffentliche Lustbarkeiten ohne alle Aufsicht, Ballete, wie man's nennt, wo das Hurenpack hingeht und den Reihen anführt. Das sind die nächsten Gelegenheiten zur Sünde. Welche Tochter muß da nicht die Unschuld verlieren, und wenn sie nicht schon eine Hure ist, es werden, wenn auch nicht vor den Angen der Menschen, doch vor Gott, der in's Verborgenste sieht!" S. 195: „Hütet Euch, christliche Jünglinge, vor den Menschen, die nur von Freiheit reden. In den neunziger Jahren, wo man auch viel Freiheit ausgerufen, hat man sehr wenig Freiheit bemerkt, und jetzt redet man Euch auch von Freiheit. Ich habe keine gute Augen dafür, aber sehe keine christliche Freiheit. Die Euch von Freiheit, von Menschenrechten, Aufklärung u. s. w. reden, sind oft die größten Sünder. In kirchlichen Sachen sind sie recht freisinnig; es ist übertrieben, so oft in die Kirche gehen, sagen sie, und essen Fleisch an Freitagen und Samstagen, lesen böse Bücher. In der Jugend gibt man sich mit Huren ab, ist man verheiratet, läuft man jedem Weibe nach. Ich darf nicht reden, was ich will. Ist das die Aufklärung? Das ist ihre Weisheit. Cicero bei den Römern war auch ein Weiser, aber auch ein Epikuräer. Der erste, beste Bösewicht auf der Gasse kann ein Epikuräer werden, ich kann's nicht. Der Glaube, die Kirche, die Religion sind ihnen gleichgültige Dinge, und um nicht gottesräuberische Beichten und Kommunionen zu machen, beichten und kommuniziren sie gar nicht; spotten über das, was Andere thun; sie sind in der dicksten Finsterniß, sind thierische Menschen geworden. Sie meinen, wenn sie Andere verführen, dann könne sie Gott weniger strafen. Sie handeln wie Voltaire und denken wie Rousseau." S. 222: „Es gibt unkeusche Bücher, andere, die etwas feiner zu Werke gehen, die das Gift unter schönen Blumen anfangs verborgen halten, nach und nach aber das Gift mehr auslassen, und uns so den Glauben nehmen. Unter Andern ist es das Werk, das von der Kirche verdammte Werk, „die Stunden der Andacht", zu Aarau gedruckt. Iu den ersten Bänden redet es von den moralischen Tugenden. Man bemerkt hier noch nicht das Gift. Geht man aber weiter im Werke fort und schon träufelt es das Gift ein, daß es sagt: „Alle Religionen machen gleich selig," und geht dann so weit, daß es die Religion des Mahomed über die Religion Jesu Christi erhebt. Es sucht, den Katholiken den Glauben zu benehmen; es führt zur Gottlosigkeit, zum Unglauben. Ein teuflisches Werk! Nach und nach führt es zum Unglauben. Es ist nie erlaubt, schlechte Bücher zu leseu. Schon das Naturgesetz verbietet uns, unser Leben der Gefahr auszusetzen; um so mehr sollen wir für die Seele sorgen, um nicht angesteckt zu werden. Sie verderben den Verstand, sie stellen falsche Begriffe auf, sie erheben das Laster und stellen es als Tugend dar; und wie Viele sind nicht schon so verführt worden? Die Ketzer verbreiteten schlechte Bücher. Warum haben die Philosophen die Werke Voltaire's verbreitet? Warum haben sie diese Flugschriften, die Zeitschriften verbreitet? Weil sie wußten, wie viele Dienste sie leisten dem Satan, um die Katholiken zum Abfalle vom Glauben zu bringen. Wie Viele haben nicht schon durch Lesung schlechter Bücher und Zeitschriften ihren Glauben verloren? Sie stellen die Wahrheit in ein falsches Licht; deswegen sind nicht sobald offenbar die falschen Wahrheiten; sie verbergen sie. Also hüten wir uns, wenn wir nicht unsern Glauben verlieren wollen, schlechte Bücher und Zeitschriften zu lesen. Daß die Kirche uns verbietet, diese Bücher zu lesen, habt Ihr gehört. Sie verbietet sie; folglich begehen wir eine schwere Sünde, wenn wir sie lesen, weil sie die Kirche verbietet. „Wer die Kirche nicht zur Mutter und nicht zum Vater hat, ist kein wahrer Katholik." Sie verbietet sie zu lesen, auf die Gefahr hin, ewig nicht selig zu werden. Und haben wir nicht einen solchen Entschluß gefaßt, sie zu verbrennen, so sind wir in der Gefahr, daß auch Andere sie lesen, und folglich schuldig und verantwortlich für die Sünden Anderer, die dadurch entstehen." S. 307: „Als junger Knabe war ich mit meinen Eltern zu einer Hochzeit geladen worden; ich hatte da Gelegenheit, die Art und Weise zu sehen, wie man tanzte. So zu tanzen und rein zu bleiben, ist unmöglich, sage ich. In den alten Zeiten berührten sie sich beim Tanze mit der Spitze der Finger, weiter Nichts. Wenn aber die Leiber an einander gedrückt werden (wie nun beim Tanze geschieht), so müssen nothwendig Sünden geschehen, so gewiß, als wenn Jemand zum Fenster hinausspringt, er Hals und Bein brechen muß. Also die Lebensart der Voreltern, ihre Speisen, ihre Sitten waren Ursache, daß die jungen Leute sittsam und ehrbar sich aufführten. Wäre dies noch, dann will ich kein Wort vom Tanze verlieren. Aber wie der Tanz nun geschieht, da man jetzt erst Abends auf den Tanzboden geht, sich da mit Speisen und Getränken überfüllt; beim Tanze, wo die Leiber an einander gedrückt werden, wo man sich erhitzt und dann hinausgeht und Schlupfwinkel aufsucht; — heut zu Tage, wo die Wirthe für Geld Alles geschehen lassen: wenn's so geschieht, wenn man so rein bleiben kann, ist unmöglich. Eine Art zu tanzen gibt es — man nennt es Walzen — man kann keinen solchen Tanz machen, ohne sich der Gefahr auszusetzen, nicht mehr rein zu bleiben. Der Leib muß nothwendig dadurch erhitzt und so die Lüsternheit geweckt werden." S. 345: „Jesus Christus hat Dir recht klar gezeigt in seiner Person, wie man verdienstvolle Werke vollbringen könne. Drei und dreißig Jahre war er auf Erden. Hat er als Kind schon angefangen zu predigen? Nein! Drei Jahre dauerte es nur. Was hat er denn gethan in frühern Jahren? Da kam er aus den Wolken hervor, wollte im Schoße der allerreinsten Jungfrau Maria empfangen, getragen sein; wollte in einer Krippe eines zerfallenen Stalles im verachteten Bethlehem in kalter Nacht von Maria geboren werden, und war dreißig Jahre lang im verborgensten Winkel zu Nazareth armen Eltern unterthan. Hat er nicht Verdienstliches gethan? Ja wohl, wenn er seinem Pflegevater hobeln und sägen half, wenn er Hobelspäne sammelte, wenn er seiner Mutter die Geschirre fegte, das Feuer anschürte, oder mit dem Besen das Haus auskehrte u. s. w.; wie verdienstlich war das Alles vor den Augen Gottes! Aus Liebe Gottes Alles, selbst sein Essen und Trinken und Lachen, selbst das Geringste — wie verdienstlich! Warum? Wegen der Gesinnung." S. 354: „Wenn das Theater in Sursee gebaut ist, dann wird man dahin gehen; aber ich rathe auch, daß die braven Eltern und Töchter nicht häufig dahin gehen. In Freiburg hat der hochw. Bischof im Jahre 1826 vor dem Besuche des Theaters gewarnt. Man hatte Alles versprochen, hatte versprochen, nur sittliche Stücke auf dem Theater aufzuführen. In den drei ersten Jahren wurde Wort gehalten; nachher aber ist gekommen, was man erwarten konnte: man hatte den Besuch des Theaters zu bereuen. Ich wünsche, daß auch Ihr es nicht zu bereuen habt. Das ist eine Sache, die nach hundert Jahren noch eine bittere Reue hervorbringen kann und die man dann zu spät bereut. Einige, die es zu bauen unternommen, sind in Ewigkeit berufen, für die Folgen einzustehen. Ich wünsche, daß sie nicht schwer zu büßen haben. Die meisten Schlechten gehen dahin. Hütet Euch also vor dem Besuche des Theaters. Sie werden gegen uns schreien, hat Nichts zu sagen; sie schaden nicht uns, sondern sich selbst. Ich habe im Verborgenen Nichts geredet, sondern öffentlich. Es gibt Menschen, die nur das anhören, was sie wollen; das sind wir gewohnt." S. 358: „Traget keine Chemisetten an den Brüsten. In der Standesrede für die Töchter vergaß ich zu reden von dem allzustrengen Schnüren des Leibes. Nichts ist dümmer, als wenn das Mädchen seinen Leib anders bilden will, als ihn der Herr gemacht hat. Solche Mädchen machen sich kränklich dadurch, und wenn sie in den Ehestand eingetreten sind, so werden sie mit vielen Umständen zu kämpfen haben. Mütter können leicht Kindesmord begehen wegen dem Schnüren ihres Leibes. Die dümmste Mode ist's, wenn der Mensch einen Leib haben will, wie die Spinnen haben. Laßt, liebe Mädchen! eure Leiber wachsen, wie sie Gott erschaffen. Das heißt die Narrheit der Mode zu deutlich zeigen, wenn man ihr zu lieb die natürliche Wohlgestalt, die Gesundheit seines Leibes aufopfert." S. 371: „Es ist eine Irrlehre von Luther, der sagte: „Es gebe kein Fegfeuer, es gebe nur einen Himmel oder eine Hölle." Diese Lehre hat bewirkt, daß Tausende laue und leichtsinnige Menschen geworden und Nichts thun wollen für die Sicherstellung ihres Heiles, weil diese Lehre zu schauerlich ist, als daß der Mensch etwas für sein ewiges

Heil thun mag. Es ist mit den Protestanten sogar so weit gekommen, daß sie nicht mehr an die Hölle glauben, oder nur an sie denken mit der Hoffnung, daraus zu entkommen. Diejenigen, die glauben, es gebe einen Himmel und eine Hölle, denken sogar: „In die Hölle komme ich nicht, denn dahin müßte Alles kommen;“ daher thun sie Nichts für den Himmel.“

„Diese Auszüge brauchen nicht weiter fortgesetzt zu werden, um den Beweis vollständig herzustellen, daß die heutigen Jesuiten den Ruhm ihres Ordens auch im Fache der Kanzelberedsamkeit aufrechtzuerhalten ganz geeignet seien; in der That hätten sich die ehrwürdigen, in Gott versammelten Väter, die Patres März und Fast, der mitgetheilten Proben nicht zu schämen. Daß aber die Prediger ebenfalls so recht im Geiste ihres großen Ordensstifters fortwirken, dies zu zeigen, genügt die Vergleichung mit folgendem Abschnitte aus den Exercitiis spiritualibus J S. Ignatii: (Encrat. 5.) „Est Contemplatio de Inferno continetque ultra Orationem praeparatoriam duo Praeludia, Puncta quinque et unum Colloquium .... Prius praeludium, hic habet compositionem loci, subjecta oculis imaginationis Inferni longitudine, latitudine et profunditate. Posterius vero consistit in poscenda intima poenarum, quas damnati luunt, apprehensione, ut si quando me ceperit Divini amoris oblivio, saltem a peccatis supplicii timor coërceat. — Punctum primum est spectare per imaginationem vasta inferorum incendia, et animas velut igneis quibusdam corporibus, tanquam ergastulis inclusas. — Secundum, audire imaginarie, planctus, ejulatus, vociferationes, atque blasphemias in Christum et sanctos ejus, illic erumpentes. — Tertium, imaginario etiam olfactu fumum, sulphur, et sentinae cujusdam, seu putredinis graveolentiam praesentire. — Quartum, gustare similiter res amarissimas, ut lacrymas, rancorem, conscientiaeque vermem. — Quintum, tangere quodammodo ignes illos, quorum tactu animae ipsae comburuntur. —“ Damit schließt der Unterzeichnete, die Entscheidung dem weisen Ermessen des hohen, großen Rathes anheimstellend.“

Da es jedoch einem Deutschen nicht ziemt, irgend eine Angelegenheit zu besprechen, ohne ein Citat aus Göthe zur Bekräftigung anzubringen, so möge dieser löblichen Sitte hiemit treulichst und willfährigst gehuldigt werden:

Ihr meint, die Welt könnt' nicht bestehen,
Wenn Ihr nicht thut drauf 'rum hergehen;
Bild't Euch ein wunderlich Streich
Von Euerm himmlisch geistigen Reich;
Meint Ihr wollet die Welt verbessern,
Ihre Glückseligkeit vergrößern,

Und lebt ein jedes doch fortan
So übel und so gut es kann.
Ihr denkt, Ihr tragt die Welt auf'm Rücken;
Fangt Ihr uns nur einmahl die Mücken!
Aber da ist nichts recht und gut,
Als was Ihr Patres selber thut.
Thät' gern eine Stadt abbrennen,
Weil Ihr sie nicht habt bauen können.
Findt's verflucht, daß ohn' Euch zu fragen,
Die Sonn' sich auf und ab kann wagen.
Doch Herrn! damit Ihr uns beweißt,
Daß ohne Euch die Erde reißt,
Zusammenstürzen Berg' und Thal,
Probirt es nur und sterbt einmahl;
Und wenn davon auf der ganzen Welt
Ein Schweinstall nur zusammenfällt,
So erklär' ich Loyola'n für einen Propheten,
Will Euch, mit all' meinem Haus anbeten.

(v. Göthe im Fastnachtsspiele.
Leipzig, 1790. Göschen. 8. Band. S. 88.)

Die deutsche Rechts-Wissenschaft in ihrem Verhältniß zu unserer Zeit.

Kein Zweig des Wissens steht seinem ganzen Inhalte und seiner Bestimmung nach dem wirklichen Leben so nahe, keiner greift in die realen, praktischen Zustände und Verhältnisse so unmittelbar ein, wie die Wissenschaft des Rechts in ihrem weiten Umfange. Ueberall hat sie es mit täglich sich bildenden und täglich zum Vorschein kommenden Bedürfnissen, Beziehungen und Verwicklungen der daseienden, lebendig gegenwärtigen Gesellschaft zu thun, nach allen Seiten hin sind es lebendige Gestalten, die ihr gegenüber treten, im bürgerlichen, wie im Straf-Recht, im Privat-Recht wie im öffentlichen Recht. Und wie sie das ganze bürgerliche Leben umfaßt und aus den verschiedenartigsten Kreisen desselben immer wieder neuen Anstoß zur Thätigkeit erhält, so vermag umgekehrt keine andere Wissenschaft in dem Grade hemmend oder anregend, störend oder fördernd auf das Volksleben zurück zu wirken, wie die Rechts-Wissenschaft. Wir gehören nicht zu denjenigen, welche in dem Rechts-Gebiete den ganzen Staat aufgehen lassen wollen und ihm keine höhere Aufgabe zu stellen wissen, als die Hegung des Rechts; aber ein Blick auf unsere gegenwärtigen Verhältnisse zeigt uns, daß es in unserer Zeit gerade vorzugsweise Rechtsfragen sind, von deren gesunder und kräftiger Lösung eine nationale Entwicklung unsers öffentlichen Lebens wesentlich abhängt, und daß der Theil, welcher dem Juristenstande an der Lösung der großen Aufgabe unserer Zeit zufällt, zunächst wenigstens mehr als jeder andere von Bedeutung und Wichtigkeit ist. Wir wollen absehen von den Fragen des öffentlichen Rechts, die mit jedem Tage auftauchen und die Gesammtheit in ihrem innersten Wesen erschüttern und aufregen; wir wollen nicht erinnern an die Streitigkeiten zwischen dem Fürsten und dem Volke, an die Conflicte, in welche sich die Staatsregierungen aller Orten mit den Anmaßungen eines finstern, längst der Geschichte verfallenen Pfaffenthums verwickelt sehen, das mit dem Muthe des Verzweifelten noch einmal die letzten Mittel zusammenrafft, um im vergeblichen Kampfe den letzten Rest von Lebenskraft vollends auszuhauchen und für immer in das Grab des Nichts und der Vergangenheit hinabzusinken; wir brauchen auch nicht auf die Bestrebungen hinzuweisen, mit welchen eine bis jetzt nur zur Hälfte geschlagene Aristokratie der Geburt aufs Neue ihr Haupt erhebt und gegen Regierungen und Volk Plane schmiedet: wir können von Allem dem absehen und brauchen nur die gewöhnlichen Rechts-Verhältnisse, wie sie sich zu allen Zeiten in den verschiedenartigen Beziehungen des bürgerlichen Lebens und Verkehrs finden, ins Auge zu fassen, um die Ueberzeugung zu gewinnen, welchen großen Einfluß die Rechts-Wissenschaft auf das ganze Staatsleben auszuüben im Stande ist, und wie sehr es darauf ankommt, daß sie ihre Stellung begreife und richtig gebrauche. Von diesem Gesichtspunkte aus verdient der Zustand, in welchem sich die deutsche Rechts-Wissenschaft gegenwärtig befindet, eine ernste Prüfung; und dieser allgemeine Standpunkt ist es, von welchem aus sich uns die Frage aufdrängt, ob die Rechts-Wissenschaft denn auch wirklich ihren hohen Beruf erkannt habe und ob sie in der bisher von ihr verfolgten Richtung den Anforderungen entspreche und zu entsprechen im Stande sei, welche die Zeit an sie zu stellen hat und nothwendig stellen muß?

Es thut uns wehe, diese Frage von vornherein unbedingt verneinen zu müssen.

Deutschland hatte das eigene Mißgeschick, gerade in der Zeit, wo der Volksgeist nach Jahrhunderte langer Erschlaffung aufs Neue sich zu regen begann, und Gewerbe, Handel und Wissenschaften mit verjüngter Kraft aufzublühen die Hoffnung gaben, sein nationales Recht zu verlieren und einem in vergangener Zeit, auf fremdem Boden entstandenen Recht unterworfen zu werden. Es ist hier nicht der Ort, auseinanderzusetzen, welche Umstände zusammengewirkt haben, daß dieses geschehen konnte; es kann auch nichts frommen, die Klagen darüber zu erneuen, daß es geschehen ist; aber unläugbare Thatsache ist es, daß durch keinen andern Umstand der Nationalität und mit ihr der Kraft Deutschlands ein empfindlicherer Stoß versetzt worden ist, als eben hierdurch. — Das germanische Recht war im vollen Sinne des Wortes ein Volksrecht. Aus den Sitten und Gebräuchen des Lebens hervorgewachsen, durchlief es mit der Nation denselben Bildungsproceß, war es der Ausdruck ihrer wahren Wesenheit, wurzelte es in ihrem eigensten, innersten Bewußtsein; seine Kunde und Anwendung erforderte weder besondere Kenntnisse noch ein eigenes Studium; es stand nicht, wie gelehrtes Recht, außer dem Volke, sondern lebte, wie die Sprache, mit ihm und in ihm und wurde durch seine natürlichen Organe, die öffentlichen Volksgerichte, gepflegt und verwaltet. Wer die Waffen führen konnte, galt auch für fähig, das Recht zu erkennen. Wer wollte es nach den Leistungen eines Jakob Grimm noch läugnen, daß das germanische Recht die

Elemente zu dem vollendetsten Bau in sich trug und in seiner fortschreitenden geistigen Entfaltung zu den größten Hoffnungen berechtigt hätte? Gebaut auf das Selbstgefühl des freien Mannes, und den Sinn für persönliche und staatsbürgerliche Freiheit und Ehre fördernd, enthielt es alle Keime, um zu einem freien, volksthümlichen, öffentlichen Leben zu gelangen, in welchem jeder Einzelne, als integrirender Theil des Ganzen, seine bestimmte Stellung findet und sich, erfüllt von dem Geiste der Gesammtheit, des Berufs bewußt wird, in seinem Kreise sich als wirkendes Glied des Ganzen zu fühlen und zu bethätigen. Erst unsere Zeit, die es einsehen gelernt hat, wie sehr wir an einer innern Hohlheit in allen unsern socialen Zuständen leiden, und wie sehr uns noch im Einzelnen und im Ganzen Alles fehlt, was zu einem freien, gesunden und kräftigen nationalen Leben gehört, erst unsere Zeit, sagen wir, vermag die Größe und den ganzen Umfang des Verlustes zu würdigen, der uns durch die Vernichtung unseres einheimischen Rechts in Folge der Einführung des römischen und kanonischen Rechts zugefügt worden ist. Es handelt sich hier nicht davon, welches von beiden Rechten seinem Inhalte nach das vorzüglichere war, ob vom abstrakten Standpunkte aus das römische vor dem germanischen oder das germanische vor dem römischen den Vorzug verdiente. Wir geben sogar den Verehrern des römischen Rechts offen zu, daß das deutsche Recht zur Zeit der Reception des römischen eine Vergleichung mit diesem nicht aushielt, was scharfe Auffassung der Rechts-Begriffe und strenge Durchführung des Prinzips bis auf die einzelnen Verhältnisse betrifft; und wir sind so weit entfernt, die innere Güte des römischen Rechts und den hohen Werth desselben für das römische Volk irgend in Zweifel zu ziehen, daß wir selbst in Manchem, was jetzt einstimmig als tadelnswerth erklärt wird, keinen Vorwurf gegen die römischen Rechts-Gelehrten und Gesetzgeber begründet finden, insofern das, was uns jetzt von unsern Verhältnissen aus als mangelhaft und unnatürlich erscheint, in dem Leben und in der Geschichte des römischen Volkes seine nothwendige Begründung hatte und in vollkommener Uebereinstimmung stand mit seinen Verhältnissen und Zuständen. Aber wenn wir gleich den Vorzug, der dem römischen Recht, an und für sich betrachtet, unbezweifelt zukömmt, nicht bestreiten und zugeben, daß das deutsche Recht bei aller inneren Bildungsfähigkeit eben doch, wie die Zustände jener Zeit überhaupt, noch auf einer ziemlich niedern Stufe der Kultur stand: so folgt daraus dennoch nicht, daß die Einführung des römischen Rechts für uns ein Gewinn gewesen, und daß unser Rechts-Zustand dadurch ein besserer geworden sei; unsere obige Behauptung bleibt gleichwohl wahr, daß wir vielmehr ein National-Unglück darin zu beklagen haben, das unser ganzes Volksleben in einen krankhaften Zustand versetzt hat, an dem es verkrüppelte und abdorrte, das noch immer auf uns lastet und die Aufforderung an uns enthält, den Schaden, so weit er sich jetzt noch gut machen läßt, wieder gut zu machen und zum Naturgemäßen, Volksthümlichen zurückzukehren. Denn wenn unser einheimisches Recht ein auch noch so unvollkommenes gewesen wäre, und das fremde Recht noch bei Weitem mehr Vorzüge in sich vereinigt hätte, so wäre der eingeschlagene Weg, unser Rechtssystem zu verbessern, doch nur dem Verfahren desjenigen zu vergleichen gewesen, der sich, weil ihm sein Kopf nicht schön oder nicht verständig genug schien, denselben abschnitt, um sich den abgeschlagenen Kopf eines Andern, der für schön oder verständig galt, aufzusetzen. Wie konnte da organische Verbindung und organisches Leben herauskommen? So ungleichartige Nationalitäten wie die römische und die germanische, mit so durchaus verschiedenen Verfassungen und Einrichtungen: — für diese sollte das nämliche Rechtsbuch passen? unter die Gesetze der einen sollten willkürlich die Rechtsverhältnisse der andern gestellt werden können? Wenn uns die Geschichte nichts aufbewahrt hätte von der allgemeinen Verwirrung, welche durch die Einführung des fremden Rechts herbeigeführt wurde, von den eindringlichen Bitten und Beschwerden, in welchen sich der Unwille des Volkes allenthalben dagegen aussprach, und von den schweren Anklagen, welche ein Friedrich III., ein Ulrich von Hutten, ein Thomasius und Leibnitz gegen das Unwesen jener „Doctoren der fremden Rechte" erhoben: wir könnten uns das Bild selbst entwerfen von der Zerrüttung und Auflösung, welche über den ganzen Rechtszustand hereinbrechen und im Volke den Glauben an das Recht und den Sinn für Nationalgefühl ersticken mußten. Konnten Institute, dem Volke theuer und werth, und inniger mit seinen Satzungen und Gewohnheiten verwachsen, fortbestehen und sich weiter entwickeln, wenn die fremde Rechts-Regel ihre Bewegung hemmte? Konnte noch von einem freien Volksleben die Rede sein, wenn die Nation der Herrschaft über ihre eigensten Verhältnisse beraubt ward?

Es bedarf nur einer oberflächlichen Vergleichung der Grundzüge des römischen und des deutschen Rechts, um den Widerspruch anschaulich zu machen, welcher aus der Uebertragung des erstern auf die deutschen Verhältnisse sich ergeben mußt. Wir brauchen hierbei das öffentliche Recht, das seiner Natur nach noch in höherem Grade als das Privat-Recht mit den jeweiligen Volks-Ansichten und der ganzen Staats-Einrichtung aufs Innigste verwachsen ist, nicht mit in den Kreis unserer Betrachtung hereinzuziehen, obgleich bekannt ist, daß das römische Recht sowohl in Beziehung auf das Straf-Recht, die barbarischen eben so grausamen als prinziplosen Gesetze der späteren römischen Kaiser nicht ausgenommen, als auch in Beziehung auf den bürgerlichen und Straf-Prozeß gleichfalls praktische

Gültigkeit bei uns erhalten hat. — Schon in dem Privat-Recht zeigt sich der durchaus verschiedene Charakter beider Rechte deutlich genug.

Im Sachen-Recht finden wir als wesentliche Eigenthümlichkeit des deutschen Rechts theils die hervorragende Wichtigkeit, welche es dem Grundbesitze beilegt, dessen Bedeutung mindestens eben so sehr eine politische als eine privatrechtliche ist, während das bewegliche Vermögen nur von untergeordnetem Werthe erscheint und erst später mit dem Aufblühen des Handels und der Gewerbe in den Städten eine größere Bedeutung erhält; theils die verschiedenen Arten von freien und unfreien Lehen-, Ritter-, Bauern-Gütern ꝛc., in welchen hinwiederum die Verschiedenheit der einzelnen Stände ihre Haupt-Grundlage und feste Stütze hatte; theils ganz eigenthümliche dingliche Rechte und Lasten in der Form von getheiltem Eigenthum, ewigen Renten, Gilten, Fröhnen, Bann-Rechten, Lösungs-Rechten u. dergl. Von Allem dem bildet das römische Recht den entschiedensten Gegensatz. Es kennt im Wesentlichen keinen Unterschied zwischen beweglichen und unbeweglichen Sachen; der Grundbesitz steht in keinerlei Verbindung mit politischer Wirksamkeit; es finden sich in ihm weder politische Beschränkungen, noch knüpfen sich Vorrechte daran, welche auf das staatsrechtliche Verhältniß des Besitzers von Einfluß sind; ebendeswegen fehlt dem Grundbesitz auch die Kontrole des öffentlichen Besitztitels, welche sich im deutschen Rechte allenthalben findet und sich besonders in dem Institute der gerichtlichen Auflassung bei Erwerbung und Uebertragung von Immobilien äußert. Das römische Recht kennt nichts von einem getheilten Eigenthum im Sinne des germanischen Rechts; die mit den verschiedenen Ständen des Volkes zusammenhängenden verschiedenen Arten von Gütern mit den sich daran anschließenden eigenthümlichen Unterschieden in dem Rechtsverhältniß ihrer Besitzer sind ihm völlig unbekannt; es kennt außer dem Pfandrecht und der ziemlich unausgebildeten Emphyteuse keine andern dinglichen Rechte und Lasten, als die Servituten, welche in ihrer beschränkten Natur den völligsten Gegensatz bilden zu den weit ausgedehnten Arten von Realrechten und Reallasten, welche dem deutschen Recht eigen sind und sich bei Einführung des römischen Rechtes schon völlig ausgebildet hatten.

Weniger Zwiespalt konnte entstehen in Beziehung auf das Obligationen-Recht, da das deutsche Recht in dieser Beziehung noch ziemlich unausgebildet war und die dießfälligen Verhältnisse, eben erst im Entstehen begriffen, sich leichter an das recipirte römische Recht anschlossen, als wenn dieselben sich von vornherein schon in einer ganz bestimmten Form ausgeprägt gehabt hätten. Indessen waren doch einzelne Vertragsformen des römischen Rechts den hergebrachten Sitten und Gebräuchen so fremd, und insbesondere standen die in diesen Formen begründeten vielfachen Beschränkungen der verbindlichen Kraft und der Gültigkeit von Verabredungen und Verträgen mit dem geraden schlichten Sinne des Volkes und deutscher Redlichkeit so sehr im Widerspruch, daß die Einführung des römischen Rechts auch in diesem Punkte nur unter mannigfachen Mißständen, welche sich erst sehr allmählig verwischten, möglich war.

Um so größer aber war der Zwiespalt, welcher sich im Personen- und Familien-Recht kund gab. Zunächst fehlen im römischen Recht die Stände, auf welche das deutsche Recht basirt war; zwar hat es auch den Unterschied zwischen Freien und Unfreien, aber die Letzteren sind Sachen, völlig rechtlos und im Eigenthum des Herrn. Selbst im Kreise der Familie zeigt das römische Recht überall den Charakter absoluter Gewalt und unbedingter Unterwürfigkeit. Der Vater ist der absolute Herr der Kinder und nimmt mit seinem starren Rechte fast die ganze Persönlichkeit des Kindes in seine Rechtssphäre auf. Ihm gegenüber ist das Kind rechtlos, und wenn in der spätern Zeit hierin auch, im Gefolge des Absterbens des ächten römischen Geistes und des Morschwerdens des alten Gebäudes, Milderungen eintraten, so zeigten sich diese doch immer nur als vereinzelte Spuren und Ausnahmen von der Regel, auf welcher in der Hauptsache noch immer das ganze System ruhte. In seinem Verhältniß zum Vater gelangt der Haus-Sohn nie zu freier Persönlichkeit; noch als bejahrter, gereifter Mann bleibt er der Gewalt des Vaters unterworfen, und dieser verliert dieselbe nicht bis zu seinem Tode, wenn er sich ihrer nicht freiwillig entäußert. Das deutsche Recht dagegen ehrt und schützt überall die sittliche Freiheit und Persönlichkeit des Einzelnen innerhalb der bestimmten Rechtssphäre, welche einem Jeden zukömmt. Es kennt wohl mannigfaltige Abstufungen in der Rechtsfähigkeit, aber keine absolute Herrschaft des einen Menschen über den andern. Selbst das Verhältniß des Hörigen oder des Leibeigenen läßt sich nicht mit dem des römischen Sklaven vergleichen. Die elterliche Gewalt, an der auch die Mutter Theil nimmt, hat durchaus einen milden, sittlich freien Charakter. Sie gibt dem Vater, als Inhaber des Mundium, nur ein Schutzrecht; er ist nicht der Gewalthaber über seine Kinder, sondern er ist ihr Schirm und Vormund; die Kinder sind nicht vermögenslos und erscheinen nicht als bloße Instrumente für den Erwerb des Vaters, sondern der Vater verwaltet nur das Vermögen der Kinder und bewahrt es für sie auf. Die eigene Tüchtigkeit nnd Fähigkeit des Haus-Sohnes endigt die natürliche Vorsorge und läßt ihn als freien, keiner Vormundschaft mehr bedürftigen Manu gelten, sobald er zum reifen Manne herangewachsen, selbstständig und selbstthätig seinen eigenen Herd sich gegründet hat. Die Ehe ist im römischen Recht, wenn gleich die Wortdefinitionen der Juristen auf etwas anderes hinweisen, nicht die innige, Seele und Leib beider Gatten in sich aufnehmende, alle Lebensverhältnisse umfassende Verbindung, wie sie im deutschen Rechte erscheint, sondern eine bloße äußere Gemeinschaft, die keine andere Bestimmung kennt, als miteinander zusammenzuwohnen und Kinder zu zeugen, die die Familie fortsetzen; sie läßt die Güter der Gatten getrennt, die Frau kann außer der Gemeinschaft Vermögen jeder Art besitzen, worüber dem Manne weder ein Verwaltungs- noch ein Benutzungs-Recht zusteht, sie ist nur verpflichtet, dem Manne zu Bestreitung der ehelichen Lasten einen Beitrag zu geben, den dieser nach Auflösung der Ehe wieder an sie oder die Ihrigen zurückzuerstatten hat; nur die Frau, nicht der Mann kann sich eines Ehebruchs schuldig machen; es findet endlich kein gegenseitiges Erbrecht zwischen den Ehegatten Statt; der entfernteste Verwandte schließt ihr Erbrecht aus. Durchaus verschieden davon ist Alles im deutschen Recht. „Mann und Weib ist Ein Leib," sagt der Sachsenspiegel, „ist auch kein gezweit Gut." Die ächt deutsche Scheu und Ehrfurcht des Mannes vor dem Weibe, deren schon der römische Geschichtschreiber erwähnt, und mit welcher der Mann in dem Weibe nur die andere geheimnißvolle Seite seines eigenen Wesens erkennt, findet sich allenthalben auch in der Stellung der Ehefrau zum Manne ausgedrückt; sie ist im Innern die Herrin des Hauses, und wenn sie auch im Ganzen dem Manne untergeordnet ist, so ist das Verhältniß beider doch wesentlich ein gleiches; das Güterrecht, das unter ihnen Statt findet, entspricht der Innigkeit ihrer Verbindung. Das Hauswesen ist durchaus ein gemeinschaftliches, selbst der Tod hebt die Gemeinschaft nicht unbedingt auf; an die Stelle des verstorbenen Gatten treten die Kinder, welche die Gemeinschaft fortsetzen, und jedenfalls hat der überlebende ein ziemlich ausgedehntes Erbrecht an dem Nachlasse des andern. Im Vormundschafts-Recht ferner hat das römische Recht das Alter der Mündigkeit so nieder bestimmt (auf das 12., beziehungsweise 14. Lebensjahr), daß es sich genöthigt fand, an das Institut der Tutel ein zweites, die Kuratel der Minderjährigen anzureihen; beide stehen, obgleich wesentlich dem gleichen Zwecke dienend, durchaus in keiner innern Verbindung und ruhen auf den verschiedensten Grundlagen. Von einer Obervormundschaft der Obrigkeit ist im römischen Recht kaum ein Anfang vorhanden. Dem deutschen Recht ist nur eine Art von Vormundschaft bekannt, welche so lange dauert, bis der Pflegbefohlene „zu seinen Jahren gekommen ist", in welchen er fremder Pflege nicht mehr bedarf; die unnatürliche Unterscheidung zwischen Tutel und Kuratel findet sich in demselben nicht, wohl aber eine sehr ausgedehnte Obervormundschaft, welche sich nicht blos um die Aufstellung eines Vormunds für Diejenigen, welche eines solchen bedürfen, bekümmert, sondern auch, so lange die Vormundschaft dauert, die Aufsicht auf die gehörige Verwaltung derselben in sich schließt.

Das Erb-System der Römer endlich enthält ein Gemisch der verschiedenartigsten Elemente, welche von der frühesten Zeit an bis in die Periode der christlichen Imperatoren in beständigem Kampfe einander gegenüber treten, und aus welchen selbst das neueste Novellen-Recht keineswegs zu einem einheitlichen, völlig ausgebildeten Prinzip durchgedrungen ist. Die Unterscheidung zwischen Kognaten, Agnaten und den in derselben väterlichen Gewalt eingeschlossenen Sui ist auch noch im Justinianeischen Recht von wesentlicher praktischer Wichtigkeit. Bei Bestimmung der Erbfolge-Ordnung ist durchaus von abstrakten Begriffen ausgegangen, so daß im Allgemeinen schlechthin die Nähe des Grades entscheidet. Der Begriff der Einheit der Familie, im Sinne des deutschen Rechts, ist dem römischen völlig fremd. Daher kennt es weder eine Erbfolge in Stammgüter, noch wahre Familienfideicommisse. Dem Erblasser steht es frei, durch testamentarische Anordnungen bei Lebzeiten über seinen Nachlaß zu verfügen, dagegen war die römische Sitte gegen Erbverträge und erklärte dieselben für verboten. Betreffend das deutsche Recht, so war in diesem die Blutsverwandtschaft das einzige Prinzip der gesetzlichen Erbfolge, und zwar ging das deutsche Recht hiebei lediglich von einem ganz materiellen Begriffe aus, nämlich von der Vorstellung der Einheit des Bluts, durch welche sich die nähere oder entferntere Verwandtschaft bestimmte: konsequent hieraus ergab sich, daß es bei Bestimmung der Erbfolge-Ordnung an und für sich nicht auf die Nähe des Grades, sondern auf die Nähe des Stammes ankam, mit andern Worten, daß die Erbfolge nicht wie im römischen Recht eine Gradual-, sondern eine Parentelen-Ordnung war. Diese, von der römischen völlig verschiedene Grundanschauung, in welcher der Begriff einer realen, nicht blos abstrakten Familieneinheit festgehalten, und die Gesammtheit der Familie als eine leibliche, schichtenartig in verschiedene Gliederungen sich fortsetzende Persönlichkeit aufgefaßt wird, zeigt sich auch in dem unter den germanischen Völkern allenthalben sich findenden Institut der Stammgüter und Familienfideicommisse, und den dabei zur Anwendung kommenden besonderen Arten von Erbfolgen nach dem Prinzip der Primogenitur, des Seniorats, Majorats oder Minorats, welche sämmtlich nur auf die Erhaltung der Familieneinheit und die äußere Darstellung derselben in dem das Ganze repräsentirenden Hauptstamme berechnet sind. Eine Dispositions-Befugniß über den Tod hinaus in der Form von Testamenten, wie sie das römische Recht hat, kannte das frühere deutsche Recht nicht, wohl aber waren umgekehrt Erbverträge in verschiedenen Formen in häufiger Anwendung.

So waren es überall die entgegengesetztesten Elemente, welche sich in dem recipirten Fremdenrechte und dem bisherigen einheimischen Rechte fanden. Der Kern, aus dem das römische Rechtssystem herausgewachsen, war ein ganz anderer als derjenige, in welchem die deutschen Zustände und Verhältnisse wurzelten. Nie und nimmermehr kounte daher der Versuch gelingen, unser Rechtsleben in der reichen Mannigfaltigkeit seiner Erscheinungen und dem vielseitigen Gepräge ihm eigenthümlicher Institutionen unter das starre römische Rechtssystem zu zwingen, und was daraus hervorging, aus dieser unnatürlichen Verbindung, kounte nur im höchsten Grade verderblich sein für alle bürgerlichen Verhältnisse. Wohl hätte das fremde Recht heilsam wirken können für die Ausbildung des eigenen. Wie wir in unserer ganzen jetzigen Bildung auf den Schultern der Vergangenheit stehen und es nicht verschmäht haben, die Früchte uns anzueignen, die die frühere Zeit zur Reife gebracht hat; wie wir namentlich dem griechischen und römischen Alterthum in allen andern Wissenschaften so vieles verdanken: so durften wir auch die Erbschaft, welche das römische Volk uns in seinem bis zu einem hohen Grade von Vollkommenheit ausgebildeten Rechtssystem hinterlassen hat, nicht von uns stoßen, sondern mußten sie als eine Wohlthat dankbar annehmen und darauf bedacht sein, die Fülle geistigen Erwerbs, die darin enthalten war, uns zu eigen zu machen und zur Vervollkommnung unseres Zustandes anzuwenden. Unser nationales Recht hatte unverkennbar Mängel, die beseitigt werden mußten; es that Noth, aus dem Zustande unbefangener Jugend herauszutreten und das, was bis jetzt fast nur Sache des Takts und Gefühls war, zur Klarheit des Bewußtseins zu erheben; zugleich forderten Bedürfnisse des feiner ausgebildeten Lebens, namentlich der größere Verkehr in den Städten, Erweiterung des bisherigen Rechts. Zu Allem dem hätte das römische Recht als treffliches Muster und Vorbild dienen können. Aber es wurde zu einem andern Gebrauche ausgewählt. Man begnügte sich nicht damit, das fremde Recht als Muster für das einheimische Recht aufzustellen, sondern erklärte es geradezu als unmittelbare Rechtsquelle, als geltendes Gesetz, gegenüber von welchem dem seitherigen nationalen Recht keine Kraft und Geltung mehr zukomme. Die Doctoren des fremden Rechts fühlten keinen Beruf in sich, den Schatz ihres Wissens zur Ausbildung und Vervollkommnung des vaterländischen Rechts anzuwenden und ihre geläuterten Rechtsbegriffe mit denen des Volkes in Uebereinstimmung zu bringen. Auf der Rechtsschule zu Bologna und ihren Töchterschulen in Deutschland wurde nichts gelehrt von den Sitten, Gebräuchen und Einrichtungen des eigenen Volkes und seinen Bedürfnissen; in diesem Allen sah man nur Barbarei, Rohheit und Unwissenheit, und man suchte ein Verdienst darin, es stolz zu verachten und es nicht für der

Mühe werth zu halten, sich darum zu bekümmern. So entstand jener beklagenswerthe Zustand, welcher das Verderben war für die Wissenschaft und für das Leben. Wir sagen ausdrücklich: für die Wissenschaft, wie für das Leben. Denn wie ließ sich noch ein gedeihliches Resultat für die Doctrin erwarten, wie konnte eine frische, lebendige Wissenschaft erblühen, wo der Boden, auf dem sie stand und den sie bebauen sollte, überall ein fremder für sie war und nichts als den Widerspruch von dem enthielt, was sie in dem fertigen und abgeschlossenen System vor sich hatte. Die Wirklichkeit stieß die Wissenschaft von sich, und diese ihrerseits konnte sich nicht befreunden mit der Wirklichkeit. Die Rechtsseele war von dem Rechtskörper getrennt. Daran erstarben beide; das nationale Recht in seiner weiteren Entwicklung gehemmt, erstarrte, und die Wissenschaft, ihrer natürlichen Grundlage beraubt und außer allen Zusammenhang mit dem wirklichen Leben gestellt, entbehrte die wahre Lebenskraft, durch die sie innerlich hätte angeregt und weiter gebildet werden können. Wir wollen uns nicht damit befassen, ein Bild von dem jämmerlichen und trostlosen Rechtszustande zu entwerfen, unter dem die verflossenen Jahrhunderte seit der Einführung der fremden und der Unterdrückung der vaterländischen Rechte fast in ganz Deutschland in höherem oder in geringerem Grade gelitten haben; wie das Volk allmählig von der Theilnahme an der Rechtssprechung völlig ausgeschlossen wurde; wie man thatsächlich allenthalben so verfuhr, als wäre das Volk für die Jurisprudenz und nicht diese für das Volk da; wie das natürliche Rechtsgefühl durch die Spitzfindigkeit der Juristen mit Füßen getreten wurde, und unter dem Deckmantel der Gerechtigkeit Schikane und Parteilichkeit herrschten; wie die einfachsten Prozesse durch ein ganzes Menschenalter hindurch nicht zur Entscheidung gelangen konnten, und durch die Langsamkeit der Rechtspflege das gekränkte Recht noch empfindlicher verletzt wurde, als durch das Unrecht selbst, dem sie steuern sollte: aber leider ragt das alte Unwesen noch bis in unsere Zeit herein, und wir leiden noch an dem alten Grundübel bis auf den heutigen Tag. Wir entbehren noch immer ein nationales, volksthümliches Recht, das den Bedürfnissen unseres socialen Lebens entspricht, und wie kräftig sich auch die Stimme der edelsten Vaterlandsfreunde, eines Justinus Möser, eines Grolmann, Feuerbach, Thibaut und Anderer erhoben hat, unsere Rechtswissenschaft ist noch weit entfernt, den Forderungen der Nationalehre und Bildung Genüge zu leisten und sich von den schweren Anklagen zu reinigen, welche auf ihr lasten.

Um eine richtige Einsicht in den Zustand unserer heutigen Rechtswissenschaft zu gewinnen, müssen wir dieselbe unter einem doppelten Gesichtspunkte in's Auge fassen, zunächst in ihrem Verhältniß zum bestehenden

Recht und der Bearbeitung desselben, sodann zweitens in ihrem Verhältniß zur Gesetzgebung oder der Weiterbildung des Rechts.

In der ersteren Beziehung mag es wohl auffallend erscheinen, wenn wir, um unser Urtheil zusammenzufassen, sagen, daß sie zu wenig philosophisch, und zugleich, daß sie zu wenig praktisch sei. In der That laufen aber diese beiden Vorwürfe auf einen hinaus, auf den Vorwurf des Mangels an wahrem philosophischem Geiste, an objektiver Wissenschaftlichkeit, welche allein in der Einheit des Denkens und des Gedachten besteht, und sich ebensosehr über bloße hohle Abstraktionen, wie über rohen Materialismus erhebt. Die wahre Philosophie, da sie das Ergründen des Vernünftigen ist, ist ebendamit das Erfassen des Gegenwärtigen und Wirklichen; denn das wahrhaft Vernünftige bildet sich, um seiner Natur gemäß zu sein, stets in die Welt ein und gewinnt Wirklichkeit, und umgekehrt trägt das, was wirklich ist, d. h. was in der Welt wahrhaft besteht und seine geschichtliche Begründung in derselben hat, ebendamit auch seine innere Rechtfertigung, den Beweis der ihm inwohnenden Vernünftigkeit in sich. „Was vernünftig ist, das ist wirklich, und was wirklich ist, das ist vernünftig.“ Wäre daher unsere Rechtswissenschaft wahrhaft wissenschaftlich, so müßte sie den Forderungen der Philosophie ebensowohl, wie den Bedürfnissen des Lebens Genüge leisten; und es trifft sie demnach, wenn ihr der Vorwurf zu machen ist, daß sie nicht philosophisch sei, von selbst auch der andere Vorwurf, daß sie nicht praktisch sei, und umgekehrt. Der Mangel des Einen schließt nothwendig den Mangel des Andern in sich.

Indem wir aber diesen Tadel aussprechen und behaupten, daß die deutsche Rechtswissenschaft weder philosophisch noch praktisch sei, so meinen wir damit unsere ganze heutige Rechtswissenschaft, und vermögen die sogenannte philosophische Rechtsschule ebensowenig davon auszunehmen als die sogenannte historische; wir glauben vielmehr, daß der Vorwurf gegen beide begründet sei, wenn gleich gegen die Anhänger der ersteren in geringerem Grade als gegen die der letzteren. Beide stehen auf einem falschen, nur halbwahren Standpunkte, die einen mehr nach dieser, die andern mehr nach der entgegengesetzten Seite hin, und deswegen konnte es bei aller subjektiven Tüchtigkeit und bei allem Ernst ihres Strebens der einen so wenig als der andern gelingen, zum richtigen Ziele zu gelangen. Unter allen neueren Juristen ist vielleicht Feuerbach der einzige, welcher sich, wenn auch mehr durch einen glücklichen Takt als auf dem Wege wahrer philosophischer Einsicht, auf die Höhe des richtigen Standpunktes erhoben hat, und seine im Jahr 1804 gehaltene Rede über Philosophie und Empirie in ihrem Verhältniß zur positiven Rechtswissenschaft ist noch heute das Beste und Klarste, was hierüber gesprochen und geschrieben worden ist.

Es bedarf in der That nur eines Blickes auf die einzelnen Theile der Rechtswissenschaft, um sich davon zu überzeugen, wie unbefriedigend die bisherigen Leistungen derselben sind.

Auf dem Gebiete des öffentlichen Rechts haben sich die Gegensätze zwischen historischer und nicht historischer Richtung bis jetzt kaum bemerklich gemacht, wenigstens sind sie sich noch nicht im Kampfe gegenüber getreten. Besonders in der Behandlung des Staatsrechts ist noch jener abstrakte Standpunkt vorherrschend, welcher sich ebensowenig um die Geschichte, als um die Wirklichkeit bekümmert, mit hohlen Verstandes-Reflexionen und Theorien prangt und in hochtrabenden Sätzen von antiken und modernen Staaten redet, ohne es nur zu dem Bewußtsein zu bringen, daß der Staat etwas Anderes sei als eine todte Maschine, die sich blos nach mechanischen Gesetzen bewege. Man bildet sich seine Vorstellungen von dem Staate, von den verschiedenen Gewalten im Staate, von den Rechten der Staatsbürger u. s. w. und glaubt damit das Wesen des Staates erkannt zu haben, so wenig auch das gewonnene Bild der Wirklichkeit, die darin dargestellt und entwickelt werden soll, entspricht. „Wenn man diese Vorstellung" — sagt Hegel in der Vorrede zu den Grundlinien des Rechts sehr treffend — „und das ihr gemäße Treiben sieht, so sollte man meinen, als ob noch kein Staat und keine Staatsverfassung in der Welt gewesen, noch gegenwärtig vorhanden sei, sondern als ob man jetzt — und dieß Jetzt dauert immer fort — ganz von vorne anzufangen und die sittliche Welt nur auf ein solches *jetziges* Ausdenken und Ergründen und Begründen gewartet habe. Von der Natur gibt man zu, daß die Philosophie sie zu erkennen habe, *wie sie ist*, daß der Stein der Weisen irgendwo, aber in der *Natur selbst*, verborgen liege, daß sie *in sich vernünftig* sei, und das Wissen diese in ihr gegenwärtige, *wirkliche* Vernunft, nicht die auf der Oberfläche sich zeigenden Gestaltungen und Zufälligkeiten, sondern ihre ewige Harmonie, aber als ihr *immanentes* Gesetz und Wesen zu erforschen und begreifend zu erfassen habe. Die *sittliche* Welt dagegen, der Staat, sie, die Vernunft, wie sie sich im Elemente des Staatsbewußtseins verwirklicht, soll nicht des Glücks genießen, daß es die Vernunft ist, welche in der That in diesem Elemente sich zur Kraft und Gewalt gebracht habe, darin behaupte und inwohne. Das geistige Universum soll vielmehr dem Zufall und der Willkühr preisgegeben, es soll *gottverlassen* sein, so daß nach diesem Atheismus der sittlichen Welt das Wahre sich *außer* ihr befinde, und zugleich, weil doch *auch* Vernunft darin sein soll, das Wahre nur ein Problema sein."

In Wahrheit sucht man in den Darstellungen dieser Staatssysteme vergebens eine Lösung gerade der Fragen, die das innerste Mark der Gegenwart aufregen und sie mit ihrem Hoffen und Fürchten, ihrem Haß und ihrer Liebe erfüllen. Sind diese geistreichen Theoretiker, ein Herr Robert von Mohl und seine Meinungsgenossen, blind für die Erscheinungen, welche wie drohende Gespenster der Zukunft tagtäglich am Horizonte unseres modernen Staatslebens hervorbrechen und uns aus unserem geträumten Frieden aufscheuchen? Welchen Trost, welche Versöhnung bieten sie, wo allenthalben Widerspruch und Auflösung sich zeigt? Wie entscheiden sie den Konflikt zwischen Staat und Kirche? sie, die in dem Staate eine bloße Maschine oder ein bloßes Produkt der Willkühr, nicht das Dasein und die Verwirklichung des Geistes, des lebendigen Organismus desselben, anerkennen, einen Organismus, der, wie die Persönlichkeit des Individuums, die Einheit ist von Natur und Geist, welcher keine Trennung zuläßt zwischen Seele und Leib, der alle Interessen des Einzelnen und des Ganzen in seinen Kreis aufnimmt und auch in Glaubenssachen keine andere Auctorität über sich anerkennt, als das Gesammtbewußtsein Aller, aus welchem eine tiefere Religiosität hervorgeht, als aus der engen Brust einer selbstsüchtigen Priester-Kaste, und eine höhere Duldsamkeit, als der in den vielgepriesenen nordamerikanischen Freistaaten repräsentirte Indifferentismus? Wie vereinigen sie die Rechte der Staatsgewalt und der Regierung mit den Rechten der Staatsbürger, das Verlangen nach einer freien Repräsentativ-Verfassung mit der von der Vernunft gleichmäßig geforderten Einheit und Kraft des Ganzen, sie, die in dem Institut der Landstände und Volksvertreter nicht ein nothwendiges Element des ganzen Staatslebens, sondern nur eine auf äußern Gründen beruhende Zweckmäßigkeitsanstalt erblicken, die dasselbe unter keinem höheren Gesichtspunkte aufzufassen wissen, als unter dem der Kontrole und des Mißtrauens oder unter dem von gegenseitigen Zugeständnissen und Beschränkungen, und welche eine Zersplitterung und Schwächung der Staats- und Regierungsgewalt darin sehen, statt der Quelle der höchsten Einigung, des höchsten Vertrauens und der höchsten Kraft? Was sagen sie ferner von dem Rechte der Gedankenfreiheit, in Wort und Schrift, sie, die es höchstens nur aus Gründen der Staatsklugheit zur Kontrole der Staatsbeamten anzuempfehlen, oder es nur als ein aus der Freiheit des Einzelnen abzuleitendes Recht in Anspruch zu nehmen den Muth haben und nichts davon wissen, daß die Unterdrückung oder Beschränkung desselben eine Hemmung der Lebensfunktionen der Allgemeinheit selbst und ein Verbrechen gegen die geistige Gesundheit des Ganzen enthalte, das für das Gesammtwohl noch weit wichtigere Folgen hat, als die Verletzung der äußeren Integrität des Staats? Was sagen sie endlich, um von Andern zu schweigen, zu dem Verlangen nach einer volksthümlichen Organisation der Gerichte, nach Oeffentlichkeit und Mündlichkeit des gerichtlichen Verfahrens u. s. w.? sie, denen die Geschichte nichts davon sagt, daß diese Institute so alt sind, wie unsere Nationalität selbst, und die in dem immer offener sich aus- sprechenden Wunsche darnach nur einen Hang zum Fremden und ein Nach- sprechen der Ansichten des Tages finden wollen, oder wenn sie das Ver- langen darnach auch als begründet anerkennen, darin wiederum nur eine zum Schutze der persönlichen Freiheit gebotene, das gesetzmäßige Verfahren und die Unparteilichkeit der Richter überwachende Kontrol-Maßregel im Auge haben, nicht aber eine Institution, die in dem Wesen des Staates selbst, dem Begriffe und der tieferen Grundlage der bürgerlichen Gerechtigkeit begründet ist, mithin auf sittlicher Nothwendigkeit beruht?

Das Straf-Recht hat in den letzten paar Jahrzehnten, hauptsächlich durch das Verdienst Feuerbach's und Anderer, mit ihm in gleichem Geiste wirkender tüchtiger Männer, einen Grad von Ausbildung erhalten, wie kein anderer Zweig der Rechtswissenschaft, und die bisherigen Leistungen in die- sem Fache geben die gegründete Hoffnung zur wahren inneren Durchbildung desselben, wenn mit gleicher Tüchtigkeit und einem von dem Geiste der neue- ren Wissenschaft erfüllten Streben auf der betretenen Bahn fortgefahren wird. Auch von Seiten der Gesetzgebungen ist bis jetzt im Strafrecht am Meisten geschehen; mehre deutsche Länder haben bereits eigene Strafgesetz- bücher erhalten, und in den meisten andern ist man mit Vorbereitungen auf dieselben beschäftigt. Zu beklagen ist hiebei nur der Mangel an festen, zum klaren Bewußtsein gebrachten und konsequent durchgeführten Prinzipien, sowie der Mangel an Einheit und Uebereinstimmung, womit dabei verfahren wird. Doch ist wenigstens der Anfang gemacht, und mißlungene Versuche werden von selbst darauf führen, die gewonnenen Erfahrungen an der Hand der Wissenschaft zum Bessern anzuwenden, und das begonnene Werk in Ueber- einstimmung mit der Bildung und den Bedürfnissen der Zeit zu vollenden.

Weniger befriedigend ist das, was bis jetzt in dem Gebiete des Privat- Rechts geleistet worden ist. Es ist uns nicht unbekannt, uud wir verkennen den Werth von dem nicht, was im Einzelnen geschehen ist: aber den Erfolg im Ganzen, das, was für das lebendige, das bei uns geltende Recht, dessen Erforschung und Durchbildung und für die Vermittelung desselben mit dem Leben geschehen ist, vermögen wir nur gering anzuschlagen. Woher käme sonst der entschiedene Gegensatz, welcher noch immer zwischen Doctrin und Praxis, der Wissenschaft des Rechts und dem wirklichen Leben desselben be- steht, und welcher durch die Leistungen der neueren Jurisprudenz nicht ver- mindert, sondern im Gegentheil noch vermehrt worden ist? Weiß ja doch Jeder, der einmal in der Stellung gewesen ist, das Recht anwenden zu müssen, und der sich nur einigermaßen mit dem praktischen Recht vertraut zu machen Gelegenheit hatte, daß das Recht, welches vom Katheder herab gelehrt und in den Lehrbüchern als geltendes Recht vorgetragen wird, ein ganz anderes ist, als das, welches in Wirklichkeit gilt, und nach welchem die bestehenden Verhältnisse in der Praxis beurtheilt werden. Fällt dieser Widerspruch den Praktikern oder fällt er den Theoretikern zur Last? Ist unser Richter-, unser Advokatenstand so unwissend und ungebildet, daß er das bei uns geltende Recht nicht kennt? Sicherlich nicht. Es gibt unter beiden tüchtige Männer genug, die an theoretischen Kenntnissen und wissenschaftlicher Bildung denen nicht nachstehen, welche sich als die alleinigen Hüter der Wissenschaft ausgeben möchten und alle Weisheit in sich zu haben vermeinen. Oder soll die Praxis ohne Weiteres die Lehren der Doctrin annehmen und befolgen? soll sie den bestehenden Rechtszustand ohne Weiteres umstoßen, das, was bisher Recht war und bisher in Anwendung kam, aufgeben und zu den alten Rechtssätzen, die längst aufgegeben und durch andere ersetzt worden sind, zurückkehren? Unsere Rechtslehrer werden dies nicht in Uebereinstimmung zu bringen vermögen mit den Lehren, welche sie selbst über die Fortbildung des Rechts durch die Praxis und die Gültigkeit des Gewohnheitsrechts vortragen. Wer ist also im Unrecht, die Doctrin oder die Praxis? Offenbar die erstere.

Besonders die historische Schule hat im Fache des römischen Rechts für die Kenntniß des älteren Rechts Vieles geleistet; wir stellen das nicht in Abrede: aber sind wir denen zum Danke verpflichtet, die Nichts thaten für das, was uns zunächst Noth thut, die sich, indem sie uns dienen wollten, von uns abwandten und die reichsten Kräfte, von denen wir Hülfe hätten fordern können, in maßloser Verschwendung vergeudeten? Die Quellen des fremden Rechts mit allen zu ihrer Erklärung dienenden Hülfsmitteln wurden genau studirt; Sprachkunde und Geschichte wurden aufgewendet, sie zu erläutern; die Texte wurden verbessert und vervollständigt; mit unglaublichem Fleiße eine Menge verloren gegangener Zeugnisse, Urkunden, Denkmäler und Schriften des Alterthums wieder an's Tageslicht gebracht, aus allen Enden und Ecken verstaubte und halbvermoderte Codices hervorgezogen, entziffert und verglichen; man begnügte sich nicht, alle Gesetze und Verordnungen von der Zeit der römischen Könige an bis herunter auf die christlichen Kaiser und Justinian zu erforschen, Entstehung und Inhalt durch die kühnsten Hypothesen und die scharfsinnigsten Konjekturen zu errathen, sondern stieg noch herunter auf die Rechtssammlungen der griechischen Kaiser in's Mittelalter, durchforschte und benutzte die Kirchenväter; man scheute keine Mühe, die Spuren des römisch Justinianeischen Rechts durch das ganze Mittelalter hindurch zu verfolgen mit um so größerer Gründlichkeit, je weiter sie in die Vergangenheit zurückreichten, und verarbeitete sich in der Lebensgeschichte, den Ansichten, den Leistungen und den trostlosen Streitereien der Glossatoren bis auf die vereitelten Versuche des

Magister Vacarius in England; man brachte alte Drucke zusammen, verglich sorgfältig ihre Lesarten, ihre Druckfehler, und achtete es nicht gering, zu wissen, in welchem Jahre, vielleicht gar in welchem Monat oder an welchem Tage sie aus der Offizin hervorgingen; man studirte, edirte und kommentirte die Schriften der Theoretiker, der ältern und der neuern, und frischte ihre kleinlichen und großen Streitigkeiten immer wieder auf; man bekümmerte sich um Alles, nur nicht um das praktisch geltende Recht: unter welchen Modifikationen das Justinianeische Recht von Anfang an bei uns aufgenommen wurde, wie es sich gleich ursprünglich mit germanischen Elementen vermischte, wie es sich unter dem Einfluß deutscher Gewohnheiten und Gebräuche weiter bildete, welche Auslegung es erhielt durch die Praxis der deutschen Gerichte, wie die Streitigkeiten der Theoretiker in der Anwendung entschieden wurden und diese oder jene Ansichten konstante Geltung gewannen, — darum bekümmerte man sich nicht, das hielt man nicht für der Mühe werth, sich damit zu befassen; die Urtheilssammlungen der Gerichte und Spruchkollegien in den verschiedenen Ländern, die eigentlichen Weisthümer für unser neueres Recht, und die Schriften der Praktiker, die von so großem Werthe sind für die Kenntniß des heutigen Rechts, wie es sich allmählig gebildet, — von dem wissen oder wollen diese Herren nichts; in diesem Allem findet sich ja das lautere, reine römische Recht nicht; was kann es den Romanisten fruchten, mit solchem barbarischen Zeug sich abzugeben? oder wer wollte gar von ihnen fordern, darüber nachzudenken oder darauf zu antworten, was unseren Verhältnissen angemessen ist und auf unsere Zustände paßt? Das ist nicht ihre Sache und dazu fühlen sie keinen Beruf in sich. — Wir fragen in der That jeden Unparteiischen, welcher mit der römisch-rechtlichen Literatur und der Doctrin, wie sie auf den Universitäten gelehrt wird, vertraut ist, ob nicht mit wenigen rühmenswerthen Ausnahmen dieses der Standpunkt sei, auf welchem unsere Romanisten, wenigstens die der historischen Schule, stehen? Auf diese Weise glaubt man für eine bessere Rechtspflege zu sorgen; durch solche historisch-antiquarische Leistungen will man die Unsicherheit und Ungewißheit des Rechts, welche sich aus der Geltung eines unter einem fremden, längst untergegangenen Volke entstandenen Rechtsbuches für uns ergibt, beseitigen; mit solchem Verdienste weist man unser Verlangen nach einem nationalen Gesetzbuche, das die Zweifel beseitigt und in unserer Sprache und in unseren Begriffen zu uns spricht, zurück! Diese Leute wollen sich mit den römischen Juristen vergleichen, verlangen von uns, daß wir nur ruhig zuwarten, die Hände in den Schoos legen und das Vertrauen zu ihnen haben sollen, das das römische Volk nicht umsonst zu seinen Juristen gehabt habe. Wir können, um das Unpassende einer Vergleichung zwischen dem alten römischen

Recht und unserem heutigen römisch-kanonisch-deutschen Recht, besonders die Fehlerhaftigkeit des Schlusses von dem, was der römische Rechtsgelehrte der Fortbildung des römischen Rechtszustandes gewesen, auf das, was unsere deutschen Rechtsgelehrten, wenn man diese nur nicht durch Gesetze in ihren Forschungen hemme, dereinst dem deutschen Rechtszustande werden könne, nachzuweisen, am besten mit dem antworten, was Feuerbach in der Vorrede zu der Schrift eines Schülers von ihm schon im Jahr 1816 hierüber gesagt hat: „Schon die große Verschiedenheit zwischen der römischen aristokratisch-demokratischen Verfassung und unsern heutigen Monarchien, die eigenthümliche Vollmacht der Magistrate und die ausgedehnte Gewalt des Gerichtsbrauchs, der Einfluß auf das Edict jener Magistrate und auf diesen Gerichtsbrauch, wodurch der römische Rechtsgelehrte mittelbar, und zwar unter der Form einer höhern Autorität, mithin wirklich gesetzgebend (wiewohl nicht in den Comitien, noch in unserer Art, Gesetze zu geben) auf den Rechtszustand einwirkte: dieses und anderes stumpft schon sehr die Schärfe jener Vergleichung ab. Jedoch hiervon abgesehen, ist einleuchtend, daß der römische Rechtsgelehrte und seine Rechtswissenschaft äußerlich und innerlich etwas ganz anderes war, als was unsere Rechtsgelehrten und Rechtswissenschaft, so lange ihre jetzigen Quellen fortdauern, jemals werden können. Der römische Rechtsgelehrte saß bekanntlich nicht als Geschichts- und Alterthumsforscher hinter alten Denkmälern und Manuscripten, sondern auf dem Marktplatze oder zu Haus unter den Klienten, oder auf dem Gerichtsstuhl oder in dessen Nähe; sein Wissen war Erkenntniß aus dem Buche des bürgerlichen Lebens, und er hatte weit weniger zu lesen und zu lernen, als zu beobachten, zu denken, zu urtheilen und zu schließen. Aus der Erforschung hetrurischer, altitalischer, griechischer Alterthümer sog das römische Recht seine Lebenssäfte nicht, obgleich dem Römer diese Alterthümer weit näher lagen, als uns die seinigen; Alterthumskunde war der Grammatik zugewiesen. Das konnte auch recht wohl geschehen; denn der Römer hatte nicht erst den Rechtsleichnam eines vor einem Jahrtausend untergegangenen Volkes zu zergliedern, um denselben bei sich von Neuem künstlich zusammenzusetzen und wieder zum Scheinleben aufzuwecken. Wo er stand und ging, war er bei sich zu Hause; was er umfaßte, was ihn durchdrang, war seine Zeit und die Gegenwart mit ihrem Haben und Bedürfen; was er erkannte, bearbeitete, gestaltete, war sein und seines Volkes Recht. Und so ward das römische Recht nicht durch Geschichte, Alterthumskunde, Kritik und Grammatik, als geschichtliche Rechtswissenschaft, sondern durch Erfahrung, Philosophie und Logik zur Reife gebracht. Können die Pfleger der deutschen Rechtsgelehrsamkeit uns die gründliche Verheißung geben, eben das und eben so uns zu werden, was und wie es der Römer seinem Volke war? Wohlan! dann wollen wir uns des Wunsches nach einem einheimischen Gesetzbuche, oder (weil man bei deutschen Angelegenheiten in der Mehrzahl sprechen muß) nach einheimischen Gesetzbüchern gerne entschlagen. Allein umsonst! um jenes zu werden müßte erst unsere Rechtswissenschaft aufgehört haben zu sein, was sie ist — eine historisch-antiquarische Wissenschaft; und damit diese etwas Anderes sein könnte, als sie ist, müßten wir erst gerade eben dasjenige besitzen, dessen Besitz uns, wie gesagt wird, durch fortgesetztes historisch-antiquarisches Forschen entbehrlich gemacht werden soll: — ein einheimisches, den Bedürfnissen der Zeit anpassendes, in sich selbst übereinstimmendes, mit gesetzlicher Kraft ausgestattetes Rechtsbuch. Ein solches hatte der Römer in seinen XII Tafeln, späterhin in seinem Edict. Und eben weil er es hatte, weil sein Recht auf einheimischem Boden aus Einer Herzwurzel hervorwuchs, darum konnte dieses unter der Jahrhunderte lang fortgesetzten Pflege des stets auf die Wirklichkeit hingewendeten philosophischen Geistes und logischen Verstandes zu jenem kräftigen Stamme mit reichen Aesten in die Breite und Höhe wachsen."

Darin, daß unsere historischen Romanisten die gänzliche Verschiedenheit der Stellung, die sie gegenüber unserm Volke und unserer Zeit einnahmen, von derjenigen, welche die römischen Juristen gegenüber dem römischen Volke eingenommen haben, nicht einsehen, daß sie nicht begreifen können oder wollen, wie ihre Aufgabe, wenn auch im Wesen die gleiche, doch in der Erscheinung eine andere sei, als die, welche jene zu lösen hatten, darin besteht in der That der Grundfehler ihres Treibens. Auf die Unrichtigkeit ihres Standpunktes in philosophischer Beziehung werden wir weiter unten bei Besprechung ihrer Ansichten über Gesetzgebung zurückkommen; hier mag es genügen, gezeigt zu haben, daß auf diesem Wege, wo man statt von vorne, von hinten anfängt, wo man die Gegenwart von dem Kreise seiner Forschung ausschließt und nur in der Vergangenheit lebt, und auch in der Vergangenheit nicht das Wesen und den Geist erfaßt, sondern in einer nichtigen Mikrologie sich herumtreibt, kein Heil zu erwarten sei und keine Hilfe.

Ohne Grund klagen die Historiker die Anhänger der entgegengesetzten Schule an, daß sie zu wenig geschichtlich seien. In ihrem Prinzip liegt es wenigstens nicht, die Geschichte beim Studium des Rechts ausschließen zu wollen. Thibaut hat allerdings gegen eine solche Rechtsgeschichte, wie sie gegenwärtig zum Theil auf der Universität getrieben wird, bestimmt sich ausgesprochen, daneben aber die Nothwendigkeit einer wahrhaft geschichtlichen Auffassung des Rechts wiederholt hervorgehoben; und noch mehr hat Gaus durch sein „Erbrecht in weltgeschichtlicher Entwickelung" thatsächlich bewiesen, daß er die Rechtsgeschichte, und zwar in einer universellern Auffassung als die Rechtshistoriker, für einen nicht minder wichtigen Theil der Rechtswissenschaft ansehe, als die Kunde des gegenwärtigen Rechts und dessen wissenschaftliche Bearbeitung und Darstellung; und wenn Einzelne den wichtigen Standpunkt verkannt und ungenügende Arbeiten geliefert haben, so ist man deswegen noch nicht berechtigt, sie gerade als Vertreter dieser Schule auszugeben und diese darum anzuklagen, so wenig als die entgegengesetzte Schule nöthig hätte, sie als die Vertreter ihres Prinzips gelten zu lassen. Ja, wenn auch gegen die Vertreter des Prinzips selbst ein solcher Vorwurf begründet wäre, so würde daraus immer noch nicht die Unrichtigkeit des von ihnen aufgestellten Prinzips sich ergeben, sondern es würde dadurch nur das bewiesen sein, daß sie in der Ausführung ihrem eigenen Prinzip untreu geworden seien und dasselbe falsch angewendet haben. Und in der That sprechen wir die Anhänger der philosophischen Schule von diesem Vorwurfe nicht frei. Vergleicht man ihre Schriften, so findet sich in ihnen zwar nicht jenes kleinliche sich Vergraben in der Geschichte, jenes Vergeuden der Kräfte in nutzlosen theoretischen Fragen; für das praktische Bedürfniß aber, für das in der Gegenwart geltende Recht, dessen Bearbeitung sie als die Aufgabe der Wissenschaft erklärt haben, ist durch sie — und wir vermögen in dieser Beziehung auch Thibaut nicht auszunehmen — kaum mehr geschehen, als durch die historische Schule. Auch bei ihnen vermissen wir ein tieferes Eingreifen in das wirkliche Leben, ein frisches Erfassen und sich Vergegenwärtigen der Lebensverhältnisse und Zustände, und jenen lebendigen Rechtssinn, welcher allein geeignet ist, die abstrakten Rechtsbegriffe in dem natürlichen Rechtsbewußtsein der Gesellschaft wieder zu erkennen und den Zusammenhang zwischen beiden innerlich und äußerlich zu vermitteln. Häufig sind es hohle Reflexionen und oberflächliche Verstandesraisonnements, mit welchen sie sich befassen, mit welchen aber, wie die historische Schule mit Recht geltend macht, weder der Wissenschaft noch dem Leben gedient ist. Welches auch ihre Ansichten über den Werth des röm. Rechts, dessen Beibehaltung oder Abschaffung sein mochten, immerhin war es ihre Pflicht, so lange die Gesetzgebung auf ihre Anträge nicht einging, in ihrem Kreise für die mögliche Verbesserung des Rechtszustandes zu wirken, und sie hätten durch eine tüchtige Bearbeitung des praktisch geltenden Rechts in dem vorhin angegebenen Sinne Vieles leisten können. Sie würden sich dadurch nicht nur um die Anwendung des gegenwärtigen, sondern auch um Erlangung eines bessern Rechts auf dem Wege der Gesetzgebung, die dadurch aufs Erfolgreichste angebahnt worden wäre, ein wesentliches Verdienst erworben haben. Aus dieser Mangelhaftigkeit ihrer Leistungen folgt aber, wie gesagt, noch nichts gegen das Prinzip selbst; es liegt nur die Aufforderung darin, die Aufgabe, die sie nicht gelöst haben, mit erneuten Kräften wieder aufzunehmen und sich durch die mißlungenen Versuche vom rechten Wege nicht abbringen zu lassen.

Einen zweiten Theil unseres heutigen Privatrechts bildet das sogenannte deutsche Privatrecht, d. h. derjenige Zweig desselben, welcher theils aus den Trümmern des früheren einheimischen Rechts, so weit dasselbe durch das römische Recht nicht verdrängt werden konnte, namentlich im Sachenrecht, im Personenrecht und im Familienrecht, theils aus denjenigen Rechtsbestimmungen und Institutionen besteht, welche sich erst in der neueren Zeit gebildet und entwickelt haben, wie das Handelsrecht, Assekuranzwesen und drgl. Allerdings wurde dieser Theil unseres Rechtssystems von den früheren Juristen noch mehr hintangesetzt, als von den neuern, und es war gegenüber von jenen, welche denselben nur oberflächlich und gelegenheitlich bei Darstellung des römischen Rechts als sogenannten usus modernus abhondelten, für einen Fortschritt anzusehen, daß das Studium des einheimischen deutschen Rechts seit der Mitte des vorigen Jahrhunderts zu einem besondern Fache erhoben und auf Universitäten getrennt vom römischen Recht vorgetragen und gelehrt wurde. Gleichwohl aber beweist nichts so sehr den Mangel an lebendiger Auffassung des Rechts und wahrhaft wissenschaftlicher, praktisch tüchtiger Durchdringung desselben, als daß es unserer Rechtswissenschaft noch nicht einmal gelungen ist, in der Bearbeitung des praktisch gültigen Rechts die bisherige Trennung zu überwinden und unsern ganzen jetzt bestehenden Rechtszustand in Einem die verschiedenen Elemente zur innern Einheit vermittelnden System wissenschaftlich darzustellen und nachzuweisen. Man wende uns nicht ein, daß dieses aus Rücksichten für den Unterricht nicht angehe. Wir geben zu, daß beim ersten Unterrichte eine Verbindung des römischen mit dem deutschen Rechte nicht zweckmäßig sei, daß dieselbe immer eine Hintansetzung des einen oder des andern zur Folge haben würde, und daß auf diesem Wege eine wahre Einsicht in den eigentlichen Geist und Charakter des einen so wenig gewonnen werden könnte als in den des andern. Deswegen muß allerdings ein getrenntes Studium eines jeden einzelnen vorausgehen, aber es darf dabei nicht stehen geblieben werden; dieses bildet nur die Grundlage und Vorbereitung zu dem, was das eigentlich Wesentliche ist, nämlich dem Studium des heutigen, praktisch giltigen Civilrechts, wie es sich unter dem Einfluß der neuern Verhältnisse aus den frühern Elementen heraus zu seiner jetzigen Gestalt entwickelt hat. Man lehrt und studirt ja das Recht nicht blos um des wissenschaftlichen oder geschichtlichen Interesses, sondern zugleich und wesentlich um des praktischen Bedürfnisses willen, um es nachher im Leben, sei es als Richter, als Advokat, oder in seinen eigenen Verhältnissen anwenden und gebrauchen zu können. Und zudem, sollte denn die Kenntniß des in unserer Zeit, bei unserm Volke geltenden Rechts ein geringeres wissenschaftliches Interesse darbieten, als das eines untergegangenen Volkes oder einer vergangenen Zeit? Gewinnt nicht vielmehr die Vergangenheit mit ihren Zuständen und Einrichtungen eben dadurch erst Bedeutung für uns, daß sie in einer Beziehung steht zur Gegenwart, zu unserer ganzen gegenwärtigen Welt, in welcher zwar die gesammte Vergangenheit lebt, aber die eine andere gewordene, zu einem andern Momente umgewandelte Vergangenheit? Wohl ist es der Eine Geist, der durch die ganze Geschichte geht, und den wir verehren müssen in allen seinen Manifestationen; aber wir dürfen das Haupt nicht von dem Leibe trennen, wir dürfen die Gegenwart, welche immer die Spitze ist der Entwickelung und die höchste Frucht seines fortschreitenden Schaffens, nicht ausschließen, sonst bleibt uns nur ein Leichnam, aus dem das Leben und die Kraft gewichen ist.

Oder wollte man gar gegen uns geltend machen, eine solche Verbindung des ganzen heutigen Privatrechts in Einem Systeme sei überhaupt nicht möglich, weil es aus so verschiedenartigen Bestandtheilen zusammengesetzt sei, welche unter sich gar keine Einheit bilden? Würden die Vertheidiger des historischen Rechts dadurch nicht selbst zugeben, daß unser Rechtszustand der allerbeklagenswertheste sei? Wäre das nicht der schwerste Vorwurf, welchen man unserm Recht machen könnte: es sei ein in sich widersprechendes, nicht zu vereinbarendes; seine Bestandtheile seien so ungleichartige, daß selbst vier Jahrhunderte, während welcher Zeit sie neben einander gelten und sich fortentwickelt haben, den Gegensatz nicht aufzulösen im Stande gewesen seien, in welchem sie zu einander stehen? Und wie todt müßte unser Rechtsleben sein, das durch eine so lange Zeit hindurch selbst ganz verschiedene Elemente, die in dasselbe hineingeworfen wurden, sich zu assimiliren nicht die Kraft gehabt hätte? In der That steht es auch so schlimm nicht mit uns. Was die Theorie bis jetzt noch nicht zu vereinigen gewußt hat, das hat sich doch im Leben wenigstens allmälig ausgeglichen; es ist nicht mehr das reine römisch-Justinianische Recht, das unter uns gilt und neben welchem ursprünglich deutsches Recht als ein getrenntes zweites fortbesteht; beide haben sich vielmehr, wenn auch unter Kampf und Widerstreben, nach und nach zu einem Systeme verschmolzen, das zwar die Folgen einer solchen unnatürlichen Verbindung noch unverkennbar an sich trägt, immerhin aber als ein Ganzes aufgefaßt werden kann und nothwendig aufgefaßt werden muß, wenn nicht die Wissenschaft eben so darunter leiden soll, wie die Praxis. Denn es gibt in unserm ganzen heutigen Recht nicht einen einzigen Theil, in welchem sich nicht römische und deutsche Elemente zugleich finden, und diejenigen Institute und Rechtsverhältnisse, welche an und für sich und im Ganzen durchaus unter der Herrschaft des römischen Rechts stehen, sind im Einzelnen eben so sehr durch deutsche Ansichten und Grundsätze modifizirt, als umgekehrt das römische Recht auf anerkannt deutschrechtliche Institute mittelbar oder unmittelbar einen nicht zu verkennenden Einfluß ausgeübt hat. Es wäre leicht, würde aber hier zu weit führen, dieses im Einzelnen nachzuweisen; das bisher Gesagte mag genügen, um sich davon zu überzeugen, wie unzweckmäßig und fehlerhaft es sei, bei der Behandlung des praktisch geltenden Rechts das römische von dem deutschen Recht zu trennen, und auf diese Weise Etwas, was rein historisch ist, auf die Gegenwart anzuwenden. Es ist dies ungefähr das Gleiche, wie wenn es einem Romanisten einfallen würde, ein besonderes römisches Zivil- und ein besonderes römisches prätorisches Recht zu schreiben, wobei er dann freilich in Verlegenheit kommen würde, was er mit dem lediglich durch Volkssitte und den Einfluß der Juristen gebildeten Rechte anzufangen habe, und wahrscheinlich nicht begreifen könnte, wie Justinian dazu gekommen sei, das Alles in Eine Sammlung und in Ein System zusammenzubringen. Aus diesem Standpunkte erklärt sich auch vollständig die Indolenz, womit die Lehrer des römischen und deutschen Rechts ihrer Wissenschaft und ihrem Berufe Genüge geleistet zu haben meinen, wenn sie nur in ihrem Fache hinter den Ansprüchen nicht zurückgeblieben sind, welche man an sie zu stellen berechtigt ist, und sich nicht weiter um das bekümmern, was über jenen besondern Kreis hinaus liegt; als ob das Etwas wäre, das sie gar nicht berühre, und womit sie sich nicht zu befassen haben, wenn sie sich nicht etwa durch eigene Vorliebe dazu angezogen fühlen.

Uebrigens ist es ein bezeichnender Zug von dem wissenschaftlichen Interesse, das unsere Jurisprudenz an unsern eigenen Verhältnissen nimmt, daß das deutsche Recht bis jetzt bei Weitem weniger Bearbeiter gefunden hat, als das römische. Während es in diesem kaum eine Lehre gibt, welche nicht bereits bis auf das Einzelnste nach allen Seiten hin historisch, dogmatisch und exegetisch erörtert und zum Gegenstande von zahlreichen Abhandlungen gemacht worden ist, ist für die Bearbeitung des deutschen Rechts verhältnißmäßig noch äußerst wenig geschehen. Einzelne, unter denen besonders Jakob Grimm und Eichhorn zu nennen sind, haben zwar für das Geschichtliche sehr Vieles geleistet, und die von Reyscher und Wilda seit einigen Jahren gegründete besondere Zeitschrift für deutsches Recht beurkundet den erhöhten rühmenswerthen Eifer, welcher in der neuern Zeit für das Studium desselben erwacht ist; allein die Leistungen im Ganzen sind, wie gesagt, noch immer nicht sehr bedeutend: die Quellen sind bei Weitem noch nicht vollständig gesammelt, die einzelnen Rechtsinstitute und ihr Zusammenhang unter sich noch keineswegs erschöpfend aufgeklärt, und vor

Allem fehlt es noch an gründlichen Bearbeitungen der einzelnen Partikularrechte, ohne welche eine feste Grundlage für das Ganze und eine klare Einsicht in das Wesen und die Natur der einzelnen Institute nicht gewonnen werden kann. Außerdem vermissen wir auch bei den Germanisten ein tieferes Eingehen auf die wirklichen Lebensverhältnisse und jene lebendige Behandlung des Rechts, durch welche die Wissenschaft allein befruchtend und fördernd auf das Leben einzuwirken im Stande ist.

Was endlich noch den Standpunkt betrifft, welchen die deutsche Rechtswissenschaft in Hinsicht auf Gesetzgebung und Weiterbildung des Rechts einnimmt, so war es hauptsächlich diese Frage, in welcher sich der Gegensatz zwischen der historischen und der philosophischen Schule ausgesprochen hat und in welcher er sich noch jetzt fortwährend geltend macht.

Deutschlands Nationalgefühl hatte sich nach langer, drückender, fremder Herrschaft mächtig erhoben; in edelm Kampfe hatte es die französische Knechtschaft gebrochen, die tiefe Erniedrigung, die ihm zugefügt worden, gerächt und sich seine politische Selbstständigkeit wieder errungen. Es war eine große geistige Erhebung, die sich Aller bemächtigte; man war aus dem langen Schlummer erwacht; man gab sich dem Glauben an eine große Wiedergeburt des gemeinsamen deutschen Vaterlandes hin, und erkannte, daß der Augenblick gekommen sei, um endlich alte Mißbräuche zu zerstören und die zahlreichen Gebrechen unserer frühern bürgerlichen Verfassung auf eine den Forderungen der Zeit entsprechende Weise zu heilen. In dieser Zeit, während man sich allenthalben mit der künftigen politischen Gestaltung Deutschlands beschäftigte, hielt sich auch Thibaut für berufen, den trostlosen Zustand, in welchem sich unser bürgerliches Recht befindet, hervorzuheben und die Forderung einer zeitgemäßen Verbesserung desselben auszusprechen. Er ging hiebei von der Ansicht aus, die er in einer besondern Abhandlung auszuführen suchte, daß das bestehende Recht theils auf unsere Verhältnisse überhaupt nicht passe, theils lückenhaft und so voll von Widersprüchen und Schwierigkeiten sei, daß die Gewißheit und Festigkeit des Rechtszustandes im höchsten Grade darunter leide, und sich weder für die Rechtsanwendung noch für die Wissenschaft eine gründliche Heilung erwarten lasse, so lange nicht an die Stelle des todten, fremden Rechts ein lebendiges, volksthümliches gesetzt und durch ein neues allgemeines bürgerliches Gesetzbuch ein besserer Stoff zur Verarbeitung geboten werde. Thibaut hatte hiermit einen wunden Fleck in unsern öffentlichen Zuständen berührt, der schon lange und allgemein tief gefühlt worden war; es konnte daher nicht fehlen, daß sein Vorschlag von vielen Seiten her freudig begrüßt und laut gebilligt wurde. Viele der ausgezeichnetsten Männer, welche die Mangelhaftigkeit des seitherigen Zustandes durchschaut und mit warmem Herzen an der Bewegung der Völker und ihrer Fürsten Theil genommen hatten, erklärten ihm volle Zustimmung zu demselben. Aber eben so bald machte sich auch ein sehr heftiger Widerspruch dagegen geltend, dessen Zusammenhang mit einer allgemeinern Richtnng, welche in jener Zeit hervor trat, nicht zu verkennen ist. Thibaut sagt hierüber in einem im Jahr 1838 erschienenen Aufsatz über die sogenannte historische und nichthistorische Rechtsschule selbst: „Im Jahr 1814, als ich viele deutsche Soldaten, welche auf Paris marschiren wollten, mit froher Hoffnung im Quartier hatte, war mein Geist sehr bewegt. Viele Freunde meines Vaterlandes lebten und webten damals mit mir in dem Gedanken an die Möglichkeit einer gründlichen Verbesserung unsers rechtlichen Zustandes, und so schrieb ich, recht aus der vollen Wärme meines Herzens, eine kleine Schrift über die Nothwendigkeit eines allgemeinen bürgerlichen Rechts für Deutschland, worin ich zu zeigen suchte: unser positives Recht, namentlich das Justinianeische, sei weder materiell noch formell unsern jetzigen Völkern anpassend, und den Dentschen könne Nichts heilsamer sein, als ein durch Benutzung der Kräfte der gebildetsten Rechtsgelehrten verfaßtes bürgerliches Recht für ganz Deutschland, wobei aber doch jedes Land für das Wenige, was seine Lokalität erfordere, sein Eigenthum behalten möge. Viele billigten meine Ansicht; aber es ward derselben auch durch bedeutende Männer widersprochen, welche von dem Hauptgedanken ausgingen, daß Alles, was sich historisch allmälig ausgebildet habe, auch nur allmälig stückweise gebessert werden könne. Diese Langsamen gaben sich daun, gleichsam aus eigener Gnade, den Namen der historischen Schule, und wußten daher ihren Gegnern den verfänglichen Namen der nicht historischen Juristen aufzubürden. Das Streiten über jenen Punkt verbreitete sich nachher über ganz Europa und Nordamerika, während der Andrang der Völker, welche den Drnck des Alten durch dessen Einwirkung auf sich selbst täglich fühlen, und nicht, wie die bloßen Gelehrten, einem Trauerspiel bloß zusehen, überall das Streben nach einheimischen Gesetzbüchern zur vollsten Lebendigkeit brachte.“

In der That war es der Ausdruck einer weit verbreiteten reaktionären Bewegung, welcher sich damals bei diesem Streite kund gab; ein Gesichtspunkt, welcher bis jetzt noch nicht gehörig hervorgehoben worden ist, und welcher mehr als Alles Andere den innigen Zusammenhang, in welchem das Recht mit dem ganzen Organismus des Staatslebens steht, anschaulich macht.

Die Opposition gegen die neue Zeitrichtung ging hauptsächlich von Preußen aus, nicht sowohl von der Regierung, als vielmehr von einer gewissen Partei, die aber geschäftig genug war, die erstere allmälig auf ihre

Seite herüber zu ziehen. Im Drange der Umstände und im Taumel der Begeisterung hatte man sich von der ersten Bewegung fortreißen lassen und in den Enthusiasmus mitgestimmt, mit welchem die neue Welt, die sich zu bilden begann, begrüßt wurde. Aber bald erschrak man vor der Verwirklichung des eigenen Ideals, und der Umschwung, den die Verhältnisse jetzt nahmen, gab das Signal zu der Anfangs noch heimlich, allmälig aber immer offener hervortretenden Reaktion. Man warnte vor der Bahn, die man eingeschlagen hatte, und erklärte das für Sünden der Revolution, was man vorher selbst als nothwendigen und vernünftigen Fortschritt gefordert hatte. — Savigny war es, der gegen das von Thibaut ausgesprochene Verlangen nach einer durchgreifenden Reform des bürgerlichen Rechts auf dem Wege der Gesetzgebung in die Schranken trat. Seine Schrift: „Vom Berufe unserer Zeit für Gesetzgebung und Rechtswissenschaft", erschien bald nach der von Thibant. Wir wollen dieselbe nicht gerade auf die gleiche Linie stellen mit den gleichzeitigen Bestrebungen von Gentz und Görres und der später erschienenen „Restauration der Staatswissenschaften" von Haller, als deren Hauptverkündiger sich nachher Jarke, Philipps und Leo Lorbeern erworben haben; im Wesentlichen gehört sie aber gleichfalls der retrograden Bewegung an. Buhl in seiner kürzlich erschienenen Schrift „Die Verfassungsfrage in Preußen", nennt die historische Schule mit Grund die Romantik auf dem Gebiete des Rechts. Ihre wissenschaftliche Richtung ging aus demselben Grundprinzip hervor, wie die Romantik, aus dem Abfall von dem freien Prinzip des Geistes und der Widersetzung gegen die natur- und begriffsgemäße Ausbildung des reformatorischen Prinzips. „Auch sie wollte", bemerkt Buhl richtig, „die Herrlichkeit des Gewesenen ergründen, und wie die Romantik das Gefühl zum Organe der Poesie erhob, so stellte sie den historischen Sinn als Organ der Wissenschaft hin. Vernunft und Philosophie werden dadurch natürlich überflüssig und können höchstens noch in der Reihe der historischen Disziplinen ein bescheidenes Plätzchen finden; — auch sie klammert sich an die Vergangenheit an, und ignorirt die Gegenwart, der sie sogar den Beruf zur Gesetzgebung abspricht; diese muß sich mit todten, geistverlassenen Formen begnügen."

Savigny hat das Verdienst, das Wesen des Rechts, als eines Theiles des Volkslebens, mit Schärfe und Klarheit hervorgehoben und auf die Gefahr willkürlicher Uebertragung hohler Theorien in die Gesetzgebung gebührend aufmerksam gemacht zu haben; seine diesfallsigen Bemerkungen kann man nur billigen und jeder künftigen Gesetzgebung zu gewissenhafter Berücksichtigung empfehlen; was folgt aber aus seinen Argumentationen für den vorliegenden Streit? Als man von einem deutschen Gesetzbuch für deutsche Völker sprach, bemerkt schon Feuerbach, dachte man nicht an ein Werk der Willkür, welche aus sich selbst erst das Recht mache, und dasselbe, wenn es nach Laune fertig geworden, dem Volke als Joch über den Hals lege; auch dachte man nicht an ein von der Vernunft mit Idealen erzeugtes, auf Wolken gebornes Götterkind, welches, nachdem es die vergangenen Jahrhunderte aus dem Buche der Zeit weggestrichen, kecken Geistes über die Gegenwart hinweg in neue noch unerschaffene Jahrhunderte hinüber springe. Niemand wollte das vorhandene Recht jählings über den Haufen werfen; man wollte nur, daß das Fremdartige, das sich in dasselbe eingeschlichen hatte, ausgeschieden, das Hergebrachte dem Zustande unserer geselligen und geistigen Bildung angepaßt und das Veraltete im Sinne eines naturgemäßen Fortschrittes aus demselben entfernt werde. . . Lag hierin etwas Revolutionäres, etwas Unvernünftiges? Mit welchem Recht trat Savigny und tritt noch immer mit ihm die ganze historische Schule diesem Verlangen entgegen? Heißt es nicht den Geist der Geschichte und der Gegenwart verläugnen, wenn man dieser zumuthet, in starrem Festhalten an dem Alten und Hergebrachten ihrem eigenen Rechte zu entsagen; wenn man sie immer wieder an die Vergangenheit verweist und ihr den Beruf und die Fähigkeit abspricht, den Inhalt ihres Rechts, der ja nur der Ausdruck sein soll ihres allgemeinen Bewußtseins, mit diesem ihrem eigensten und innersten Bewußtsein in Uebereinstimmung zu bringen?

Es ist die Aufgabe der Wissenschaft, die freie Bildung unserer geistigen Wirklichkeit darzustellen, und unfreie Richtungen, auf welchem Gebiete sie sich äußern, zu bekämpfen. Hoffen wir von der Kraft der neuen Zeit, daß sie auch diesen Feind der freien Entwickelung des Geistes siegreich überwinden werde. Wir für unsern Theil sind fest überzeugt, daß eine gründliche Heilung des krankhaften Zustandes, in welchem sich unser Privatrecht befindet und unter welchem unser ganzes Rechtsleben leidet, nur auf dem Wege der Gesetzgebung zu erzielen ist, und daß wir von unserer Rechtswissenschaft vergeblich ein ersprießliches Resultat erwarten dürfen, so lange der chaotische Wirrwarr einander widerstreitender, fremder und einheimischer, veralteter, ganz oder theilweise aufgehobener, und neuer Bestimmungen fortdauert, und nicht durch ein neues, allein giltiges Rechtsbuch beseitigt wird, in welchem die zerstreuten Bestrebungen der Einzelnen einen festen Mittelpunkt erhalten und Doktrin und Praxis wieder auf eine gemeinsame Grundlage zurückgeführt werden. „Die Gesetze so hoch aufhängen", sagt Hegel, „wie Dionysius der Tyraun that, daß sie kein Bürger leseu kounte — oder aber sie in den weitläuftigen Apparat von gelehrten Büchern, Sammlungen, von Decisionen abweichender Urtheile und Meinungen, Gewohnheiten u. s. f., und noch dazu in einer fremden Sprache vergraben, so daß die Kenntniß des geltenden Rechts nur denen zugänglich ist, die sich gelehrt darauf legen, ist ein und dasselbe Unrecht!" — „Einer gebildeten Nation aber oder dem juristischen Stande in derselben die Fähigkeit abzusprechen, ein Gesetzbuch zu machen — da es nicht darum zu thun sein kann, ein System ihrem Inhalte nach neuer Gesetze zu machen, sondern den vorhandenen gesetzlichen Inhalt in seiner bestimmten Allgemeinheit zu erkennen, d. h. ihn denkend zu fassen — mit Hinzufügung der Anwendung auf das Besondere — wäre einer der größten Schimpfe, der einer Natiou oder jenem Stande angethan werden könnte."

Adolf Seeger.

Fragen der Gegenwart.

Mit Rücksicht auf P. A. Pfizer, Gedanken über Recht, Staat und Kirche. Zwei Bände. Stuttgart, Hallberger 1842.

Erster Artikel.

„Es ist nicht schwer, zu sehen, daß unsere Zeit eine Zeit der Geburt und des Uebergangs zu einer neuen Periode ist. Der Geist hat mit der bisherigen Welt seines Daseins und Vorstellens gebrochen, und steht im Begriffe, es in die Vergangenheit hinab zu versenken, und in der Arbeit seiner Umgestaltung. Zwar ist er nie in Ruhe, sondern in immer fortschreitender Bewegung begriffen. Aber wie beim Kinde nach langer, stiller Ernährung der erste Athemzug jene Allmäligkeit des nur vermehrenden Fortgangs abbricht, ein qualitativer Sprung, und jetzt das Kind geboren ist; so reift der sich bildende Geist langsam und stille der neuen Gestalt entgegen, löst ein Theilchen des Baues seiner vorhergehenden Welt nach dem andern auf; ihr Wanken wird nur durch einige Symptome angedeutet; der Leichtsinn wie die Langweile, die im Bestehenden einreißen, die unbestimmte Ahuung eines Unbekannten sind Vorboten, daß etwas Anderes im Anzuge ist. Dies allmälige Zerstückeln, das die Physiognomie des Ganzen nicht veränderte, wird durch den Aufgang unterbrochen, der, ein Blitz, in einem Male das Gebilde der neuen Welt hinstellt." — An diese Worte Hegels in der Vorrede zur Phänomenologie des Geistes wurde ich unwillkürlich eriunert, als ich das Werk, dessen Inhalt ich in diesen Blättern näher zu besprechen mir vorgenommen habe, zu Ende gelesen hatte und über den Eindruck nachdachte, welchen dasselbe in mir zurückgelassen hat. Jeder fühlt wohl in sich die Gährung, in welcher sich unsere Zeit befindet; wohin er blickt, sieht er nur den Kampf wechselnder und streitender Elemente; und wie das niedere Geschöpf die drohenden Erschütterungen in der atmosphärischen Welt empfindet und in bangem Erwarten vor der herannahenden

Krisis bebt, so ahnen auch wir, die Wesen καr' ἐξοχην, die schwere Arbeit, in welcher der Geist begriffen ist; wir fühlen seine Nähe, und erwarten, fürchtend oder hoffend, seinen Aufgang.

Oder sollten die Recht haben, welche in diesem Gefühle nur eine eitle Selbsttäuschung erkennen wollen? Man darf ja nur auf die letzten zehn Jahre zurückblicken, um diese Ungläubigen Lügen zu strafen. Wie ist seither Alles so ganz anders geworden! Welch' verhängnißvolle Ereignisse drängen sich in diesen kurzen Zeitraum zusammen! Was sind alle Napoleonische Schlachten, alle österreichischen und preußischen Niederlagen, von denen uns Knaben unsere Väter erzählten, gegen die Schlachten des Geistes, gegen die Verluste und Eroberungen, die auf seinem Gebiete erlitten und erkämpft wurden! Wer kein Auge hat für die Thaten des Geistes, der wird freilich in diesem Allen nichts sehen. Es klingt da wohl, aber man sieht keine Klingen; es blitzt wohl, aber Niemand sieht es, weil der Getroffene den Blitz überhaupt nicht sieht, und wenn man den Donner hört, so hat es bereits eingeschlagen.

Ich erinnere mich noch lebhaft der Zeit, als ich Paul Pfizer zum ersten Mal öffentlich nennen hörte. Es war, wenn ich mich recht erinnere, im Herbst 1830, als er wegen seines „Briefwechsels zweier Deutschen" von der würtembergischen Regierung zur Rechenschaft gezogen, in Folge dessen von seiner Oberjustizassessorstelle zu Tübingen freiwillig abtrat und bald darauf von dieser Stadt fast einstimmig als Abgeordneter in die zweite Kammer erwählt wurde. Ich sah ihn nachher öfter in der Kammer, die lange, vorgeneigte Gestalt, wie sie sich im schwarzseidenen Deputirtenmantel neben Uhland langsam erhob. Er sprach selten, obgleich er als einer der besten Redner in der Kammer galt. Seine Vorträge wurden stets von allen Seiten mit dem größten Interesse angehört, und es trat jedesmal eine tiefe Stille im Saale ein, so oft er das Wort ergriff. Der stärkste Angriff klang in seinem Munde wie ein liebevoller Zuspruch. Es ging den Leuten mit Pfizer damals, wie es ihnen jetzt mit Strauß ergeht. Jener, berüchtigt als der schonungsloseste Demagog, dieser als der ruchloseste Christus- und Unsterblichkeitsläugner, von dem es heute noch manchem guten Pfarrherrn nicht ganz klar ist, ob er überhaupt einen Gott glaube, so wie es auch Leute gab, die es seiner Zeit achselzuckend dahin gestellt sein ließen, ob Pfizer nicht den Schreckensmännern, den Königsmördern beizuzählen sei. Diese beiden politischen und religiösen Ketzer machen, wo sie erscheinen, einen dem Vorurtheil völlig widersprechenden Eindruck: wo ist das Kainszeichen auf der Stirne dieses Ungläubigen, wo eine Spur von der Jakobinermütze, von dem Sanscülottismus in der Erscheinung dieses Mirabeau? Mein Gott, es sind ja recht liebe, artige, charmante, feine, interessante

Leute! Wie man sich doch täuschen kann! Sie haben beide so etwas Anspruchloses, Mildes, Sanftes, Liebevolles! Sie sind so recht wie Unsereiner, und doch wieder so ganz anders! — Wenn — — wenn sie nur — — nun was denn? — ja, wenn sie nur etwas vorsichtiger gewesen wären und ihre Sachen nicht so rund heraus gesagt hätten — das ist am Ende der einzige Tadel, der von all' den schweren Anklagen auf Hochverrath und Atheismus übrig bleibt, und daß diese Anklage bereits in ihr Gegentheil umschlägt, werden wir später sehen. Pfizer legte bekanntlich später seine Stelle als Abgeordneter nieder, oder vielmehr, er ließ sich nach Ablauf der gesetzlichen Wahlperiode, gleich den meisten Männern der damaligen Opposition, nicht wieder erwählen, obgleich er seiner Wiedererwählung in mehr als einem Wahlbezirk gewiß sein konnte. Dieser Schritt wurde ihm und seinen Meinungsgenossen damals von vielen Seiten zum Vorwurf gemacht, wenn gleich die Reinheit der Motive, durch welche sie sich dabei leiten ließen, von Niemand in Zweifel gezogen wurde. Er sucht sich hierüber in der Vorrede zu diesem Werke (S. I—XXII) zu rechtfertigen, indem er mit der Sprache eines edeln Bewußtseins die Gründe aus einander setzt, durch welche er zu diesem Entschlusse bestimmt wurde. Wir ehren seine Ueberzeugung, aber wir vermögen die Schlüsse, welche er zieht, nicht anzuerkennen und müssen noch jetzt nachdrücklich auf dem Tadel über diesen Schritt beharren. Dieser Punkt berührt uns jedoch vorläufig hier nicht und ich werde später auf denselben zurückkommen, bei Besprechung des Abschnitts „das Vaterland", in welchem der Verfasser näher auf unsere gegenwärtigen deutschen Verhältnisse eingeht. Es scheint jedoch hier am Orte zu sein, das Verhältniß des jetzigen Liberalismus zu dem frühern etwas näher ins Auge zu fassen.

Ist der Liberalismus von 1840 wirklich ein anderer, als der von 1830? Sind wir in unsern Freiheitsansprüchen bescheidener oder kecker geworden? Hat sich vielleicht nur die Form geändert? oder ist unser ganzes Bewußtsein ein anderes geworden?

Diese Fragen müssen sich Jedem aufdrängen, der das Buch eines der Koryphäen jener für uns so nahen und doch so fernen Zeit in die Hand nimmt. Was man damals wollte, war entweder ein konsequent durchgeführtes Repräsentativsystem in den einzelnen deutschen Bundesstaaten oder, wo man exzentrischer dachte, eine allgemeine deutsche oder wenigstens süddeutsche Republik. Verwandlung des Fürstenbunds in einen Völkerbund, Theilnahme aller Bürger an den öffentlichen Angelegenheiten, allgemeine Volksbewaffnung, Oeffentlichkeit und Mündlichkeit des Gerichtsverfahrens, freie Presse u. s. w. sind Dinge, die, wenn im neunzehnten Jahrhundert überhaupt von Freiheit die Rede ist, sich von selbst verstehen, die also auch der jüngsten Epoche mit der frühern gemeinsam sein müssen. Weitere Wünsche sprachen nur Einzelne aus, wie z. B. Pfizer, der eine preußische Hegemonie schon damals wünschte. Die Bewegung war eine (im theologischen Sinn) rationalistisch-politische; man wollte nur eine andere Form, ohne sich um den Inhalt, der diese Form füllen sollte, näher zu bekümmern. Diesen hatte man größtentheils von Außen her, theils von England, hauptsächlich aber von Frankreich entlehnt, dessen Erschütterungen in Deutschland nachzitterten. Wie ein junger Mensch immer zuerst das nächste beste Buch, das ihn aufgeregt hat, nachahmen wird, so ist es auch dem deutschen Volke ergangen. Seine ersten Versuche waren Nachahmungen. Sobald man diese zu ahnen anfing — und diese Periode trat bald ein, denn der Bundestag mit seinen niederschlagenden Mitteln hatte den ersten kühnen Rausch gedämpft und Zeit zum stillen Nachdenken gegeben — erkaltete auch die Theilnahme des Volkes gerade in den Theilen von Deutschland am meisten, wo die Köpfe und Herzen am wärmsten geglüht hatten. Das politische Leben zog sich wieder hinter den Ofen zurück. Man trocknete sich den Schweiß von der Stirne, denn man hatte sich warm gelaufen und geschrien, und der schnelle Temperaturwechsel in Folge des kalten Hauches, der vom Inkompetenzgebäude aus wehte, konnte gefährlich werden. Der Philister zog sich, selbst verwundert, daß er, ein so gesetzter Mann, so jugendlich unbesonnen habe schwärmen können, die Zipfelmütze wieder dicht über die Ohren, und schrie aus Leibeskräften den Jungen, die ihn nicht in Ruhe lassen wollten, zu: Drei Schritte vom Leibe! Es schien Alles abgethan. Die keckſten Blätter und Redner verschwanden vom Schauplatz der Oeffentlichkeit; es war ein Rückzug durch einen russischen Winter. Wie Viele sind an diesem Froste zu Grunde gegangen, und ihre Gebeine bleichen oder schlottern auf fremdem Boden! Die Luft hatte sich in Deutschland fürchterlich abgekühlt. Da regte sich, während man das ungestüme Treiben auf immer beschwichtigt zu haben glaubte, indessen aber ein großes Werk, wenigstens die kommerzielle Einigung von Deutschland, begonnen hatte, auf einmal wieder ein frischeres Leben. Und woher kam das? Hegel war todt, das junge Deutschland auf Reisen und Weltfahrten begriffen, und nachdem es einiges Aergerniß erregt und dafür unzart war auf die Finger geklopft worden: da erscheint in Süddeutschland wieder ein Kämpe für die Freiheit. Aber seltsamerweise, diesmal ging man nicht dem Staat, sondern der Kirche zu Leibe. Die Theologie bewegte wieder einmal, wie in den byzantinischen, wie in den Reformationszeiten die Welt. Man war durch den auferlegten Druck nur mehr in die Tiefe getrieben worden. Man fragte sich: läßt sich ein so tief im Innern wurzelndes Verlangen, wie das nach politischer Freiheit, wirklich so schnell beschwichtigen, ja vertilgen? Und wenn dieß, wie es schien, geschehen ist, liegt nicht der Fehler eben so sehr, ja noch mehr an uns selbst, als an den Verhältnissen? Man ergründete im Stillen das Prinzip der Freiheit tiefer, man fand, daß man die Fragen, die gelöst werden sollten, zu äußerlich, zu oberflächlich gefaßt hatte. Man ging wieder an seinen Hegel, der sich ja auch der Bewegungspartei abgewandt hatte und seine Gründe gehabt haben mußte, warum —. Und in ihm, den die Liberalen den preußischen Hofphilosophen gescholten hatten, in ihm fand man den wahren, den wissenschaftlichen Liberalismus, die Freiheit des Geistes. Als seine Ansichten über Theologie und Kirche vermittelt, und die nothwendigsten Konsequenzen, die er selbst nicht gezogen hatte, daraus gezogen waren, fiel Tausenden ein schwerer Stein vom Herzen. Die mißtrauische Ahuung, Hegel habe nicht die volle Wahrheit ausgesprochen, wurde bald nach dem Erscheinen seiner nachgelassenen Vorlesungen zur sonnenklaren Gewißheit. War es auch wirklich denkbar, daß der erste Philosoph des Jahrhunderts nichts von alle dem uns zu geben hatte, wornach die glühendste Sehnsucht in allen noch ungeknickten Geistern brannte? Es kounte bei den rüstigen Kräften, die sich an die Spitze dieses neuen Aufschwungs stellten, nicht lange dauern, so war man dem innersten Grund unserer Unfreiheit auf die Spur gekommen. Und wer hätte es denken sollen! unsere geistige Unfreiheit erfand sich noch weit größer, bedenklicher als unsere politische. Wir waren Knechte der Lüge, unsere Literatur war von dem Gifte der Unwahrheit, der Romantik, zerfressen, scheinbar große geistige Siege waren Niederlagen. Wir Thoren, wir glaubten ein Asyl zu besitzen, in das sich jeder aus der drückenden politischen Atmosphäre flüchten und so wenigstens seine subjektive Freiheit retten könnte. Und siehe da, in der Literatur, in Kunst und Wissenschaft hauste derselbe dämonische Knechts- und Lügengeist, auch hier ließ sich nicht mehr frei athmen. Diese Luft wenigstens mußte, und wär's auch durch elektrische Explosion, gereinigt werden. Diese Explosion erfolgte; und wenn wir auch noch in der Arbeit des Sieges stehen, so kann ihn uns doch bereits keine Macht mehr entreißen. Ein freier Mann kann nun erst wieder in seine Studirstube flüchten, seit der mephistophelische Geruch durch die geöffneten Fenster hinaus ist, und die klare Morgensonne, das Licht der vom feigen Scholastizismus erlösten freien Wissenschaft, hereinscheint. Aber, wie hätte der neuerwachte Geist bei diesem Ziele stehen zu bleiben vermocht? Was ist das sonnigste Zimmer gegen die frische Luft unter Gottes blauem Himmel? Die neuere Wissenschaft kann mit Recht von sich sagen, eine reale zu sein. Sie läßt sich nicht mehr in die Stille des Studirzimmers bannen und unter todtem Bücherkram begraben; sondern mit der Erkenntniß der sittlichen Bestimmung des Menschen ist auch das sittliche Bedürfniß und der unwiderstehliche Trieb in ihm erwacht, diese Bestimmung in sich und seinem Thun zu vollziehen. Er ist auf der Stufe angelangt, wo er sich in seinem Bewußtsein klar darüber geworden ist, daß es nicht bloß ein Recht, sondern zugleich und eben so wesentlich ein Gebot seiner Sittlichkeit sei, frei zu sein, die Ketten, die ihn in der Knechtschaft zurückhalten, zu zerbrechen, und die errungene Freiheit im Innern in einem freien Dasein des Geistes zu verwirklichen. Unser Himmel ist aber noch nicht wolkenrein. Wollen wir hinausgehen, so sehen wir, daß das Licht nur durch Gitter zu uns hereindringt, daß zehn Mauern das Haus, in dem wir wohnen, umringen, und daß in den Zwischenräumen der Mauern, wie in dem Penitenciaire zu Genf, bissige Hunde umhergehen, gefangen zwar selbst, aber jedem Gefangenen, der über die Mauer klettern will, gefährlich. Die Wissenschaft hat mit Unerschrockenheit aufs Neue den Kampf eröffnet und hat sich in kühnem Glaubensmuthe nicht gescheut, ihn selbst auf ein Gebiet hinüberzuziehen, das seither für heilig und unverletzlich gegolten hat. Wie konnte sich das Bewußtsein in der That auch frei fühlen, so lange die Fesseln der kirchlichen Knechtschaft noch schwerer auf ihm lasteten, als die der politischen? Woraus wollte man das Recht ableiten und wie ließ sich die Forderung begründen, in politischen Dingen frei und mündig zu sein und zu gelten, so lange man im Tiefsten und Eigensten des Bewußtseins, in der Religion, sich selbst als den Sklaven fremder Auctorität bekannte, und einen Zustand der Gebundenheit fortdauern ließ, in welchem unsere Freiheit, und damit unsere Sittlichkeit selbst, vernichtet ist? Wie kann der Staat das Dasein des freien Geistes sein, und wie soll der Bürger seine Würde und seine Bestimmung in ihm finden und zu seiner Verherrlichung beitragen können, so lange die Kirche ihn immer nur auf das Jenseits verweist; ihm befiehlt, dort seine Bestimmung zu suchen und das Diesseits gering zu achten? Mußte da nicht nachdrücklich hervorgehoben werden, daß die Erde so gut Gottes sei, als der Himmel; daß unsere nächste Bestimmung als Menschen hier sei, nicht erst in einem unbekannten Jenseits; daß wir hier schon unser Vaterland zu suchen, in ihm zu leben und zu lieben und unsere sittliche Freiheit, die der Stempel ist unseres Gottesbewußtseins, zu verwirklichen haben, und daß, wenn auch jenseits das schönste Paradies unserer warte, wir deswegen doch nicht nöthig haben, uns die schöne Erde zu einer Hölle machen zu lassen? Oder wie sollte der Mensch sich als sittliches Wesen achten lernen und sich des Rechts seiner Ehre bewußt werden, wenn ihm die alleinseligmachende Kirche, gleichviel die katholische oder die protestantische, immer nur ins Gedächtniß ruft, daß jeder Mensch von Natur ein schlechter Kerl sei, daß er nur durch Unterdrückung seiner eigensten Natur, durch Abtödtung seines Leibes 2c. ein ehrlicher Mensch und ein guter Christ werden könne und daß er auch dann noch ein Verworfener wäre, der nur durch Gnade von Außen, nicht aus sich und durch sich zu dem gelangen könnte, was seine Bestimmung sei? Wo bleibt hier die Gottähnlichkeit seines Wesens, seine Sittlichkeit, die der Rechtstitel sein soll seiner bürgerlichen Freiheit und Ehre? Muß derjenige, welcher sich bereden läßt, sich selbst als einen armen Sünder anzusehen und sich als solchen zu behandeln, es nicht über sich ergehen lassen, wenn auch Andere ihn nach diesem Maßstabe messen und ihn darnach behandeln? Fragt euch selbst, ihr orthodoxen Liberalen, ihr Halben: ist nicht ein großer Theil der Dogmen, welche die Kirche aufstellt, gerade das Gegentheil von dem, was der natürliche Menschenverstand denkt, das natürliche Gefühl ahnt und der natürliche Willenstrieb begehrt? Nach welcher Seite neigt sich, ehrlich gestanden, euer Glaube, sagt es offen: glaubt ihr etwas ernstlich, was eure Vernunft, euer ganzes Bewußtsein zurückweist? und wenn ihr dies verneinen müßt, wo ist die Verschiedenheit zwischen euch und uns? Wenn ihr nur das aus den heiligen Büchern glaubt, was nicht im Widerspruch steht mit eurer Vernunft, und wir dagegen uns offen aussprechen, daß wir nichts glauben, als was in die Ahuung unsers Gefühls, in die Gewißheit unsers Bewußtseins selbst niedergelegt ist, daß wir somit keine äußere Auctorität anerkennen — ist da euer Standpunkt ein von dem unsrigen verschiedener? ist die Quelle eures Glaubens eine andere, als die unsrige? Könnet ihr noch behaupten, ihr glaubt an die Auctorität der Offenbarung in dem Sinne, wie die Kirche es verlangt und die Religion, zu der ihr euch noch zu bekennen vorgebet? Legt jede Heuchelei ab, auch die gegen euch selbst. Sagt offen, daß, wenn die Orthodoxie Recht hat, uns das Christenthum in ihrem Sinne abzusprechen, auch ihr keine Christen mehr seid, und daß, wenn ihr vielleicht noch in einer größern Anzahl von Punkten mit der Lehre der Kirche übereinstimmt, als wir, diese Uebereinstimmung nur eine zufällige, eine Folge eurer Inkonsequenz ist, und ihr euch daher so gut außerhalb des Kreises der Kirche befindet, als wir, die wir ja auch nur das Prinzip der Kirche als solches verwerfen, nicht den Inhalt selbst, der mit der Verneinung des Prinzips an und für sich nicht auch verneint zu werden braucht. Denn wir behaupten ja gerade nur, daß der Geist des Christenthums unabhängig ist von dem Prinzip der Offenbarung, das die Kirche aufstellt, und indem wir in unserm Bewußtsein den wahren Inhalt des Christenthums aufzufinden suchen, läugnen wir nicht die Religion selbst, sondern bestreiten nur die falschen Vorstellungen, an welchen die Kirche noch fest hält; wir arbeiten für die wahre Religion, während ihr die Sprachverwirrung fördert, die ihren Ausbau, wenn's möglich wäre, verhinderte.

So kam es, und so mußte es geschehen, daß der politische Kampf zugleich ein theologischer und kirchlicher wurde, und auf diesem Standpunkte befindet sich jetzt die neuere Wissenschaft. Sie erkennt keinen Unterschied an zwischen politischer Freiheit und Glaubensfreiheit; sie kennt keine andere Freiheit, als die Freiheit des selbstbewußten Geistes, die die eine ist in der Kirche und im Staate, in der Religion und im Recht. Und auf dieser Grundlage, auf der Sittlichkeit des Menschen, in welcher er sich seines Seins in Gott und seiner Einheit mit ihm bewußt ist, will die Wissenschaft ihren Staat aufbauen; in diesem Bewußtsein des Gottes in der eigenen Brust, der uns gebietet frei zu sein und keine andern Götter neben ihm zu haben, hat sie das Prinzip der Freiheit, zugleich aber auch die glaubensvolle Gewißheit gefunden, welche ihr den Muth giebt, mit einem unerschrockenen „Hier stehe ich, ich kann nicht anders!" jeder Lüge und jeder Knechtschaft, auch der religiösen, den Krieg zu erklären, mit verjüngtem Eifer für Wahrheit, Recht und Freiheit in den Kampf zu treten und die Schranken niederzureißen, in welchen unser staatliches und kirchliches Leben noch gefangen und durch welche es verhindert ist, sich zum freien Dasein des Geistes zu entfalten, zu dem Dasein, in welchem der Staat das volle Bewußtsein seiner Bestimmung in sich trägt, die Freiheit des Einzelnen durch die Freiheit des Allgemeinen verwirklicht ist, und alle Lebenssphären zur vollen Berechtigung und harmonisch geordneten Freiheit gelangen.

So hat die neuere Wissenschaft das unbestreitbare Verdienst, den frühern Freiheitsbegriff nicht bloß tiefer begründet, die sittliche Grundlage desselben zum Bewußtsein gebracht, sondern dieselbe auch weiter entwickelt zu haben. Durfte sie erwarten, daß der frühere Liberalismus sich von ihr abwenden, oder sich ihr gar feindlich gegenüberstellen werde? Und wenn dieses wirklich eingetreten ist, wenn die neuere Wissenschaft mit ihren offen ausgesprochenen Bestrebungen selbst bei dem größten Theile derjenigen, welche sich damals mit redlichem Ernste der Freiheit zugewendet hatten, zum Mindesten auf Gleichgültigkeit gestoßen ist, wen trifft die Schuld davon, den frühern Liberalismus oder die Wissenschaft? Wir wollen billig sein und zugeben, beide zugleich, wenn schon der erstere in ungleich größerer Verschuldung ist, als die letztere. Auch der Wissenschaft kann nämlich nicht ohne Grund der Vorwurf gemacht werden, daß sie sich in der Sprache, Darstellung und ganzen Haltung nicht immer von einem gewissen sich vornehm abschließenden Kastengeiste frei erhalten habe, daß sie sich, statt zu belehren und zu überzeugen, zum Theil von einem jugendlichen Uebermuth habe fortreißen lassen, gegen Freund und Feind in einer Weise aufzutreten, welche nicht geeignet gewesen sei, ihr Anhänger zu erwerben; ja man kann sogar zugeben, daß sie im ersten Anlauf auch materiell in manchen Beziehungen zu weit gegangen sei und zum Theil mit der von ihr selbst gerügten Einseitigkeit bloß die negative Seite ihres Prinzips hervorgehoben habe. Aber von der andern Seite darf auch nicht übersehen werden, daß diese und ähnliche Mängel fast nothwendig mit jeder neuen Richtung, die sich noch aus den ersten Versuchen herausarbeiten muß, verbunden sind, und so wenig man z. B. auf dem Gebiete der Mechanik verlangen kann, daß jede Erfindung sogleich eine ganz vollendete sei, so wenig kaun man an eine neue Philosophie die Forderung stellen, daß das ganze System in Form und Inhalt sogleich als ein durchaus vollendetes und entwickeltes hervortrete. Solche Mängel im Einzelnen beweisen nichts gegen das Prinzip selbst und das System im Ganzen; und derjenige, dem es ernstlich um Wahrheit und Recht zu thun ist, wird sich dadurch nicht zurückstoßen lassen; er wird sich hüten, im Voraus von der neuen Bewegung der Geister sich abzuschließen, und wird in dem Kampfe, in welchem er das Licht mit dem Dunkel noch befangen sieht, nur eine Aufforderung finden, mit um so größerem Eifer daran mitzuarbeiten, daß das Wahre von dem Falschen ausgeschieden und das Dunkel der Dämmerung zum wirklichen Tage aufgeklärt werde. Ebendeswegen wird die ältere liberale Partei die Stellung, welche sie gegenüber der neuern Wissenschaft eingenommen hat, kaum zu entschuldigen und sich von dem Vorwurf nicht zu rechtfertigen vermögen, daß sie dadurch ihrem eigenen Prinzip, dem Prinzip des Fortschritts, ungetreu geworden sei. Ich erinnere nur an die Art und Weise, wie z. B. Menzel mit einer an Blindheit grenzenden Leidenschaftlichkeit sich zum Gegner der neuern philosophischen Richtung aufgeworfen hat, und frage ihn auf sein Gewissen, wenn es noch nicht ganz taub ist, ob er sich dabei wirklich von einer auf Einsicht gegründeten Ueberzeugung habe leiten lassen, oder ob sein Eifer etwas anderes gewesen sei, als ein bloßer Wahn, dem er sich leichtsinnigerweise in die Arme geworfen habe? ob er auch nur eine Ahuung von dem Wesen und der Bedeutung der Lehre gehabt habe, über die er das Verdammungsurtheil mit so dreister Stimme ausgesprochen hat? deren Anhänger er auf den Scheiterhaufen gesetzt wissen wollte? Uebrigens sind wir weit entfernt, das Treiben Einzelner der ganzen Partei zur Schuld anzurechnen, oder das, was von der Mehrzahl gilt, auf alle Einzelnen anzuwenden. Es handelt sich hier überhaupt nicht um Persönlichkeiten, sondern wir haben nur die Richtung im Allgemeinen im Auge, und auch gegen diese sind wir nicht ungerecht. Wir wissen, Jeder ist mehr oder weniger der Sohn seiner Zeit, und man kann besonders in einer Periode wie die unsrige, wo das Tableau der Geschichte sich schneller als sonst aufzurollen scheint, von dem ältern Geschlechte nicht fordern, daß es den Umbildungen, in welchen der Geist begriffen ist, mit der gleichen Beweglichkeit folge, wie das jüngere: aber Duldsamkeit ist doch das Geringste, was man fordern kann; und wenn der Widerstand groß genug ist, den die Macht der „fertigen" Welt der „werdenden" entgegensetzt, so sollten wenigstens diejenigen, welche sich selbst noch von der Welle einer erst zur Vergangenheit hinneigenden Bewegung getragen wissen, sich enthalten, ihr Gewicht in die Wagschale des gemeinsamen Feindes zu werfen.

In der That aber mußte der frühere Liberalismus in diese schiefe Stellung kommen. Es fehlte ihm, wie gesagt, an der Einsicht in sein eigenes Prinzip, seine Begeisterung wurzelte nur in der Brust, nicht im Kopfe, und verflüchtigte sich, sobald die äußern Umstände, welche sie hervorgerufen hatten, wieder mehr in den Hintergrund traten. In dem Zustand der Schwäche, in welchen die Enttäuschung ihn versetzte, fühlte er sich nicht stark genug, zu dem Anfang, von dem er ausgegangen, sich znrückzuwenden, um sich dort genauer umzusehen und dann, wenn er den wahren und rechten Ausgang gefunden, zur wirklichen Freiheit zu gelangen; er blieb auf halbem Wege stehen, verläugnete, erschrocken über die Konsequenzen seines eigenen Prinzips, lieber sich selbst und verwickelte sich so, von einem unklaren religiösen Gefühle irre geleitet, in den Widerspruch, in welchem wir ihn jetzt befangen sehen, daß er auf der einen Seite die Vernünftigkeit des menschlichen Geistes anerkennt, und auf der andern sie verwirft und dieselbe Freiheit, die er dem Staat gegenüber für jeden Menschen als ein unveräußerliches Recht in Anspruch nimmt, der Kirche und dem kirchlichen Dogma gegenüber nicht bloß läugnet, sondern sogar feierlich verdammt.

Darum mußte er auch das Gericht über sich ergehen lassen, dem jede Halbheit der Gesinnung, des Denkens und des Thuns, in sich selber verfallen ist.

Nach diesen allgemeinen Bemerkungen können wir auf das Werk selbst übergehen, das wir zur Besprechung vor uns haben.

Der Mann, der der Freiheit so viel geopfert, so warm und männlich für sie gesprochen hat, übergibt uns in demselben eine Frucht seiner Muße, welche aufs Neue das ausgezeichnete Talent so wie den kräftigen Charakter beurkundet, den wir längst in ihm verehren. Die ganze Schrift athmet den tiefsten Rechtssinn, die uneigennützigste Vaterlandsliebe und jene Innigkeit und Kraft der Ueberzeugung, welche auch denjenigen, welche nicht die gleichen politischen Grundsätze haben, wie der Verfasser, Achtung einflößen muß. Dabei zeichnet sie sich ebenso durch die Schönheit des Styles, wie durch Klarheit der Gedankenentwickelung aus, so daß sie auch für den Laien vollkommen zugänglich ist, und durch die Schärfe und Gründlichkeit, mit der sie, ohne die Grenzen wissenschaftlicher Erörterung zu überschreiten, überall auf die wirklichen Lebensverhältnisse eingeht und die praktischen Beziehungen der darin entwickelten theoretischen Sätze hervorhebt, einen rühmenswerthen Versuch enthält, die unglückliche Scheidewand, die überall noch zwischen Theorie und Praxis besteht, zu durchbrechen, und das Leben mit der Wissenschaft wieder auszusöhnen. In diesen Beziehungen muß der Schrift unstreitig ein großes Verdienst zuerkannt werden, und sie wird, wir hoffen es, bei dem deutschen Publikum die Theilnahme finden, welche wir ihr im Interesse einer freisinnigen Entwickelung unserer öffentlichen Verhältnisse von ganzem Herzen wünschen.

Weniger wird sich aber die Wissenschaft selbst durch dieselbe befriedigt finden. Der Verfasser steht im Wesentlichen noch ganz auf dem Kant'schen Standpunkt. Einzelne Punkte abgerechnet, enthält die Schrift eine bloße Darstellung der Theorie vom Recht, von der Entstehung des Staates, von dem Verhältniß der Einzelnen zur Staatsgewalt u. s. w., welche Kant schon im vorigen Jahrhundert in den „metaphysischen Anfangsgründen der Rechtslehre" aufgestellt hat. Hiegegen wäre an sich nichts einzuwenden. Jeder ist in seinen philosophischen Ansichten vollkommen frei, und wenn die Schrift in der Grundauffassung auch wenig Neues bietet, so kann durch dieselbe wenigstens der Zweck erreicht werden, jene abstrakten Begriffe der Kant'schen Philosophie mehr zum Gegenstand des allgemeinen Bewußtseins zu machen, und durch die Anwendung derselben auf unsere Verhältnisse diesen selbst ein erhöhtes Interesse zu geben. Eine andere Frage ist aber die, ob er die ganze neuere Entwickelung der Philosophie von Kant bis auf unsere Zeit herab, so wie er es gethan hat, ignoriren durfte? In dieser Beziehung können wir ihn von dem Vorwurf der Indolenz gegen die neuere Zeitrichtung, welchen wir oben dem frühern Liberalismus gemacht haben, nicht freisprechen. Der Gegensatz, welcher sich in der spätern Philosophie gegenüber der Kant'schen geltend gemacht hat, ist um so entschiedener und auch in seinen praktischen Konsequenzen so wichtiger, daß er unmöglich unbeachtet bleiben kann. Gleichwohl ließ ihn aber der Verfasser ganz bei Seite liegen. Man meint, wenn man das Buch liest, es habe nie einen Schelling oder einen Hegel gegeben. Der Verfasser vermeidet es überall sorgfältig, irgend Beziehung auf sie zu nehmen, und wenn auch aus dem ganzen Geiste der Schrift, so wie aus einzelnen ausdrücklichen Bemerkungen deutlich hervor geht, daß er die neuere philosophische Richtung für eine falsche halte, so hat er doch nirgends auch nur den Versuch gemacht, sie zu widerlegen. So ist er selbst in den Fehler verfallen, den er der historischen Schule, wie wir nachher sehen werden, mit Recht zum Vorwurf macht. Es ist dieß um so mehr zu beklagen, als gerade die praktische Philosophie im Hegel'schen Systeme noch am wenigsten befriedigt, und eine gründliche Beleuchtung auch vom entgegengesetzten Standpunkte aus am meisten wünschenswerth macht. Möge der Verfasser bei seinen künftigen Arbeiten die neuere Wissenschaft nicht verschmähen, so wenig als sie es verschmäht, in ihm einen tüchtigen Kampfgenossen auf dem Felde der Freiheit anzuerkennen. Möge er uns aber auch nicht verkennen, wenn wir seine Ansichten einer strengen Prüfung unterwerfen. Auf dem Gebiete der Wissenschaft gibt es keine (theologische) Toleranz. Sie ist in dem, was sie als das Wahre erkannt hat, herrschsüchtig, und verlangt weder für sich den Ruhm des Friedens, noch duldet sie andere Ansichten gleichgültig neben sich. Die Theorie muß die Theorie widerlegen. Erst aus der Reibung der Gegensätze entwickelt sich das Ganze, und erst aus dem Kampfe des Zweifels geht die Wahrheit hervor.

Das Werk besteht aus zwei Bänden. Der erste enthält folgende Abschnitte:

Das Recht. 1. Das Rechtsgesetz. 2. Die allgemeinen Menschenrechte. 3. Die Hülfsrechte.

Der Staat. 1. Entstehung und Begriff des Staates. 2. Die Staatsgewalt. 3. Die Staatskunst.

In dem zweiten Bande sind abgehandelt:

Die Kirche. 1. Das Kirchenrecht. 2. Der Kirchenstaat.

Das Vaterland.

Diese Inhaltsübersicht zeigt, wie der Verfasser es sich zur Aufgabe gemacht hat, auf alle Hauptfragen der Gegenwart einzugehen. Dem Plane dieser Zeitschrift dürfte es entsprechen, wenn wir versuchen, seinen Ausführungen zu folgen und dieselben einer nähern Prüfung zu unterwerfen. Hiebei kann es jedoch nicht die Absicht sein, diese Fragen vollständig zu erörtern; wir werden uns darauf beschränken, überall nur das Allgemeine und Wichtige daraus hervorzuheben und die Gründe kurz anzudeuten, warum wir die Ansichten des Verfassers in diesem oder jenem Punkte für ungenügend halten.

In dem gegenwärtigen Artikel befassen wir uns zunächst mit dem Abschnitte: das Recht; ein zweiter Artikel wird die Abschnitte vom Staat und von der Kirche zum Gegenstande haben; und in einem dritten Artikel werden wir auf den letzten Abschnitt „das Vaterland" zu sprechen kommen, in welchem der Verfasser das, was er in den frühern Abschnitten vom allgemeinen Standpunkt aus entwickelt hat, auf unsere bestehenden Verhältnisse in Deutschland anwendet, die Mängel, an welchen unser öffentliches Leben leidet, mit Kraft und Wärme auseinandersetzt und zeigt, wie alle Versuche, einen bessern Zustand herbeizuführen, scheitern müssen, so lange es uns an der ersten Bedingung eines kräftigen, nationalen Lebens, an einer wahren

Volksvertretung und freien aber unauflöslichen Vereinigung aller Stämme zu Einer freien Nation fehlt.

In dem Abschnitte „das Rechtsgesetz" setzt der Verfasser zunächst die verschiedenen Ansichten über die Rechte und den Inhalt des Rechts (das man einstimmig für das erzwingbare Gesetz des menschlichen Beisammenlebens erkläre), die willkürrechtliche oder naturalistische, die mystische oder supranaturalistische, und die vernunftrechtliche oder rationalistische Ansicht auseinander und weist ebenso entschieden als einleuchtend nach, daß das Recht weder auf roher Gewalt und Willkür, noch auf äußerer Offenbarung („des Gottes, der aus dem feurigen Busch und auf dem Sinai geredet hat"), wie der blinde Glaube annehme, beruhe, daß vielmehr die (sittliche oder praktische) Vernunft des Menschen die alleinige Quelle desselben sei. Als Hauptfeinde der vernunftrechtlichen Ansicht zählt Pfizer auf:

1) Die Verfechter der Theokratie, des Ursprungs fürstlicher Majestät von Gott, des göttlichen Rechts der Stuarts und Bourbons: „Die Vernunft ward in die Acht erklärt, und die Religion empfing im Interesse weltlicher Herrschaft wieder Huldigungen in Kirchen, wo ihre Nichtachtung oder ihre Verspottung an der Tagesordnung gewesen war." Unter diese Kategorie kann man besonders Stahl, den Verräther der geheimen Schelling'schen Philosophie, stellen. Nahe verwandt damit sind die blinden Anhänger des Bestehenden, „welche die Mühe des Denkens scheuend, es bequemer finden, für Recht das zu erklären, was der Staat und die im Staate bestehende Gewalt gebietet, ohne der Art ihrer Entstehung und dem Grund ihrer Berechtigung nachzufragen." Hieher gehören hauptsächlich Haller mit seiner „Restauration der Staatswissenschaften," Jarke und Philipps, die Begründer des politischen Wochenblattes, und Herr Leo, mit seiner „Physiologie des Staates" und seinen verschiedenen Geschichts-Mißhandlungs-Werken, in welchen er auf eine, seiner und seiner Genossen würdige Weise überall die Sünden der Revolution und die Frevel der Geschichte aufweist, jeder Tyrannei die Huldigungen seiner Sklavenseele darbringt und „Kartätschen" als das wirksamste Mittel gegen jede Erhebung des Volksgeistes empfiehlt.

2) „Die historischen Widersacher des vernünftigen Rechts", die über dem Wechsel der Systeme und der Nichtigkeit mancher vernunftrechtlichen Versuche den Glauben an die Spekulation überhaupt verloren haben, welche alles Forschen und Grübeln nach den letzten Vernunftgründen des Rechts ein eitles Spiel nennen und meinen, „das wahre Recht mache sich am Besten ohne unser Zuthun, es sei ein weltalter Baum, der von selbst wachse, und dessen Wurzeln man nicht fürwitzig entblößen und ans Licht ziehen solle." (Savigny und A.)

3) Endlich solche Gegner, denen eine gleißnerische Glaubenslarve ebensowenig, als der Götzendienst mit dem Bestehenden zusagt, die aber, angewidert von dem Mißbrauch der Volksherrlichkeit, diese selbst verachten und in ihrem eigenen Geiste die Vollmacht finden wollen, dem „Unverstand der Massen" sich entgegenzusetzen und die Menschen zu dem, was ihnen nützlich ist, zu zwingen. Gegen die Letzteren wendet der Verfasser mit Recht ein, auf der einen Seite, daß das, was die Mehrzahl für das ihr Nützliche erkennt, an und für sich noch nicht das Gerechte sei, und daß noch viel weniger das dafür genommen werden dürfe, was einzelne, wenn auch noch so überlegene Naturen, für das Gemeinnützige halten; auf der andern Seite, daß dem Einzelnen das Recht nicht zustehe, sich zum Vormund der Uebrigen aufzuwerfen und diese als Geistesschwache oder Unmündige zu behandeln. Man kann ihm nur beistimmen, wenn er zu tapferer Gegenwehr gegen die selbstsüchtige Anmaßung auffordert, womit von mancher Seite, mitunter selbst von den Gegnern der Gewalt, der philosophische Geist der Nation verhöhnt und alle Theorie und Spekulation in Sachen des Staates als Unfug oder höchster Unverstand erklärt wird.

Ebenso bestimmt spricht sich der Verfasser gegen die mystische und die mit ihr verwandte materialistische Rechtsansicht aus. Er erinnert sie daran, daß den bekannten Worten des Apostels „seid unterthan der Obrigkeit" und „die Obrigkeit ist von Gott" das Gebot gegenüberstehe, „Gott mehr zu gehorchen, als den Menschen"; und hebt der Stahl'schen Ansicht gegenüber richtig hervor, wie verkehrt es sei, auf Lehren der Offenbarung, wie die von der Dreieinigkeit Gottes und der Ebenbildlichkeit des Menschen, vom Sündenfall und der Erlösung ein ganzes Rechtssystem begründen zu wollen. — Der historischen Rechtsschule endlich hält der Verfasser mit Recht entgegen, daß es in der Geschichte keinen Stillstand oder Rückschritt gebe, daß in ihr vielmehr überall naturgesetzliche Entwicklung, also Fortschritt zu erkennen sei, und daß es den Geist der Geschichte verläugnen heiße, wenn man den vernunftrechtlichen Ideen die Lebensfähigkeit absprechen wolle, weil sie nur eine Ausgeburt des Zeitgeistes seien, und meine, das, was seit einem halben Jahrhundert die europäische Menschheit bis in ihren tiefsten Grund bewegt und ganze Völker zu den höchsten Kraftanstrengungen begeistert habe, sei die Erfindung müßiger oder seichter Köpfe, und einem so gewaltigen Elemente könne, von der Weltgeschichte einmal in sich aufgenommen, selbst die Berechtigung zum Dasein wieder abgesprochen werden. Zugleich macht er sie auf den Widerspruch aufmerksam, in welchem sie sich gegenüber ihrer eigenen Partei befinden, indem es ja, wie im Leben der Individuen, so auch im Leben der Völker eine Zeit gebe, wo an die Stelle des Instinkts und der Gewöhnung, oder des blinden Glaubens die freie Forschung und das prüfende Nachdenken tritt, und somit das Vernunftrecht, das sich auf dieser Stufe entwickelt, gleichfalls als ein naturgemäßes und nothwendiges Element der Rechtsbildung angesehen werden müsse.

Indem der Verfasser so das eigene vernünftige Bewußtsein des Menschen als die einzige Erkenntnißquelle des Rechtes anerkennt, entwickelt er das Rechtsgesetz selbst auf folgende Weise: Aus der untrüglichsten Quelle, durch unser sittliches Bewußtsein oder das Gewissen, mithin durch eine uumittelbare, gewisse innere Erfahrung, an deren Wahrheit wir so wenig zweifeln dürfen als an unserm eigenen Dasein, wissen wir, daß freie Erhaltung des Sittengesetzes (nicht bloß in dem Verhalten gegen Andere, sondern bei jeder Art von Thun und Lassen) der Inbegriff und Gipfel menschlicher Bestimmung ist. Zur Sittlichkeit oder zur freien werkthätigen Erfüllung gehört aber ein nicht bloß innerlich, sondern auch äußerlich (nach außen und von außen) freier Wille, ein Wille, der, wie ohne inwohnende, so ohne fremde Nöthigung sich selbst bestimmt, und eine Willenssphäre, in deren Umkreis er sich frei bewegt. Kraft seiner sittlichen Bestimmung muß daher auch jeder Mensch ein Recht auf solche Freiheit haben, weil das Sollen nothwendig das Dürfen oder Können in sich schließt, und das Erstere ohne das Letztere ein Widerspruch wäre. Er ist also rechtsfähig, eine Person, ein Rechtssubjekt; d. h. seine Freiheit ist keine bloß faktische, zufällige, sondern eine rechtliche; er kann verlangen, daß auch Andere sie anerkennen, und darf die Anerkennung derselben nöthigenfalls durch Gewalt erzwingen. Und zwar erstreckt sich seine Rechtssphäre so weit, als seine Willenssphäre sich erstreckt. Die verschiedenen Rechte aber, die man nach Verschiedenheit der Gegenstände (Leben, Ehre, Freiheit, Eigenthum 2c.) unterscheidet, reduciren sich auf das Eine Recht der objectiven Geltung des im Bereiche seiner geistig innern wie seiner leiblich äußern Wirksamkeit freithätigen Willens. Diese Freiheit ist aber keine ganz unbedingte, sondern sie ist beschränkt durch die von dem Sittengesetz im Verhältniß zu den Mitwirkenden gebotene Pflicht der Anerkennung gleicher Geltung ihres Willens, welche in so weit erzwingbar sein muß, als der Mensch dadurch die zu Erfüllung seiner menschlich-sittlichen oder vernünftigen Bestimmung unentbehrliche Freiheit oder Willensgeltung und Willenssphäre nicht verliert. Hiernach wird das Rechtsgesetz S. 20 folgendermaßen bestimmt: „es erscheint nach seiner Quelle als ein Ausfluß derselben sittlichen Vernunft, der auch das Sittengesetz entstammt; es ist nach seinem Zwecke, als erlaubendes Gesetz, ein nothwendiges Hülfsgesetz und eine Folge des Sittengesetzes und der sittlichen Freiheit des Menschen, umfaßt nach seinem Inhalt, als gebietendes Gesetz, den Theil des Sittengesetzes, der erzwingbar sein muß, wenn eine freie und vollständige Menschheitsentwicklung möglich bleiben soll, und ist zu definiren als:

„Das erzwingbare Gesetz der wechselseitigen gleichen Geltung Aller, so weit solche vereinbar ist mit der vernünftigen Bestimmung jedes Einzelnen."

Der Verfasser scheint seiner Begriffsbestimmung selbst nicht ganz zu trauen, wenn er S. 23 sagt: „Ist diese Entwicklung des Rechtsgesetzes die richtige, so wäre eben damit gefunden, was gesucht wurde: der letzte Grund alles gültigen Rechts in der sittlichen Vernunft; sollte sie aber auch als unrichtig nachgewiesen werden, wie schon manche andere Vernunftrechtstheorie, so wird doch nur die Lösung, nicht die Aufgabe sich ändern müssen." In der That wird man sich durch dieselbe auch nicht befriedigt finden. Es würde zu weit führen, eine vollständige Widerlegung derselben zu versuchen, und es mag um so mehr an einigen allgemeinen Bemerkungen genügen, als sie, wie bereits bemerkt, im Wesentlichen ganz mit der Kant'schen Rechtstheorie übereinstimmt, deren Einseitigkeit längst von verschiedenen Standpunkten nachgewiesen worden ist.

Auch der Verfasser geht von einem bloßen Postulate der Vernunft aus, das als solches, als eine bloße Thatsache hingenommen wird, ohne eine Einsicht in deren innere Nothwendigkeit zu gewähren und die Vernünftigkeit des Rechts und seinen Zusammenhang mit den Gesetzen des Geistes selbst nachzuweisen. Wenn das Recht aus dem Sittengesetze und aus der sittlichen Bestimmung des Menschen hergeleitet werden will, so drängt sich doch sogleich die Frage auf: woher kommt das Sittengesetz und was enthält dasselbe? was ist Sittlichkeit und sittliche Bestimmung des Menschen? und welches ist überhaupt das Verhältniß des endlichen Geistes zum unendlichen und absoluten? Nur durch die Einsicht in das Wesen des Geistes überhaupt läßt sich das Wesen des Rechts selbst erkennen, und so lange die Wissenschaft jene Fragen sich nicht zu beantworten vermag, muß sie auf jeden Versuch verzichten, ein bestimmtes Rechtssystem entwickeln und die Vernünftigkeit desselben beweisen zu wollen. Ihre Ausführungen sind bloße Voraussetzungen, wie das Postulat selbst, von welchem sie ausgehen, und entbehren mit diesem den Charakter wissenschaftlicher Begründung. Der Mangel einer tiefern Auffassung des Rechts und seines Zusammenhangs mit dem allgemeinen Leben des Geistes zeigt sich am deutlichsten darin, daß das Recht bei dem Verfasser außer aller innern Verbindung sowohl mit der Familie, als mit dem Staate erscheint, welche doch wesentlich innerhalb des Rechtssystems ihre Stelle finden müssen. Was die Theorie des Verfassers vom Staate betrifft, so mag hier die vorläufige Bemerkung genügen, daß er den Staat lediglich aus einem Vertrage der Einzelnen unter sich hervorgehen läßt und das Strafrecht wesentlich als ein Privatrecht des Einzelnen, nicht aber als ein von dem Recht des letztern unabhängiges Recht der im Staate repräsentirten Allgemeinheit angesehen wissen will. Von dem Begriff der Familie, von der Ehe, dem Verhältniß zwischen Eltern und Kindern u. s. w. ist in dem Rechtssystem des Verfassers gar nicht die Rede und konnte konsequenterweise von seinem Standpunkte aus auch kaum die Rede sein. Bloß gelegenheitlich bei der Lehre von der Uebertragung des Eigenthums ist die Frage, ob es ein rechtliches Erbrecht gebe oder nicht, erörtert. Wir werden später die Ansicht des Verfassers über diesen Punkt noch besonders in's Auge fassen, und kehren hier zunächst zu dem Rechtsprinzip des Verfassers zurück, um zu sehen, ob es ihm wirklich gelungen ist, dasselbe aus dem Sittengesetz nachzuweisen.

Das Rechtsgesetz, sagt der Verfasser, ist eine Folge des Sittengesetzes und der sittlichen Freiheit des Menschen. Weil der Mensch sittlich sein soll, muß er auch in Wirklichkeit frei sein; denn die Sittlichkeit besteht nur darin, bei der nicht bloß innerlich, sondern auch äußerlich freien Wahl zwischen dem Pflichtgebot und den Antrieben der Selbstsucht oder Sinnlichkeit sich für das erste zu entscheiden (S. 13). Wenn man die beiden Prämissen, die sittliche Bestimmung des Menschen und die Nothwendigkeit der freien Selbstbestimmung als wesentliche Erfordernisse der Sittlichkeit, zugibt, so kann gegen den Schluß selbst: daß der Mensch ein Recht auf Freiheit habe, an und für sich nichts eingewendet werden. Welches ist nun aber die Freiheit, welche auf diese Weise dem Menschen vindicirt wird? Damit der Mensch in jedem Akte seiner Selbstbestimmung sittlich sein kann, muß er auch bei jedem völlig frei sein, muß ihm also auch das Recht zustehen, das Gegentheil zu thun. Z. B. es ist ein Gebot der Sittlichkeit, die fremde Persönlichkeit zu achten; aber die Erfüllung dieses Gebotes selbst wäre von diesem Standpunkt aus nur dann eine sittlich freie, wenn ich die Möglichkeit des Gegentheiles hätte, d. h. wenn ich das Recht hätte, sie nicht anzuerkennen. Es folgt dieß mit Nothwendigkeit aus dem Prinzip des Verfassers, denn nur soweit ich im Besitz der Möglichkeit, das Gegentheil zu thun, gleichwohl für das Gute mich entscheide, sagt er selbst, ist mein Thun ein sittliches. Wir erhalten also für das Rechtsgesetz eine Freiheit, welche völlig unbeschränkt und nichts anderes ist, als das Recht des unbedingten Einzelnwillens. Statt der Sittlichkeit ist es die erhöhte, völlig unbegränzte Willkür, welche bei dieser Ableitung das Prinzip des Rechts ausmacht. Der Verfasser fühlt dieses selbst; indem er aber den Mangel seines Prinzipes beseitigen will, kommt er in den Widerspruch mit sich, das, was er auf der einen Seite als nothwendige Folge des Sittengesetzes ausgibt, auf der andern selbst wieder im Namen der nämlichen Sittlichkeit zu läugnen. „So gewiß," heißt es S. 15, „wenn freie Sittlichkeit des Menschen Bestimmung ist, sein Wille auch ein äußerlich gültiger sein, und es in seiner freien Macht und Willkür stehen muß, das Sittengesetz werkthätig zu erfüllen oder unerfüllt zu lassen, im Leben sittlich oder unsittlich zu handeln, so kann doch diese Wahlfreiheit, wenn sie nicht durch ihr Uebermaß sich selbst zerstören soll, keine ganz unbedingte und in allen Fällen unbeschränkte sein. Wäre sie dieß, und stände somit Jedem frei, den Nebenmenschen, wie es ihm eben beliebt, entweder nach dem sittlichen Gesetz der Gleichheit oder nach dem Naturgesetz des Stärkern zu behandeln, so würde ja die völlig schrankenlose Freiheit des Einen die des Andern aufheben; kein Mensch besäße unantastbar das zur freien Pflichterfüllung unentbehrliche Willens- und Rechtsgebiet, und die Vernunft erschiene mit sich selbst im Widerspruch, indem sie, oder vielmehr die aus ihr sprechende höhere Macht, statt die Erfüllung der sittlichen Bestimmung aller auf der Erde lebenden Vernunftwesen möglich zu machen, wieder nur das Recht des Stärkern und den dem Sittengesetz widersprechenden Krieg Aller gegen Alle sanktionirte. Die Freiheit in Erfüllung oder Nichterfüllung des Sittengesetzes kann daher nur einen Theil der durch dasselbe vorgeschriebenen Pflichten umfassen; und so gewiß es unerzwingbare Pflichten, freie oder reine Gewissenspflichten geben muß, wenn freie Erfüllung des Sittengesetzes möglich sein soll, eben so gewiß muß es auch unfreiwillige Pflichten oder einen erzwingbaren Theil des Sittengesetzes geben." In Gemäßheit dessen erklärt der Verfasser denjenigen Theil des Sittengesetzes für erzwingbar, welcher sich auf die Achtung Anderer, die Anerkennung gleicher Geltung ihres Willens beziehe, während derjenige Theil des Sittengesetzes, welcher die gleiche Liebe, wie für sich selbst, auch für den Nebenmenschen fordere, unerzwingbar bleibe. Gut! aber wo bleibt da die Konsequenz des Verfassers? Wird auf diese Weise die Freiheit der Selbstbestimmung, welche der Verfasser, wie gesagt, zuerst als nothwendige Bedingung der Sittlichkeit aufgestellt, und woraus er das Recht der freien Persönlichkeit jedes Einzelnen abgeleitet hat, nicht gerade für das äußere Willensgebiet, das Rechtsgebiet, wiederum aufgehoben? Das Recht der unbedingten Willensfreiheit des Einzelnen in dem Sinne, in welchem der Verfasser es sich aus dem Sittengesetz entwickelt hat, ist unverträglich mit dem Gesetz der gleichen Geltung Aller. Das eine hebt nothwendig das andere auf, und das Rechtsgesetz „der gleichen Geltung Aller, so weit solche vereinbar ist mit der vernünftigen Bestimmung jedes Einzelnen," welches auf der einen Seite von der Freiheit des Einzelnen ausgeht und auf der andern Seite doch die Unfreiheit desselben, dessen Gebundenheit durch die Existenz Anderer, behauptet, enthält einen Widerspruch in sich.

welcher bei dem Verfasser nirgends vermittelt erscheint, und in welchen er nothwendig verfallen mußte, weil er sich den Unterschied zwischen sittlicher Freiheit und subjektiver Willkür durchaus nicht entwickelt, und beide Begriffe als identisch genommen hat.

Ein weiterer Mangel in der Auffassung des Verfassers liegt darin, daß ihm das Recht gegenüber der Sittlichkeit nur als Mittel zum Zwecke erscheint, und er dasselbe nur unter dem Gesichtspunkt eines erlaubenden Hülfsgesetzes des Sittengesetzes betrachtet. Nach seinem Begriffe der Freiheit kounte er freilich nicht anders; hierin zeigt sich aber gerade die Unrichtigkeit seines Standpunktes, indem es ihm nicht möglich ist, das Rechtsgesetz mit dem Sittengesetz in Uebereinstimmung zu bringen, und er sogar zu dem Resultate gelangt, daß etwas dem Sittengesetz Widersprechendes gleichwohl dem Rechtsgesetz gemäß sein könne. S. 50 behauptet er geradezu, daß es wohl ein Recht gebe, unmoralisch zu handeln, obgleich es eine rechtliche Verpflichtung zu etwas Unsittlichem nicht geben könne; und auf diesem Widerspruch beruht seine ganze Ausführung über die sogenannten unveräußerlichen Rechte. Er erklärt es nämlich selbst als ein Gebot der Sittlichkeit, daß gewisse Rechte dem Menschen unveräußerlich seien, weil sie das zur Erfüllung seiner menschlichen, sittlich vernünftigen Bestimmung unentbehrliche Willens- oder Rechtsgebiet umfassen, und zählt zu diesen unveräußerlichen Rechten Alles, was sich vom Begriff des Menschen nicht trennen lasse und einen integrirenden Bestandtheil seines Wesens ausmache. Dagegen setzt er die Unveräußerlichkeit dieser Rechte bloß darein, daß es keine Rechtspflicht gebe, durch welche der Einzelne in denselben beschränkt würde, daß daher auch ein Vertrag, durch welchen auf ein unveräußerliches Recht verzichtet worden, unerzwingbar sei; von der andern Seite aber sei ein solcher Vertrag vollkommen gültig, sofern nur der Verzichtende selbst sich nicht darüber beschwere; denn es müsse Jedem frei stehen, über alle seine Rechte nach Gutdünken zu verfügen, und im Falle freiwilliger Erfüllung gelte eben der Grundsatz, daß dem Wollenden kein Unrecht geschehe. (S. 81 u. 82.) So erklärt der Verf. es z. B. selbst für eine unzweifelhaft dem Sittengesetz zuwiderlaufende Handlung, wenn ich meine Persönlichkeit der Willkühr oder dem Muthwillen eines Andern preis gebe, mich zum Mittel oder Werkzeug fremder Unsittlichkeit mache, wenn ich dem Andern das Recht einräume, mich zu beschimpfen, körperlich zu mißhandeln, zu verstümmeln oder gar zu tödten u. dgl.; allein er zieht hieraus bloß die Folgerung, daß es mir frei stehen müsse, ein solches Versprechen jeden Augenblick wieder zurückzunehmen, und behauptet, trotz der offenbaren Unsittlichkeit handle weder ich gegen das Rechtsgesetz, wenn ich aus freien Stücken Alles das über mich ergehen lasse, noch der Andere, welcher meine Sittlichkeit, meine Ehre, meine Gesundheit oder mein Leben als ein freiwilliges Opfer von mir angenommen hat. Daher sei es auch keine strafbare Handlung, wenn Jemand einen Andern im Zweikampf erschlage oder auf dessen eigenes und ernstliches Verlangen ihm den Tod gebe, obgleich solche Verletzungen mit Willen des Verletzten einen strafbaren Ungehorsam gegen den Staat, der auch solche Verletzungen verboten habe, enthalten. (S. 82 u. 83.) [Mit welchem Recht verbietet aber der Staat solche Handlungen und bedroht sie mit Strafe, wenn sie an sich nicht rechtswidrig sind?]

Auf gleiche Weise verkennt der Verfasser den sittlichen Charakter des Rechts, indem er S. 68 u. ff. die Behauptung aufstellt, es gebe keine dem Menschen angeborne positive Rechts- oder Leistungspflichten, sondern nur angeborne negative Rechtspflichten, oder eine Pflicht der Unterlassung von Verletzungen, wodurch der Eine eigenmächtig in das Willensgebiet des Andern eingreife; das einzige Mittel zu Begründung und Erschaffung positiver Leistungspflichten sei vielmehr die Willenseinigung im Vertrag, und auch die Leistungen, zu welchen der Einzelne dem Staat gegenüber verpflichtet sei, seien in letzter Entwickelung auf den Staatsvertrag zurückzuführen. Da wir auf die Theorie des Verfassers von der Entstehung des Vertrags erst in dem folgenden Artikel zu sprechen kommen werden, so will ich mich zunächst zu Widerlegung seiner Behauptung auf die von dem Willen des Einzelnen unabhängigen öffentlich rechtlichen Leistungsverbindlichkeiten nicht berufen. Allein es gibt noch andere Leistungen, zu welchen der Einzelne rechtlich verpflichtet ist, ohne daß er sich dazu durch Vertrag irgend wie verbindlich gemacht hat. Dahin gehört z. B. die Pflicht der Eltern, ihre Kinder zu erziehen, sie zu ernähren, so wie umgekehrt die Verpflichtung der Kinder zu Ernährung ihrer hülfsbedürftigen Eltern; ferner im Verhältniß zu Dritten die Verpflichtung, einem in der Noth Befindlichen, welcher ohne unsern Beistand zu Grunde gehen würde, Hülfe zu leisten, sofern es ohne Gefährdung der eigenen Person geschehen kann, ihn unter der gleichen Voraussetzung vor drohenden Gefahren zu schützen oder zu warnen u. dgl., Pflichten, welche so sehr schon im natürlichen Gefühle und in der natürlichen Ordnung der Dinge begründet sind, daß man sie unmöglich von dem Gebiet des Rechts ausschließen kann, wenn gleich es schwer sein mag, bei der Anwendung auf einzelne Verhältnisse die Grenze des Rechts in dieser Beziehung genau zu bestimmen.

Soll das Recht wirklich nicht bloß als ein Produkt der Willkür und der Gewalt erscheinen, so müssen wir in ihm so gut, wie in dem Gebiete des sogenannten Sittengesetzes das Dasein des allgemeinen Geistes und die Verwirklichung der sittlichen Weltordnung erkennen. Es ist derselbe absolute Geist, der in unserm sittlichen und in unserm rechtlichen Bewußtsein zu uns spricht, und in der Uebereinstimmung oder in dem Widerspruche, mit welchem unsere Sittlichkeit oder Unsittlichkeit, unser Rechtthun oder unser Unrechtthun besteht. Wie der Mensch ein sittliches und ein rechtliches Wesen zugleich ist, und mit der Einheit seiner Individualität ebensosehr in einer Beziehung steht zu der ihn umgebenden äußern Welt, als er sich bewußt ist, zugleich einer höhern Weltordnung anzugehören; so ruhen auch die Gesetze, die sein Thun nach der einen oder nach der andern Seite hin bestimmen, auf einem und demselben Grunde. Moral und Recht widersprechen nicht einander, sondern ergänzen sich gegenseitig und sind, wenn man so sagen will, die beiden Seiten, in welchen sich der dem Menschen inwohnende sittliche Geist in ihm und durch ihn verwirklicht. Die Maxime seines Verhaltens in dem Gebiete der Moral sowohl als des Rechtes kann nämlich für den Menschen nur darin gefunden werden, Dasein des allgemeinen Geistes zu sein, d. h., sich seiner Einheit mit Gott, als dem absoluten Geiste, bewußt zu sein, und diese Einheit in sich, seinem Wollen und Thun, zu vollziehen. Denn nur darin, sich des göttlichen Geistes, als ihm inwohnend, bewußt zu sein, und ihn in allen Beziehungen seines Lebens zu beurkunden, besteht das Wesen, oder was das Gleiche ist, die Bestimmung des Menschen. Darin besteht aber auch allein seine Freiheit. Ich bin frei, weil ich selbstbewußter Geist bin und mich als Träger des allgemeinen Geistes weiß; ich bin es aber nur innerhalb dieses meines Wesens, d. h. so weit mein Wollen und Thun meiner sittlichen Natur entspricht; denn was nur Folge ist, kann nicht über den Grund selbst hinausgehen. Meine Freiheit ist also keine willkürliche; sie hat an der Vernünftigkeit meines Willens ihre Grenze und ist durch diese bedingt. F a k t i s c h kann ich das Gute wollen oder das Schlechte, kann ich mich durch mein Pflichtgefühl oder durch die Antriebe der Selbstsucht bestimmen lassen: wie mein inneres Verhalten aber nur dann ein sittliches ist, wenn ich wirklich für das Gute mich entscheide, so ist auch in meinem äußeren Thun mein Wille nur dann ein rechtlicher und hat einen Anspruch auf rechtliche Geltung, wenn er in Uebereinstimmung steht mit meiner vernünftigen Bestimmung, und diese darin ihren Ausdruck hat. In diesem Sinne kann man das Sittengesetz, wenn man es auf eine Formel zurückführen will, so ausdrücken: „Sei Mensch und lebe deiner Bestimmung als Mensch!“ Darin ist dann die Maxime meines moralischen Verhaltens gleichmäßig, wie die meines rechtlichen Thuns enthalten; der Unterschied zwischen Moral und Recht selbst aber ist dadurch nicht aufgehoben: beide bleiben vielmehr unterschieden, sowohl in Rücksicht auf die Form des Erkennens, welches das Kriterium ist der Uebereinstimmung unsers Thuns mit der Sittlichkeit, als in Hinsicht auf das Gebiet, auf welchem sich beide äußern. In der ersteren Beziehung ist es nämlich unser subjektives Bewußtsein, welches unser moralisches Verhalten normirt, die Stimme des Gewissens, welche uns sagt, was die Sittlichkeit von uns fordert; wogegen unser rechtliches Thun dem allgemeinen Bewußtsein untergeordnet ist, das in dem Willen des Staats (— nach den verschiedenen Perioden seiner Entwicklung in dem jeweiligen Volkswillen, nach seiner Totalität in seiner Geschichte —) und in höherer Ordnung in dem Willen der Menschheit (dem Völkergerichte und der Weltgeschichte) sein Organ hat. In der zweiten Hinsicht aber erstreckt sich das Gebiet des Rechts nicht, wie die Moral, auf die gesammte Willenssphäre des Menschen, sondern begreift nur die Beziehung seines Willens auf die ihn umgebende äußere Welt; und zwar ist dasselbe zu bestimmen, als diejenige äußere Weltordnung, durch welche das organische Leben der Menschheit in den Beziehungen der Einzelnen und der Gesammtheit zu einander gesetzt ist; oder mit andern Worten, als der Inbegriff derjenigen Bestimmungen des Sittengesetzes, durch deren Verwirklichung die Entfaltung der freien Natur des Menschen und die Entwickelung seiner leiblich geistigen Wesenheit sowohl innerhalb des besondern Kreises seiner Persönlichkeit, als einzelner, als in den allgemeineren Kreisen der Familie, der Gemeinde, des Staats und der Völker bedingt ist.

Nur indem man so den Begriff des Rechts auf seine tiefere Grundlage zurückführt, wird der Widerspruch beseitigt, in welchen man auf jedem Schritte verfallen muß, wenn man, wie der Verfasser es gethan hat, auf der einen Seite von der Sittlichkeit des Menschen, und auf der andern von der Willkür desselben ausgeht; nur auf diesem Wege kann es gelingen, nicht bloß das Recht der eigenen Persönlichkeit in ihrem vollen Umfange zu retten, sondern auch die Freiheit aller Uebrigen damit in Uebereinstimmung zu bringen; denn indem ich weiß, daß das wahre Wesen des Menschen eben nur darin besteht, Dasein des allgemeinen Geistes zu sein, bin ich mir ebenso meiner eigenen Freiheit bewußt, als ich, kraft meiner Sittlichkeit, zugleich auch in dem Andern ein sittlich-freies Wesen anerkenne; die Vernünftigkeit und die Freiheit des Andern ist nur meine eigene, und sie widersprechen sich nicht, sondern bedingen sich gegenseitig. Erst nach diesem Standpunkte gewinnt aber auch die rechtliche Freiheit des Menschen ihre wahre sittliche Weihe. Sie hat aufgehört, ein bloßes Recht, eine bloße Befugniß zu sein, und wohin uns bisher schon das ahnende Verlangen trieb, und was wir nur fordern zu dürfen uns bewußt waren, das erkennen wir jetzt zugleich als heilige und unabweisbare Pflicht. Denn das Rechtsgesetz räumt mir selbst so wenig als einem Andern die Befugniß ein, durch Vernichtung, Verstümmlung oder Unterdrückung meiner leiblichen oder geistigen Natur die Wesenheit des Geistes, dessen Dasein ich bin, zu verletzen, und wenn die zwangsweise Erfüllung eines Versprechens, durch welches ich auf ein sogenanntes unveräußerliches Menschenrecht verzichtet habe, demselben widerspricht, so verbietet es in gleicher Weise auch das freiwillige Aufgeben eines solchen Rechtes, und erklärt es mir selbst und Andern gegenüber als erzwingbare Pflicht, meine Persönlichkeit, welche nicht bloß für mich, sondern zugleich ein Glied des Ganzen ist, zu achten und Alles zu thun und zu unterlassen, was zur Verwirklichung der Menschheitsidee innerhalb der Sphäre meines rechtlichen Seins förderlich oder hinderlich ist. Hier erkennen wir dann, daß es auch in der Stellung, die wir in dem Leben des Staats und der Gesellschaft einnehmen, nicht von unserm Belieben abhängt, die sittliche Würde, die unsere Bestimmung ist, zu wahren oder preiszugeben, und indem wir uns so aus der Tiefe unseres sittlichen Bewußtseins heraus das Wesen der bürgerlichen Freiheit in ihrer hohen Bedeutung lebendig und treu vergegenwärtigen, fühlen wir uns mit jener Macht der Wahrheit zu ihr hingezogen, welche die Gewalt ist der religiösen Ueberzeugung, und welche den Denker zu dem gleichen Eifer, der gleichen Liebe und der gleichen Aufopferung entflammt, wie den begeisterten Dichter. — Und hiermit sind wir auf dem Wege, erhaben über blinden Fanatismus, die schwierigste Klippe in der Entwickelung unseres staatlichen Lebens und den gefährlichsten Feind der Freiheit zu überwinden — die Trägheit des Indifferentismus und den politischen Atheismus.

Ehe wir zum folgenden Abschnitt, der Lehre vom Staate, übergehen, komme ich auf eine Frage zurück, welche schon oben angedeutet wurde, und welche in unserer Zeit ein erhöhtes Interesse zu gewinnen scheint, die Frage von der Erblichkeit des Eigenthums. Der Verfasser glaubt, daß es kein natürliches Erbrecht gebe, und daß solches weder in dem angebornen Recht des Erben noch in dem des Erblassers begründet sei. Denn um ein durch den Tod des Eigenthümers herrenlos gewordenes Gut mit Ausschluß jedes Andern sich zueignen zu dürfen, müßte des Erben Wille von vorn herein mehr gelten, als der jedes Andern; und um dem Erblasser ein über seine Lebenszeit hinausreichendes Verfügungsrecht zuzuschreiben, müßte auch derjenige einen gültigen Willen haben, der einen Willen geltend zu machen gar nicht mehr im Stande, für welchen jede Möglichkeit sichtbarer, körperlicher Einwirkung auf Dinge dieser Welt verschwunden sei. Obgleich nun aber von Naturrechtswegen das Eigenthum eines Verstorbenen demjenigen zufalle, welcher zuerst Besitz davon ergreife, so sei doch die Vererbung des Eigenthums an diejenigen, welche dem Besitzer die nächsten und liebsten sind, etwas dem natürlichen Gefühl so Entsprechendes und Billiges, es sei eine so gerechte und politisch wohlbegründete Ermunterung und Belohnung des Erwerbsfleißes; es sei endlich ein Verbot der Enterbung durch Uebergabe bei Lebzeiten und bedingte Vermögensabtretung so leicht zu umgehen, daß ein positives Erbrecht in keinem, auch nur halbwegs geordneten Zustande der Gesellschaft lange verbleiben könne. Aber der eigentliche Rechtsgrund des Erbrechtes sei und bleibe immer, auch bei testamentarischer Erbfolge, nicht der Wille des Verstorbenen, sondern der (im Gesetz ausgesprochene) Wille aller Ueberlebenden, welche auf ihr natürliches Zueignungsrecht an dem Nachlaß zu Gunsten des Erben zu verzichten sich bereit erklärt haben; es sei die allgemeine öffentliche Uebereinkunft sämmtlicher Genossen des Rechtsvereins, vor jedem Anderen dem gesetzlichen oder testamentarischen Erben die Güter des Verstorbenen zur Erwerbung anzubieten (S. 61—63). Gewiß wird man sich durch dieses künstliche Rettungsmittel des Erbrechts wenig befriedigt finden. Schon der Umstand, daß dasselbe aus den vom Verfasser selbst angeführten politischen Gründen nicht entbehrt werden kann, und daß es sich bei allen auch nur halb zivilisirten Völkern findet, muß zu der Vermuthung führen, daß es eine tiefere Berechtigung habe. Allerdings hat der Verfasser vollkommen Recht darin, daß mit dem Tode eines Menschen auch seine Vermögensrechte erlöschen; daraus folgt aber noch nicht, daß seine Güter nun herrenlos werden. Wäre dieses, so würden seine Gläubiger am Schlimmsten daran sein; denn diese hätten nun in der That Niemand, an den sie sich halten könnten: an ihren Schuldner nicht, dieser ist ja todt; ebensowenig aber an den Erben, denn für diesen, der ja nur ein herrenlos gewordenes Gut sich zugeeignet hat, läge überall keine Verpflichtung vor, die von dem Gute selbst ganz unabhängigen Verbindlichkeiten des früheren Eigenthümers zu übernehmen, da er lediglich von einem, ihm selbständig zustehenden, beziehungsweise von Dritten auf ihn übertragenen Rechte Gebrauch gemacht hätte. Höchstens könnte man also auch hier sagen, die Billigkeit fordere, daß durch positives Gesetz diejenigen, welche die Güter des Verstorbenen bekommen, für verpflichtet erklärt werden, auch dessen Schuldverbindlichkeiten zu übernehmen. Allein mit einer solchen Billigkeit ist es immer eine schlimme Sache, wenn sie sich nicht auf das Rechtsgesetz selbst zurückführen läßt. Nach der Theorie des Verfassers würde der Staat in seinem vollkommenen Rechte sein, und sich überall keiner Rechtsverletzung schuldig machen, wenn er heute alles Erbrecht aufhöbe und nicht bloß die Güter eines Jeden nach seinem Tode der Gesammtheit für verfallen erklärte, sondern sogar auch die Gläubiger desselben, so weit sie nicht schon bei Lebzeiten ihres Schuldners Bezahlung erhalten, davon ausschlösse. Schon das natürliche Rechtsgefühl jedoch sagt Jedem, wenn es nicht durch abstrakte Verstandes-Sophismen irre geleitet ist, daß ein solches Verfahren ein unrechtmäßiges wäre, und in der That wird man auch nichts anderes, als eine Verletzung des Rechtsgesetzes darin finden können, sobald man das Verhältniß der Familie dabei gehörig ins Auge faßt. Die Familie bildet nämlich in ihrer äußeren Erscheinung sowohl als in ihrer geistigen Grundlage eine organische Geschlossenheit, welche ihr, wenn sie gleich äußerlich nur als Vielheit angeschaut wird, wesentlich den Charakter der Einheit und Individualität verleiht, und zu welcher sich die einzelnen Familienangehörigen wie die Glieder zum Ganzen verhalten. Was insbesondere die Vermögensverhältnisse der Familie betrifft, so gilt, vom natürlichen Standpunkte aus betrachtet, der Grundsatz der vollkommenen Gemeinschaft; d. h., nicht die Einzelnen sind die Eigenthümer des Vermögens, sondern es ist die unsichtbare Persönlichkeit der Familie, welche als das eigentliche Rechtssubjekt erscheint, und für welche das jeweilige Oberhaupt der Familie dasselbe verwaltet. Das Rechtsverhältniß erleidet daher an und für sich und in seiner Beziehung auf Dritte durch den Tod des Familienoberhauptes so wenig, als durch das Wegfallen eines andern Mitgliedes, eine Veränderung; es tritt kein Wechsel in der Person des Eigenthümers, sondern bloß in der des jeweiligen Besitzers oder Verwalters ein, und nur dann würde das Eigenthumsverhältniß selbst ein anderes, wenn durch das Hinwegfallen des letzten Inhabers die Familie selbst als erloschen zu betrachten wäre. Abgesehen von diesem Falle werden daher auch die Güter nicht herrenlos, sondern gehen einfach auf diejenigen über, welche in der natürlichen Gliederung der Familie mit dem Verstorbenen den nächsten Kreis gebildet hatten. Es ließe sich leicht nachweisen, daß dies der eigentliche Gesichtspunkt ist, unter welchem sowohl das griechische und römische, als auch das germanische Erbrecht aufzufassen ist; in dem letztern beruht namentlich das gesammte Erbsystem, die Lehre von den Familienfideikommissen, Erblehen u. s. w. auf der ausdrücklich ausgesprochenen Vorstellung von der Einheit des Bluts, und selbst das römische Recht, von seinem abstrakten Standpunkt aus, nähert sich mit Bestimmtheit dieser Vorstellung in der altzivilrechtlichen Auffassung des Begriffs der Familie und der hieraus entwickelten Lehre von den Sui; es ist jedoch hier nicht der Ort, auf diese rechtsgeschichtlichen Fragen näher einzugehen, und es braucht hinsichtlich der Bedeutung des Erbrechts hier bloß noch bemerkt zu werden, daß die Erwerbung der einzelnen Erbschaftssachen weder im römischen noch im deutschen Recht das Wesen des Erbrechts ausmacht, daß dasselbe vielmehr durchaus als Gesammtnachfolge, d. h., als das Recht des Eintritts in den Complex aller nicht ausdrücklich davon ausgenommenen bürgerlichen Beziehungen des Verstorbenen aufgefaßt ist, kraft dessen der Erbe gleichsam der Träger der Persönlichkeit des Verstorbenen wird. Auf diese Weise läßt sich also wenigstens das Intestaterbrecht der Familienangehörigen vollkommen begründen, ohne daß man nöthig hätte, zu der künstlichen Fiktion des Verfassers seine Zuflucht zu nehmen. Und zwar erstreckt sich dasselbe, abgesehen von positiv-rechtlichen Grenzbestimmungen, so weit, als sich die Familienverbindung überhaupt erstreckt, bis diese endlich in die Stammes- oder National-Gemeinschaft ausmündet, wo dann das aus dem gleichen Prinzipe herzuleitende Successionsrecht des Staates beginnt.

Zweifelhafter dagegen ist allerdings das auf testamentarischer Anordnung beruhende Erbrecht. Indessen handelt es sich hier weniger darum, ob Jemand über seinen Tod hinaus eine Verfügung über sein Vermögen treffen könne, worauf die Schwierigkeit beruht — denn wenn man anerkennt, daß Jeder bei Lebzeiten das Seinige veräußern könne, daß eine solche Veräußerung auch über den Tod des Veräußernden hinaus wirksam sei und für den Erwerbenden ein an keine Zeit gebundenes Recht begründe, so muß man wohl auch die Form der Veräußerung, wo der Eigenthümer dem Erwerbenden ein erst mit dem Tode des Erstern in Wirksamkeit tretendes Recht einräumt, als vollgültig anerkennen — als um den Konflikt, den man hier zwischen dem Recht der freien Persönlichkeit des Subjekts, des einzelnen Individuums, und dem substantiellen Recht der Familie, beziehungsweise des Staates, entstehen sieht. Wie ist der Widerstreit zu lösen, in welchem der Anspruch des Einen dem Anspruch des Andern gegenübersteht? Stehen beide sich gleich, oder ist der Eine dem Andern unterzuordnen, und welcher? Es zeigt sich sogleich, daß diese Fragen für sich allein nicht gelöst werden können; man wird vielmehr unmittelbar auf die allgemeinere Frage, welches überhaupt das Verhältniß sei, in welchem der Einzelne zum Allgemeinen, insonderheit zur Familie und zum Staate stehe, hinübergeführt, und die Aufgabe, welche sich hier stellt, ist eben die, nachzuweisen, wie die Freiheit des Allgemeinen und die Freiheit des Individuums sich nicht aufheben, wie vielmehr beide nur ineinander sind und die absolute Freiheit gerade in der harmonischen Berechtigung aller Momente besteht. So wird man denn für die vorliegende Frage zu dem Resultate gelangen, welches im Wesentlichen auch das Prinzip unseres heutigen Notherberechts ist: daß die individuelle Freiheit an dem substantiellen Recht der Familie eine Grenze habe, und daß das letztere, unbeschadet des auf seinen wahren Inhalt zurückgeführten Rechts der freien Persönlichkeit, gegen Eingriffe subjektiver Willkür aufrecht zu erhalten sei. Die Grenze zwischen beiden für alle einzelnen Fälle fest zu bestimmen, ist Sache der positiven Gesetzgebung; im Allgemeinen aber wird man allerdings behaupten müssen, daß in unserm gegenwärtigen Recht dem substantiellen Recht der Persönlichkeit zu wenig Rechnung getragen sei, und daß die bestehende Testurfreiheit zum Schutze aller Familienangehörigen auf ein geringeres

Maß zurückgeführt werden sollte. Im ältern germanischen Recht gab es bekanntlich gar keine Testamente, und die Beschränkungen des Hausvaters gegenüber den Familienangehörigen erstreckten sich sogar, was übrigens ganz konsequent war, auf Veräußerungen unter Lebenden. Erst später kam dann der Unterschied zwischen anererbtem Gut und dem durch ihn selbst Erworbenen auf, eine Unterscheidung, worin sich das Recht des persönlichen Willens zuerst geltend zu machen suchte. Auch im attischen Recht gab es kaum eigentliche Testamente. Die Erbseinsetzung hatte durchaus nur die Bedeutung einer Annahme an Kindesstatt und war allen Beschränkungen der letztern unterworfen; namentlich galt der Satz, daß nur derjenige einen Testamentserben ernennen könne, welcher keine leiblichen Kinder hat. Selbst das älteste römische Recht, in welchem die Gewalt des Hausvaters eine so ausgedehnte war, scheint von diesem Gesichtspunkte ausgegangen zu sein. Die ältesten Testamentsformen weisen wenigstens sehr bestimmt darauf hin, daß die testamentarische Erbsernennung im Wesentlichen nichts Anderes war, als eine Annahme an Kindesstatt, d. h. ein Akt, durch welchen das natürliche Verhältniß, auf welchem das Erbrecht beruht, künstlich nachgebildet wurde. Später trat zwar unbedingte Testurfreiheit ein; allein noch in den Zeiten der Republik bildete sich auch schon wieder eine Beschränkung derselben aus, indem der Grundsatz aufkam, daß gewisse nahe Verwandte auf einen aliquoten Theil des Nachlasses ein nothwendiges Erbrecht haben, so daß ein Testament nicht zu Recht bestehen könne, in welchem ihnen nicht wenigstens dieser Theil hinterlassen worden sei. Ja, dieses Recht der nächsten Familienangehörigen wurde als ein so substantielles anerkannt, daß geradezu die rechtliche Vermuthung aufgestellt wurde, derjenige, welcher gegen dasselbe gehandelt habe, ohne durch die dringendsten Gründe dazu veranlaßt worden zu sein, habe sich zur Zeit der Errichtung des Testaments nicht in dem Zustande des freien Gebrauchs seiner Vernünftigkeit befunden (sog. color insaniae).

Der Verfasser bringt die Frage von der Beschränkung des Erbrechts mit der Frage von der ungleichen Vertheilung der Güter in Verbindung. Gewiß kann man ihm nur beistimmen, wenn er die übermäßige Anhäufung großer Besitzthümer in wenigen Händen und die immer schroffer sich ausbildenden Gegensätze von Reichthum und Armuth als einen wunden Fleck in unsern modernen socialen Verhältnissen bezeichnet, welcher die sorgfältigste Erwägung verdient, und welcher vielleicht in einer nicht so fernen Zukunft sich noch drohender gestalten wird, als man jetzt glauben möchte. Vertrauen wir nicht mit zu vieler Sicherheit auf die Dauer des Bestehenden! Die immer steigende Ausdehnung der socialistischen und kommunistischen Bestrebungen in England und Frankreich, und selbst zum Theil in der

Schweiz und in Deutschland, sollte uns endlich die Augen öffnen. Ich bin weit entfernt, diesen Bestrebungen in der Richtung, in welcher sie sich bis jetzt geäußert haben, das Wort zu reden; aber ich bin überzeugt, daß dieselben keine bloß vorübergehende Erscheinung in der neuesten Zeitgeschichte bilden, und daß ihnen ein wahrer Gedanke zu Grunde liegt, welcher sich über kurz oder lang seine Geltung erkämpfen wird, so gut wie die politischen Gleichheitsbestrebungen des vorigen Jahrhunderts sich solche erkämpft haben. Wenn, wie der Verfasser richtig bemerkt, der ganze leibliche, materielle Theil des menschlichen Daseins auf dem Eigenthum beruht, und ein gewisser äußerer Besitz als die nothwendige Voraussetzung zu Erreichung der menschlichen Bestimmung angesehen werden muß; so ist es nicht bloß ein Gebot der Staatsklugheit, sondern eine Forderung der Sittlichkeit, daß kein Staatsbürger von dieser Grundbedingung eines menschenwürdigen Daseins ausgeschlossen bleibe, daß vielmehr Jedem der Besitz eines gewissen Minimum von äußern Mitteln gesichert sei, um als Mensch, d. h. als sinnlich-geistiges Wesen, zu leben. Man gibt dies allgemein zu in Rücksicht auf die unentbehrlichen Bedürfnisse des leiblichen Daseins; alle neuern Gesetzgebungen erkennen z. B. an, daß dem in Gant gerathenen Schuldner die nothdürftigsten Kleidungsstücke, Hausgeräthschaften u. dgl. nicht genommen werden dürfen, daß derjenige straflos gelassen werden müsse, welcher sich an fremdem Eigenthum vergriffen hat, um sich vor dem Hungertod zu retten, ja, daß die Gesammtheit, mag man hierunter den Staat selbst oder zunächst die einzelnen Gemeinden verstehen, die Verpflichtung habe, der Armen sich anzunehmen, und denjenigen, welche verschuldet oder unverschuldet in die Lage gekommen sind, sich selbst nicht fortbringen zu können, die nothwendigsten Lebensbedürfnisse zu geben, sie in der Krankheit zu pflegen u. s. w.: aber sollte denn das geistige Dasein des Menschen einen geringern Anspruch auf Schutz und Pflege haben? sollte es von geringerm Werthe sein, ob der Mensch in Beziehung auf seine geistigen Anlagen verkrüpple und zu Grunde gehe? sollte es nicht endlich als ein Gesetz der Menschheit anerkannt werden, daß der unnatürliche Zustand, welcher sich allmälig ausgebildet hat, wo ein Theil im Ueberfluß schwelgt, während Andere, von äußerm Mangel niedergedrückt und genöthigt, alle Kräfte in der Sorge für die leiblichen Bedürfnisse zu erschöpfen, selbst das Nothwendigste entbehren, was sie brauchen, um sich innerlich zu entwickeln und auszubilden und ihrer höhern Bestimmung als geistig freie Wesen sich bewußt zu werden; wo die Beschränktheit und Kümmerlichkeit der Verhältnisse, in welche sich ein großer Theil versetzt sieht, fast nothwendig eine Niedrigkeit der Gesinnung erzeugen muß, die den Menschen zum Thiere herabwürdigt, die niedrigsten Leidenschaften in ihm nährt und ihn zu Verbrechen fortreißt; wo der Mangel an Bildung des Geistes mit der Erbärmlichkeit des äußern Daseins Hand in Hand geht, während der Reiche unter der Last seines Besitzes ihn würdig zu genießen verlernt hat; wo so oft der beste, der kräftigste Wille vergebens mit der Mißgunst des Geschickes und dem Egoismus der Gesellschaft kämpft, und das Leben dem redlichen Eifer der Arbeitsamkeit so oft nur die Bitterkeit getäuschter Hoffnungen und den Schmerz gescheiterter Anstrengungen bietet —: sollte die Menschheit nicht endlich im Fortschritt der Gesittung zu dem Ziele gelangen, daß dieser Zustand ein anderer werden, daß die Humanität, der Geist des wahren Christenthums, den Sieg erhalte über die Bestrebungen der Selbstsucht und des Eigennutzes, und die Gesellschaft zu einer Form des Daseins sich erhebe, in welcher Jedem, auch dem Niedrigsten, die Möglichkeit gegeben ist, Mensch zu sein und in harmonischer Befriedigung der Bedürfnisse des Geistes und des Körpers seine Bestimmung als solcher zu erkennen und zu verwirklichen? Dieß ist der Gedanke, welcher der gesellschaftlichen Philosophie zu Grunde liegt, die Robert Owen in England, St. Simon und Fourier u. s. w. in Frankreich gelehrt haben. Sie haben das unbestreitbare Verdienst, das Gebrechen mit Wärme und Geist aufgedeckt zu haben, und wenn es ihnen auch nicht gelungen ist, das Problem selbst zu lösen, und man über die Wahl der Mittel sich mit ihnen nicht einverstanden erklären kann, so haben sie doch wenigstens die Aufgabe der Zeit zum bestimmten Bewußtsein gebracht und dadurch den ersten und wichtigsten Grund zur Lösung derselben gelegt. Ich bekenne mich, wie gesagt, gerne zu denjenigen, welche die Verwirklichung dieses Gedankens wünschen und von der Nothwendigkeit einer Reform der bürgerlichen Gesellschaft in diesem Sinne überzeugt sind, aber ich glaube nicht, daß die Aufhebung oder Beschränkung des Erbrechts das Mittel dazu sei, wie der Verfasser meint; sie würde sich aus der Rechtsidee so wenig rechtfertigen lassen, als die Alles nivellirenden, den Begriff des Eigenthums überhaupt aufhebenden Ansichten der Kommunisten, und außerdem würde der Zweck dadurch nicht einmal vollständig erreicht werden. Ich glaube vielmehr, daß vor Allem durch eine Aenderung in dem Steuersystem dem Uebel abgeholfen werden muß, und daß das bestehende Mißverhältniß zwischen Mangel und Entbehrung des Nothwendigsten auf der einen, und Pracht und Ueppigkeit auf der andern Seite nur dadurch zur richtigen Ausgleichung gebracht werden kann, daß der Luxus und der Ueberfluß, etwa durch progressive Steigerung der Steuerverbindlichkeit nach dem Maße des Vermögens, in höherem Grade als bisher, in Anspruch genommen wird, und dem Staate dadurch die Mittel verschafft werden, sei es unmittelbar durch Unterstützung der Bedürftigen oder auf indirekte Weise durch öffentliche Arbeiten, Gründung ausgedehnter Gewerbsbetriebe, überhaupt durch eine den natürlichen Verhältnissen entsprechende Organisation der Arbeit, dem fortschreitenden Pauperismus auf wirksame und dauernde Weise entgegenzuarbeiten, und die Lage der niedersten Volksklassen so zu verbessern, daß die geistige Gesundheit eines Jeden und die Pflege seiner höhern Interessen so wenig darunter Noth leide, wie sein leibliches Dasein. Je mehr wahre Religiosität und Sittlichkeit das Bewußtsein der Einzelnen und der Staaten durchdringen wird, um so mehr ist Hoffnung vorhanden, daß diese nothwendige Reform auf friedlichem und gesetzlichem Wege erreicht werden wird; sollte aber die besitzende Klasse dieser freiwilligen Opfer nicht fähig sein, die der Staat, wenn er existiren will, von ihr fordern muß; sollten Selbstsucht und Eigennutz feindselig der Entwickelung des Menschheitsgesetzes sich entgegenstellen: dann wird allerdings ein Konflikt entstehen, welcher mehr als jeder vorausgegangene die innersten Fugen der Gesellschaft aufzulösen und die festesten Stützen zu erschüttern geeignet ist. Kein Widerstand wird aber kräftig genug sein, die Geschichte in ihrem Laufe aufzuhalten; die Macht des Geistes wird auch diesen Sturm bestehen und siegreich über den Trümmern der Selbstsucht ihr neues Reich aufbauen.

F. v. L. S.

Kritik der preußischen Zustände.

Friedrich Wilhelm IV., König von Preußen.

Unter den europäischen Fürsten, deren Persönlichkeit auch außer ihrem Lande Aufmerksamkeit erregt, sind besonders vier interessant: **Nikolaus** von Rußland, durch die Geradheit und unverhohlene Offenheit, mit der er zum Despotismus hinstrebt, **Louis Philippe**, der den Machiavell unserer Zeit anpaßt, **Viktoria** von England, das vollendete Muster einer konstitutionellen Königin, und **Friedrich Wilhelm IV.**, dessen Gesinnung, wie sie sich in den beiden Jahren seiner Regierung unverkennbar und deutlich dargelegt hat, hier einer genauern Betrachtung unterworfen werden soll.

Es ist nicht der Haß und die Rachlust einer von ihm zurückgesetzten und perhorreszirten, von seinen Beamten unterdrückten und gemißhandelten Partei, die hier sprechen sollen, nicht der bittere Groll, den die Zensur genährt hat, und der die Preßfreiheit benutzt, um Skandalgeschichten und Berliner Stadtgeklatsch an den Mann zu bringen. Der deutsche Bote beschäftigt sich mit andern Dingen. Aber bei der ehrlosen, niederträchtigen Schmeichelei, mit der die deutschen Fürsten und Völker täglich in den Zeitungen regalirt werden, ist es durchaus nöthig, daß die Herrschaften einmal von einem andern Gesichtspunkt angesehen, ihre Handlungen und Gesinnungen, rücksichtslos wie die jedes Andern, beurtheilt werden. — — — — — Die Reaktion im Staate begann in den letzten Jahren des vorigen Königs, sich mit der kirchlichen Reaktion zu vereinigen. Durch die Entwickelung des Gegensatzes zur absoluten Freiheit sah sich der orthodoxe Staat wie die orthodoxe Kirche genöthigt, auf ihre Voraussetzungen zurückzugehen und das christliche Prinzip mit allen seinen Konsequenzen geltend zu machen. So ging die protestantische Rechtgläubigkeit auf den Katholizismus zurück, eine Phase, die in **Leo** und **Krummacher** ihre konsequentesten und würdigsten Vertreter findet, der protestantische Staat auf die konsequente christlich-feudalistische Monarchie, wie sie Friedrich Wilhelm IV. ins Leben zu rufen trachtet.

Friedrich Wilhelm IV. ist durchaus ein Produkt seiner Zeit, eine Gestalt, die ganz aus der Entwickelung des freien Geistes und seinem Kampfe gegen das Christenthum, und nur hieraus zu erklären ist. Er ist die äußerste Konsequenz des preußischen Prinzips, das in ihm in seiner letzten Aufraffung, aber zugleich in seiner vollkommenen Kraftlosigkeit gegenüber dem freien Selbstbewußtsein zur Erscheinung kommt. Mit ihm ist die gedankenmäßige Entwickelung des bisherigen Preußens abgeschlossen; eine neue Gestaltung desselben ist nicht möglich, und wenn es Friedrich Wilhelm gelingt, sein System praktisch durchzusetzen, so muß Preußen entweder ein ganz neues Prinzip ergreifen — und dieß kann nur das des freien Geistes sein — oder in sich selbst zusammenstürzen, wenn es zu jenem Fortschritt nicht die Kraft haben sollte.

Der Staat, auf den Friedrich Wilhelm IV. hinarbeitet, ist seinem eigenen Ausspruche gemäß der christliche. Die Form, in der das Christenthum auftritt, sobald es sich wissenschaftlich zergliedern will, ist die Theologie. Das Wesen der Theologie, namentlich in unserer Zeit, ist die Vermittlung und Vertuschung absoluter Gegensätze. Selbst der konsequenteste Christ kann sich nicht von den Voraussetzungen unserer Zeit ganz emanzipiren; die Zeit nöthigt ihn zu Modifikationen des Christenthums; er trägt Prämissen in sich, deren Entwickelung zum Atheismus führen könnte. Daher kommt denn jene Gestalt der Theologie, die an B. Bauer ihren Zergliederer gefunden hat, und die mit ihrer innern Unwahrheit und Heuchelei unser ganzes Leben durchdringt. Dieser Theologie entspricht auf dem Gebiete des Staates das jetzige Regierungssystem in Preußen. Ein System hat Friedrich Wilhelm IV., das ist unläugbar, ein vollkommen ausgebildetes System der Romantik, wie dies auch eine nothwendige Folge seines Standpunktes ist; denn wer von diesem aus einen Staat organisiren will, muß mehr wie ein paar abgerissene, zusammenhangslose Ansichten zu seiner Verfügung haben. Das theologische Wesen dieses Systems wäre also vorläufig zu entwickeln.

Indem der König von Preußen es unternimmt, das Prinzip der Legitimität in seinen Konsequenzen durchzusetzen, schließt er sich nicht nur der historischen Rechtsschule an, sondern führt sie sogar weiter fort, und kommt fast bei der Haller'schen Restauration an. Zuerst, um den christlichen Staat zu verwirklichen, muß er den fast heidnisch gewordenen rationalistischen Beamtenstaat mit christlichen Ideen durchdringen, den Kultus heben, die Theilnahme an demselben zu fördern suchen. Dies hat er denn auch nicht unterlassen. Die Maßregeln zur Förderung des Kirchenbesuchs im Allgemeinen und namentlich bei den Beamten, die strengere Aufrechthaltung der Sonntagsfeier überhaupt, die beabsichtigte Verschärfung der Ehescheidungsgesetze, die theilweise schon begonnene Epurirung der theologischen Fakultäten, das Gewicht, welches ein starker Glaube gegen schwache Kenntnisse bei den theologischen Prüfungen in die Wagschale legt, die Besetzung vieler Beamtenstellen mit vorzugsweise gläubigen Männern — und viele andere weltkundige Thatsachen gehören hieher. Sie können als Belege dienen, wie sehr Friedrich Wilhelm IV. dahin strebt, das Christenthum unmittelbar in den Staat wieder einzuführen, die Gesetze des Staates nach den Geboten der biblischen Moral einzurichten. Das ist aber nur das Erste, Unmittelbarste. Das System des christlichen Staates kann hierbei nicht stehen bleiben. Der weitere Schritt ist nun die Trennung der Kirche vom Staate, ein Schritt, der über den protestantischen Staat hinausgeht. In diesem ist der König summus episcopus, und vereinigt in sich die höchste kirchliche und staatliche Macht; die Verschmelzung von Staat und Kirche, wie sie bei Hegel ausgesprochen ist, ist das letzte Ziel dieser Staatsform. Wie aber der ganze Protestantismus eine Konzession an die Weltlichkeit ist, so auch das Episkopat des Fürsten. Es ist eine Bestätigung und Rechtfertigung des päpstlichen Primats, indem es die Nothwendigkeit eines sichtbaren Oberhaupts der Kirche anerkennt; auf der andern Seite aber erklärt es die irdische, weltliche Gewalt, die Staatsgewalt, für das absolut Höchste und ordnet ihm die kirchliche Gewalt unter. Es ist nicht etwa eine Gleichstellung des Weltlichen und Geistlichen, sondern eine Unterordnung des Geistlichen unter das Weltliche. Denn der Fürst war eher Fürst, als er summus episcopus wurde, und bleibt auch nachher vorzugsweise Fürst, ohne je einen geistlichen Charakter zu tragen. Die andere Seite der Sache ist freilich die, daß der Fürst jetzt alle Gewalt, irdische wie himmlische, in sich vereinigt, und, als irdischer Gott, die Vollendung des religiösen Staates darstellt. — Wie jene Unterordnung aber dem christlichen Geiste widerspricht, so ist es durchaus nöthig, daß der Staat, der den Anspruch der Christlichkeit macht, der Kirche ihre Selbstständigkeit ihm gegenüber wieder einräume. Diese Rückkehr zum Katholizismus ist nun einmal unmöglich; die absolute Emanzipation der Kirche ist ebenfalls unausführbar, ohne die Grundsäulen des Staates zu untergraben; es muß also hier ein Vermittlungssystem durchgeführt werden. Dies hat Friedrich Wilhelm IV. denn auch in Beziehung auf die katholische Kirche bereits in Ausführung gebracht, und was die protestantische Kirche betrifft, so beweisen auch hier sonnenklare Thatsachen, wie er in diesem Punkte denkt; besonders ist die Aufhebung des Unionszwanges und die Befreiung der Altlutheraner von dem Drucke, den sie erdulden mußten, zu erwähnen. Bei der protestantischen Konfession tritt nun ein ganz eignes Verhältniß ein. Sie hat kein sichtbares Oberhaupt, überhaupt keine Einheit, sie zerfällt in viele Sekten, und so kann der protestantische Staat sie nicht anders frei lassen, als indem er die verschiedenen Sekten als Korporationen faßt und ihnen so für ihre inneren Angelegenheiten absolute Freiheit läßt. Dennoch aber läßt der Fürst sein Episkopat nicht fallen, sondern behält sich das Bestätigungsrecht, überhaupt die Souveränität vor, während er auf der andern Seite das Christenthum als Macht über sich anerkennt und konsequent also auch vor der Kirche sich beugen muß. So bleiben nicht nur die Widersprüche, in denen der protestantische Staat sich bewegt, trotz aller scheinbaren Auflösung, bestehen, sondern es tritt noch eine Vermischung mit den Prinzipien des katholischen Staats ein, die eine wunderliche Verwirrung und Prinziplosigkeit herbeiführen muß. Das ist nicht theologisch. —

Der protestantische Staat hat durch Altenstein und Friedrich Wilhelm III. durch das Verfahren gegen den Erzbischof von Köln den Satz ausgesprochen, daß der konsequente Katholik unmöglich ein brauchbarer Staatsbürger sein könne. Dieser Satz, dessen Bewährung die ganze Geschichte des Mittelalters ist, gilt nicht nur für den protestantischen, sondern überhaupt für jeden Staat. Wer sein ganzes Sein und Leben zu einer Vorschule des Himmels macht, kann am Irdischen nicht das Interesse haben, das der Staat von seinen Bürgern fordert. Der Staat macht den Anspruch, seinen Bürgern Alles zu sein; er erkennt keine Macht über sich und stellt sich überhaupt als absolute Gewalt hin. Der Katholik erkennt aber Gott und seine Einrichtung, die Kirche, als das Absolute an, und kann sich also nie ohne inneren Vorbehalt auf den Boden des Staats stellen. Dieser Widerspruch ist unlösbar. Selbst der katholische Staat muß sich für den Katholiken der Kirche unterordnen, oder der Katholik zerfällt mit ihm; wie viel mehr also wird er mit dem nichtkatholischen Staat zerfallen sein? In dieser Hinsicht war das Verfahren der vorigen Regierung vollkommen konsequent und wohlbegründet; der Staat kann nur so lange die Freiheit der katholischen Konfession ungeschmälert lassen, als sie sich den bestehenden Gesetzen unterwirft. — Dieser Zustand der Dinge konnte dem christlichen Könige nicht genügen. Aber was war zu machen? Der protestantische Staat konnte nicht hinter den katholischen Hohenstaufen zurückbleiben, und bei der Höhe des Bewußtseins, zu welcher Staat und Kirche sich aufgeschwungen hatten, war eine definitive Lösung nur durch eine Unterwerfung des Einen oder des Andern möglich — eine Unterwerfung, die für den sich beugenden Theil einer Selbstvernichtung gleichgekommen wäre. Die Frage war prinzipiell geworden, und vor den Prinzipien hatte der einzelne Fall als solcher zurücktreten müssen. Was that nun Friedrich Wilhelm IV.?

Recht theologisch drängte er die vorlauten, unbequemen Prinzipien zurück, hielt sich rein an den vorliegenden Fall, der nun ohne die Prinzipien vollends verwickelt wurde, und suchte diesen durch Vermittlung aus dem Wege zu schaffen. Die Kurie gab nichts nach — wer also das blaue Auge davon trug, war der Staat. Das ist die berühmte glorreiche Lösung der Kölner Wirren, auf ihren wahren Gehalt reducirt.

Dieselben nur oberflächlich verdeckten Widersprüche, die Friedrich Wilhelm IV. in der Stellung des Staats zur Kirche hervorrief, suchte er auch in den innern Verhältnissen des Staats zu erwecken. Er konnte sich hier an die bereits bestehenden Theorien der historischen Rechtsschule anlehnen und hatte so ein ziemlich leichtes Spiel. Der Verlauf der Geschichte hatte in Deutschland das Prinzip der absoluten Monarchie zum herrschenden gemacht, die Rechte der alten Feudalstände vernichtet, den König zum Gott im Staate erhoben. Dazu waren in der Zeit von 1807 — 12 die Reste des Mittelalters mit Entschiedenheit angegriffen und zum großen Theil weggeräumt worden. Wie viel auch seitdem redressirt sein mochte, die Gesetzgebung jener Zeit und das unter dem Einflusse der Aufklärung abgefaßte Landrecht blieben die Grundlagen der preußischen Gesetzgebung. Ein solcher Zustand mußte unerträglich sein. Daher knüpfte Friedrich Wilhelm IV. überall an, wo er noch etwas Mittelalterliches vorfand. Der Majoratsadel wurde begünstigt und durch neue Adelsverleihungen, die unter Bedingung der Majoratsstiftung ertheilt wurden, verstärkt; der Bürgerstand als solcher, getrennt vom Adel und den Bauern, als aparter, Handel und Industrie repräsentirender Stand angesehen und behandelt; die Sonderung der Korporationen, die Abschließung einzelner Handwerke und ihre Annäherung an das Zunftwesen begünstigt ꝛc. Ueberhaupt zeigten alle Reden und Handlungen des Königs von vorn herein, daß er eine besondere Vorliebe für das Korporationswesen hat, und gerade dieß bezeichnet seinen mittelalterlichen Standpunkt am besten. Dies Nebeneinanderbestehen privilegirter Verbindungen, die in ihren innern Angelegenheiten mit einer gewissen Freiheit und Selbständigkeit verfahren können, deren jede durch gleiche Interessen in sich verbunden ist, die sich aber auch gegenseitig bekämpfen und übervortheilen — diese Zersplitterung der Staatskräfte bis zur völligen Auflösung des Staats, wie sie das deutsche Reich darstellt, macht eines der wesentlichsten Momente des Mittelalters aus. Es versteht sich aber von selbst, daß Friedrich Wilhelm IV. nicht gesonnen ist, den christlichen Staat bis zu dieser Konsequenz durchzuführen. Er glaubt zwar, zur Herstellung des wahrhaft christlichen Staats berufen zu sein, in Wahrheit aber will er nur den theologischen Schein desselben, den Glanz und Schimmer, nicht aber die Noth, den Druck, die Unordnung und Selbstvernichtung des christlichen

Staats, kurz ein Juste-milieu-Mittelalter; gerade wie etwa Leo auch nur den glänzenden Kultus, die Kirchenzucht u. s. w. vom Katholizismus will, nicht aber den ganzen Katholizismus mit Haut und Haar. Darum ist Friedrich Wilhelm auch nicht absolut illiberal und gewaltsam in seinen Bestrebungen, Gott bewahre, er will seinen Preußen alle möglichen Freiheiten lassen, aber eben nur in der Gestalt der Unfreiheit, des Monopols und Privilegiums. Er ist kein entschiedener Feind der freien Presse, er wird sie geben, aber auch als Monopol des vorzugsweise wissenschaftlichen Standes. Er will die Repräsentation nicht aufheben oder verweigern, er will nur nicht, daß der Staatsbürger, als solcher, vertreten sei; er arbeitet auf eine Repräsentation der S t ä n d e hin, wie sie in den preußischen Provinzialständen schon theilweise ausgeführt ist. Kurz, er kennt keine allgemeinen, keine staatsbürgerlichen, keine Menschenrechte, er kennt nur Korporationsrechte, Monopole, Privilegien. Deren wird er eine Masse geben, so viel, wie er kann, ohne seine absolute Gewalt durch positiv-gesetzliche Bestimmungen zu beschränken. Vielleicht auch mehr. Vielleicht hat er schon jetzt, trotz der Königsberger und Breslauer Bescheide, im Geheimen die Absicht, wenn er seine theologische Politik weit genug durchgeführt hat, das Werk durch Ertheilung einer reichsständisch-mittelalterlichen Verfassung zu krönen und seinen möglicher Weise anders gesinnten Nachfolgern die Hände dadurch zu binden. Konsequent wäre es — ob aber seine Theologie das zuläßt, steht dahin.

Wie schwankend und haltlos, wie inkonsequent dies System schon in sich selbst ist, haben wir gesehen; die Einführung desselben in die Praxis muß nothwendigerweise neue Schwankungen und Inkonsequenzen herbeiführen. Der kalte preußische Beamtenstaat, das Kontrolewesen, die schnarrende Staatsmaschine will von der schönen, glänzenden, vertrauensvollen Romantik Nichts wissen. Das Volk steht im Durchschnitt auf einer noch zu niedrigen Stufe der politischen Bildung, um das System des christlichen Königs durchschauen zu können. Der Haß gegen die Privilegien des Adels, gegen die Anmaßungen der Geistlichkeit jeder Konfession ist indeß zu tief eingewurzelt, als daß Friedrich Wilhelm bei ganz offenem Verfahren hieran nicht scheitern müßte. Daher das bisher befolgte ängstliche Sondirungssystem, mit welchem er zuerst die öffentliche Meinung ausforschte, und dann immer noch Zeit genug behielt, eine zu anstößige Maßregel zurückzuziehen. Daher die Methode, seine Minister vorzuschieben und bei zu gewaltsamen Handlungen derselben sie zu desavouiren, wobei nur das merkwürdig ist, daß ein preußischer Minister sich das gefallen läßt, ohne seine Entlassung einzureichen. Namentlich mit Rochow geschah dieß früher, und binnen Kurzem wird Herr Eichhorn an die Reihe kommen, obwohl ihn der König noch jüngst für einen Ehrenmann erklärt und seinen Handlungen Beifall gezollt hat. Ohne solche theologische Mittel würde Friedrich Wilhelm IV. längst die Liebe des Volks verscherzt haben, die er sich bis jetzt nur noch durch seinen offenen, jovialen Charakter, durch möglichst große Liebenswürdigkeit und Leutseligkeit und durch seinen rücksichtslosen Witz, der selbst gekrönte Häupter nicht verschonen soll, erhalten hat. Auch hütet er sich wohl, die zu anstößigen oder gar die unvermeidlichen schlimmen Seiten seines Systems herauszukehren; er spricht im Gegentheil davon, als wenn es lauter Pracht und Herrlichkeit und Freiheit wäre, und läßt sich nur da ganz gehen, wo sein System anscheinend liberaler ist, als die bestehende preußische Bevormundung; wo er aber illiberal erscheinen würde, hält er sich kluger Weise zurück. Zudem, während er den gewöhnlichen Konstitutionalismus stets mit den Ehrennamen: oberflächlich und ordinär belegt, hat er sich dessen Terminologie dennoch angeeignet, und gebraucht sie in seinen Reden — soll man sagen als Ausdruck oder als Verdeckung seiner Ideen? — mit vielem Geschick. Genau so machen es die modernen Vermittlungstheologen, die sich ebenfalls politischer Redeweisen mit Vorliebe bedienen und sich so den Forderungen der Zeit zu akkommodiren wähnen. Bruno Bauer nennt das kurzweg Heuchelei.

Was die Finanzverwaltung unter Friedrich Wilhelm IV. betrifft, so hat er sich nicht an die Art von Civilliste halten können, die sein Vater für sich festsetzte, indem dieser gesetzlich bestimmte, daß vom Ertrage der Domainen jährlich 2½ Million Thaler für den König und sein Haus bestimmt, das Uebrige aber, gleich allen andern Einkünften, zu Staatszwecken verwendet werden sollte. Man kann dem Könige nachrechnen, selbst wenn man seine Privateinkünfte hinzuzählt, daß er mehr verbraucht, als 2½ Millionen — und doch sollte von diesen noch die Apanage der andern Prinzen bestritten werden. Bülow-Cummerow hat zudem erwiesen, daß die sogenannte Rechnungsablage des preußischen Staats rein illusorisch ist. Es ist also durchaus Geheimniß, wie die Staatseinkünfte verwaltet werden. Der vielbesprochene Steuererlaß ist kaum der Rede werth, und hätte schon unter dem vorigen Könige längst eintreten können, wenn dieser es nicht gescheut hätte, je in die Nothwendigkeit einer Steuererhöhung zu kommen.

Ich glaube hiermit über Friedrich Wilhelm IV. genug gesagt zu haben. Es versteht sich bei seinem unbezweifelt gutmüthigen Charakter von selbst, daß er in Dingen, die mit seiner Theorie nicht in Berührung stehen, aufrichtig das thut, was die öffentliche Stimme von ihm fordert und was wirklich gut ist. Es bleibt nur noch die Frage, ob er jemals sein System durchsetzen werde? Darauf läßt sich glücklicherweise nur mit Nein antworten. Das preußische Volk hat seit einem Jahre, seit der angeblich freieren

Bewegung der Presse, die im Augenblick wieder die unfreiste geworden ist, einen Aufschwung genommen, der mit der Geringfügigkeit jener Maßregel fast in gar keinem Verhältniß steht. Der Druck der Zensur hält in Preußen eine so ungemeine Masse von Kräften gefesselt, daß die geringste Erleichterung eine unverhältnißmäßig starke Reaktion derselben hervorruft. Die öffentliche Meinung in Preußen konzentrirt sich immer mehr auf zwei Dinge: Repräsentativverfassung und besonders Preßfreiheit; der König mag sich stellen wie er will, man wird ihm vorläufig die letztere abnöthigen und besitzt man diese, so muß die Verfassung in einem Jahre nachfolgen. Ist aber eine Repräsentation erst da, so läßt sich gar nicht absehen, welchen Gang Preußen dann nehmen wird. Eine der ersten Folgen wird die Zerstörung der russischen Allianz sein, wenn der König nicht schon früher genöthigt sein sollte, diese Folge seines Prinzips fahren zu lassen. Dann aber kann noch Manches folgen, und Preußens jetzige Lage hat viel Aehnlichkeit mit der Frankreichs vor — doch ich enthalte mich aller voreiligen Schlüsse.

F. O.

Der Minister Eichhorn.

Nachdem das Unterrichtsministerium durch den Tod des Ministers von Altenstein längere Zeit seines Hauptes beraubt gewesen war, wurde Herr Eichhorn, bisher Rath im auswärtigen Ministerium, von dem jetzigen König zum Minister der Kirchen-, Schul- und Medizinalangelegenheiten ernannt. Mit freudigen Erwartungen wurde er von allen dabei Betheiligten begrüßt, und er hat diese Erwartungen auch insofern nicht getäuscht, als er gleich vom Antritt seines Amtes an eine ungewöhnliche Thätigkeit entwickelte, und besonders dem, in neuerer Zeit vielfach gefährdeten, orthodoxen Kirchenthum seinen vorzüglichen Schutz angedeihen ließ. In dieser Beziehung ist schon in der kurzen Zeit seiner zweijährigen Amtsführung so Vieles und Bedeutendes von Eichhorn ausgegangen, daß wir leicht in Gefahr kommen können, den übersichtlichen Blick zu verlieren; daher versuchen wir durch die nachfolgende Darstellung einerseits dem Gedächtnisse zu Hilfe zu kommen, andrerseits aus dem bereits Geschehenen den Schluß auf das noch zu Erwartende zu erleichtern. 1) Bald nach der Berufung Eichhorns zum Minister wurde durch den Tod des Konsistorialrathes Rehsa eine theologische Professur an der Universität Königsberg vakant. Auf die von hier aus gemachten Anträge und Vorschläge wegen Wiederbesetzung der Stelle verlautete die Antwort, daß sie wahrscheinlich unbesetzt bleiben werde. Daher erregte es einige Verwunderung, als nach längerer Zeit Herr Hävernick, ein geborner Meklenburger und Schüler Tholucks und Hengstenbergs, der bis dahin außerordentlicher Professor in Rostock gewesen war*), nach Königsberg berufen wurde, um das fehlende Mitglied der theologischen Fakultät zu ersetzen. Die Aufsicht über das litthauische Seminar und überhaupt die Ausbildung litthauischer Theologen, ein Hauptgeschäft des

*) S. seine Biographie in Wigands Konversationslexikon.

verstorbenen Konsistorialraths Rehsa wurde, da Herr Hävernick der litthauischen Sprache nicht mächtig zu sein schien, einem Studirenden übertragen. Die Gerüchte, die Herrn Hävernick als Denunziant der Professoren Gesenius und Wegscheider im Jahre 1830 vorangingen, und die Vorfälle vom 1. November 1841 in dem Auditorium des Herrn Hävernick sind zu bekannt, als daß wir sie hier zu erwähnen brauchten. Weniger bekannt dürfte es sein, daß es dem Minister Eichhorn gelang, in ihnen ein politisches Verbrechen zu entdecken. Schon vorher war nämlich Professor v. Lengerke, in seiner wissenschaftlichen Ueberzeugung ein Antipode des Herrn Hävernick, wegen eines Gedichtes, das er für eine, sich am Geburtstage des Dr. Jacoby versammelnde Gesellschaft gemacht hatte, auf Befehl des Ministers Eichhorn zur Untersuchung gezogen, diese aber, da sie nicht das erwünschte Resultat zu ergeben schien, wieder aufgegeben worden. Als daher die Studirenden an dem vorhin erwähnten Tage dem Professor v. Lengerke eine Serenade brachten, fand der Minister Eichhorn darin eine unerlaubte Hinneigung derselben zu den politischen Ansichten ihres Lehrers, und betrachtete ihre ganze Handlungsweise als ein Vergehen und eine gefährliche politische Demonstration. Er war daher auch nicht mit den Strafen zufrieden, die der Senat einigen von den Studirenden geglaubt hatte diktiren zü müssen, weil sie ohne vorher eingeholte Erlaubniß einen öffentlichen Aufzug veranstaltet hatten; vielmehr kassirte der Minister das einmal gefällte Urtheil und verschärfte die Strafen um ein Bedeutendes, ließ es aber gnädigst bei der bloßen Androhung derselben bewenden, da der frühere und mildere Urtheilsspruch bereits an den jungen Verbrechern vollzogen war. Dagegen verbot er auf das Bestimmteste,· Einem derselben, der eine von der Universität gestellte Preisaufgabe gelöst hatte, den dafür ausgesetzten Preis verabfolgen zu lassen. Diese Strenge gegen studirende Jünglinge von 17 — 23 Jahren war um so auffallender, als das dem Herrn Hävernick zur Last gelegte Vergehen in neuerer Zeit für ein „jugendliches Vergehen" erklärt wurde, das man nicht zu scharf beurtheilen dürfe, da „ein Jeder Aehnliches in seiner Jugend gethan haben könnte". Der darauf folgende Briefwechsel des Senates der Universität mit dem Minister, seine Antwortschreiben an den ganzen Senat und einzelne Senatsmitglieder, endlich die Beschwerde des Senates beim Könige sind hinlänglich bekannt. Sie hatten freilich, da der König alle Schritte seines Ministers billigte, nur den Erfolg, daß die Universität Unrecht bekam und zur Ruhe verwiesen wurde. 2) In derselben Weise entschieden und streng gerecht verfuhr der Minister Eichhorn gegen Studirende der Universität Halle. Eine große Anzahl derselben hatte eine Petition an den Unterrichtsminister überschickt, in der sie denselben um Berufung des Dr. Strauß nach Halle ersuchten. Der Minister Eichhorn verwies ihnen nicht allein in seiner Antwort, daß sie in jugendlicher Unbedachtsamkeit und Anmaßung sich um Dinge bekümmerten, die sie nichts angingen, sondern bestrafte auch die Rädelsführer mit dem Consilium abeundi. 3) Nicht geringere Energie zeigte auch der Herr Minister dem Privatdocenten Dr. Bauer gegenüber, dem Verfasser der Kritik der evangelischen Geschichte der Synoptiker, die sehr bald von der orthodoxen Partei als eine solche bezeichnet wurde, durch die „der eigentliche Bestand der christlichen Wahrheit in ihrem innersten Grunde angegriffen" werde. Das Kultusministerium, welchem Bauer seine Schrift, der üblichen Sitte gemäß, überreicht hatte, hielt sich daher mit Rücksicht auf die Stellung desselben, als Docenten der evangelisch-theologischen Fakultät zu Bonn, verpflichtet, eine solche Behauptung, der damit unmittelbar in Verbindung stehenden praktischen und kirchlichen Fragen — wie die Worte der Staatszeitung sind — einer nähern Erörterung zu unterwerfen. Ganz besonders wurde ein Gutachten über die schwer beschuldigte Schrift von den Fakultäten der Landesuniversitäten eingefordert. Da diese mehr oder minder unter dem Einflusse des Ministeriums stehen und wenigstens das moralische Uebergewicht der Regierung empfinden — weshalb auch sonst in dergleichen Fällen die auswärtigen Universitäten befragt zu werden pflegen — so fielen die meisten Gutachten ungünstig für Bauer aus und erklärten sich dahin, daß sowohl seine Ansicht über die evangelische Geschichte als die ganze Art und Weise, wie er schon früher zur Theologie und zur evangelischen Kirche sich gestellt habe, durchaus unvereinbar seien mit der Stellung eines Lehrers der Theologie an einer evangelisch-theologischen Fakultät. In Folge dieses Urtheils verbreitete sich schon um Michael des vorigen Jahres das Gerücht, daß dem Dr. Bauer die Vorlesungen für den nächsten Winter untersagt werden würden. Die Neuheit einer solchen Maßregel erregte allgemeines Erstaunen, und da sie damals nicht zur Ausführung kam, vielmehr Bauer mit größerm Zuhörerandrange als sonst seine Vorlesungen hielt, so entstand allgemein die Vermuthung, der Minister Eichhorn sei ein Mann der Wissenschaft und des Fortschrittes und in freisinniger Auffassung des wahren Gehaltes auf tiefem Studium begründeter Ansicht über kleinliche Denunciation der Parteien erhaben. Aber plötzlich, nach einem halben Jahre des Schweigens, wurde dem Dr. Bauer die Erlaubniß Vorlesungen zu halten entzogen, und die bisher verbreitete Meinung von einer protestantischen Lehrfreiheit auf eigenthümliche Weise modifizirt. In dem offiziellen Berichte über dies Ereigniß kam folgender, in dieser Beziehung merkwürdige Ausspruch vor: „Es kam in der That bei Entscheidung der vorliegenden Frage hauptsächlich darauf an, die Freiheit der Lehre und Forschung nicht weiter zu beschränken, als es zur

Erhaltung der Prinzipien der evangelischen Kirche und Theologie nothwendig ist."*) Diese Worte erhielten ihre genügende Erklärung, als der Minister Eichhorn bei seiner Anwesenheit in Breslau den einzelnen Fakultäten die Grundsätze angab, nach denen er die Wissenschaften behandelt und gelehrt wünsche. Auch die theologische Fakultät erhielt ihre bestimmte Anweisung; der Minister erklärte, sein Grundsatz sei nicht: intelligo ut credam, sondern credo ut intelligam, und er verlange, daß in diesem Geiste die Theologie gelehrt, und vor Allem das — allerdings etwas schwierig zu bestimmende — Positive des Christenthums festgehalten werde. 4) Zu diesem Zwecke wurde auch unter dem besondern Schutze des Ministers Eichhorn unter Berliner Studirenden ein Verein oder Bund für den historischen Christus gestiftet. Als der Senat der Universität diesem seine Genehmigung verweigerte, theilte das Ministerium — wie es in der Staatszeitung ausgesprochen wurde — die von dem Senat geäußerten Bedenken über die Konsequenzen einer solchen Zulassung nicht. „Denn, hieß es, die ausgesprochene wissenschaftliche Tendenz des Vereins: theologische Fortbildung auf der Grundlage des Glaubens an den geschichtlichen Erlöser, steht in wesentlichem Einklange mit der Bestimmung, welche die evangelisch-theologischen Fakultäten an den inländischen Hochschulen in der Behandlung des theologischen Lehrstoffs statutenmäßig zu erfüllen haben; man kann daher einem auf gleicher Grundlage stehenden formlosen wissenschaftlichen Verein die Zulassung nicht füglich versagen, ohne eine wohlthätige Freiheit der Erörterung und gegenseitiger Anregung, die sich vollkommen innerhalb der Linie des Gesetzlichen hält, zu verkümmern. Ein Verein von entgegengesetzter Richtung unter den Studirenden würde dagegen eine Abweichung von dem christlichen Glauben als Grundlage der evangelischen Kirche und Theologie sein, mithin eine Tendenz verfolgen, die mit der Bestimmung der evangelisch-theologischen Fakultäten und der durch sie zu fördernden Wissenschaft in Widerspruch träte, und der daher in keinem Falle nachgesehen werden dürfte. Das Ministerium hat daher den Senat ermächtigt: den Unterzeichnern des Gesuchs zu eröffnen, daß ihrem Vereine

---

*) Vergl. die Schrift von Bruno Bauer: „Die gute Sache der Freiheit und meine eigene Angelegenheit. Zürich u. Winterthur, Literar. Comptoir", die dem Faß der Theologie vollends den Boden ausschlägt und die Widersprüche, die Konfusion, die Bornirtheit, die Faselei, die tiefe Unsittlichkeit aller Theologie und aller auf theologische „Maximen" gebauten Staatskünstelei, wenn nicht für unsere, doch gewiß für die kommende Generation, die es lächerlich finden wird, gegen solche Lächerlichkeiten noch mit Ernst und Pathos zu protestiren, außer Zweifel setzt.

Die Red.

kein Hinderniß im Wege stehe, wofern derselbe mit Sorgfalt darauf bedacht sei, bloß den ausgesprochenen löblichen Zweck wissenschaftlicher Weiterbildung zu verfolgen und seinerseits allem verwerflichen Parteiwesen fern zu bleiben. In letzterer Hinsicht ist übrigens der akademischen Behörde noch eine ganz besondere Aufmerksamkeit auf die Bestrebungen des Vereins anempfohlen worden.“ Allein gegen diese Bestimmungen des Ministers glaubte der Senat sein Recht höheren Ortes nachsuchen zu müssen. 5) Fast gleichzeitig trat in Berlin ein Predigerhülfsverein unter der Leitung des Herrn von Voß ins Leben, und wie es in den Zeitungen hieß, mit besonderer Genehmigung des Ministers Eichhorn, der es sich zur Aufgabe machte, die Verbreitung und Versorgung frommer Kandidaten*) von streng orthodoxer Richtung zu befördern. Ganz besonders hat dieser Verein die Schulanstalten, höhere wie niedere, dabei im Auge, und will es sich vorzüglich angelegen sein lassen, den Religionsunterricht auf Gymnasien dergleichen Kandidaten zu übergeben, damit durch sie die Jugend im guten alten Glauben erzogen, und dem „verderblichen“ Einflusse des durch das Studium der griechischen und römischen Klassiker verbreiteten Geistes entgegengewirkt werde. Daß der Minister mit der Tendenz dieses Vereines übereinstimme, ergab sich sowohl aus seiner Antwort auf die Beschlüsse der im vorigen Jahre zu Königsberg versammelten Konferenz der Gymnasialdirektoren, als aus seiner Bestimmung über das zweite Examen der Predigtamtskandidaten. 6) Jene Konferenz hatte nämlich in ihrem eingeforderten Gutachten über den Religionsunterricht auf Gymnasien die freisinnigsten Grundsätze aufgestellt, und namentlich in Betreff dieses Unterrichtsgegenstandes als wünschenswerthe Methode ausgesprochen, daß auf gelehrten Schulen fern von den Streitigkeiten konfessioneller Unterschiede, die besser dem Konfirmandenunterrichte der Geistlichen verblieben, eine allgemeine philosophische Ansicht von der Religion gelehrt werden möge. Der Minister jedoch mißbilligte dieses Prinzip und schärfte die Nothwendigkeit des streng symbolischen Glaubens auch für den Gymnasialunterricht in einem besondern Reskripte ein. 7) In gleicher Weise wurde es der theologischen Examinationskommission zur Pflicht gemacht, fernerhin bei dem zweiten Examen mehr auf die Reinheit des Glaubens als auf die Masse gelehrter Kenntnisse zu sehen, nebenbei aber die Kandidaten in der Lautir-, Schreiben- und Rechnenmethode zu prüfen, damit sie auch in diesen Dingen bewandert, fähig würden den thatsächlichen Beweis gegen die modernen Theorien einer Emanzipation der Schule von der Kirche zu liefern. 8) Dieselbe Energie, die der Minister Eichhorn in den angeführten Fällen zum Besten der kirchlichen Orthodoxie

*) S. die Beilage (von einem andern Ref.).

entwickelte, zeigte er auch da, wo es weniger diese, als die Aufrechthaltung eines streng büreaukratischen Prinzips galt. Von diesem ausgehend und jeder nicht von Beamten hervorgerufenen und geleiteten-Bethätigung eines selbständigen Volksgeistes feind, suspendirte er den Professor Hoffmann von Fallersleben zu Breslau, den witzigen Verfasser der unpolitischen Lieder, von seinem Amte und zog ihn wegen der in diesen ausgesprochenen Gesinnung zur Untersuchung. Auch den Professor Marheineke wollte er wegen der Veröffentlichung seines in der Dr. Bauer'schen Angelegenheit abgegebenen Privatvotums*) zur Verantwortung ziehen, mußte aber den Protestationen des Senates der Berliner Universität nachgeben. 9) Als die Akademie der Wissenschaften zu Berlin zum ersten Male ein Mitglied mosaischer Religion in dem berühmten Physiker Dr. Rieß erwählte, griff der Minister in die freie und selbständige Stellung der Akademie ein, und erlaubte sich dadurch eine Abweichung von ihren Statuten, daß er die Rechtmäßigkeit und Gesetzlichkeit dieser Wahl bestritt. Eine Maßregel, die lange Streitigkeiten und unangenehme Erörterungen zwischen ihm und der Akademie zur Folge hatte. 10) Ein ganz ähnlicher Fall umgekehrter Art trat ein, als Eichhorn durch ein besonderes Ministerialreskript die Aufnahme des Professor Kugler in die Akademie der Künste erzwingen wollte. Dies war den Statuten der Akademie so zuwider, daß der Direktor derselben, Schadow, mit dem Vizedirektor Professor Wach unter Beistimmung des Senates ein Schreiben an den Minister richtete, worin es unter Anderm hieß: „Daß der Direktor die Einführung des Professor Kugler leider nicht bewirken köune, und daß, wenn man höheren Orts darauf bestände, jenen durch Ministerialdekret einzuführen, derselbe auch durch einen Ministerialroth eingeführt werden möge.“ Außerdem reichten der Senat hierüber eine Beschwerdeschrift dem Könige ein, in der Absicht — wie die Zeitungen es aussprachen — „dem Ansinnen einer gewissen religiösen Partei entgegen zu treten.“ 11) Nicht weniger auffallend war die Verfügung, die der Minister Eichhorn erließ, daß alle Inhaber der Stollberg'schen Stipendienstellen auf ausländischen Gymnasien fortan ohne Examen zu den preußischen Universitäten, und auf diese Weise zum preußischen Staatsdienste zugelassen werden sollten. Diese Verordnung schien in einem merkwürdigen Widerspruch mit den Grundsätzen zu stehen, die der preußische Staat bisher hinsichtlich der wissenschaftlichen Ausbildung seiner Beamten ausgesprochen und festgehalten hatte. 12) In gleicher Weise neu und ohne vorangegangene Analogie war die Amtsentlassung des Konsistorialraths Kähler. Schon seit

---

*) Das so theologisch, also so unredlich und winkelzügig war, wie alle andern Voten. Die Red.

längerer Zeit kränkelnd, hatte dieser bejahrte, in unserer Stadt allgemein geachtete Mann gegen die vorgesetzten Behörden den Wunsch ausgesprochen, sein Predigtamt niederlegen zu dürfen. Dieses wurde nicht allein von Seiten des Ministeriums aufs Bereitwilligste genehmigt, sondern zugleich seine Entlassung von der Professur, die er bei der Universität bekleidet, ihm gegeben. Da das unfreiwillige Entlassen der Professoren selbst mit Pension bis jetzt durchaus nicht Gebrauch im preußischen Staate gewesen ist, auch keine gesetzlichen Bestimmungen über die Form, wie dasselbe vorzunehmen sei, vorhanden sind, so erschöpfte man sich im Publikum in Vermuthungen, Ursache, Grund und Absicht, die den Minister bei diesem Schritte geleitet haben könnten, zu erforschen. Wir halten uns nicht für berechtigt, diesen Punkt hier zu erörtern, weil wir nach dem Grundsatze Facta loquuntur hier nur eine Zusammenstellung von Thatsachen beabsichtigen, die einen Jeden zu weiterm Nachdenken auffordern mögen. Wir verschweigen daher alle jene Hypothesen, die auf Grund vielleicht unverbürgter Gerüchte aufgestellt sind, und vermehren sie auch nicht durch neue, sondern warten die Zukunft ab, die nicht unterlassen wird, uns über Alles das aufzuklären, was uns jetzt dunkel ist. 13) Dagegen halten wir uns für verpflichtet, über die neueste That des Ministers Eichhorn, sein Verfahren gegen den Redakteur der Königsberger Zeitung, uns weiter auszulassen, da die Sache, so eben vorgefallen, allgemein bekannt und zugleich allgemein unbegreiflich ist. Es gibt nur ein Ereigniß, das der Amtsentsetzung des Oberlehrers Witt an die Seite zu stellen ist, das Verbot, was 14) Herr Minister Eichhorn ohne alle Angabe von Gründen plötzlich gegen das von Dr. Jung herausgegebene Königsberger Literaturblatt erlassen hat.

Die ganze vorangegangene Darstellung zeigt, daß der Minister Eichhorn ein Mann von fast zu großer Thatkraft, Konsequenz und Schnelligkeit im Handeln ist; über seine sonstigen großen Geistesfähigkeiten können wir keinen glaubwürdigern und unparteiischern Gewährsmann anführen, als die Staatszeitung. In einem Berichte über die Reise des Ministers Eichhorn nach Breslau und eine Sitzung der Regierung, der er bei dieser Gelegenheit beizuwohnen geruhte, heißt es in Nr. 221 von ihm folgendermaßen: „Hochderselbe s o l l jeden einzelnen Vortrag der Räthe mit der wärmsten Theilnahme und der größten Aufmerksamkeit angehört und der Berathung über die betreffende Angelegenheit stets einen solchen Ausschlag gegeben haben, wie er treffender nicht hätte gegeben werden können, wenn auch S. Excellenz seit Jahren schon in der Mitte des Kollegiums gewesen, und die Angelegenheit von ihrem Entstehen bis zur gegenwärtigen Lage verfolgt hätte, wie verschieden auch immer die einzelnen Vortragsgegenstände gewesen. Nachdem die Vorträge bis nahe an drei Uhr gedauert, s o l l S.

Excellenz daran mehrere allgemeine Fragen über allgemeine Angelegenheiten des Kirchen- und Schulwesens in der Provinz angeknüpft und dabei sehr ausführlich die Grundsätze entwickelt haben, nach welchen Sie dieselben behandelt und geleitet wissen wollen, und welche Sie immer in die wenigen, von des Königs Majestät selbst herrührenden Worte zusammenfaßten, daß Alles mit Gerechtigkeit und Wohlwollen im Geiste der Liebe berathen und entschieden werden solle. Hoch erfreulich soll allen Theilnehmern der Sitzung die Schärfe des Denkens, die Gründlichkeit des Urtheilens, die Milde in der Entscheidung, Ruhe im Geschäftsbetriebe und die ungekünstelte Würde an ihrem obersten Chef gewesen sein, welche Eigenschaften die Ueberzeugung begründen, wie weise S. Majestät gerade diesen Mann für diese Stelle zu wählen gewußt haben."

Die Wichtigkeit dieses Urtheiles wird nach der vorangeschickten Schilderung seiner Ministerwirksamkeit leicht Jeder ermessen können. Ohne Zweifel bewährt Herr Eichhorn auch die bekannte Behauptung, daß Monarchen aus ihren Beamten erkannt werden.

Beilage. Die frommen Kandidaten.

Die Allgemeine Leipziger Zeitung vom 20. August 1842 spricht von einem Reskript des geistlichen Ministeriums, nach welchem der Religionsunterricht (auf Gymnasien und anderen Anstalten?) „den Händen frommer Kandidaten übergeben werden soll." Zuvörderst drückt sich der Berichterstatter, ich weiß nicht ob unwillkürlich oder mit Absicht, sehr handgreiflich aus. Denn nur in den Tagen des Flagellantismus oder in einer Zeit, in welcher man es für nöthig hielt, den Glauben durch magnetische Manipulationen zu unterstützen, können die Hände beim Religionsunterrichte eine Rolle spielen. Was soll es aber ferner heißen: „fromme Kandidaten?" Wöllner in seinem Religonsedikte drang darauf, daß die Geistlichen sich in ihren Predigten streng an den orthodoxen Lehrbegriff und die symbolischen Bücher halten sollten. Das läßt sich hören und verstehen. Eine Predigt ist eine Thatsache, ist etwas Objektives, das Wort hat einen Körper, wie der geschriebene Buchstabe. Man kann eine Norm daran halten, darüber urtheilen, entscheiden; man kann die Gemeinde befragen, das

Konzept einfordern, kurz man kann kontrolliren, ob eine Predigt etwas Heterodoxes enthält oder nicht. Wie ist es aber mit der Frömmigkeit? Wer und was soll darüber entscheiden, ob ein Kandidat fromm ist, oder nicht? Die Antworten, welche er im Examen gibt? Die Gesellschaften, welche er besucht? Die Reden, welche er führt? Die Art und Weise, wie er spricht, blickt, sich verneigt, das Haar scheitelt? Und was heißt fromm? Sind nicht die Rationalisten und Deisten in ihrem Sinne eben so fromm wie die Supernaturalisten oder Pietisten? Soll also fromm so viel heißen als sittlich? Dann würde das besagte Reskript nichts Neues enthalten, denn es versteht sich von selbst und ist altes Gesetz, daß nur sittlich unbescholtene Leute als Lehrer angestellt werden sollen. Oder hat man das fromm im altdeutschen Sinne zu verstehen? „Vrum,“ sagt Beneke, „hieß der Ritter, wenn er mit dem Degen in der Faust das Recht vertheidigte, er selbst aber Niemand etwas zu Leide that; man wollte keine frommen Ritter mehr haben; was man dagegen vrum, brauchbar, fand, waren fromme Schafe.“

Vielleicht wird mir und meinen Lesern die Sache etwas klarer, wenn ich ihnen eine Geschichte erzähle, die sich zur Zeit der Restauration in Frankreich zugetragen hat und die ich den „Reliquien“ des wackern Jochmann von Pernau entnehme.

Im Juni 1821 kam Herr Eliçagaray, Inspektor der Universität, nach Marseille, um das gesammte Schulwesen daselbst zu untersuchen. Er hielt dabei folgende unvergleichliche Rede, die später in der Caducée, einem Marseiller Blatt (am 18. Juni 1821) gedruckt erschien: „Ich werde Ihnen, meine Herren, die königliche Ordonnanz erklären. Sie ist etwas dunkel, aber Sie werden haben bemerken können, daß es alle Ordonnanzen sind. Es muß so sein, damit man im Fall der Noth zweierlei Maß und Gewicht brauchen kann. Man nennt das, aber mit Unrecht, Willkür, es ist vielmehr Weisheit.“

„Man muß zweierlei Maß und Gewicht haben, ja meine Herren, man muß! Setzen Sie den Fall, ein Zögling, dessen Gesinnungen bekannt sind, der mit der pünktlichsten Genauigkeit die Vorschriften der Kirche erfüllt, begehe einen Fehler. Man drückt die Augen zu. Aber ein Anderer, der irriger Grundsätze verdächtig ist, begehe den nämlichen Fehler. Man ist nur zu glücklich, daß er ihn begangen hat; man verzeiht ihm nicht; man jagt solchen Menschen fort.“

„Müßte man sich in allen Fällen nach dem Gesetze richten, und von ihm leiten lassen; der erste beste Thürhüter könnte regieren.“

„Es geht mit dem öffentlichen Unterrichte in Marseille gut, aber zu gut. Denn Physik, Mathematik, Chemie, kurz alle Wissenschaften, die

Sie da vortragen, sind doch für die Gesellschaft der Menschen nur nachtheilig (ne sont que pernicieuses à la sociabilité des hommes); unser König braucht keine Gelehrte. Wir müssen monarchische, religiöse — ich wollte sagen — religiöse, monarchische Leute haben."

„Goldene Medaillen werden unter die Professoren vertheilt werden, die sich in ihren Amtspflichten auszeichnen. Wärme und Eifer thut Noth. Wenn Sie alle Gelehrsamkeit Rollins, aber nicht seine Frömmigkeit hätten, Sie würden keine Medaille bekommen. Richten Sie sich danach!"

Anmerk. d. Red. Die Thaten der letzten Monate, an denen Herr Eichhorn sich so leidenschaftlich betheiligte, sind Jedermann bekannt, und wir haben wohl nicht nöthig, der allgemeinen Indignation erst noch die rechte Sprache zu verleihen. Nur Eines wollen wir noch bemerken, daß unser Blatt im Sinne hat, allen Ernstes eine Gallerie deutscher Minister anzulegen, die ohne viel Räsonnement nur bewährte Fakten aufnehmen soll und laden wir hiezu ein, wer Lust und Geschick hat, Porträts im angegebenen Sinne uns zu liefern. Der Ministergallerie soll, gleich objektiv und historisch, eine Gallerie der berüchtigsten Censoren germanischer Zunft sich anschließen, die einem künftigen Geschichtsschreiber unserer literarischen Eunuchenwirthschaft Material liefern kann.

Die orientalische Frage der deutsch-evangelischen Kirche.

Wir geben auch folgender Stimme über eine unserm Standpunkte gegenüber höchst orthodoxe Schrift Raum in unserm Blatte. Ob die anglikanische oder preußische Landeskirche am Jordan den Sieg davon trägt, ist ziemlich gleichgültig: interessant aber bleibt es immerhin, zu sehen, welche Inkonsequenzen das protestantische Regime auch nach den Ansichten der loyalsten Protestanten sich zu Schulden kommen läßt, wie es keinen Schritt wagen kann, ohne sich zu blamiren und seine Ohnmacht zur Schau zu tragen. Nur sollte freilich dieser preußisch offizielle Protestantismus, der selbst anfängt, die Begriffe von nationaler Ehre zu verlieren, andere als bloße nationale und theologische Skrupel erwecken, er sollte uns die Augen öffnen über die Unwahrheit, Ohnmacht und Einseitigkeit des Protestantismus an sich, der seinen Kulminationspunkt erreicht hat, und nun wieder anfängt, nach unten zu wachsen, wie die alten Leute, d. h. auf gut Deutsch, katholischer zu werden, als der Katholizismus je gewesen. Die Red.

Der Himmel in Preußen klärt sich auf — aber nicht in dem Sinne, wie es gutmüthige oder dafür bezahlte Borussomanen verstehen. Die Wolken blauen Dunstes, die die höhern preußischen Luftschichten vor unsern Augen verhüllten, verziehen sich immer mehr, man kann endlich ohne Furcht, durch k. preußische Sandwüstenspiegelungen oder, um es beim rechten Namen zu nennen, Spiegelfechtereien geblendet und geärgert zu werden, die Augen wieder aufschlagen. Wer noch nicht genug hatte an der gloriosen Entwirrung des Kölner Knotens, die einem östreichischen oder bairischen Landesvater Ehre gemacht hätte, einer Geschichte, der mit dem Kölner Dome zugleich die Krone aufgesetzt werden soll, – noch nicht genug an der Wiedereinführung der Majorate, an den Verfolgungen gegen B. Bauer, Jacoby, die deutschen Jahrbücher u. s. w., wer noch blind und gläubig genug war, Leuten, die das Privilegium, ein Königswort zu drehen und zu deuten, für sich ganz allein in Anspruch nehmen, immer und immer wieder ein unbedingtes, türkisch fatalistisches Vertrauen zu schenken — solcher politischen Superstition gegenüber muß man wahrhaft aufklärende Schriften, wie die über das „anglopreußische Bisthum in Jerusalem", und die bei Fischer in Bern erschienene „Orientalische Frage der deutsch-evangelischen Kirche" mit lautem, verdientem Dank begrüßen. Hier hat sich Einer die Mühe genommen, an Einem eklatanten Beispiel statt vieler zu zeigen, welch hoher Grad von Offenheit, Ehrlichkeit, Konsequenz, welche Manneswürde und Deutschheit von deutschen Diplomaten und Staatsmännern in einem wichtigen Fall an den Tag gelegt worden ist. Sind die Deutschen wirklich so dumm, muß man fragen, daß man so mephistophelisch das Spiel der Bethörung mit ihnen treiben darf? Und wenn sie es wären — wie sie es denn nicht sind — womit haben sie es verdient, daß man sie in ihrem Heiligsten, in ihren religiösen und nationalen Ueberzeugungen und Hoffnungen so schonungslos und hinterlistig zugleich antastet?

Man hat mit der Errichtung des anglo-preußischen Bisthums zu Jerusalem — dies ist jetzt bis zur Evidenz bewiesen — nichts Geringeres beabsichtigt, als die deutsch-protestantische Kirche, als deren Repräsentant sich Preußen benimmt, allmälig sanft — zu anglisiren, d. h., auf die geistloseste Form des Katholizismus zurückzudressiren. Es ist dies auf die schonendste Weise von der Welt durch den wackern Verf. ausgesprochen, aber uns ist es unmöglich, der schlechten Sache, nachdem sie einmal offen daliegt, noch ein diplomatisches Mäntelchen umzuhängen. Die „Kirchlichen Intriguen und theologischen Pfiffigkeiten", wie sie der gelehrte Verf., selbst Mitglied einer theologischen Fakultät der Schweiz, unter Andrem der evangelischen Kirchenzeitung mit Grund vorwirft, sollen und müssen endlich vom Schauplatz verschwinden: unsere Zeit will ehrlichen Kampf und verabscheut alle Fechterkniffe, deren eine gute Sache nie bedarf. Wer sie in Anwendung bringt, hat eben damit seine Sache gebrandmarkt.

Der Verf. unterscheidet in der Geschichte des englisch-deutschen Kirchenhandels drei Stadien, durch die auch wir die Entwicklung dieser neuesten, kirchlich-diplomatischen Staatsaktion verfolgen wollen. In dem „Bisthum" war die Frage aufgeworfen worden, warum hat Preußen und England sich zur Gründung eines Bisthums in Jerusalem verbunden? So wie die Sache damals stand, ließ sich nur so viel sagen: es sind starke Verdachtsgründe vorhanden, zu glauben, daß der Zweck, die deutsch-evangelische Kirche im Orient würdig zu repräsentiren und sicher zu stellen, nur ein vorgeschobener, ostensibler ist, daß hinter diesem an sich ganz löblichen Zweck andre, für die Bekanntmachung minder geeignete Absichten verborgen liegen. Diese Verdachtsgründe sind im Fortgang der Sache und in Folge der öffentlichen, theils offiziellen, theils halboffiziellen Erklärungen, zum Theil durch das erste Schriftchen hervorgerufen, immer klarer hervorgetreten, der Verdacht ist allmälig zur Wahrscheinlichkeit, die Wahrscheinlichkeit zur Gewißheit geworden. Sehen wir zu, wie sich das gemacht hat.

Der Kryptoanglikanismus spukt in den höhern Kreisen Berlins schon seit längerer Zeit — im Grunde nur ein feiger, vor konsequenten Schritten zurückschaudernder Katholizismus, wie ihn z. B. Stahl in Berlin predigt. Kundige haben versichert, daß die Hochkirche in Preußen mehr Gönner und Anhänger zählt, als in England selbst. Dies klingt etwas stark; aber der Verf. bleibt den Beweis dafür nicht schuldig. Die Modalität der Konstitution jenes palästinensischen Bisthums erweckte natürlich in allen kryptoanglikanischen Gemüthern die gegründete Hoffnung, in diesem Akt den ersten entscheidenden Schritt zur Ausführung ihrer mehr oder minder geheimen Wünsche auf preußischem Boden sehen zu dürfen. Der Kölner Handel hatte gezeigt, welch schöne Sache es um eine geschlossene kirchliche Phalanx sei, und wie wenig dagegen protestantischer Seits auszurichten. Anstatt den Feind tapfer zu besiegen, wollte man lieber seine Taktik, seine Stratageme sich aneignen, und um gleich eine Probe davon zu geben, machte man den Anfang mit diesem seltsamen Bisthum. Was diese Stiftung für einen Sinn hatte, wurde beim ersten Blick auf die Personen, die das Geschäft negotiirten, klar: der preußische Gesandte in England ist Anglikaner, und war es schon in Rom gewesen, so wie er auch in Bern kein Geheimniß aus seinen kirchlich-politischen Ueberzeugungen machte. Man hatte in öffentlichen Blättern die Eigenschaften, die Herrn Ritter Bunsen vor so vielen andern preußischen Staatsmännern zum Gesandten gerade in England befähigten, mit mißtrauischen Augen untersucht, und man war nicht im Stande gewesen, dem in Rom so schlau Düpirten, in der Schweiz so harmlos studirenden und orgelnden, gelehrten Diplomaten, dem Verf. einer bis jetzt mit achtungsvollem Stillschweigen behandelten neuen Liturgie, andre Verdienste zuzuschreiben, als — die erwähnten. Warum, fragte man naiv, schickt man einen Pfarrer an den größten Handelsstaat der Welt als Gesandten? Das war sehr vorwitzig gefragt. Wichtiger, als die Vertretung der deutschen Handels- und Schifffahrtsinteressen, war in diesem speziellen Fall die außerordentliche Mission, die Hr. Bunsen, mit hohen Gönnern und niedern Gehülfen im Einverständniß, auszuführen hatte. Doch man ging vielleicht in den Vermuthungen, die man an die Person des diplomatischen Agenten anknüpfte, zu weit. So gut ein Pfarrer, nach Göthe, ein Komödiant sein kann, kann er auch einen Unterhändler für andre als gerade kirchliche Angelegenheiten abgeben; hatte doch der bekannte Prälat J. G. Pahl in seiner Jugend neben seiner Pfarrstelle auch die Geschäfte eines Rentamtmanns für seinen adelichen Patron mit seltenem Geschick versehen. Vielleicht hatte mit einemmal die wissenschaftliche Richtung Hrn. Bunsens sich mehr der praktischen, nationalökonomischen Seite zugewandt, da bei der kirchlich-gelehrten so wenig Lorbeern zu erhalten waren. Auch diese Vermuthung wird zu Schanden. Bunsen war seinen Studien und Liebhabereien treu geblieben, er war und blieb, wie in der Diplomatie, so auch in der Theologie — Dilettant, und er spielte als solcher seine Kirchenorgel nicht bloß für sich zu Hause, die Welt vernahm von seinen Exercitien in weitesten Kreisen. Das Zeugniß, das ihm darüber sein Meister, der Erzbischof von Canterbury, in seinem Statement ausstellte, lautete ganz zu seinen Gunsten.

Freilich wunderte man sich nicht wenig über dieses Aktenstück; man fragte: wie es komme, daß ein auf gegenseitige Verhandlungen hin geschlossener Vertrag, wie der über das Bisthum, in der Form eines einseitigen Erlasses des englischen Primas, und nicht als Vertrag publizirt wurde? Sah man den Inhalt an, so begriff man nicht: wie der anglikanische Primas sich herausnehmen durfte, die protestantischen Kirchen des Kontinents minder vollkommen eingerichtete zu nennen, zu deren Konformirung mit der vollkommnern englischen in dem Vertrag der Anfang gemacht, der Grund gelegt sei. Diese Phrase hob jeden Zweifel, der noch über die Absicht der Errichtung dieses Bisthums obschweben konnte. Der stolze brittische Pfaffe war hier gar zu offen mit der Farbe herausgegangen. Er hat, um es jetzt schon zu sagen, mit seiner hochmüthig-offenherzigen Sprache den ganzen so fein enfilirten Handel verdorben.

Damit war dem Bisthum, das nur der erste Faden zu einem weit aussehenden kirchlichen Gewebe von europäischer Wichtigkeit werden sollte, das Siegel des Todes schon in seiner Entstehung aufgedrückt.

Was konnte man nun von einer eben so offen, wie der andre Theil, zu Werke gehenden Regierung erwarten, die sich in ihrer Behauptung, mit dieser Stiftung nur den Schutz der evangelischen Christen im Orient zu beabsichtigen, ein so offenbares Dementi gegeben sah? Was andres, als die einfache, mit aller Würde nationalen Selbstgefühls gegebene Erklärung: daß der Herr Primas im Irrthum sei, wenn er als Absicht der orientalischen Stiftung die Organisirung der deutsch-protestantischen Kirche nach hochkirchlichem Muster angebe, daß man auf gleichem Fuße unterhandelt habe, und daß von einer Unterordnung des einen der paciscirenden Theile unter den andern nicht die Rede gewesen sei noch je sein könne?

So ungefähr hätte sicher ein Britte geantwortet, wäre er in dem Fall gewesen, in den er sein deutsches vis-à-vis gesetzt hatte.

War es ein schreiender Mißton gewesen, der mit dieser erzbischöflichen, offiziellen Erklärung das Hallelujah der Allgemeinen Zeitungskorrespondenten, der preußischen Staatszeitung u. s. w. durchkreuzt hatte, jenen welthistorischen Jubel, der dem über die Eroberung von Jaffa gleichkam — immerhin, diese gellende Dissonanz, sie hätte sich in der Stimmung der Nation schnell wieder in die schönste Harmonie aufgelöst, — wäre preußischer Seits eine männliche Erklärung dieser pfäffisch-anglikanischen Anmaßung gegenüber erfolgt. Das tausendmal in seinen Beziehungen zum Ausland gedemüthigte, aber dieser Demüthigungen endlich überdrüssige Volk, das noch an seiner, auf nationalem Boden gewachsenen Konfession hängt, auch die im Volke, die der Sache einen mehr politischen als kirchlichen Werth beilegen, hätten jetzt erst recht gejauchzt über eine solche That des nationalen Selbstbewußtseins, und leicht die ungewissen Aussichten und Vortheile verschmerzt, die man an das Bisthum am Jordan etwa geknüpft hatte.

Aber die Hoffnung auf eine deutsche That, auch nur in Worten, auch nur einem englischen Pfründner gegenüber, war eine allzu sanguinische — Hoffen und Harren macht Manchen zum Narren, den Deutschen würde sie zur Verzweiflung bringen müssen, wenn nicht der Keru des Volkes besser wäre, als die goldene Schale, in die er eingeklemmt ist.

Eine für den deutschen Namen ehrenrettende Erklärung erfolgte nicht, die Schmach wurde in der Allgemeinen Augsburger Zeitung nicht beschönigt, nicht bemäntelt, nein, mit stürmischem Applaus begrüßt als eine welthistorische Glaubensthat. Die Scham mußte sich vor diesem Jubel verkriechen. Der Türke hatte in diesem Falle mehr Ehre im Leibe. Kaum war das hypokritische Viktoriageschrei an die hohe Pforte gedrungen, als der ohnmächtige, an europäischen Krücken gehende Sultan sich erhob und — dem Jubel ein Ende machte. Im gleichen Jahr, wo die drei Patriarchen von Jerusalem und der Großrabbiner ihre schützenden Fermane vom Großtürken erhielten, schlug er das Gesuch um die Erlaubniß zum protestantischen Kirchenbau in Jerusalem — rund ab; und bis auf den heutigen Tag wird der neue Bischof Alexander (ein getaufter Jude, der mit einem schwangern Weib und einer Anzahl Kinder in Jerusalem seinen Einzug gehalten hatte), und gegen dessen Einsetzung die Pforte förmlich protestirt hat, nur als Privatperson unter dem Schutze des englischen Konsuls stehend, angesehen.

Der Türke wollte seine Unterthanen nicht der Gefahr aussetzen, zu „Hunden und Schweinen" (Christen) zu werden; er sah, daß kirchliche und politische Erniedrigung, Entnationalisirung, dasselbe ist, er, der jammerwürdigste aller Potentaten, schützte sich und sein Volk vor fremden Eingriffen in seine Nationalität mit einer bei seiner Ohnmacht überraschenden

Festigkeit. Darf man es wagen, eine Vergleichung hier auch nur anzudeuten? —

Ueberraschend nicht minder war preußischer Seits die auf die Anfrage der hohen Pforte beim preußischen Kabinet erfolgte Antwort: die Sache gehe Preußen gar nichts an, sei eine rein englische, man solle in London Aufschluß begehren! Allgemeine Zeitung 1842, Nr. 48. — So! —

Daß diese Erklärung mit frühern deutschen und mit den von dem Erzbischof von Canterbury gemachten Veröffentlichungen in vielfachem Widerspruch stehe, unterliegt (auch nach diesem, nirgends widersprochenen Bericht) keinem Zweifel. Und welches waren die deutschen Veröffentlichungen? Die preußische Staatszeitung, das preußische Ministerium selbst hatte sie gemacht, selbst noch die Literarische Zeitung hatte vom Zusammentreten beider Kronen zur Gründung des Bisthums gesprochen, des Bisthums, das „ein folgenreicher Entwickelungsmoment, eine große, weltgeschichtliche Evolution" genannt worden war; — „unter dem Vortritt von Preußen und England, hatte die Staatszeitung versichert, soll sich die evangelische Christenheit der türkischen Regierung als eine Einheit darstellen", und wie die hochtönenden Phrasen alle lauteten.

Und nun, als das königliche Kind geboren, als das welthistorische Faktum ans Licht getreten war, da will Preußen gar nicht Vater dazu sein — fides germana, nicht wahr?

Man hat gelogen, gelogen in Religionssachen! Nein, nein! man hat nur die Sprache Talleyrands zur Ehre der Religion gesprochen. Gut; der schwäbische Bauer meint: wenn ich zu meinem Heu Stroh sage, wen geht das was an? O uns gedrückte Menschen, uns arme Deutsche, die von einem Teufel, der stumm ist, besessen sind, gewiß Nichts, ganz gewiß Nichts. Wir meinten nur so. —

Also, noch einmal, die Sache geht Preußen durchaus Nichts an, rein englisches Fabrikat, dieses Bisthum — ungefähr wie die Messer, die in der Vaterstadt des Verf. der „Orientalischen Frage" verfertigt nach England verschickt und hier zu Land dann wieder als englisches Fabrikat verkauft werden. Unser Verf. führt bei dieser Gelegenheit einen Passus von Marheinecke an, der sich aus Veranlassung der Kölner Angelegenheit dahin aussprach: einem evangelischen Christen schaudre vor den Winkelzügen und Unredlichkeiten, die man sich gegen die Kurie erlaubt habe; und meint, das diplomatische Verfahren gegen die Pforte erwecke kein angenehmeres Gefühl. Wenn Schleiermacher, fährt er fort, in seinem Kollegium über Kirchengeographie zu sagen gewohnt war, daß allein die evangelische Kirche keinen festen Punkt in Palästina besitze, weil sie — unter

Andrem — die Befugniß einer kirchlichen Niederlassung daselbst nicht mit den Demüthigungen erkaufen möge, welche sich die dort vorhandenen Kirchenparteien müßten gefallen lassen, was würde er jetzt urtheilen über die Art und Weise, wie man der deutsch-evangelischen Kirche das „Recht" verschaffen will, „auf dem Schauplatze des Ursprungs der Christenheit ihre Bekenner zu sammeln"? über die Demüthigung der Pforte gegenüber, mit einer Unwahrheit die politisch begründeten Reklamationen der Mahomedaner abzuweisen, die man durch die intendirte Schöpfung für das Christenthum gewinnen will? über diese Wahrung der „Selbständigkeit und Nationalehre der deutsch-evangelischen Kirche", daß man jegliche Betheiligung derselben an der Angelegenheit, die man zu Hause als ihre mächtigste, folgenreichste Evolution ausruft, und zwar denen gegenüber, verläugnet, die in ihrem guten Rechte nach dem wahren Sachverhalt fragen? Nein, setzt unser Verf. begütigend hinzu, die Sache ist unglaublich, und wenn auch die sonst allzeit fertige Staatszeitung schweigt, wir können nicht — die Ehre des protestantischen Zentralstaates kann so nicht preisgegeben worden sein — wir können nicht seine Angabe für historisch richtig halten.

Aber leider, die Sache wird denn doch wohl ihre historische Richtigkeit haben, so schwer es einem ehrlichen deutschen Manne auch fallen muß, an solche — zu glauben.

Und wenn es mit dieser Unwahrheit seine Richtigkeit hat, wenn man auf so unchristliche, jesuitische Weise christliche Zwecke hat verfolgen wollen, so darf man denn doch die Gewaltigen, die sonst so unerbittlich streng über der Aufrechterhaltung des Christenthums wachen, auch nach dem Rechte fragen, mit dem sie, die auf so eklatante Weise die Wahrheit verläugnen, gegenüber dem Unchristenthum, wissenschaftliche Forscher, wie Bruno Bauer, verdammen, der, wenn auch nicht mit einem zum voraus fertigen Resultat, aber doch mit dem aufrichtigsten, uneigennützigsten Streben, die Wahrheit zu Tag zu fördern, seine christlich-exegetischen Studien treibt, einen Mann, der lieber seine Existenz aufs Spiel setzt, als eine Unwahrheit sagt, der trotz seiner zunächst auflösenden Tendenz doch durch Eröffnung neuer Perspektive für die Geschichte des Christenthums und durch vielseitige Anregung gewiß der christlichen Wahrheit einen größern Dienst erweist, als solche, die die Wahrheit durch Unwahrheit fördern wollen?

Wenn unser Verf. in seinem antikritischen Anhang (gegen Heinrich Leo) ausruft: „Wahrlich, ein kläglicheres Zeichen der Noth der evangelischen Kirche gibt es nicht, als daß sie solche Landsknechte muß auf den Plan ziehen, solche Kosacken für sich ins Feld reiten sehen! Ja, sie kann viel ertragen; Gott schützt sie auch vor ihren Freunden," so ist man versucht, den letztern Ausruf in noch weit umfassenderm Sinne zu nehmen und hinzu zu setzen: wenn neben solchen „an der Schnur gehaltenen", jeden Augenblick zum Losfahren paraten Bulldoggen, wie Leo, auch noch die Beamtenhierarchie, die Diplomatie sich der evangelischen Kirche, des Christenthums, im Orient und Occident annimmt, dann wehe, und abermals wehe! Das gibt ein collegium medicum, bei dessen Berathungen und Verordnungen Einem um den Kranken bange werden muß.

Doch dies ist nicht nöthig. Sehen wir uns die Leute näher an, so bemerken wir, daß sie, welche die Aerzte für die christliche Kirche sein wollen, selbst die Kranken sind — und daß ja wir selbst in diesem Augenblick (an der Hand eines geistreichen Arztes, der sich auf Diagnose versteht) — ihre Krankengeschichte schreiben; wobei wir nicht vergessen dürfen, daß wir in unserm Bericht noch beim ersten Stadium dieses Krankheitsfalles stehen, und daß wir uns beeilen, auch über die Symptome der folgenden Stadien zu berichten.

Das erste Entwickelungsstadium der vorliegenden Frage umfaßt nämlich alle seine offiziellen und halboffiziellen Veröffentlichungen bis zu den beiden Erlassen des Ministers Eichhorn vom 14. Nov. 1841, 1. an die K. preuß. Konsistorien, 2. sämmtliche K. Regierungen.

Wenn von halboffiziellen Zeitungsartikeln die Rede ist, so wird diese Bezeichnung, wenn man auch nicht anderweitige Gründe hätte sie so zu nennen, schon durch die Versicherung des Hauptartikels, Allg. Zeitung 1841, Nro. 294, London 13. Oktober: „Wir glauben gut unterrichtet zu sein", gerechtfertigt, noch mehr durch Hitzigs Zeugniß in der Preßzeitung, der auf diese Bisthumsartikel als auf Muster hinweist, wie die in den Geschäften selbst stehenden höhern Beamten ihre Arbeiten und Werke dem Publikum erläutern und rechtfertigen sollen. Die Bedeutung des neuen Werkes wird in dieser Veröffentlichung — der fruchtbaren Mutter vieler andern — darein gesetzt, daß alle christlichen Gemeinschaften im Orient eines wirksamern Schutzes genießen, und daß derselbige auch auf diejenigen wird ausgedehnt werden, welche bisher selbst einer solchen Vertretung entbehrten, wie sie den übrigen durch eine kirchlich korporative Stellung unter anerkannten geistlichen Behörden gewährt war, nämlich der protestantischen Kirche, welche allein rechtlos war an der Wiege ihres Glaubens.

Aber freien Gottesdienst haben ja die englischen und deutschen Protestanten bereits in Jerusalem, jene sind auch bereits im Besitz eines Grundstücks, auf welchem eine Kirche, Schule, ein Hospital im Bau begriffen ist. Schutz aber kann dem Reisenden, Pilger, Ansiedler, der Bischof keinen gewähren, er selbst ist ja Privatperson und steht selbst unter dem Schutze seines Konsuls. Um dieses Bisthum wird also ein sehr mythischer

Nimbus verbreitet. Ferner vermischt der Artikel durchweg das Doppelverhältniß, die korporative Berechtigung der eingebornen christlichen Kirchenparteien je unter ihren Patriarchen, die muhamedanische Unterthanen sind, und die diplomatische Beschützung der bloß niedergelassenen fremden Christen, die in einem europäischen Unterthanenverhältniß stehen. Diese Verwechslung geht auch durch alle offiziellen Aktenstücke durch. Bemerkenswerth ist in einem zweiten Artikel, aus der gleichen Feder geflossen, Nro. 327, die Bemerkung: die Puseyiten seien gegen die Maßregel, weil sie darin ein Band sehen zwischen der anglikanischen Kirche und dem Protestantismus des Kontinents; und in einem Artikel von H. Leo, Nro. 317, die Stelle, wo er sagt: England und Preußen haben die Ueberzeugung von einer vorhandenen wahrhaften Union praktisch bewährt in Errichtung einer Tochterkirche — —, in welcher die Sitten der englischen und preußischen Kirche nebeneinander als Ausdruck eines und desselben evangelischen Christenthums gelten sollen. „Mau wird über Nacht das Senfkorn zum Baume werden sehen.“ —

Das ist verständlich gesprochen.

Wir übergehen einige andere Artikel, die der Verf. kritisch bespricht, und heben aus dem Staatszeitungsartikel vom Ende Novembers das Wichtigste hervor. Man erfährt hier unter Anderm, warum es nicht genügen kounte, nur einfach den gesetzlichen Schutz der Person und des Eigenthums für die evangelischen Christen im Orient auszuwirken, welchen der Hattischerif von Gülhane verheißen hat; nämlich wegen der korporativen Verhältnisse wäre dadurch wohl für deutsche Katholiken gesorgt gewesen, nicht aber für evangelische Christen — als ob z. B. der französische Konsul je einen Franzosen schutzlos gelassen hätte, oder hätte lassen müssen, deßwegen, weil dieser kein Katholik gewesen! — oder als ob der brittische Konsul, ein Katholik, die Missionäre der schottischen Kirche, die in Galiläa arbeiten, deßhalb nicht schützen könnte, weil sie mit der englischen Hochkirche nicht vereinigt sind! — Kurz, aus dem ganzen Aktenstück ergibt sich: die kirchliche Vereinigung der englischen und preußischen Kirche stellt man als eine Vorfrage hin und gibt die Errichtung des Bisthums für die Hauptsache aus, während doch offenbar jene Vorfrage die Hauptsache und der einzige Grund ist, warum man das Bisthum konstituirt, um an der Wiege des christlichen Glaubens das Experiment zu machen, wie sich deutsch-evangelische Christen unter einem anglikanischen Bischof ausnehmen, um nachher desto ungehinderter anglikanisches Vollblut, Bischöfe mit wahrer Succession, nach Deutschland verpflanzen zu können.

In Betreff der Kritik der beiden Ministerialerlasse verweisen wir auf den Verfasser selbst, S. 32 ff.

Was die beabsichtigte Ansiedlung in Palästina betrifft, so fügen wir noch hinzu, welchen Schutz diese unter dem Bischof zu erwarten habe, für den vom König und allen preußischen Gemeinden (aus Aufforderung des Ministeriums) so bedeutende Opfer geflossen sind. W. Hofmann, Vorsteher des Basler Missionshauses, das bekanntlich auch alle seine Missionäre anglikanisiren läßt, spricht hierüber unverholen: „Wessen Schutz werden die Kolonisten genießen? Hat doch der englische Konsul selbst zu der Zeit, als sogar noch englische Kanonen in Beyrut standen, Jerusalem um seiner Sicherheit willen verlassen müssen. Wird er oder wird der Bischof, den seine Regierung für eine reine Privatperson erklärt hat, auch nur innerhalb der Mauern schützen können? Und wer wird die beutelustigen Beduinen außerhalb im Respekt erhalten?" Ueberhaupt bemerkt ein Missionär in Palästina, Gobat, unterm 14. Jan. 1842, sind die Engländer in Syrien bei weitem nicht so gut angeschrieben und respektirt, wie viele glauben. —

Also mit dem Schutz ist es Wind, das Geld dafür ist weggeworfen: das wissen wohl beide Kontrahenten so gut, wie wir; aber ganz wird es doch nicht weggeworfen, wenn Leo Recht hat, daß das Senfkorn in Palästina über Nacht zum großen Baume werden soll, der auch die deutsche Kirche zu beschatten hat.

Ist nun im zweiten Stadium oder Akt dieser geistlichen Komödie vielleicht Etwas zu Tag gekommen, das den Gedanken an ein anglikanisches Ueberschatten der deutsch evangelischen Kirche beseitigt hätte, für immer?

Nein, das Natürlichste, um die beunruhigten Gemüther zufrieden zu stellen, wäre doch gewiß die einfache Publikation des Vertrags zwischen England und Preußen gewesen. Sie erfolgte nicht, sie konnte nicht erfolgen; denn man wäre mit einem Strom von Reklamationen wegen preisgegebener Würde und Eigenthümlichkeit der deutsch-evangelischen Kirche überschüttet worden: das sah man voraus. Die Berliner Pastoren trugen ihre Bedenken vor, die Antwort „soll" beruhigend ausgefallen sein, aber das Publikum hat sie nicht erfahren; bestimmt und offiziell desavouirt sind die Worte des englischen Erzbischofes nie worden. Die literarische Zeitung, das neugewonnene ministerielle Organ, übernahm das undankbare Geschäft, in einer Reihe von Artikeln die erzbischöfliche Sprache zu erklären, zu mildern, zu beschönigen. Die Staatszeitung, die Augsburgerin thut dasselbe, alle sophistisch, windig. Die große kirchliche That, wobei die Kirche als Kirche handelt, die evangelische Christenheit solidarisch mit der anglikanischen Christenheit sich als Einheit repräsentirt, verschwindet; sie wird jetzt dargestellt von preußischer Seite als ein Akt des Königs, eine Privathandlung, an welcher Theil zu nehmen der evangelischen Kirche freigestellt, jedoch zur Gewissenssache gemacht ist. Eine seltsam bescheidene Metamorphose! Diese Wendung der Sache war aber nothwendig gegeben durch die schreiende Verletzung aller Rechte und Eigenthümlichkeiten der evangelischen Kirche in der Ordnung für die projektirten deutschen Gemeinden in Palästina, ein Verrath, den man doch nicht im Namen der Kirche begehen konnte, die laut protestirt hätte, ein Verrath, der auch die Veröffentlichung des Vertrags und eine ehrliche Darlegung des ganzen jesuitischen Handels unmöglich machte. Mit der immer lauter sich erhebenden Stimme der Opposition werden die Stimmen der Panegyriker immer leiser, gemäßigter, verlegner, apologetischer. Wir können die einzelnen Grade der Herabstimmung dieser Organe nicht im Einzelnen verfolgen; sie ist aber höchst ergötzlich. Kurz, das Bisthum in Jerusalem heißt am Ende ein englisches, in welchem nur gastweise precario modo auch deutsche Protestanten, Volontärs, die sich submittiren, zugelassen werden. Der private Standpunkt ist von nun an der vorherrschende. Eine kirchliche Berathung der Modalität der Stiftung und der Prinzipien, worauf sie beruht, welche korrespondiren würde der kirchlichen Berathung der Engländer, welche dem Abschlusse vorausging — wird „nachträglich zugesichert." Warum diese Berathung bis heute noch nicht erfolgen konnte, sieht man freilich nicht, noch auch, was geschehen müsse, wenn dieselbe das vorläufig für die Freiwilligkeit eingeschlagene Verfahren mißbilligen sollte. — Neben all diesen Versprechungen und Beschönigungen gehen fortwährend Ermahnungen zur Einheit in in kirchlichen Dingen, zur Katholizität, wie wir diese auch auf politischem Boden bis zum Ueberdruß gehört haben; die, die uns in tausend Stücke zerrissen haben, predigen uns jetzt Einheit. O es ist eine schöne Sache um die Einheit, wenn sie organisch von unten herauf wächst und sich frei gestaltet, aber Einheit à tout prix? — nie und nimmermehr! — Und so weit ist man gegangen in dem Bemühen, sich bei diesen Einheitsbestrebungen verächtlich zu machen, daß die Ev. Kirchenzeitung sagen durfte: die englische Kirche, in Anerkennung der durch die k. preußische Fundation und die Kirchenkollekte bewiesenen christlichen Liebesthätigkeit, hat aus freiem Antrieb gewährt, preußische und deutsch-evangelische Christen dürfen in Zusammenhang mit dem neuen Episkopat treten! —

Hier schließt sich das zweite Stadium der orientalisch-christlichen Frage, und das dritte beginnt

mit der K. Kabinetsordre an den Minister der geistlichen und Unterrichtsangelegenheiten, welche einen neuen Erlaß des Erzbischofs von Canterbury publizirt. Sie ist vom 28. Juni 1842; der erzbischöfliche Erlaß aus Lambethouse vom 18. des gleichen Monats. Beide sind abgedruckt S. 66 ff. Wir wollen sie nicht wiederholen. Es sollen dadurch die „Mißverständnisse Wohlwollender und die Verdrehungen und Verleumdungen Böswilliger unschädlich gemacht werden. —

Das Merkwürdigste in dem erzbischöflichen Erlaß ist, daß die theologischen Kandidaten in Jerusalem nun nicht mehr auf die augsburgische Konfession und die 39 Artikel der anglikanischen Kirche beeidigt werden sollen, sondern auf die drei ökumenischen Symbole, Symbole, aus denen man nicht nur die Sätze der drei in Deutschland privilegirten Religionen, sondern auch die Lehrform der Socinianer und Arminianer beweisen könnte, auf die ein Jesuite sich füglich ordiniren lassen könnte. — Daneben wird ein Eid auf kanonischen Gehorsam gegen den anglikanischen Bischof verlangt. — Da blickt eine saubere Moral durch, die unser scharfsinniger Autor bis in ihre geheimsten jesuitischen Hinterthürchen und Schlupfwinkel verfolgt. Er stellt mit Recht, unzufrieden mit der Art, wie die Frage: will man uns anglikanisiren oder nicht? umgangen wird, folgende Fragen auf, die wohl Herr Bunsen und seine Gönner und Genossen nie klar und rund beantworten werden:

Ist es wirklich eine in der Natur der Sache liegende Bedingung des Schutzes, den der Bischof gewähren kann, daß diejenigen, welchen jener Schutz zu Theil werden soll, seine geistliche Jurisdiktion anerkennen, ihre Kinder von ihm konfirmiren, ihre Geistlichen von ihm unter Gehorsamseid ordiniren lassen? Ist absolut, durch die Natur der Dinge, nicht bloß durch ein tendenziöses Gutbefinden, ausgeschlossen, daß der fragliche Bischof seinen Schutz, so weit er überhaupt solchen gewähren kann, auch denjenigen Gemeinden und Geistlichen gewähre, daß sich auch solche an ihn „anlehnen", welche als gute deutsch-evangelische Christen von seiner geistlichen Jurisdiktion frei bleiben wollen? Ist mit jener k. Approbation der Bedingungen des Primas zugleich ausgesprochen, daß diejenigen Gemeinden, welche sich in Palästina zu bilden Lust hätten, wie z. B. die von Basel aus projektirten, die aber in kirchlicher Beziehung unabhängig und völlig bei ihrer deutsch-evangelischen Sitte in Kultus, Konfession und Gemeindeverfassung zu bleiben wünschten, nicht einmal den bürgerlichen Schutz durch den preußischen Generalkonsul zu erwarten haben, welchen der anglikanische Bischof selbst auch von dem Generalkonsul seines Landes bedarf und erhält? Ist nicht wenigstens, seitdem die Pforte ihre Nichtanerkennung des Bischofs als solchen ausgesprochen hat, jeder auch nur scheinbare Grund entfernt, aus welchem man Anfangs die Submission der deutsch-evangelischen Christen unter die Jurisdiktion des Bischofs rechtfertigen wollte, um damit die „Vertretung in der Einheit einer Kirche" der türkischen Regierung gegenüber zu erhalten? Soll, weil jene „Darstellung der evangelischen Christenheit als Einheit" und die damit erwartete „gesetzliche

Anerkennung" nebst ihren Vortheilen einmal nicht erhältlich ist, doch auf jener Bedingung der Submission unter dem Bischof beharrt werden, ungeachtet eben diese Bedingung gerade dem ausgesprochenen Zweck, „den Wirkungskreis des Protestantismus zu erweitern," entgegengewirkt, indem sie die gehofften Ansiedlungen deutsch-evangelischer Christen in Palästina abhält? Eine für die Mission überhaupt interessante Frage, die sich genau anschließt, wäre dann noch die: Wenn etwa die Dresdner lutherische Missionsgesellschaft ihre Arbeiten an den Juden auf Palästina ausdehnen wollte; oder wenn die schottische Kirche ihren Plan, im galiläischen Safet eine Station zu errichten, ausführte: würde solchen Missionären, die Alexanders Jurisdiktion nicht anerkennen, der Schutz des Bischofs etwa in ähnlicher Weise zu Theil, wie den Amerikanern bei den Drusen, deren Austreibung durch die Maroniten eben den Anstiftungen des bischöflichen Missionsgehülfen Nicolayson verdankt wird? Wird der preußische Generalkonsul solche Art, die hirtliche Fürsorge Alexanders auszuüben, gleichfalls zu unterstützen haben? Wenn der erzbischöfliche Erlaß nur von deutschen Gemeinden spricht, die k. Kabinetsordre diese als vorläufig noch nicht vorhanden anerkennt, aber doch schon Kandidaten zur Judenmission durch vortheilhafte Anerbietungen einladet, von den für deutsche Gemeinden vom Erzbischof bewilligten Anerbietungen Gebrauch zu machen: ist dieß so zu verstehen, daß Preußen wirklich die zur Ansiedlung paraten, nichtbischöflichen Kolonien nicht haben will? Ist diese Exegese des erzbischöflichen Schreibens, das sich ja bloß auf deutsche Gemeinden bezieht, Gegenstand einer besonderen, hier nicht publizirten Uebereinkunft gewesen, oder ist sie bloß nach der in der kurzvergangenen Zeit bei päbstlichen Bullen angewandten Auslegungsweise gut befunden worden? Wird die Londoner Judenmissionsgesellschaft, welche die Station in Jerusalem unterhält und den Bischof zur Hälfte besoldet, solche Eingeschobene in den Missionsdienst aufnehmen? Ist die bisherige Erfahrung im Missionswerk und der darauf gestützte Grundsatz, keine von der Centralgesellschaft ökonomisch unabhängigen Missionäre anzustellen, für Jerusalem aufgegeben? Wird der Bischof, wenn er dazu einwilligte, nicht eine der seit der neuen Ordnung der Gesellschaftsverfassung häufigen Kollisionen mit dem Missionsausschuß selber herbeiführen? Oder wird die Anerkennung der hohen Absicht die Gesellschaft ihre sonst befolgten Grundsätze beseitigen lassen? Wird der Missionsdienst dabei gewinnen? Oder ist es troß dem, daß man vorläufig noch keine deutschen Kandidaten braucht, da die Gemeinden fehlen und die Missionäre lauter Deutsche sind, die den Gottesdienst auch deutsch halten, so dringend, absolut etliche preußische Kandidaten zu haben, welche freiwillig dem Bischof ihr Verlangen, von ihm ordinirt zu sein, erklären? Ist dadurch nicht den von Herrn von Gerlach notirten preußischen Hochkirchlichen die Möglichkeit gegeben, ihre Tendenzen für die Heimath den rein auf den Orient gerichteten Absichten des Königs zu unterschieben? Soll es dem Belieben etlicher, mit der Verheißung von angemessener Unterstützung zur Freiwilligkeit aufgerufener Kandidaten anheim gestellt werden, ob die deutsch-evangelische Kirche, in die jene doch wahrscheinlich zurückkehren werden, mit einer nicht von ihr ausgegangenen Ordination bereichert, und mit solchen Predigern versehen werde, welche ihre Vollmacht nur durch einen dem anglikanischen Bischof von Jerusalem geleisteten Eid erhalten haben? War immer noch nicht gelegene Zeit, um über solche kirchliche Fragen die Entscheidung kirchlicher Versammlungen zu hören? Versteht es sich, damit die Union als vollendete Thatsache dastehe, daß die durch den anglikanischen Bischof in Jerusalem ordinirten Freiwilligen eo ipso auch bevollmächtigte Diener der deutsch-evangelischen Kirche sind?

Alle diese Fragen, die der Verfasser aufwirft, enthalten die Antwort in sich, d. h. sie sind bei dem gegenwärtigen Stand der Sache gar nicht zu beantworten; sie zeigen nur das Schlangennest von Widersprüchen, aus denen nur ein schlichtes Eingeständniß erlösen kann: daß man den und den Plan gehabt, aber, nun eines Bessern durch die öffentliche Stimmung belehrt, aufgegeben habe.

Zwar versichert ein Apologet Preußens: „Wir sündigen und begehen Fehltritte wie Andere, aber es war lange Zeit das traurige Prinzip, es nie zu gestehen. Darin sind wir fortgeschritten — die Regierung unsers Königs bietet schon mehrere Beispiele dar — daß ein Irrthum eingestanden und wieder gut gemacht wurde. Begangne Fehler zur rechten Zeit mit Muth und Geschick zu repariren, das hat Preußen groß gemacht, nicht ein starres Festhalten an angenommenen Meinungen und Maximen."

Diese Versicherung klingt allzutröstlich, als daß man nicht seine patriotischen Wünsche und Hoffnungen daran anklammern möchte. Ist es wirklich so, darf man von Preußen, nachdem so viele Hoffnungen fehlgeschlagen, ja verboten worden sind, noch etwas Gründliches hoffen?

Darf eine offene Opposition mit einer Berücksichtigung anderer Art, als sie ihr bisher zu Theil wurde, sich schmeicheln? Dieser König, das sagen wir jetzt noch, ist zu großen Dingen geboren. Wird er dieß erkennen wollen? Wird er den frischen Ehrenkranz, der ihm dieses Jahrhundert bittend darreicht, zurückweisen und nach den welken Kirchhofblumen vergangener Jahrhunderte greifen? Wird er, statt ein bedeutungsloses Bisthum im Orient zu konstituiren, die Konstitution seines Reichs, die Konstitution

Deutschlands als seinen Beruf ansehen? Der Geist Gottes, der Geist des Jahrhunderts sei über ihm! Von ihm gelte mit mehr Recht, als von Louis Philipp, dem Schlauen, das Platen'sche Wort:

Viel hängt an ihm! Nie war so heilig
Irgend ein fürstliches Haupt, wie seins ist.

L. S.

Der Beamtenstand und das Volk.

Man hat es der liberalen Partei zum Vorwurf gemacht, den Stand der preußischen Beamten als eine in sich abgeschlossene, dem Volke feindselig gegenüberstehende Kaste darzustellen, die, dem Willen des Königs widerstrebend, den Fortschritt und die weitere Entwickelung freier Zustände zu hemmen unablässig bestrebt sei, ohne dies durch Thatsachen zu begründen. Gewiß könne es jedoch dem Staate nur erwünscht sein, wird versichert, wenn wirkliche Thatsachen ans Licht gebracht würden, damit die Regierung selbst erführe, welche Beamten die auf lebendigen Fortschritt seines Volks und auf immer festere Begründung der allgemeinen gesetzlichen Freiheit gerichteten Absichten des Monarchen zu vereiteln suchen.*)

Wir glauben daher diesen Wünschen entgegen kommen und einige dergleichen wirkliche Thatsachen ans Licht bringen zu müssen, die zur Begründung jener Darstellung einige nicht unwichtige Beiträge liefern werden. — Unsere Gegner gehen zur Widerlegung derselben von der Ansicht aus, daß, wenn solche gegründet sein sollte, die Natur in der Entwickelung des Beamtenstandes alle ihre Gesetze geändert haben und ein unerklärlicher Zauber die Menschen, sobald sie in diesen Stand treten, so vollkommen umwandeln müßte, daß von ihrem frühern Wesen, wie es sich nach dem Gange ihrer Bildung hätte gestalten müssen, auch keine Spur mehr vorhanden wäre. Sie bezeichnen sodann die Gemeinde-Beamten und die Landräthe als diejenigen Beamtenklassen, welche die Gesetze selbst in das Leben einführen und daher für die Volkswohlfahrt vorzüglich wichtig sind. Die Bürgermeister in den Städten würden auf 6 bis 12 Jahre gewählt und träten nach Ablauf dieser Zeit, wenn das Vertrauen ihrer Mitbürger sie

*) Spener'sche Zeitung v. d. J. Nr. 14.

zur Fortsetzung ihrer Amtsthätigkeit nicht aufs Neue berufe, in das Volk zurück; sie könnten sich daher von demselben nicht trennen und sich nicht als Kaste abschließen, u. s. w.

Untersuchen wir nun, aus welcher Volksklasse die Bürgermeister gewählt werden, so finden wir in der Regel nur den Beamtenstand. Aus den Justiz- und Regierungskollegien gehen die Bürgermeister für die größern Städte, aus den Büreaus der Regierungen, der Oberlandes- und Stadtgerichte, der Landraths- und Domänen-Rentämter die Bürgermeister für die kleinern hervor. Bildet der Beamtenstand nun wirklich eine besondere, vom Volke getrennte und in sich abgeschlossene Kaste, so erfolgt die Wahl der Bürgermeister aus dieser Kaste und nicht aus dem Volk; sie treten also, wenn sie nach Ablauf ihrer Dienstzeit nicht wieder gewählt werden, nicht in das Volk, sondern in die davon getrennte Kaste zurück, aus der sie gewählt waren und der sie nach Stand und Bildung eigentlich angehören. Dagegen kann bei den Gemeinde-Beamten der Dörfer allerdings von keiner Kasten-Eigenthümlichkeit die Rede sein, indem diese immer nur aus den Gemeinde-Mitgliedern gewählt werden und die alleruntergeordnetsten und beschränktesten Amtsfunktionen auszuüben haben. Unmittelbar über den Gemeinde-Beamten, sagen unsere Gegner, stehen die Landräthe, wozu nur größere Grundbesitzer wahlfähige Kandidaten sind. Auch das ist richtig. Allein ausgeschlossen unter den größern Grundbesitzern sind die Besitzer ehemaliger Domänengüter; diese, größtentheils dem Bürgerstande angehörend, sind so wenig zu Landräthen als zu Kreisdeputirten wählbar, ja nicht einmal wahlfähig. Das ist eine gesetzlich begründete Thatsache. Wenn es also grundsätzlich feststeht, daß die Landräthe nur aus solchen Personen gewählt werden dürfen, deren Interesse mit dem ihrer Kreise identisch ist, so beschränkt sich diese Identität nur auf das Interesse der Rittergutsbesitzer; das Interesse der Besitzer ehemaliger Domänengüter bleibt ganz ausgeschlossen, indem diese bei den Wahlen der Kreisbeamten sich ganz passiv verhalten müssen und auch an den Verhandlungen der Provinziallandtage nicht Theil nehmen können, weil sie zu Abgeordneten derselben gleichfalls weder wählbar noch wahlfähig sind. Es möchte daher dieser Gegenstand wohl verdienen, bei dieser Gelegenheit vor das Forum der öffentlichen Beurtheilung gestellt zu werden, da sowohl in rechtlicher wie in staatswirthschaftlicher Hinsicht kein Grund aufzufinden sein dürfte, aus welchem eine so auffallende Zurücksetzung einer ansehnlichen und achtbaren Klasse von Gutsbesitzern gerechtfertigt werden könnte.

Wenn gleich in den ursprünglichen Kaufkontrakten der preußischen Domänenkäufer die ausdrückliche Bestimmung enthalten ist: „daß zwar von dem Verkauf die Jurisdiktion, das Patronat und die hohe Jagd ausgeschlossen blieben, daß jedoch in Ansehung aller übrigen Rechte die Käufer in die Kategorie der Rittergutsbesitzer treten," so sind ihnen doch durch spätere Verordnungen diese Rechte in dem Maße entzogen worden, daß sie nicht allein von den vorhin angeführten Wahlen ausgeschlossen sind, sondern ihnen auch die Befugniß zum Tragen der ritterschaftlichen Uniform verweigert worden ist. Sie dürfen sich daher nicht zu der ritterschaftlichen Landstandschaft rechnen und nur in einzelnen Fällen, wenn gegen die persönlichen Verhältnisse eines solchen Domänenbesitzers nichts zu erinnern ist, hat sich der König vorbehalten, denselben auf besonderes Ansuchen diese Landstandsrechte gleich den Rittergutsbesitzern, jedoch nur seiner Person, nicht aber auch seinem Gute, als ein Adhärens beizulegen. Der Domänenbesitzer reicht zu dem Ende sein Gesuch beim Landrathe ein, dieser fügt sein Gutachten über die persönlichen Verhältnisse des Supplikanten bei, und so gelangt es auf dem gewöhnlichen Wege zur Entscheidung an den Minister, welchem die Befugniß beigelegt ist, das Gesuch nöthigenfalls sogleich und ohne allen weitern Rekurs zurückzuweisen. Als wirkliche Thatsache können wir den Fall anführen, daß die einstimmige Wahl eines Kreisdeputirten im Naugardschen Kreise in Pommern auf einen solchen Domänenbesitzer fiel, die Bestätigung aber, ungeachtet der wissenschaftlichen Bildung und der übrigen, höchst ausgezeichneten Eigenschaften des Mannes von der Regierung verweigert wurde, weil er nicht in die Kategorie der Rittergutsbesitzer gehöre, ihm auch diese Eigenschaft in persönlicher Hinsicht nicht verliehen worden sei. Daß der Gutsbesitzer nicht zu bewegen war, ein Recht als besondere Gnadenverleihung nachzusuchen, was er nach der ausdrücklichen Bestimmung in seinem Kaufkontrakte vom Staate bereits mit baarem Gelde erkauft zu haben glaubte, versteht sich von selbst.

Zu welchen seltsamen Anomalien diese gesetzlichen Verordnungen führen können, wird sich aus folgendem Beispiel ergeben: Cajus hat sich als Kaufmann einer Wechselverfälschung schuldig gemacht und muß dies Verbrechen mit einigen Jahren Zuchthausstrafe büßen. Nach Beendigung seiner Strafzeit gelangt er durch den plötzlichen Tod seines reichen Oheims in den Besitz eines bedeutenden Vermögens. Den Handelsgeschäften abhold geworden, beschließt er, Landwirth zu werden, und kauft das schöne, große, ehemalige Domänengut N. Nach einiger Zeit erfährt er zufällig, daß er nicht die Landstandschaftsrechte besitze, deren Beilegung aber auf dem vorhin bezeichneten Wege besonders nachsuchen könne. Er überreicht sein diesfälliges Gesuch dem Landrath, der, wie leicht zu errathen, über die persönlichen Verhältnisse des Bittstellers hinsichtlich der erlittenen Zuchthausstrafe kein günstiges Gutachten abgibt. Inzwischen kommt das mit Cajus Gute grenzende, weit kleinere und sehr deteriorirte Rittergut X. zum öffentlichen Verkauf. Cajus ersteht dasselbe. Er erhält von der Gerichtsbehörde die Benachrichtigung von dem ihm ertheilten Zuschlag des Rittergutes und gleichzeitig auch von dem Landrath die schriftliche Eröffnung, daß sein Gesuch um Beilegung der Landstandschaftsrechte vom Minister zurückgewiesen sei. Am nächsten Tage findet eine Versammlung der Rittergutsbesitzer des Kreises in der Kreisstadt zur Wahl eines Kreisdeputirten Statt. Auch Cajus findet sich dazu ein. Bei seinem Eintritt in den Saal führt ihn der Landrath bei Seite mit der halblauten Frage: ob er nicht die Benachrichtigung von der erfolgten Zurückweisung seines Gesuchs erhalten, und auf die bejahende Antwort ersucht er ihn höflichst, sich zu entfernen, weil er als Besitzer eines ehemaligen Domänengutes zu der Stelle eines Kreisdeputirten weder wählbar noch wahlfähig sei, ihm auch die nachgesuchte Beilegung der Landstandschaftsrechte, die ihn dazu befähigen könnten, seiner makelhaften persönlichen Verhältnisse wegen höhern Orts verweigert worden u. s. w. Statt aller weitern Gegenrede überreicht ihm Cajus das gerichtliche Dokument über den Kauf des kleinen, deteriorirten Rittergutes X. Der Landrath, überrascht, verneigt sich glückwünschend, stellt ihn den versammelten Rittergutsbesitzern als ein neues Mitglied der ritterschaftlichen Landstandschaft vor, und von allen Seiten begrüßt und hocherfreut, die Makel seiner persönlichen Verhältnisse so urplötzlich, wiewohl auf eine für ihn ganz unbegreifliche Weise, vertilgt zu sehn, nimmt Cajus seinen Platz am grünen Tische ein.

Abgesehen indeß von dergleichen unvermeidlichen Anomalien, so möchte es auch in rechtlicher Hinsicht nicht gerechtfertigt werden können, die Besitzer ehemaliger Domänengüter von den Landstandschaftsrechten auszuschließen. Wenn die Eigenschaft eines Rittergutes darin besteht, daß zu demselben ein ritterfreies, d. h. mit keiner Grundsteuer belastetes Areal von mindestens 1000 Morgen, ferner die Jurisdiktion, das Patronat, die hohe, mittel und keine Jagd und das dem Besitzer schon vor dem Jahre 1806 zuständig gewesene Sitz- und Stimmenrecht auf den Kreis- und Landtagen als unerläßliche Bedingnisse gehören, so bedarf es keiner nähern Ausführung, daß diese Bedingnisse auch bei den veräußerten Domänengütern vorhanden waren. Nun schloß zwar der Staat beim Verkauf dieser Güter die Jurisdiktion, das Patronat und die hohe Jagd von der Veräußerung aus, allein mit der ausdrücklichen Bestimmung, daß der Käufer in Ansehung aller übrigen Rechte, also auch derjenigen der Landstandschaft, in die Kategorie der Rittergutsbesitzer trete. Die später ergangenen Verordnungen, wonach die preußischen Domänenkäufer von der Landstandschaft ausgeschlossen sind, scheinen daher von aller rechtlichen Begründung entblößt zu sein.

Eben so wenig kann in staatswirthschaftlicher Hinsicht ein haltbarer

Grund für diese Ausschließung aufgefunden werden. Mehre Rittergüter wurden bald nach Emanirung des Edikts vom 14. Sept. 1811 über die Regulirung der gutsherrlich-bäuerlichen Verhältnisse von den Gutsherren an ihre ehemaligen Unterthanen verkauft, welche die Gebäude theils veräußerten, theils abbrachen und die Ländereien unter sich vertheilten. Obgleich dadurch diese Rittergüter, als solche, ganz vernichtet wurden, so trug doch der Staat kein Bedenken, dies ungehindert geschehen zu lassen, wiewohl die Zahl der vorhandenen Rittergüter sich durch diese Operation in eben dem Maße vermindern mußte, wie deren Anwendung an Ausdehnung gewann. Welches gegründete Bedenken könnte nun aber gegentheils der Staat wohl haben, die auf solche Weise entstandenen Lücken in der Zahl der Rittergüter wieder auszufüllen, so lange diese überhaupt noch für den Staat als nothwendig erachtet werden? — Ferner wird der gesammte Grundbesitz im Staate auf den Provinziallandtagen durch die Abgeordneten der Städte, der Ritterschaft und des Bauerstandes nicht vollständig repräsentirt und vertreten, indem derjenige der Domänenkäufer davon ausgeschlossen ist, da diese zu Landtagsabgeordneten nicht gewählt werden können und also in dieser Hinsicht offenbar weniger Rechte als die Bauern besitzen. Sie sind dadurch außer Stand gesetzt, ihr eigenes gutsherrliche Interesse bei den Beschlüssen auf den Landtagen wahrzunehmen, und der Staat verliert insofern, als ein gewiß nicht unbedeutender Fonds von Intelligenz, Sachkenntniß und Erfahrung sich für die allgemeine Volkswohlfahrt gar nicht geltend machen kann. Von welcher Seite man also das beschränkte Besitzverhältniß der Domänenkäufer betrachten mag, so bleibt die Rechtfertigung desselben in jeder Hinsicht ein Problem.

Einige sind der Meinung, daß man bei der Organisation der landständischen Verfassung die besondern Verhältnisse der preußischen Domänenkäufer hinsichtlich der ihnen nicht mitverkauften Jurisdiktion übersehen habe und daher, als sich diese Verhältnisse bei Ausführung jener Verfassung näher herausgestellt hätten, zur Beseitigung der dadurch veranlaßten Inconvenienzen zu den Verordnungen genöthigt worden sei, durch welche die Domänenkäufer von der Landstandschaft ausgeschlossen worden sind. Allein wenn man erwägt, daß diese unvorhergesehenen Inconvenienzen durch eine einfache Deklaration des Landstandschaftsgesetzes — und an Gesetzesdeklarationen ist die preußische Legislatur ja ohnehin schon gewöhnt — zu beseitigen gewesen wären, so scheint die angeführte Meinung nicht die richtige zu sein.

Nach einer andern, die wohl eine nähere Erwägung verdienen möchte, sollen die Besitzverhältnisse der Domänenkäufer in Preußen nicht ohne eine besondere geheime Absicht so, wie geschehen, geordnet worden sein. Denn die großen Folgen des Befreiungskrieges, welche die kühnsten Erwartungen weit übertroffen und daher zu den mancherlei Rückschritten den ersten Impuls gegeben, hätten unter so vielen während der Napoleonischen Gewaltherrschaft von der Noth gebotenen Rettungsmitteln auch die Veräußerung der Domänengüter beklagen lassen und Maßregeln hervorgerufen, um die dereinstige Reklamation dieser Güter möglichst zu erleichtern. Die Anhänger dieser Meinung berufen sich auf die schon früher unter Friedrich I. erfolgte Veräußerung und Wiedereinziehung mehrer Domänengüter; sie weisen ferner auf das Schicksal der Domänenkäufer in Hessen, die, ungeachtet aller Sollicitationen und der gediegensten Vertheidigung ihrer sonnenklaren Rechte in zahlreichen Druckschriften bei dem Bundestage in Frankfurt, eine Entschädigung für den Verlust ihres ganzen Vermögens nicht zu erringen im Stande sind; sie weisen endlich auf die bedenkliche Kontrolle, die über die veräußerten preußischen Domänen in besondern Nachweisungen bei den Landrathsämtern geführt werden muß, und fragen: ob hiernach die gesetzliche Bestimmung über die beschränkten Besitzverhältnisse der Domänenkäufer einer bloßen harmlosen Zufälligkeit beizumessen sei? —

Doch kehren wir nach dieser Episode zu unserm eigentlichen Gegenstande wieder zurück. Auch bei den Wahlen der Landräthe unter den Rittergutsbesitzern wird man in einigen Provinzen solche vorzugsweise nur auf Personen adlichen Standes beschränkt sehen, selbst wenn sich unter den bürgerlichen Rittergutsbesitzern Kandidaten befinden, die nicht allein in Hinsicht wissenschaftlicher Bildung, Geschäftskenntniß und Erfahrung, sondern auch in Ansehung ihrer Vermögensverhältnisse auf einem weit höhern Standpunkte stehen. Zum Beweise könnten wir auch hierüber mehre Thatsachen anführen, wenn wir nicht dadurch manche noch lebende Personen unangenehm zu berühren fürchten müßten. Ueberdies ist es ohne nähere Bezeichnung allgemein bekannt, daß in einigen Kreisen der Landrath wegen unzureichender Intelligenz und wissenschaftlicher Bildung bloß nominell fungirt und der Kreissekretär das eigentliche fac totum ist.

Was nun die Regierungen betrifft, so müssen keineswegs, wie unsere Gegner behaupten, alle Mitglieder derselben den Nachweis führen, ein akademisches Triennium absolvirt zu haben. Aus den Beamten des Bau- und Forstfachs, des Steuerwesens, der Gemeinheitstheilungen u. s. w. wird eine nicht geringe Zahl zu Mitgliedern der Regierungskollegien gewählt und zu Räthen ernannt, die auf keiner Universität studirt haben, auch auf keine vielseitige Ausbildung Anspruch machen können, sondern die nur ihrer positiven Kenntnisse und Erfahrungen wegen, welche sie sich in einem speziellen Fache erworben haben, so lange in demselben bei der Regierung verwandt werden, als es ihre Kräfte gestatten. Die übrigen Mitglieder der Regierungskollegien, welche allerdings ein dreijähriges akademisches Studium nachweisen müssen, sind theils aus dem Adel, theils aus dem Bürgerstande hervorgegangen. Da das numerische Verhältniß der sich für den Staatsdienst ausbildenden jungen Männer in dem Bürgerstande, als der zahlreichern Volksklasse, das in dem Adel bei weitem überwiegt, so ist auch die Auswahl darin größer; nur die vorzüglichsten Köpfe werden gesucht und dadurch der angestrengteste Fleiß und Eifer in den Studien bei den jungen Männern bürgerlichen Standes unablässig genährt. In dem Adel dagegen, als der minder zahlreichen Volksklasse, ist schon an und für sich die Auswahl der künftigen Staatsdiener gering; sie wird aber noch dadurch ungemein beschränkt, daß sich ein großer Theil dem Waffendienste widmet. Die Söhne der reichen, begüterten Adelsfamilien, wenn sie für die höhern Regionen des Staatsdienstes bestimmt werden, wie das in der Regel der Fall ist, erhalten im Allgemeinen — denn Ausnahmen gelten, wie überall, so auch hier — eine höchst oberflächliche Ausbildung. Sie beschränkt sich meistentheils nur auf ein allgemeines encyklopädisches Wissen, auf einen äußern literarischen Schimmer, der von jedem tiefern, auf gediegene fundamentelle Gründlichkeit beruhenden Studium entblößt ist, wozu sie unter den Zerstreuungen und Genüssen in ihren Familienkreisen auch überhaupt nicht die erforderliche Muße und Ausdauer gewinnen können, und welche ihnen das spätere frohe akademische Jugendleben noch weniger gewährt. Treten sie sodann in die Landeskollegien ein, so nehmen sie gern, wie unsere Gegner sagen, erst zuhörend und betrachtend, dann nach und nach selbst mitwirkend an den Geschäften Theil; allein ihre Betrachtungen sind in dem Vorgefühl ihrer zukünftigen höhern Bestimmung vornämlich nur auf das Repräsentations- und Präsidialwesen, auf die Direktion der Geschäfte, auf die Leitung der Debatten u. dgl. gerichtet; ein tieferes Eindringen in die Geschäfte selbst, eine reelle mitwirkende Theilnahme an den eigentlichen mühevollen, anstrengenden Arbeiten wird ihnen in dem bequemen und für ihre Carriere ohnehin sorgenfreien Tragsessel der Geburt sehr bald zu lästig und ist daher von keiner langen Dauer. Daß sie auch, nach der Behauptung unserer Gegner, durch kommissarische Geschäfte das Volksleben in allen seinen Einzelnheiten weit genauer kennen lernen sollten, als diejenigen, die es nur nach den Erfahrungen beim Betriebe bürgerlicher Geschäfte zu beurtheilen vermögen, müssen wir geradezu bestreiten. Die Berührungen, in welche sie bei solchen kommissarischen Geschäften mit dem Volke kommen, sind nicht die gewöhnlichen des Lebens; sie können also auch daraus dasselbe, wie es in den verschiedenen Volksklassen wogt und wallt und in der Entwickelung fortzuschreiten strebt, um so weniger kennen lernen, je weniger sie früher, vermöge ihres Standes und ihrer Erziehung, mit allen Klassen des Volks in die gewöhnlichen Lebensberührungen zu kommen Gelegenheit hatten. Sie bleiben vielmehr darüber im Dunkeln, so klar sie auch zu sehn sich einbilden, und deshalb können weder die Ansichten und Urtheile unserer Staatsmänner aus diesen Adelsfamilien über das Volksleben und seine Bedürfnisse, noch die Maßregeln zur Leitung seiner Entwickelung befremden, die, in die Legislatur übergehend, zu allen den vielfachen Stockungen und Hemmnissen im Volksleben beitragen, durch welche die zahlreichen Gesetzes-Deklarationen hervorgerufen werden, die dann wiederum neue Stockungen und neue erläuternde Deklarationen veranlassen. Wir werden hiebei recht lebhaft an das Urtheil des alten Fürsten Blücher erinnert, als einmal von Konstitutionen und Staatsverfassungen die Rede war: „Der preußische Staat — sagte er — hat gerade eine solche Konstitution wie ich; im Kriege sind wir beide wacker und frisch, aber im Frieden will's nicht recht gehen." —

Betrachten wir die Erziehung der Söhne des minder begüterten Adels für den Staatsdienst, so wird denselben zwar die nämliche wissenschaftliche Ausbildung wie den Söhnen des Bürgerstandes zugewandt, allein nur in seltenen Fällen wird sie in gleichem Grade vollendet. Ein großer Theil verläßt die Gymnasien aus Mangel geistiger Fähigkeiten, um sich den Waffen zu widmen, wobei dann das Offizierexamen sich nicht selten als eine unübersteigliche Klippe entgegenstellt; viele werden unreif und nur aus einer unzeitigen Rücksicht auf Stand, Familienverhältnisse u. s. w. zur Akademie befördert und manche wegen gänzlicher Unfähigkeit von den Studien entfernt. Sollte es auch hierüber besonderer Thatsachen bedürfen, so werden sie unsere Schulanstalten in reichlichem Maße liefern können. —

Aus den Mitgliedern der Landeskollegien oder den Landräthen, sagen unsere Gegner, gehen nun in der Regel die Ministerialräthe, Präsidenten, Oberpräsidenten und Minister hervor, was wir als Thatsache anerkennen müssen. Aber eben so kann es als thatsächlich nicht geläugnet werden, daß auch hierbei, besonders bei Besetzung der Minister-, Oberpräsidenten- und Präsidentenstellen, ungeachtet der weit größern Auswahl unter den geist- und kenntnißreichsten Kollegienmitgliedern bürgerlichen Standes, dennoch nur die ungleich kleinere unter dem Adel prävalirt. Referendar — Landrath — Präsident, das sind die gewöhnlichen drei Leitersprossen, auf welchen so mancher von Adel bis zu den höchsten Stufen des Staatsdienstes hinaufhüpft, zu denen ein Beamter bürgerlichen Standes nur erst nach einer langen Reihe ruhmvoller Dienstjahre auf einer sehr engsprossigen Leiter mühsam empor zu klimmen vermag. Es kann daher auch nicht auffallen, wenn dieser oder jener auf die höhern Amtsstufen hinaufgehüpfte Staatsbeamte den von ihm gehegten Erwartungen nicht entspricht, und deshalb entweder selbst wieder zurücktritt, oder bei Seite geschoben wird, falls er sich nicht unter der Aegide eines tüchtigen, arbeitsamen Raths zu erhalten versteht, was aber freilich auch von dessen Persönlichkeit wesentlich abhängt. Denn wenn ein solcher Rath auf die Frage, wie er sich im Ministerio gefalle, erwiedert: „nun, ganz wohl; was der Herr Minister wollen, das thue ich, und was der Herr Direktor wollen, das thue ich auch;" so kann man einen baldigen Minister- oder Direktorwechsel als entschieden erwarten.

Aus dieser in ihren allgemeinsten Umrissen dargestellten Entwickelung des Beamtenstandes müssen wir die Ueberzeugung gewinnen, daß er alle die verschiedenen Grade von Talent, wissenschaftlicher Bildung, Intelligenz und Erfahrung; alle die verschiedenen Ansichten, Vorurtheile, Wünsche, Ansprüche und Leidenschaften der verschiedenen Volksklassen, aus welchen er hervorgeht, in sich vereinigt, und somit dieselben Elemente einschließt, welche das gegenseitige Drängen und Reiben im Volke veranlassen. Unsere Gegner haben daher vollkommen Recht, wenn sie sagen, daß ein unerklärlicher Zauber die Menschen, sobald sie in den Beamtenstand treten, so vollkommen umwandeln müßte, daß von ihrem frühern Wesen auch keine Spur mehr übrig bliebe. Nein, sie blieben vielmehr, was sie sind, Menschen, schwache, von Leidenschaften bewegte Menschen, und da gleiche Ursachen gleiche Wirkungen haben, so findet auch im Beamtenstande, wie im Volke, ein gleiches Drängen und Reiben statt, das sich nur deshalb nicht so sichtbar macht, weil der Beamtenstand in der That eine besondere, in sich vielfach getheilte und vom Volke abgeschlossene Kaste bildet. Die höhern Regionen dieses Standes werden, wie wir gezeigt haben, ausschließlich vom Adel eingenommen. Es ist zwar wahr, daß auch Beamten bürgerlichen Standes von eminenten Talenten der Zugang dazu offen steht, besonders in gefährlichen Lagen des Staats, wo solche Talente dringendes Bedürfniß sind, wie dies unmittelbar nach dem unglücklichen Kriege vom Jahre 1806 der Fall war; allein bei der geringsten Besorgniß einer Reform in den aristokratischen Prinzipien der freiern Volksentwickelung durch die Wirksamkeit solcher Beamten werden dieselben gewöhnlich nobilitirt, dadurch mit der Aristokratie verschmolzen, und sonach ihre Thätigkeit für die Ausbildung der Volksfreiheit wesentlich gelähmt. Abwärts von diesen höhern Regionen des Beamtenstandes vermindert sich der Adel in seinen Reihen nach und nach, je tiefer man hinabsteigt, bis er auf den untern Stufen, auf welchen die eigentliche Arbeit mit Zentnerschwere lastet und die größte Ausdauer und Kraftanstrengung erfordert, ganz verschwindet und diese Stellen ausschließlich nur dem Bürgerstande überläßt.

Anlangend die eigentliche Wirksamkeit der Beamten, so betrachtet jeder als das erste Grundprinzip seiner Amtsthätigkeit zunächst sein eigenes Wohl, d. h. seine Beförderung. Auf dieses Ziel, das er unverrückt im Auge behält, ist sein ganzes Streben gerichtet. Er hält diese Tendenz sogar für die erste seiner Pflichten, wenn er sie von oben herab sanktionirt sieht. Wir selbst haben von einem Oberpräsidenten gegen einen in dieser Hinsicht noch sehr bescheidenen und schüchternen Beamten die Aeußerung gehört: „was soll man von einem Beamten halten, der nichts für sich selber thut!" — Insofern nun aber diese Beförderung, so wie überhaupt das ganze zeitliche Wohl eines jeden Beamten nur allein in der Hand seines Chefs liegt, so hält er es um so mehr für Pflicht, sich dessen Gunst in jeder Hinsicht zu erwerben, als er weiß, daß er eigentlich stets in einem verfehmten Zustande lebt, indem sein Chef durch die Konduitenliste fortwährend ein heimliches Gericht über ihn hält, von dem er nichts, weder die Anklagen noch Urtheile erfährt, sich folglich auch nicht darüber rechtfertigen oder vertheidigen kann, sondern nur aus irgend einer ihn überraschenden Zurücksetzung die Vollstreckung eines solchen Fehmurtheils vermuthen muß. Und deshalb läßt es sich jeder Beamte wesentlich angelegen sein, sowohl in seiner Amtsthätigkeit, wie in seinem Privatleben sich nur nach den Grundsätzen, Ansichten und Launen seines Chefs zu bequemen. Deshalb meidet er auch möglichst alle öffentlichen Orte und gemischten Volksgesellschaften, in welchen das Leben frei und rücksichtslos nach allen Richtungen flutet, damit ihm nicht in einem unbewachten Augenblick, durch die Aufwallung seines eigenen momentan entfesselten Freiheitsgefühls, irgend eine freimüthige Aeußerung entschlüpfen möge, die zur Kenntniß seines Chefs gelangen und dessen Mißfallen erregen könnte. Er beschränkt sich vielmehr hauptsächlich nur auf die gesellschaftlichen Zirkel der höhern Stände, wo er Gelegenheit findet, sich im vollen Glanz der Servilität seinem Chef bemerkbar und dessen Familiengliedern angenehm zu machen. Mit einem Worte: nur die Gunst seines Chefs ist das Idol, welchem der Beamte seine Ansichten, Ueberzeugungen, Grundsätze, Neigungen, kurz seine ganze Individualität zum Opfer bringt.

Daß unter solchen verknechtenden Dienstverhältnissen von einem wirklich freien, unbefangenen Votum in den Regierungskollegien, wenn es sich um irgend ein wichtiges Prinzip für die freiere Volksentwickelung handelt, nicht die Rede sein kann, springt von selbst in die Augen. Nur über die alltäglichen Administrationsgegenstände, oder über einen an sich ganz gleichgültigen aber ungewöhnlichen Fall, welcher der Kuriosität wegen das Interesse des vorsitzenden Chefs besonders in Anspruch nimmt, wird oft eine sehr lange Debatte stundenlang fortgeführt. Auch wird es hiernach keiner weitern Ausführung bedürfen, daß diese Dienstverhältnisse des Beamtenstandes eine völlige Isolirung desselben zur nothwendigen Folge haben und dazu beitragen müssen, ihn als eine besondere, vom Volke abgeschlossene Kaste auszubilden.

Blicken wir in das Innere dieses Standes selbst, so sehen wir z. B. die Mitglieder der Regierungskollegien, mit seltenen Ausnahmen, auch unter sich durch so manche unerfreuliche Verhältnisse, als Neid, Mißgunst und vielfache Hinterlist, sich in der Gunst und Protektion des Chefs einander den Rang abzulaufen, in einer solchen Spannung leben, daß sie sich gegenseitig mit immer regem Mißtrauen beobachten, drängen und reiben, mithin ihre amtlichen Funktionen in einem stets mehr oder minder gereizten Zustande ausüben, der sich gewöhnlich in den Verfügungen an die untergeordneten Behörden am deutlichsten auszusprechen pflegt. Wo verschiedene Landeskollegien, wie z. B. das Oberlandesgericht und die Regierung, in einem Orte vereinigt sind, da treten auch noch der gegenseitige Stolz und Dünkel hinzu, mit welchen die Beamten dieser Kollegien sich möglichst von einander abzuschließen suchen, so daß jeder freundliche, kollegialische Umgang, jede freie, offene, unbefangene Austauschung der Ideen, Ansichten und Meinungen unter ihnen verhindert und dadurch ihre Verknöcherung und Isolirung noch mehr begünstigt wird. Wir dürfen hoffen, daß man uns bei dieser Behauptung nicht den Vorwurf der Leichtfertigkeit und Keckheit machen und deshalb auch keine wirklichen Thatsachen verlangen werde, denn — exempla sunt odiosa! —

Uns bleibt nun noch die Untersuchung übrig, ob und inwiefern der Beamtenstand dem Volke feindselig gegenübersteht und dem Willen des Königs widerstrebend, den Fortschritt und die weitere Entwickelung freier Zustände zu hemmen unablässig bestrebt sei. Wie wir gezeigt haben, so ist dieser Stand aus adlichen und bürgerlichen Personen in der Art zusammengesetzt, daß die höhern Stufen von den adlichen, die untern von den bürgerlichen eingenommen werden. Da der Adel in neuester Zeit alle seine wichtigsten Vorrechte eingebüßt hat, indem alle Gutsunterthänigkeit, alle persönlichen Vorrechte im Anspruche auf Aemter und Würden und alle Exemtionen in Entrichtung der Abgaben aufgehoben sind, derselbe also in dieser Hinsicht mit dem Bürgerstande auf ganz gleicher Linie steht, so muß es auffallen, daß dennoch alle höhern Beamtenstellen vom Adel ausgefüllt sind, ungeachtet die Masse der Talente, Kenntnisse, Intelligenz und Erfahrung im Bürgerstande bei weitem überwiegend ist. Worin liegt wohl der Grund dieser Erscheinung? — Wir glauben nicht zu irren, wenn wir ihn nur in dem Bestreben des Adels suchen, die ersten Würden und Stellen im Staate einzunehmen, um in unmittelbarer Nähe des Monarchen auch zugleich in den Bereich der Mittel zu gelangen, alles das im ersten Keime zu ersticken, was für die Aristokratie in irgend einer Hinsicht gefährlich erscheint. Und dahin gehört nun vor Allem die freiere Entwickelung der Zustände des Volkes. Als wirkliche Thatsache wollen wir hier nur die Emanzipation des Bauerstandes anführen, die Preußens zum Theil sehr energische Regenten ein ganzes Jahrhundert hindurch mit einer wahrhaft bewundernswerthen Ausdauer verfolgt haben, und die erst in unsern Tagen hat erreicht werden können. Schon unter den Kurfürsten geschahen die ersten Schritte zur Verbesserung des bäuerlichen Volkszustandes, besonders unter Friedrich Wilhelm dem Großen. Die Prachtliebe und deshalb großen Geldbedürfnisse Friedrichs I. veranlaßten den ersten Plan zur Vererbpachtung der Domänengüter und Bauerhöfe. Er scheiterte jedoch in der Ausführung durch mehre Mißgriffe, und der Urheber desselben, ein talentvoller Mann, der sich aus dem Bedientenstande bis zum Geheimen Kammerrathe emporgearbeitet hatte, wurde auf Betrieb des Adels mit lebenslänglichem Festungsarrest bestraft. Friedrich Wilhelm I. erleichterte den auf dem Bauerstande sehr ungleich lastenden Druck der Grundsteuer durch eine Revision und Egalisirung des steuerbaren Hufenstandes. Er verlieh in einigen Provinzen den Domänenbauern das Eigenthum der Höfe; das diesfällige Gesetz wurde jedoch unterdrückt, und somit die wohlthätige Absicht des Monarchen vereitelt. Auch Friedrich der Große vermochte mit aller Energie die Verbesserung des Zustandes der bäuerlichen Volksklasse nur wenig zu fördern. Obgleich er die Leibeigenschaft „absolut und ohne alles raisonniren" aufgehoben wissen wollte, so wurde diese Absicht des Königs doch insofern vereitelt, als man an deren Stelle die Gutsunterthänigkeit setzte, die den Bauer nach wie vor an die gutsherrliche Scholle band und ihn solche nach wie vor im Frohndienste mit seinem Schweiße zu tränken zwang. Nur die im Kriege verödeten Bauerhöfe wurden größtentheils wieder hergestellt; dem Einziehen derselben zu den Rittergütern durch eine Strafe von 1000 Dukaten für jeden Hof einigermaßen Grenzen gesetzt und den Domänenbauern das erbliche Besitzrecht ihrer Höfe verliehen. Der dem großen Könige in den achtziger Jahren des vorigen Jahrhunderts vorgelegte Plan zur Aufhebung der Frohnden und Vererbpachtung der Bauerhöfe in den Domänen fand aber so großes Widerstreben im Beamtenstande, daß er gänzlich desavouirt ward. Dennoch nahm ihn Friedrich Wilhelm II. mit besonderer Vorliebe wieder auf. Zur nähern Prüfung desselben ernannte er eine Kommission, mit welcher er sich darüber in einer geheimen Konferenz ausführlich besprach, und den Mitgliedern derselben nachher in einer Kabinetsordre „nochmals die strengste Verschwiegenheit empfahl, damit der Adel nicht allarmirt würde." Dessenungeachtet wurde der Plan aufs Neue unterdrückt und somit die auf lebendigen

Fortschritt seines Volkes gerichteten Absichten des Monarchen wiederum vereitelt. Erst unter Friedrich Wilhelm III., nachdem Frankreichs Volksheere den Sieg der Freiheit weithin über den Rhein und die Alpen getragen, gelang es, den Plan auszuführen. Noch war die neue Schöpfung nicht ganz vollendet, als sie durch die französische Invasion einer schweren Prüfung unterworfen ward. Sie überstand sie aber glücklich. Kein einziger vererbpachteter Domanial-Bauerhof wurde von seinem Besitzer in Folge der Kriegsdrangsale im Jahre 1806 verlassen, wogegen in den Rittergütern eine Schrecken erregende Zahl, in der Provinz Pommern allein über 700 Höfe verödeten. Ein so schlagender Beweis von den Vortheilen des bäuerlichen Grundeigenthums für den Staat, verbunden mit dem demüthigenden Hinblick auf den schmachvollen Ausgang des Krieges von 1806, rief das Edikt vom 14. September 1811 über die Regulirung der gutsherrlich-bäuerlichen Verhältnisse hervor, nicht ohne gewaltigen Kampf mit der jedem Fortschritt widerstrebenden Partei, so daß mehre wohlunterrichtete Staatsbeamte noch an dem Tage vor der Vollziehung dieses Edikts an seiner Promulgation zweifelten. Und dieser Kampf erneuerte sich nach dem ersten Pariser Frieden im Jahre 1814, wo diese Partei die Aufhebung des Edikts um jeden Preis zu erringen bestrebt war. Nur der Festigkeit und Weisheit seines unvergeßlichen Monarchen verdankt das preußische Volk die Ausführung dieses segenvollen Gesetzes.

Aus diesen allgemeinen Umrissen werden sich unsere Gegner überzeugen, daß die auf lebendigen Fortschritt der bäuerlichen Volksklasse gerichteten Absichten so vieler Regenten des preußischen Staats ein ganzes Jahrhundert hindurch vereitelt und vernichtet worden sind. Wer trägt daran die große Schuld? Auf wem lastet die Thränenflut so vieler tausend im Sklavenjoch untergegangener Menschengeschlechter? Ist es der Beamtenstand in allen seinen Gliedern und auf allen Stufen des Staatsdienstes? Das wäre schrecklich! Nein, es ist die dem Fortschritt der Volksfreiheit feindselig gegenüberstehende Aristokratie, die in dem Beamtenstande parasitisch wuchernd das Lebensmark desselben nur in ihrem Interesse auszubeuten sucht; es ist dieselbe Aristokratie, welche der General Foy in der französischen Deputirtenkammer auf die Frage, was die Aristokratie denn heut zu Tage noch sein könne, also apostrophirte; „je vais vous le dire: l'aristocratie au dix-neuvième siècle c'est la ligne, c'est la coalition de ceux, qui veulent consommer sans produire, vivre sans travailler, tout savoir sans rien avoir appris, envahir tous les honneurs sans les avoir merités, occuper toutes les places sans être en état de les remplir."

Das schwarze Postkabinet in Preußen.

Der Artikel in der Preußischen Staatszeitung vom 27. Februar 1842, Nro. 58, Paris den 21. Februar, welcher uns das Dasein eines sogenannten schwarzen Kabinets in Paris verkündet, in welchem von der Postverwaltung die Briefe heimlich geöffnet werden, zog auch hier in Preußen wieder die Aufmerksamkeit auf das geheime Wirken eines gleichen Instituts. Dieselbe gerechte Entrüstung, mit welcher die pariser Publizisten sich so stark über das Verbrechen der Verletzung des Briefgeheimnisses aussprachen, machte sich auch hier im Publikum Luft. In einem Aufsatze der Berl. Vossischen Zeitung, Nro. 44 d. J., die russische Postkonvention betreffend, sprach sich daher zuerst der Wunsch aus: das Briefgeheimniß in den Postkonventionen mit fremden Staaten ausdrücklich gesichert zu sehen. Wenn gleich nun in diesem Wunsche nicht direkt auf das Bestehen eines solchen schwarzen Kabinets bei uns hingewiesen wurde, so mußte das Generalpostamt dennoch aus dem Ganzen abnehmen, daß darauf hingespielt werde, und es sah wohl ein, daß, wenn dieser faule Punkt künftig nicht mehr bei Abschließung von Postkonventionen, als durch die einheimischen allgemeinen Gesetze gesichert, mit Stillschweigen übergangen werden dürfe, auch die Aufhebung des schwarzen Kabinets von selbst erfolgen müsse. Um daher darüber hinwegzukommen und weitern Besprechungen auszuweichen, erschien schon in Nro. 46 derselben Zeitung eine halbamtliche Erwiderung, in welcher es für unnütz erklärt wird, etwas über gegenseitige Garantie des Briefgeheimnisses in die Postverträge mit fremden Staaten speziell aufzunehmen, weil die Gesetze eines jeden Staates hierüber schon das Nöthige enthielten. Zugleich suchte man das Vertrauen, indem man sich stellt als ob man den eigentlichen Sinn des Aufsatzes und den gegebenen Wink nicht verstanden habe, dadurch herzustellen, daß darauf hingewiesen wird, wie ohne Ansehen der Person Derjenige unerbittlich der Strenge des Gesetzes überliefert werde, der Briefe unterschlägt, weil dieses gleichfalls zur Verletzung des Briefgeheimnisses gerechnet werden müsse. Doch diese Erwidrung kann das öffentliche Vertrauen nicht herstellen, die erregten Besorgnisse nicht beschwichtigen; es ist zu bekannt, daß die oberste Postbehörde selbst das Briefgeheimniß nicht achtet, und wenn nur wenige spezielle Fälle bekannt geworden sind, so ist dies nur ein Beweis von großer Vorsicht und Geschicklichkeit, nicht von der Gewissenhaftigkeit der Behörde. So wünschenswerth es nun auch unter Umständen sein mag, eine solche beklagenswerthe Thatsache, des moralischen Eindrucks wegen, nicht der Oeffentlichkeit zu übergeben, so muß doch hier jede Rücksicht aufhören, weil dieses Verhältniß schon zur Kenntniß zu Vieler gelangt ist, als daß die Aufhebung dieses Inquisitions-Instituts im Stillen hinreichen könnte; es muß vielmehr dem Publikum eine offne, unzweideutige Bürgschaft gegeben werden, daß in Zukunft ihre heiligsten Rechte auf Bewahrung des Briefgeheimnisses Achtung finden sollen; nur dies kann das Vertrauen zurückführen, im andern Falle würde die Besorgniß, das Mißtrauen, immer rege bleiben. Wir sprechen es daher hier offen aus: daß bei dem Generalpostamte in Berlin ein geheimes politisches Inquisitions-Institut für die Verletzung des Briefgeheimnisses besteht, welches am Besten mit dem Namen:

„Schwarzes Postkabinet“

zu bezeichnen ist, welchen Namen es auch bei der Behörde selbst führt. Es ist so genau bekannt, daß nicht nur das Expeditionslokal desselben bezeichnet werden kann (im zweiten Hofe des Postgebäudes links, Eingang zur geheimen Postkalkulatur, eine Treppe hoch, über den Gang, rechts zum keinen Entrée, die Thüre rechts vom Eingang zur geheimen Verifikatur), sondern auch die Namen der thätigen Mitglieder des Kabinets würden genannt werden können, wenn man nicht Persönlichkeiten zu vermeiden beabsichtigte. Dem Vorsteher dieses Instituts sind Gehilfen und Zöglinge zur Seite gegeben, damit diese unglückliche Kunst nicht verloren gehen möge. Gewiß ist es auch, daß die Expeditionsgeschäfte dieses schwarzen Kabinets nicht auf Berlin allein beschränkt sind, sondern daß diese geheimen, inquisitorischen Maßregeln auch auf andere Postanstalten in der Provinz entweder durch geheim instruirte Ortspostbeamte oder durch abgesandte Beamte des Hauptinstituts ausgeführt werden, wie es gerade von dem Generalpostamte beliebt wird.

Die innere Organisation dieses Inquisitions-Instituts in Berlin, als des Haupt-Instituts, ist vielfach verzweigt, und die Organe dabei sind durch Gratifikationen und durch die schwersten Drohungen über ihre Existenz zur strengsten Verschwiegenheit und zu Sklaven und Werkzeugen eines nicht ehrenvollen Geschäfts gewonnen. Der Vorsteher des schwarzen Kabinets hat die ausgedehnte Befugniß, sich die ihm zur Perlustration bezeichneten oder ihm selbst von Interesse scheinenden Briefe und Depeschen aus den Arbeitsschränken der Hofpostamtsexpeditionen selbst zu suchen, mit sich zu nehmen und wieder zu bringen, ohne die verantwortlichen Vorsteher dieser Expeditionen in irgend einer Weise zuziehen oder denselben Rechenschaft über sein Thun geben zu dürfen. Außerdem aber sind einzelne Beamte bei der Briefannahme-, der Decachirungs- und Briefausgabe-Expedition in das Geheimniß mit eingeweiht, um auf die eingehenden, zur Perlustrirung im schwarzen Kabinet bestimmten Briefe aufmerksam zu sein, solche zurückzuhalten und sie dem Vorsteher des schwarzen Kabinets zu gedachtem Zweck auszuhändigen. In diesem moralisch schwarzen Kabinet selbst sind die feinsten Instrumente und alle nothwendigen Werkzeuge für die künstliche Eröffnung der Briefe und deren Wiederverschließung vorhanden, wodurch jedes äußerlich erkennbare Merkmal einer geheimen Eröffnung für die Korrespondenten verhütet wird. Das verbreitete Gerücht, als sei sogar ein Wappenstecher vom Generalpostamte in Eid und Pflicht genommen, vermögen wir zwar nicht zu verbürgen, doch läßt sich die Wahrheit desselben annehmen, da ohne dieses nothwendige Hilfsmittel die Wirksamkeit des schwarzen Kabinets sehr beschränkt sein müßte, als was es sich nicht gezeigt hat.

Es gab eine Zeit, wo der Staat seine äußere und innere Ruhe durch geheime Umtriebe gefährdet glaubte; es soll hier nicht der Ort sein, zu untersuchen, ob diese Gefahr wirklich vorhanden war oder nur in der Einbildung beschränkter Köpfe bestand; aber es ist die Zeit, in welcher sich das schwarze Kabinet am thätigsten bewies; aus ihm zog der Geheime Oberregierungsrath von Tschoppe, berüchtigten Andenkens, vorzüglich die Nahrung seines unheilvollen Wirkens; es war sein strafbarerer Helfershelfer als er selbst. Im schwarzen Kabinet wurde die Korrespondenz der Publizisten, Studenten und jedes Andern, der den Verdacht freisinniger Ideen auf sich zog, geöffnet; es lieferte Auszüge aus den Briefen, und diese Auszüge bildeten dann die Anklagen, welche oft Harmlose in lange Untersuchungen verwickelten, deren schwere Folgen ihre ganze künftige Existenz vernichteten. Selbst wenn die Besorgniß für die Ruhe des Staates begründet war, war es nicht ehrenhaft, auf diese Weise dem Uebel entgegenzuwirken; das Mittel kann nie durch den Zweck gerechtfertigt werden. Doch auch diese Ursachen hörten auf, und das schwarze Kabinet blieb dennoch in Thätigkeit, es dauerte fort bis auf den heutigen Tag. Dies beweiset, daß es nicht eine Maßregel in augenblicklicher Bedrängniß, sondern daß es eine unentbehrliche Kontrolle der preußischen Bureaukratie ist, um alles ihr Nachtheilige unterdrücken zu können, ein Kind der Furcht, die Geheimnisse der innern Verwaltungszustände ans Licht gezogen zu sehen.

Daß nun übrigens ein solches Institut, wie das schwarze Kabinet, mag nun der Kreis seiner Thätigkeit von Hanse aus noch so bestimmt vorgezeichnet sein, zuletzt doch in der Hand eines Chefs, wie der der Postverwaltung, noch außer seiner geheimen polizeilichen und politischen Bestimmung eine Ausdehnung gewinnen kann und muß, die ins Unendliche geht und in die heiligsten Verhältnisse des Geschäfts- und Familienlebens eindringt, wenn derselbe sich dazu hinneigt, es zu seinen Privat-Geldspekulationen, zu seiner Unterhaltung und Befriedigung seiner Bedürfnisse zu benutzen, ist nicht allein leicht zu begreifen, sondern es muß sogar sehr verführerisch sein und ein sehr ehrenhafter Charakter dazu gehören, solche Gelegenheit nicht zu mißbrauchen. Es liegt nicht in unserer Absicht, hier persönliche Beschuldigungen zu erheben, aber mit wirklichem Schmerz sehen wir hier öffentlich im Druck erschienene Anschuldigungen gegen den jetzigen Chef der Postverwaltung vor uns liegen, die gerade deshalb, weil sie nie eine Widerlegung gefunden haben, jedes Mitglied des preußischen Staates indigniren müssen, indem durch dieselben die preußische Staatsregierung in seinem Minister beschimpft erscheint. Die Schrift welche diese Anschuldigungen enthält, ist in Preußen verboten, es ist

„Der deutsche Bundestag gegen Ende des Jahres 1832. Straßburg 1836. Eine politische Skizze von Gustav Kombst.“

Der Verfasser war Sekretär bei der preußischen Bundestagsgesandtschaft. Daß der Debit dieser Schrift in Preußen verboten war, hinderte noch nicht, daß der Inhalt derselben hier bekannt wurde, denn gerade das Verbotene wird mit um so größerer Begierde gesucht, und findet gerade deshalb um so leichter Glauben, weil es verboten ist. Wenn aber auch wirklich der Inhalt nicht nach Preußen gedrungen wäre, war denn der Herr von N. darum weniger verpflichtet, sich zu rechtfertigen? Nein, wahrhaftig nicht! Denn wenn er seiner persönlichen Ehre wegen — die auch uns nichts angeht, da wir es nur mit dem Manne in seiner Stellung, mit dem Minister zu thun haben — auch keinen Werth darauf legen wollte, welche Meinung von seinem Charakter, von seinem Wirken im Auslande verbreitet wurde, so hätte er doch die Ehre des preußischen Ministers reinigen sollen. Nur im engern Privatkreise, wo der Werth der Person über allen Zweifel ist, darf man dergleichen mit Stillschweigen übergehen, nicht vor dem Richterstuhle der öffentlichen Meinung. Doch in der Hoffnung, daß noch jetzt eine Widerlegung erfolgen möge und um den Anstoß dazu zu geben, wollen wir hier nicht zurückhalten und es offen aussprechen, daß eben so, wie der Inhalt der Kombst'schen Schrift hierher nach Preußen drang, auch derselbe hier Glauben im Publikum gefunden hat, und zwar unterstützt von einem so unscheinbaren Umstand, daß dadurch ein recht auffallender Beweis geliefert wird, wie nöthig es in jeder Stellung ist, auch den leichtesten bösen Schein zu vermeiden; nämlich unterstützt von dem Umstand, daß die Hofpostamts-Estaffetten-Expedition angewiesen sein soll, alle per Estaffette eingehenden Briefe und Depeschen, gleich ob sie für Privatpersonen oder fremde Gesandtschaften bestimmt sind, vor der Abgabe dem Chef der Postverwaltung vorzulegen. Diese Anordnung mag vielleicht in einer ganz unschuldigen und verzeihlichen Neugierde ihren Grund haben, aber das Publikum hält sie nun einmal für verdächtig und folgert hieraus, daß die unwiderlegten Angaben des Kombst in seiner Schrift doch wohl nicht so ganz ohne sein möchten. Da gedachte Schrift innere Verwaltungszustände betrifft, welche zwar 1836 noch nicht, aber doch jetzt, nach der neuesten Censurverordnung, besprochen werden dürfen, so wollen wir hier folgenden Auszug geben:

„Polizeiwesen der Bundestags-Gesandschaften.“

„Herr von N. war bekanntlich auch Generalpostmeister, und wußte sein „Departement so für seine Zwecke zu benutzen und in seinem „Sinne so musterhaft zu besetzen und in Ordnung zu halten, daß es ihm „von keinem Orte, wo ein preußischer Postbeamter war, an Nachrichten „fehlen konnte. (Nicht bloß für politische und polizeiliche Zwecke, sondern „auch in seinem Privatinteresse wußte sich der Generalpostmeister seiner „Beamten zu bedienen. Wir erwähnen hier nur des Faktums, daß Herr „N. zur Zeit, als die Antwerpener Citadelle von den Franzosen belagert „wurde, und es noch ungewiß schien, ob der General Chassé nicht die „Stadt bombardiren werde, plötzlich einen Courier mit der Nachricht er„hielt, Antwerpen stehe in Flammen. — In Folge des ausgesprengten Gerüchtes fielen die holländischen Papiere in Frankfurt um ein Be„deutendes. Herr von N. wußte in Gemeinschaft mit einem großen „Handlungshause, das seine Geldgeschäfte besorgte, von diesem Umstande „so guten Nutzen zu ziehen, daß er, als nach zwei Tagen die Unhaltbarkeit „des Gerüchtes am Tage lag, ein schönes Geschäft gemacht hatte.)

„Dies bezieht sich sowohl auf die im preußischen Staate selbst blei„bend beschäftigten Beamten, wie auf diejenigen, welche auf Kommissionen „im Auslande abwesend waren. Günstig war in dieser Hinsicht Herrn „von N. auch die zerstreute Lage der preußischen Provinzen, so daß er „eben so wohl über Polen wie über Belgien und Frankreich in wichtigen, „oder sonst von ihm bezeichneten Fällen die schnellsten und ausführlichsten „Nachrichten erhielt. An der französischen Grenze namentlich war in

„Saarbrück ein gewandter Beamter, Namens Opfermann, angestellt, der
„früher auf Kosten des Postdepartements in Paris und sonst in Frank-
„reich gewesen war, um die für seine besondere Stellung nöthigen Kennt-
„nisse einzusammeln und die erforderlichen Verbindungen anzuknüpfen.

„Außer andern Verrichtungen im Privatinteresse des Generalzahl-
„meisters war Herr Opfermann beauftragt, die französischen Depeschen,
„welche jene Straßen passirten, zu perlustriren, wie andere Briefe, welche
„ihm von Bedeutung oder Interesse schienen, einzusehen und die Ab-
„schrift an seinen Chef zu übersenden. Das Ministerium der auswärtigen
„Angelegenheiten zu Paris war indessen bald hinter diese Privatunterhal-
„tungen des Herrn von N. gekommen, und wußte bei Gelegenheit in sei-
„nen Instruktionen oder vertraulichen Mittheilungen Bemerkungen in Be-
„treff des preußischen Bundestagsgesandten einfließen zu lassen, die man
„gerade nicht Artigkeiten nennen konnte; die *mauvaise foi* des Herrn von
„N. pflegte darin selten vergessen zu sein. Auch zur Entdeckung liberaler
„Bewegungen und Bestrebungen in den verschiedenen Gegenden Deutsch-
„lands wußte Herr von N. seine Postmeister, die er im wegwerfenden
„Scherze „seine Postklepper" nannte, mit dem besten Erfolge zu benutzen.
„Zugleich schickten diese Postmeister alle Schriften, Flugblätter u. s. w.
„ein, von denen sie voraussetzen konnten, daß sie ihren Chef in politischer
„oder anderer Beziehung interessirten. In keiner Beziehung war
„übrigens Herr v. N. thätiger, als in Anknüpfung von Ver-
„bindungen, welche ihm interessante Mittheilungen zu ver-
„sprechen schienen, oder in Erforschung von persönlichen
„Verhältnissen, die seine Neugier reizen konnten oder ihm für
„seine amtliche Stellung wichtig vorkamen."

So weit im Auszuge; wir sehen das Bild einer wohl organisirten geheimen Privatpolizei vor uns, zu politischen Zwecken und Privatbörsen-
spekulationen geeignet und benutzt.

Wären nun diese dem Herrn von N. von Kombst zugeschriebenen verwerflichen und unwürdigen Handlungen wahr, so würde gewiß Jeder
nicht nur die persönliche Ehre des Herrn von N., sondern zugleich die
Ehre des Staats und der Nation für aufs Tiefste verletzt halten müssen.
Wir wünschen recht aufrichtig, daß sich der Herr von N. nicht nur herablassen, sondern daß es ihm auch gelingen möge, sich von dem Verdacht zu
reinigen, als ob er das schwarze Kabinet, dessen Existenz ihm in keinem
Falle zur Ehre gereicht, so wie seine hohe amtliche Stellung, wenigstens
nicht zur Befriedigung seiner Neugier, zur sichern Betreibung vortheilhafter Privatgeldspekulationen — um so mehr, als jedem Staatsbeamten

gesetzlich jede Fondsspekulation verboten ist — und endlich zur Perlustrirung der Depeschen fremder befreundeter Staaten gemißbraucht habe. Uebrigens wollen wir hoffen, daß wir bald eine unzweideutige Garantie erhalten für die absolute Bewahrung des Briefgeheimnisses, welche keiner Verwaltung mehr einen Schleichweg offen läßt, sich über Recht und Gesetz zu stellen.

Aus Königsberg.

Eine Korrespondenz aus Königsberg fällt über das jetzige Regime folgendes summarische Urtheil:

„Wir Königsberger gelten in Deutschland für die Fahnenträger des Fortschrittes, und sind stolz darauf. Dennoch schwebt jetzt mehr, als je, das Dionysos-Schwert über unserm Haupte, und nur mit Besorgniß und Zagen blicken wir um uns. Die Reaktion gewinnt durch die ausgesuchteste Kriegslist immer mehr Terrain, bemächtigt sich eines festen Postens nach dem andern und kommt ihrem Hauptziel, dem Wöllner'schen Absolutismus, immer näher. Das wird Jeder einsehen, der die letzten Attentate auf unser politisches Bewußtsein ins Auge faßt. Zwar das Palladium einer freisinnigen Zensur, die wir übrigens der Persönlichkeit der Zensoren, nicht einem freiern Zensurreglement, verdanken, ist noch in unsern Händen, obgleich die Regierung in letzter Zeit durch geheime Instruktionen besonders dem kräftigen, anständigen Liberalismus der „Königsberger Zeitung" entgegenwirkte. Denn gerade die populären, mit Treue und Klarheit abgefaßten Artikel dieses Blattes, welche in der Stimmung der Provinz eine seltene Revolution hervorbrachten, die politische Indifferenz in den regsten Antheil an Zeitinteressen verwandelten und das altgläubige Preußenthum, den Wust von Orthodoxie und Royalismus, die bösen Geister einer allerunterthänigsten Gesinnung verscheuchten, mußten die Besorgnisse der Regierung im höchsten Grade erregen. Doch vergebens bemühte sie sich, ihr lichtscheues, eulenhaftes Wesen, ihren nächtigen Gespensterspuk noch am hellen Tage der Aufklärung fortzutreiben. Jeder Bürger im Lande ist sich jetzt seiner Rechte bewußt, hat sein politisches Glaubensbekenntniß, tritt den Eingriffen der Regierung keck und offen gegenüber. Nur bei den Beamten findet sich noch zum Theil jene orientalische Ehrfurcht vor den Schritten der Regierung, jener schnöde Sklavensinn, der die Dienstbarkeit um ihrer selbst willen liebt, und den todten Mechanismus der Bureaukratie, der befruchtenden Bewegung eines freien Volkslebens gegenüber, mit allen Scheingründen des Egoismus vertheidigt. Besonders sind die Offiziere, welche in Preußen eine streng gesonderte, in aristokratischer Vornehmheit festwurzelnde Kaste bilden, den Bestrebungen der Zeit gänzlich fremd und feind, von der Unfehlbarkeit der Regierung in katholischer Strenggläubigkeit überzeugt und in subalterner Demuth, in disziplinärischem Pflichtgefühl dem Throne zugethan, der sie als seine Lieblingskinder hegt und pflegt. Hin und wieder findet sich auch in der Provinz jenes gesinnungslose Justemilieu, das über den Parteien zu stehen wähnt, während es in Wahrheit unter denselben steht."

Noch eine lustige Geschichte, die der Zensor der Rheinischen Zeitung gestrichen hat.

Unter dem Titel: „Der Schacher mit Rittergütern", hat Herr von Thadden-Trieglaff einen in der Generalversammlung der Pommerschen ökonomischen Gesellschaft zu Cöslin gehaltenen Vortrag herausgegeben und als „Streifzug" bezeichnet. Das Hauptdirektorium der genannten Gesellschaft hatte den Aufsatz für ihre landwirthschaftliche Monatschrift ungeeignet befunden. Man muß dies bedauern; die Monatschrift sollte so interessante Beiträge nicht zurückweisen.

Der Verfasser ist durchdrungen von der Würde des Ritterstandes, aber auch schmerzlich berührt von der dem Ideal so wenig entsprechenden Wirklichkeit. „Wie können wir uns wundern, wenn die Zeitungsschreiber unermüdlich bemüßigt sind, um uns bald die Jurisdiktion, bald die Polizei, bald das Kirchen- und Schulpatronat zu nehmen und auf jegliche Weise unsre Landstandschaft einengen wollen, um uns wo möglich lediglich auf die Gesellschaft der grasfressenden Thiere zu beschränken, ꝛc. Also nicht etwa mit Vieren zu fahren, sondern auf allen Vieren zu kriechen, das ist es, was unsere Gegner uns zugedacht haben!" Welche teuflische Menschen, die Zeitungsschreiber! Sie wollen nicht, daß die Staatsherrlichkeit verschleudert und zersplittert werde, daß der Landbewohner heiligste Interessen, z. B. die Justiz, den Willkürlichkeiten und Schiefheiten von Privatleuten und Privatverhältnissen anheim fallen, mit einem Worte, daß die Rittergüter kleine Staaten, kleine Königreiche im Staate seien. Heißt das etwa, die Rittergutsbesitzer zu Thieren herabwürdigen, wenn man darauf dringt, daß ihre Unterthanen aus der dumpfen Thierheit zu freierem, edlerem Dasein erhoben werden sollen? Und die liebe Landstandschaft! Es ist offenbar grausame Ungerechtigkeit, daß der Ritterstand auf den Landtagen bloß die Hälfte der Stimmen hat; er müßte dort unumschränkt ganz allein regieren, und liberalisirende Ritter gar nicht geduldet werden. Zwar ist die Zahl der Quadratmeilen, auf welchen Bürger und Bauern wohnen, ganz unverhältnißmäßig größer, als diejenige der ritterlichen; aber ist es nicht Frechheit, zu verlangen, daß ein Ritter weniger bedeute, als Tausende von Nichtrittern? Man erwäge doch die ganze Tiefe des Wortes: Rittergutsbesitzer! Ein solcher Mann muß so frei und so angenehm leben, als irgend möglich. Deshalb muß er sich selbst seine Gesetze machen: am besten also, wenn er geborner Gesetzgeber ist. Wie schön ist es doch in England, wie noch schöner in Ungarn!

In der Politik ist der Verfasser sehr stark. Als Beispiel seines Geistes und Witzes schreiben wir folgende Stelle ab: „Die Völker machen heutzutage an ihre Fürsten die unverschämtesten Prätensionen. Die Fürsten sollen ihnen das Verbum „Glücklich machen" bis zum Plusquamperfektum vorkonjugiren. Die Unterthanen wollen aber dabei möglichst zusehen, ganz ruhig ihre Cigarren rauchen, klug reden, und wo möglich durch eine geschwätzige und ränkesüchtige Deputirtenkammer eingreifen, wenn nach ihrer Meinung in dieser Konjugation einige Fehler vorfallen. Dies bildet dann, wie Jedermann weiß oder doch wissen könnte, die Konstitution oder das Beglückungssystem mit gestohlenem Leder, ꝛc." In diesem Tone geht es noch etwas weiter fort. Die Menschen wollen mitnichten, daß Andere ihnen das Glück mit Löffeln eingeben; sie wollen gar nicht zusehen, daß ihnen die eigenen Angelegenheiten von Andern aus der Hand gerissen werden; sie wollen nicht fremden, sondern eigenen Gesetzen gehorchen, in altdeutschem Sinne „mitrathen, wo sie mitthaten". Deputirte werden abgeordnet, den Volkswillen in Gesetze zu fassen; sie sind Beauftragte und bloß der abgekürzte Ausdruck für die Masse. Wenn sie ihre Pflicht nicht erfüllen, so kann man sie zurückrufen. Daß die Konstitutionen, welche wir gegenwärtig, besonders in Deutschland, haben, bei weitem nicht der Idee freier Staatsgesellschaften entsprechen, beweist nichts gegen ihre Eigenschaft als annähernde Stufen. — Aus einer Anmerkung geht übrigens die wahre Gesinnung des Verfassers über Verfassungen hervor: „Wir meinen vorzugsweise die französischen Machwerke jenseits des Rheins, nicht etwa die ständischen Verfassungen, ꝛc. — „Wir hassen eben so sehr absolutistische Willkür, als wir standhafte Stände verehren." — Der Verfasser bedarf sehr der Ermahnung, die altdeutsche Geschichte zu studiren. Bis zum Ekel muß man in unsern Tagen immer wieder darauf dringen, deutsche und französische Verfassung geschichtlich zurück zu verfolgen, wenn man sie richtig unterscheiden will. Wir Deutsche sind in den Sumpf des französischen Absolutismus versunken, und fangen eben an, die Köpfe wieder frei zu bekommen; dagegen haben die Franzosen seit 1789 daran gearbeitet, die alten deutschen (germanischen) Institutionen der Freiheit wieder einzuführen und zu vervollkommnen. Die Franzosen sind politisch unendlich deutscher, als die Deutschen; in vielen Dingen sind es auch die Engländer. Können wir uns im freien Staatsbürgerthum mit jenen beiden Nationen vergleichen? Haben wir freie Mannesrede, wie sie? Werden wir öffentlich von unsers Gleichen gerichtet? Besteuern wir uns selbst? Sind unsere Gesetze die Ausflüsse unsers eigenen Willens? Nein, und deshalb sind wir noch traurige Subjekte. Oder sollen wir uns mit der ständischen, d. h. mit der ritterschaftlichen Verfassung begnügen? Uns glücklich fühlen, daß wir zum absoluten Regiment noch das Ständethum hinzu bekommen haben? Wir glauben es dem Herrn von Thadden-Trieglaff aufs Wort, daß er auf ständische Verfassungen in Gnaden blickt. Diese Herren, welche der Fahne des Hrn. von Bülow-Cummerow folgen, sind gar nicht so abgeneigt gegen Konstitutionen, als es den Anschein hat. Aber sie müssen auf den Ritterstand und den Adel überhaupt berechnet sein. Es lebe die Freiheit, zu rufen, wird ihnen gar nicht so sauer, als Mancher denken möchte; nur muß dies eine „vernünftige, weise" Freiheit sein, namentlich eine ritterschaftliche. Die Gewaltigen, welche auf Grund und Boden festsitzen (sogar dann, wenn sie ihn ihr Leben lang nicht zu Gesicht bekommen), welche über Quadratruthen und Quadratmeilen weg ihr Herrscherwort ertönen lassen, sind sie nicht die wahrhaft Soliden, die Anker des Staates, die Bleigewichte der ganzen Gesellschaft? Alles andere Volk ist bloß „geduldet", wie Hr. v. Bülow-Cummerow sich technisch ausdrückt; Wissenschaft, Kunst, Handel, Gewerbe, Erfindungs- und Freiheitsköpfe — sind die beweglichen, veränderlichen Elemente im Staate, flattern mehr in der Luft umher und sind, weil ihnen der Grundbesitz mangelt, eine Art engagirte Schauspielerbande. Ist es demnach nicht einleuchtend, daß die politische Freiheit bloß den großen Grundbesitzern gebührt und heilsam ist, dagegen allen andern Menschen schädlich und unzuständig?

Fern sei es aber von uns, den Rittergutsbesitzern ihr Verdienst als Monarchisten zu schmälern. Für unsern Verfasser bürgt folgender Beleg: „Wenn die Strahlen des königlichen Thrones auf die rechte Weise an unsern (des Ritterstandes) Verhältnissen reflektiren, wenn die Stimme unsers Königs überall bei uns ihr Echo findet, dann können wir froh unsere Häupter emporheben und mit schmerzlicher Verachtung auf die revolutionär-konstitutionellen Staaten blicken, deren Oberherren die Sklaven ihrer Sklaven sind. „Lange lebe der König, und es freue sich, was da athmet im rosigen Lichte! er ist frei und herrscht nur über freie Männer. Aber seelenlose Sklavenmaschine — dein Name ist Konstitution!" Der literarische

Geschmack des Hrn. Verfassers erscheint hier wie sonst nicht im rosigen Lichte. Die Sache anbelangend, so wird sie noch klarer durch die Behauptung: „Der König ist ein großer Grund- und Gutsbesitzer, der Guts- und Grundherr aber ein kleiner König!“ Nicht wahr, eine köstliche Staatsverfassung! Der König der Erste unter Seinesgleichen; warum führen wir nicht lieber gleich die altpolnische Wirthschaft ein, welche mit dem freien Veto jedes königlichen Edelmanns das ganze Land unter die Füße dreier Herren gebracht hat? — Auffallen muß es, daß die deutschen konstitutionellen Fürsten es sich gefallen lassen, „Sklaven ihrer Sklaven“ zu sein. Die Sache muß also wohl nicht so schlimm sein. Der Besitz einiger Prozente von dieser fürstlichen „Sklaverei“ würde die konstitutionellen Unterthanen zu Freiherren machen. Sonst wäre auch gar nicht erklärlich, daß der deutsche Bundestag „revolutionäre“ Staaten in seinem Gebiete duldete. — — Von den „freien Männern“ hat kein Einziger das Recht, öffentlich seine Meinung frei auszusprechen. Ueberhaupt ist Keiner, über welchen geherrscht wird, wirklich frei; bloß ein Volk, welches sich selbst regiert und seinem Willen gemäß durch Beauftragte die Verwaltung führen läßt, ist frei.

Wie gefällt dem Leser dies: — Gleich dem Curtius „sind wir — alle Stände — fertig und bereit, uns in jede offene Spalte zu stürzen, aus der die giftigen Dünste der Revolution aufsteigen könnten, und der Abgrund wird sich schließen“. Rühmenswerther Eifer! Aber, wenn alle Stände sich in den nimmersatten Abgrund stürzten, woher sollte die Bevölkerung des Landes, woher die Staatseinnahmen kommen? Weiß ferner der Verf. nicht, daß die rechtzeitig genossene Portion Früchte der „verruchten“ Revolution Preußen gerettet hat?

Der Güterschacher ist ein fatales Symptom in der ritterschaftlichen Welt. Der Verf. erhebt sich gegen diese „Pest“, im Interesse der Erhabenheit des Ritterstandes. „Wir verdienen, daß man uns die Reichskleinodien nimmt, wenn wir selbst das Rittergut zu einer Handelswaare herabsinken lassen. Wo bleibt beim Güterschacher das oberherrliche und väterliche Verhältniß zwischen dem Gutsherrn und seinen Einsassen?“ Wäre der leidige Geldbeutel nicht! Selbst das väterliche Regiment ist nicht kugelfest gegen das diabolische Gold. Ritter sind eben Menschen; die große Majorität von beiden will Geld, möglichst viel Geld machen. Bietet sich ein hübscher Profit dar, so schlagen die Meisten ihre Rittergüter los. Der Verf. selbst bekennt reuig, daß er in einem schwachen Augenblicke schon einmal einen so thörichten Gedanken gefaßt habe. Er verlangt nun, daß der zum Verkauf Genöthigte bloß einem Würdigen das Gut überlasse, der „im

Stande ist, über Menschen zu herrschen, die eine unsterbliche Seele haben, rc." Wäre nur nicht die Noth oft so dringend! Bekanntlich ist die Verschuldung eine bei Rittergütern sehr, sehr häusige Erscheinung. Als Hauptmittel gegen die Verderbniß des Ritterstandes schlägt der Verfasser vor, daß die Aufnahme an strengere Bedingungen geknüpft werde. Neulinge sollen nur gradweise „in die gutsherrlichen, kreis- und landständischen Rechte hineinwachsen". Wir wünschen viel Glück zu dieser innern Reinigung, damit der „wahre ständische Korporationsgeist" gedeihe. Man wird von Schmerz und Mitleid ergriffen, wenn man die Anmerkung liest: „Am Kreistage zu N. St. mußte leider ein schwer betrunkener Gutsbesitzer die Treppe herunter geworfen werden." Uebrigens ist der Verfasser in Worten gegen eine bevorzugte Kaste von Rittergutsbesitzern, und tadelt das „inhaltsleere Junkerthum". Ist aber das inhaltsvolle Ritterthum nicht ein sehr bedeutend privilegirter Stand? Ob bürgerlich oder adelig, ist kein wesentlicher Unterschied. „Jakobinische Zeitungsschreiber machen sich ein Vergnügen daraus, adlige und bürgerliche Rittergutsbesitzer auf einander loszuhetzen." Sie haben denn doch mehr zu thun, als solche Kleinigkeiten. Spaßhaft ist die Art, wie die Zeitungen gewissen Menschen als die Pech- und Schwefelquellen alles Unheils gelten. Würden alle „übelmeinenden" Zeitungen erwürgt, so wäre das Paradies wieder gewonnen.

Besonderes Aergerniß nimmt der Verfasser daran, daß Rittergüter auch an Juden verkauft werden, „sogar an solche, die sie nachher ellenweis aus einander messen". Dann geht es weiter zum „christlichen Staate", zum ewigen Fluche, der auf den Juden laste, u. dgl. Dabei fleißige Zusammenstellung von Bibelzitaten. Wenn die Juden die Rittergüter zerschlagen, so machen sie sich wahrhaft um die Menschheit verdient; es ist wünschenswerther, daß hundert Familien ihr Brod haben, als daß ein großer Herr im Ueberflusse schwelgt. Hierin erblicken wir Menschlichkeit, Freiheit, Vernunft; der Verfasser freilich beklagt, daß „der entfesselte Grundbesitz der Knechtschaft des Materialismus überliefert" werde. Hiezu habe auch Stein viel beigetragen, welcher im Uebrigen als ächter Ritter gepriesen wird, laut einer mitgetheilten Stelle aus Arndt's „Erinnerungen". —

Man nehme noch folgende Stelle hin: „Noch tragen wir zur Vertheidigung von Thron, Herd und Altar das Schwert an der Seite, mit dem unsere Vorfahren, die Heruler und Rugier, einst Rom eroberten! (wenn es in diesem galanten Zeitalter auch etwas spitz und dünn geworden ist)." Folgt eine Symbolik der ritterschaftlichen Uniform, z. B. „der

Schmuck unserer Schultern, was bedeutet er anders, als Flügel, um sich aufzuschwingen zu dem auf dem Thron sitzenden Adler! (wenn die Flügel auch etwas kurz und beschnitten sind, ja so sehr, daß der Adler sich wiederum auf unsere Schultern herab bemüht hat)", u. s. w.

Der Verfasser hat sich anonyme Angriffe verbeten. Es wäre am besten, wenn Keiner solchen Wunsch mehr auszusprechen brauchte.

K. Nauwerk.

X e n i e n.

Ein Thierkreis.

W i d d e r.

Manches Seltsame sah ich am christlichen Hofe zu Potsdam:
    Ueber Eines jedoch bin ich noch immer erstaunt.
Denkt nur: aus allen Ländern verschrieb man niedergebrannte
    Kerzen um höheren Preis, als man für ganze bezahlt.
Solche nur sollen beleuchten den Hof — Ihr lächelt und glaubt's nicht?
    Fragt nur Schelling und Tieck, wie man die Stumpen dort schätzt.

S t i e r.

Von Verfassung träumen die Preußen, von Einheit die Deutschen:
    Das ist bedenklich! gebt an, wie man den Schwindel vertreibt.
„Herr, da müßt Ihr ein Narrenseil auswerfen: die Deutschen —
    Alles lassen sie stehn, glaubt mir, und hängen sich dran." —
Tages darauf schon las in der Staatszeitung man den Aufruf:
    Deutsche! den Dom zu Köln bauen gemeinsam wir aus!

Zwillinge.

Schwager, du bist ein Narr, doch sitzt der Schelm dir im Nacken.
    Und dir, Schwager, dem Schelm, sitzet im Nacken der Narr."

K r e b s.

Zu des heiligen Reichs Sandbüchsenverwalter berufen,
    Such' ich dem deutschen Volk Sand in die Augen zu streu'n.

Löwe.

Vorwärts schreiten wir! Wer vor zwanzig Jahren von Einheit
Deutschlands schwatzte, der kam als Demagog in's Verhör.
Jetzt bringt unserer Einheit ein österreichischer Vierfürst
Vor versammeltem Volk selber ein donnerndes Hoch.
Recht so! Den Teufel, den mit Furcht und Zittern die Väter
Wegzubannen gesucht, malen die Söhn' an die Wand.

Jungfrau.

Glücklich die großen Herrn! – ich sah's in Charlottenburg neulich –
Wünschen sie etwas: ein Wort sprechen sie: gleich steht es da.
So sind wir Andre zufrieden, wenn uns im Winter die Aepfel
Im geflochtenen Korb sendet der Keller herauf:
Dort an künstlich gedrechseltem Baum, vor jeglicher Mahlzeit,
Bindet ein Hofkavalier sauber die Aepfel mit Zwirn,
Daß die erhabene Hand sie selbst vom Zweige sich pflücke —
Wieder lacht Ihr? Nun ja, sah ich's doch selber mit an:
An demselbigen Abend, wo vor versammeltem Hofstaat,
Wie einst vor Perikles Volk, man die Antigone gab.

Wage.

Als Jerusalems Tempel, den Gott im Himmel gerichtet
Hatte, wiederzubau'n, menschlicher Fürwitz begann:
Siehe, da brachen Flammen aus unterirdischen Klüften,
Und vor der höheren Macht zog sich die Willkür zurück.
Bis hieher und nicht weiter! wo so die Geschichte gesprochen,
Wagt Ihr weiterzubau'n? Fühlt Ihr nicht beben den Grund?
Murrend trägt er beides schon lange, der Götter und Fürsten
Alte Paläste: seid klug, macht ihm die Last nicht zu schwer!

Skorpion.

Wie? ein so frommes Werk befeindest du? „Lasset die Todten
Ruhen!“ Dieses allein nenn' ich ein frommes Gebot.
Leichen herauszuscharren, die doch zu beleben die Kraft fehlt,
Sei es ein griechischer Chor, sei es ein christlicher Dom,
Heiß' ich Hyänengeschäft. Wer, nach dem Gestern verlangend,
Gegen das Heute sich kehrt, wird auch das Gestern entweih'n.

Schütze.

König ist unter den Mimen mein Seydelmann. Aber mein König —
Daß Schauspieler er bloß unter den Königen ist!

Steinbock.

Hört man euch zu: stets sprecht ihr vom stetigen Fluß der Geschichte.
Sieht man euch handeln: stets dämmt ihr den Strom nur zurück.

Wassermann.

Alle herein, ihr großen Männer germanischer Zunge!
Euch ein Pantheon hat Ludwig der Baier erbaut.
Deutsche Kaiser herein, und deutsche Sänger im Eichkranz!
Für Philosophen sogar hab' ich ein Plätzchen bewahrt.
Halt! du bist nicht gemeint! — „Ich nicht in's Pantheon deutscher
Zunge? Luther, der auch Deutschen die Zunge gelöst?" —
Sieh, ich bin ein katholischer Fürst — du entschuldigst mich selbst wohl —
Und was die Sprache betrifft, hab' ich von dir nichts gelernt.

Fische.

Erst ein Fest; dann ein Denkmal dem Fest; dann ein Fest für das Denkmal:
Schwaben, wohin? mit euch geht ja die Dankbarkeit durch!

Dr. D. Fr. Str.

Der Kölner Dom.

Und wieder schallt ein mächt'ger Laut
Entlang die deutschen Haine:
„In allen Gau'n steht auf und baut
Am Dom zu Köln am Rheine.
Die große Zeit, wo diese That
Des Einen Volks gescheh'n,
Sie wird, wofern ihr unserm Rath
Wollt folgen, neu ersteh'n.

Das Werk, an dem die Väter treu
Im Dienst des Herrn sich mühten,
Vollendet ihr's, so werden neu
Euch sprossen Segensblüthen.
Der ird'sche Sinn hat euch befleckt,
Wascht euch im deutschen Strom,
Vom alten Glauben neu erweckt
Baut aus den heil'gen Dom." —

Am Glauben fehlt's uns leider sehr,
Zumalen euch, ihr Schreier;
Ihr sprecht von Einheit, ja noch mehr,
Wir werden selbst noch freier:
Ein einig freies Deutschland baut
Dem Feind im Angesicht
Am Dom des Einen Glaubens — schaut,
Ihr Deutschen, rührt's euch nicht?

Die Großen öffnen ihre Hand
Und spenden um die Wette:
Wer ist so arm im deutschen Land,
Der Nichts zu geben hätte?
Dukaten, Thaler, Groschen, gebt
Nur her, auch Kreuzer! Denkt,
Daß ewig euer Name lebt
Durch's Scherflein, das ihr schenkt.

Kehrt eure Taschen um, ihr dürft
Die Steuern selbst bewilligen,
Ein süßer Trank, nicht wahr? So schlürft,
Wer könnt' es doch mißbilligen?
Die heilige Familie schickt,
Die Judenkönigin
Zum Dom, mit eigner Hand gestickt:
Zeigt euren Christensinn!

Und macht ein evangel'scher Mann
Sich Skrupel — wie verblendet!
Erst heut' kam Luthers Eh'ring an
Aus Magdeburg gesendet.
Ja, Katholik und Protestant,
Und Jud' und Hottentott,
Zeigt aller Welt, wie tolerant,
Ihr glaubt an Einen Gott!

Ich aber sag' euch ohne Hehl:
Vergeb' euch Gott die Sünde,
Wie ihr auch mir vergebt die Fehl,
Wenn ich euch frei verkünde:
Jedweder Groschen, jeder Stein,
Den ihr der alten Zeit
Wie ihrem Glaubensdom am Rhein
In blindem Eifer weiht:

Er ist der Zukunft, ihrem Dom,
Dem Freiheitsdom gestohlen!
Ihr Thoren hofft dort aus dem Strom
Den heil'gen Hort zu holen? —

Man lockt euch an mit buntem Schein,
Ihr glaubt und seid entzückt;
Seht zu, daß ihr nicht einen Stein
Euch auf's Gewissen rückt.

Was soll uns Köln und euer Dom?
Wozu sein Gut verschwenden?
Soll auch im Sand, wie Deutschlands Strom,
Deutschlands Begeist'rung enden?
Wenn ihr das Volk zusammenzieht,
Zu bauen dieses Haus: —
Aus Schwaben=, Baiernfenstern sieht
Die Einheit nicht heraus.

„Der Freiheit sind wir Alle hold
Noch aus den Burschentagen,
Für Einheit wollen Stein und Gold
Zum deutschen Dom wir tragen.
Ein edler König ruft: mit Lust
Sieh, wie sich Alles regt!" —
Der Teufel hol's, wenn euch die Brust
Nur auf Bestellung schlägt!

„Halt ein, Barbar, der Kölner Dom
Soll liebend uns vereinigen!" —
Dort kommt ein Schiff herab den Strom
Mit Material — zum Steinigen;
Ihr könnt mich schweigen, leichte Müh',
Ich werde folgsam sein,
Da diese Steine spät und früh
Doch laut zum Himmel schrei'n.

L. Seeger.

Censurschnitzel aus „Hamburgs Brand"*).

Wir fragen dich, du sturmbewegte Glut,
Warum du diese Stadt erwählt zur Beute?
Warum nicht eine Stadt von jungem Blut,
Voll höfisch feiner, adeliger Leute?
Sieh' doch die Spree-Palmyra in der Mark,
Die heil'ge Stadt, in ihrem Glauben stark.
Jetzt ist die neue Babel fromm geworden,
Und hat nach oben ihren Blick gewandt.
Sie trägt an Hals und Busen Kreuz und Orden,
Ein adliges Diplom in ihrer Hand.

Hofräthe, Fähnderichs und Kammerherrn,
Die Pendel an der Uhr der Langenweile,
Der bunte Rock, der Schlüssel und der Stern:
Das flattert hin und her mit Windeseile.
So leben sie in echtem Knechtessinn
Ein vielgeschäftig far niente hin.
Aus jedem Klotze hau'n sie ihre Götter;
Vor jedem Fetisch knie'n sie andachtsvoll;
Der König, Liszt, Manoeuvre, schönes Wetter;
Die Langeweile macht sie wirr und toll.

Sieh' jene and're glatte Künstlerstadt,
Das prächtige Athen der Jesuiten!
Auf üpp'gem Sopha ruht sie gähnend matt,
Ihr Haupt vermummt, gleich einem Eremiten.

*) Lieder der Gegenwart. Königsberg bei Th. Theile. Zweite Auflage. 1842.

Die Stadt, romantisch und antik zugleich,
An Schönheit arm, an Schminke überreich.
Sie schwingt den Thyrsus, eine Kunst-Mänade,
Und tauzt in trunk'nem Wahnsinn, wüst und nackt,
Bei'm Karneval die erste Gallopade
Nach ihres königlichen Spielmanns Takt.

Hierhin, hierhin, in diese Schranzenbrut,
In diese Bedlams wohlbestallter Irren
Stürz' dich mit Ungestüm, du gier'ge Glut,
Laß' deine feurigen Geschosse schwirren!
Hier sieht man noch auf vielen tausend Zeh'n
Das heuchlerische Mittelalter geh'n.
Was will solch' schleichend Volk in unsern Zeiten,
Dies ew'ge Angebinde alter Nacht,
Da wir auf dem Kothurn der Freiheit schreiten
Am hellen Tage hin zur off'nen Schlacht?

Amnestie.

Sie lächeln! — doch ihr Lächeln ist verloren,
Vergebens ihrer Blicke Sonnenschein;
Wie ich für Fürstendonner keine Ohren,
Hab' ich kein Herz für ihre Schmeichelei'n.
O seht euch vor, es ist ein falsches Treiben!
Und diese Gnade — unser jüngst Gericht!
Wir wollen, Brüder, auf dem Wahlplatz bleiben:
Die Garde stirbt, doch sie ergibt sich nicht!

In Rosen gilt's die Freiheit zu erdrücken,
Die sich in Ketten nicht erdrosseln läßt:
O gönnt dem Volk, dem Pöbel sein Entzücken,
Dies falsche, heuchlerische Freudenfest!
Ihn hungert wohl, er geht nach seinem Brode,
Das man ihm fürder reichlicher verspricht.
Uns dürstet! D'rum dies Glas dem freien Tode!
Die Garde stirbt, doch sie ergibt sich nicht!

Ei schaut, der Käfig wird nun aufgeschlossen,
Da längst der Vogel nicht mehr fliegen kann.
So mancher unsrer alten Kampfgenossen
Ist nun ein müder, ein gebrochner Mann!
Hübsch sind die Blumen, d'rin ihr sprecht; nur Schade,
Daß draus der Dorn des Despotismus sticht.
Das Recht vor Gott braucht keines Königs Gnade:
Die Garde stirbt, doch sie ergibt sich nicht!

Was war denn zu vergessen und vergeben,
Und welche Todessünde zu verzeihn?
Nach mancher Krone pflegten wir zu streben;
Doch sagt, schenkt man in Euern Kronen Wein?
Wir wollten uns so gern mit euch versöhnen!
Gebt Raum der Freiheit, wie dem Tageslicht!
Ihr zaudert? — Gut, so laßt den Schlachtruf tönen:
Die Garde stirbt, doch sie ergibt sich nicht!

So will's die Zeit; sie heischet Feuerzungen,
Ihr Sturm verweht der Liebe sanften Hauch;
Doch was wir für die Freiheit einst errungen,
Errangen wir für unsre Liebsten auch.
Wenn Alle jubelnd in die Hände schlagen,
Weil 'mal ein Gnadenstrom aus Felsen bricht —
Dann können unsre braven Mädchen sagen:
Mein Liebster starb, doch er ergab sich nicht.

G. Herwegh.

1841. 1843.

Die Lust war groß, d'rum ist das Leid unsäglich;
Ganz Deutschland sprang begeistert auf vom Sitze
Und grüßte träumend seiner Schwerter Spitze:
Das Wort klang prächtig, doch die That blieb kläglich.

Was bargen jene Wolken, die sich täglich
Zu Wettern ballten bei der jähen Hitze?
Für Knaben windige Theaterblitze —
Pfui! die Komödie wird unerträglich.

Von alten Heiligen ein kleines Rudel —
Und darum die Berliner gar so kindisch?
Und darum so viel Wochenblattsgesudel?

Ein Bißchen Griechisch und ein Bißchen Indisch —
O schöner Kern von einem solchen Pudel! —
Ich dacht' es gleich; er wedelte so hündisch.

G. Herwegh.

Pour le mérite.

Sie wollen dir den Tag entfernen,
Der schon so frisch am Himmel weht
Das ist's, was in den neuen Sternen
Für dich, mein Volk, geschrieben steht!

Man gibt als Futter deinen Blicken
Der Sterne kalten, falschen Schein;
Du magst sie all' zusammenflicken,
Sie werden keine Sonne sein.

Nicht eine Lanze wird es brechen,
Das neue, zahme Ritterthum;
Kaum wird ein Sänger für dich sprechen,
Man macht ja selbst die Sänger stumm.

Nein, edles Roß, du bist verloren
Und von der Meute todt gehetzt,
Wenn nicht der Fremdling dir die Sporen
Bald wieder in die Flanken setzt;

Wenn sie nicht draußen Freiheit rufen,
Daß du in Galle überschäumst
Und hoch mit flammensprüh'nden Hufen
Dich gegen deine Dränger bäumst;

Wenn sich nicht über deinem Hause
Von Westen her ein Wetter ballt
Und bis in deine sich're Klause
Der Donner der Empörung schallt.

Du bist und bleibst ein Knecht, der fluchend
Am heil'gen Zorn sein Süpplein kocht,
Bis fremde Völker, Einlaß suchend,
Fest an die Thüre dir gepocht!

G. Herwegh.

Parabel.

Erlaubt mir, daß ich 'mal berichte
Euch eine alberne Geschichte:
Sie kommt mir eben in den Sinn,
Geduld ist deutsch, d'rum nehmt sie hin.

War eine brave, brave Frau,
Die nahm's im Dienste wohl genau,
Und macht, so brav sie auch gewesen,
Doch niemals vieles Federlesen.

Die Frau hat einen muntern Hahn,
Der kräht ihr stets den Morgen an,
Und war nach seiner Hahn-Natur
Für sie die allerbeste Uhr.

Sobald den Tag er angesagt,
Da weckt' die Frau die faule Magd,
Was unsre Magd gar baß verdroß,
Daß sie im Grimme einst beschloß,

Dem Vogel zu stutzen seine Schwingen,
Und, meld' ich's kurz, ihn umzubringen.
Es war gedacht, es war gethan,
Die Götter bekamen einen Hahn.

Was aber hat die Magd gewonnen?
Die sonst geweckt ward mit der Sonnen,
Ward nun geweckt um Mitternacht,
Nachdem den Hahn sie umgebracht.

Ach! sprach die Magd, die schwer Bethörte,
Wenn ich den Hahn doch krähen hörte!
Sein Krähen hat so schön geklungen,
Als hätt' eine Nachtigall gesungen.

Und nun der Witz? wir bitten dich!
Ihr kennt die Frau so gut, wie ich;
Sie ist die schönste weit und breit,
Ihr Anblick die volle Seligkeit.

Ihr kennt wohl auch des Nachbars Hahn,
Dem ihr so viel zu Leid gethan;
Und wenn ihr mich nach dem Dritten fragt:
Du, deutsches Volk, du bist die Magd!

Doch wenn ihr den Hahn auch mordet, ihr Sklaven,
So denkt darum nicht länger zu schlafen,
Erst weckt' euch die Frau nach dem Hahnenschrei,
Nun ist's mit dem Schlummer auf ewig vorbei.
Die Freiheit kommt wie ein Dieb in der Nacht
Und ruft euch zu: Erwacht! erwacht!

G. Herwegh.

Preußisches Fastenmandat.

Ei, ei, ihr seid ja recht im Zuge?
Ein unmaskirter Fastnachtreihn?
Kommt, setzt euch jetzt zum Dünnbierkruge,
Stellt endlich das Rumoren ein.
Ein Aderläßchen, daß dem Strome
Des Bluts der üpp'ge Reiz vergeht;
Vor Allem aber — die Symptome
Verlangens so: — Diät! Diät!

Vorüber ist die Zeit der Toaste,
Der Freiheit blauer Montag aus;
Der Krönungsochs auf seinem Roste
Ist längst verzehrt; jetzt geht nach Haus.
Nach so viel durchgeschmausten Stunden
Seid ihr ein Bißchen aufgebläht.
Die Hungerkur will euch nicht munden?
Wer spricht von hungern? Nur Diät!

Gesteht es selbst, ihr fühlt euch kränklich,
's ist mehr als Indigestion.
Ich schick' euch, weil der Fall bedenklich,
Die Sanitätskommission.
Befolgt nur ihre weisen Sprüche,
Wenn euch der Trank auch widersteht —:
Er wird filtrirt in *unsrer* Küche;
Nur ja nichts Geistiges! Diät!

Mit Bauern saßt ihr bei der Zeche,
Tagtäglich floß der Rhein'sche Wein,
Ihr schlucktet ganze Feuerbäche
In eurem Heidendurst hinein.
Das Wirthschaftsrecht ist aufgehoben,
Wer schenken will, braucht ein Dekret;
Ein Mäßigkeitsverein von oben
Begünstigt, fördert die Diät.

Schon früher war't ihr an einander,
Und Unrath roch ich gleich beim Strauß;
Doch rieth uns damals Ehrn Neander:
Laßt das! Es trägt die Müh' nicht aus!
Nun seh' ich freilich, wie mit Güte
Man tiefer stets hinein geräth.
Es schreit das Volk und schwingt die Hüte:
Wir sind gesund, wozu Diät?

Wer konnte sich den Aufruhr träumen,
Als ich erschloß die Kellerthür,
Daß unter allen grünen Bäumen
So laut sich macht die Ungebühr?
Noch schlimm're Wirthschaft muß ich ahnen;
D'rum haben wir auch zugedreht
Jetzt drei der allergrößten Hahnen;
Die andern folgen! Nur Diät!

L. S.

Kritik.

Friedrich von Sallet.

Wer je, in göttlichem Gedankenstreben,
In sich erschaut das Wahre, Schöne, Gute,
Lebt in der Menschheit fort ein ewig Leben,
So wahr und wirklich, wie im Fleisch und Blute

Laienevangelium.

So wird dein Lied auch mit im Strome wallen,
Der weltbefeuchtend rollt und siegesbrausend.

Ebendaselbst

Bei einem Festmahle im hohen Norden, mitten unter Gläserklingen und begeisternden Toasten, ließ der verstorbene Dichter, dessen Namen ihr so eben gelesen, dem Verfasser dieser Zeilen durch Freundeshand seine gesammelten Gedichte überreichen, in denen sich, dem sie begleitenden Schreiben zufolge, nicht weniger denn „ein Menschenleben, von den Blüthenträumen der Jugend bis zum furchtbaren Ernste der Gegenwart, entwickelt“. Der Dichter schien mir damals nur mit einer Periode seines Lebens abgeschlossen zu haben; ich ahnte nicht, daß er so bald mit dem Leben selbst abschließen würde. Ich las seine Gedichte, ich las sie wiederholt, ich las sie für mich, ich las sie vor Andern laut und trunken; wie Manches hatten wir uns zu sagen! Wie oft habe ich die Feder angesetzt, um seinen Gruß zu erwiedern! Ich bin ihm die Antwort schuldig geblieben. Ein Vierteljahr ist verstrichen seit dem Empfange jenes Buches, und die ersten Frühlingsschauer wehen über das Grab eines der edelsten Söhne des deutschen Vaterlandes. Friedrich von Sallet ist todt. Er starb — wenn wir den Geschiedenen durch solch' ein Wort beleidigen dürfen — ohne einen klappernden Schweif abstrakter Literaten zu hinterlassen, die ihm die Leichenrede halten. Daß Sallet unendlich mehr Geist und Talent hatte, als unsere eben bezeichneten Literaten zusammen, könnten sie ihm schon verzeihen; daß er aber mehr Gesinnung gehabt und nur auf diese Gesinnung stolz gewesen, weil nur die Gesinnung aus der Theorie herauskommt und den Muth der That verleiht, müssen sie unverzeihlich finden, und die natürliche Folge wird sein, daß sie unsern Dichter ignoriren. Sie thun damit nur, was Leute, die ein Gewerbe treiben, stets einem Mann gegenüber thun müssen, der eine Mission hat, wie Sallet. All' das impotente Volk, das den Mund so voll nimmt und uns, wie z. B. der große Modist Heinrich Laube, täglich von Produktion, von schöner Produktion, auf die es ankomme, unterhält und gegen die deutsche Tendenz — Bärenhaftigkeit protestirt, all' das Volk, das zu produziren meint, wenn es sein nacktes, winziges Talent wie ein feuchtes Schwämmchen recht oft auspreßt, das produziren zu können meint, ganz für sich, aus sich heraus, ohne den Bund, die Ehe einzugehen mit einer großen, sittlichen Idee, — all' dies Volk oder, ohne Umschweife gesagt, dies Pack, mit dem uns der Himmel so reichlich gesegnet, wird einem Charakter gegenüber erröthen und stumm sein. Er ward geboren, er starb, er schrieb das und das, und — hatte, beiläufig gesagt, ziemlich Talent. Das sind die Worte, die deutsche Literaten einem Dichter nachzurufen wissen, der die Glut und das Verlangen einer neuen Generation in sich konzentrirt, der an Entschiedenheit einem Börne zu vergleichen, der allerdings seine Leier oft mit der Faust, statt mit den Fingern, gespielt, in seiner Form mehr reinlich erscheint, als schön, mehr männlich, als elegant, der gar zuweilen im grenzenlosen Schmerze über Eure grenzenlose Dummheit die Grazie vergessen kann und — was freilich am wenigsten zu entschuldigen ist — nie begriffen hat, daß deutsche Novellen das Vaterland retten werden. Selbst die „Liberalen" waren ehrlich genug, sich nicht zu sehr enthusiasmiren zu lassen von unserm Dichter. Ich sage „ehrlich" genug, denn so, wie unsere guten Liberalen einmal sind, wäre es ein mehr als frivoles Spiel gewesen, wenn sie auch hier — Aehnliches haben wir in jüngster Zeit ja erlebt — hier, wo ihnen in herber, schauerlicher Schönheit ein aus dem tiefsten Grunde heraus radikal reformirender, unerbittlich konsequenter Geist, ein neues, der Lüge bis aufs Mark dringendes Bewußtsein, eine bis zur poetischen Leidenschaft gewordene Politik der Zukunft sich enthüllte, die auf mehr als langweilige Stände und zufällige Umstände, die auf eine neue Weltanschauung basirte und den ganzen hergebrachten heiligen Plunder negirte, — ich sage, es wäre ein frivoles Spiel sonder Gleichen gewesen, wenn die Liberalen, das vulgus profanum der Halbheit, auch hier, wo alle Verwandtschaft mit ihnen feierlichst desavouirt wurde, die claqueurs und admirateurs hätten abgeben wollen. Sallet hatte denn doch Forderungen zu stellen gewagt, vor denen der lieben liberalen bourgeoisie das Herz im Leibe zittern mußte. Merkwürdig! Die tiefe Sittlichkeit dieser Forderungen anzuerkennen, soll nur ein Fürst keinen Anstand genommen haben, wenn man einer Korrespondenz in der Augsburger Allgemeinen Zeitung Glauben schenken darf. Merkwürdig! Begreif' es, wer es kann, und wer erst im Verlaufe unserer Darstellung erfahren hat, wie Friedrich von Sallet mit dem vornehmen Bettel und der bettelhaften Vornehmheit umgesprungen ist.

Sallet wird zunächst nur eine kleine stille Gemeinde um sich vereinigen; nur die Elite der Gegenwart wird ihn lieben und begreifen. Die Kunstkenner par excellence aber müssen wir bitten, ihre Weisheit für sich zu behalten. Sie können mit leichter Mühe da und dort ein Haar in diesen Gedichten finden; denn neue Gedanken, die in Fluß gerathen, formiren sich nicht so leicht zu vollendeten konkreten Gestalten, und werden, gleich den äginetischen Kunstwerken, immer noch eine gute Portion abstrakten Fleisches an sich haben. Sallet ist, wie Shelley, oft tieferer Denker als großer Poet, und wo er Poet ist, mehr Satyren-, Oden- und Hymnen-Dichter, als Liederdichter. Das Lied, das singbare Lied, das jede Sentenz und Reflexion ausschließt und seinen ganzen Gedankeninhalt in Melodie und Plastik auflöst, treffen wir selten bei Sallet, und es wird ihm daher auch schwer fallen, unmittelbar bis ins Herz des Volkes zu dringen. Dagegen dürfen wir zum voraus behaupten, daß noch manche lyrische Fliege ihr poetisches Schwefelhölzchen an seiner Glut anzünden wird. Heine thut ihm vielleicht die Ehre an, ihn in einer Fortsetzung des Atta Troll unter seine Tendenzbären zu versetzen. Immerhin! Die neue poetische Aera, eine Vorläuferin der neuen politischen, gleicht alsdann in ihrem äußern Verlaufe nur ihrer Vorgängerin im Reiche, und hätte sich dessen eben nicht zu schämen. Erst das Klopstock'sche Bärenfell, ehe die Göthe'sche Toga kommt, bis auch diese abgetragen ist und die Literaten eine Affenjacke aus ihr schneiden, wo alsdann die Kunst, deren Inhalt überhaupt immer Einer ist mit dem Inhalt der Geschichte, genöthigt sein wird, abermals einen neuen Inhalt und ein neues Bärenfell zu suchen!

Mag man solch „protzige" Freiheitssänger wie Sallet nach Herzenslust „dürftig" schelten; sie sind dürftig, wie Kolumbus, der eine neue Welt entdeckt. Denn nicht weniger als eine neue Welt ist es, welche der begeisterte Seher schaut, und die durch ihn begeisterte Menschheit suchen und finden wird. Ich habe oben gesagt, ich sei Sallet eine Antwort schuldig geblieben, ich will sie ihm jetzt geben, indem ich versuche, euch einzuführen in das Heiligthum einer Seele, vor deren Energie die meisten Wortführer unserer Tage wie blasse Schatten fast spurlos verschwinden müssen. Legen wir selbst eine Beichte ab, indem wir ein ächtes Kind der Zeit oder, wenn man will, der Zukunft, seine Freuden und Schmerzen, seinen Stolz und seine Demuth, seine Hoffnung und Liebe, wie sie sich im Laufe eines kurzen Lebens entfaltet und gestaltet, beichten lassen. Durch Niemand hat sich der sittliche Ingrimm über die Faulheit und Verworfenheit unserer Zustände so kräftig ausgesprochen, wie durch diesen Apostel einer reinen, freien Menschlichkeit. — Wir dürfen kecklich dem beistimmen, was er selbst von sich sagt, und wollen es an die Spitze unseres Denkmals setzen:

So auf das Letzte, Größte nur
Hast Du gerichtet Deinen Sinn,
Daß des Gemeinen, Kleinen Spur
Kaum flüchtig einfurcht drüber hin.

Sallet besaß so viel Selbstgefühl, als jeder wahre Dichter, als jeder Mensch, der am Werke des Fortschritts zu arbeiten sich bewußt ist, besitzen darf und besitzen muß; jenes Selbstgefühl, das Göthe so wohl ansteht, und aus dem, um ein näher liegendes Beispiel zu nehmen, Platen so wenig Hehl machte, Platen, dessen Stolz durch die Misere der Restaurationsliteratur auch mehr als gerechtfertigt war, wie ihm christliche Philister, denen ihre Religion solchen Stolz verbietet, denselben auch mißdeuten mögen. Sallet ruft geradezu aus:

Und vor der Menschheit schreit' ich groß
Noch durch Jahrhunderte daher.

Wie anmaßend! Nicht wahr?

Aber wie demüthig, wenn er an einem andern Orte sagt:

Und doch bin ich nur ein Kleiner
Unsres Heers, ein Fähndrich bloß,
Wäre klein, wie Eurer Einer;
Nur die Sache macht mich groß!

Die Sache! Da haben wir's; Nichts als Tendenz und ewig Tendenz in dieser neuen „protzigen" Lyrik. Umsonst, daß die Allg. Zeitung dagegen ihre Stimme erhebt, umsonst, daß Herr von Cotta seine Barden in Maroquin mit Goldschnitt binden läßt. Es ist kein Gemüth mehr in der jungen Generation und kein Sinn für die ewigen Gefühle, die alle Wuth der Parteileidenschaft überdauern werden. Gott und Natur waren sonst die Gegenstände, die ein Dichter sich auserkor; Thron und Altar sind es jetzt, an denen die Poeten ihren giftigen Milchzahn versuchen. Und so es noch Einer wagt, im Kreise seiner Freunde ein beschauliches Leben zu führen und nicht jeder Thorheit dieser Schreihälse seine Stimme zu leihen, gleich ist die negative, Jung-Hegelsche Kritik bereit — Aber — quos ego!

Ueber Sallet's Lebensverhältnisse ist uns wenig mehr bekannt geworden, als was die Zeitungen mitgetheilt haben. Einer Stelle im Laienevangelium zufolge (S. 381) stammt seine Familie aus Frankreich und ist entweder kurz vor oder kurz nach der Bartholomäusnacht von dort ausgewandert. Diese seine Abstammung von den Hugenotten ist unserm Dichter nicht ohne

Bedeutung; er erwähnt ihrer gern, und sie prädestinirte ihn, wie er meint, zum unerschrockenen Kämpfer im Dienste der Geistesfreiheit; er findet die Brut der „Tilger und Verbrenner", vor denen seine Ahuen geflohen waren, noch nicht ausgestorben; ihre Waffen sind nur feiner, aber eben damit auch giftiger geworden. Eine „geistgestimmte" Gattin erheiterte die letzten Tage unsers Dichters und scheint ihm in seinem Ringen und Streben treulich zur Seite gestanden zu haben. Es ist da und dort dieses Verhältnisses gedacht, und die Gattin bleibt an heroischer Gesinnung nicht hinter dem Gatten zurück. In der Romanze von einem jungen Weib, die den speziellen Beisatz hat: „nicht erfunden", lautet der Schlußvers:

Und der dies Lied gesungen,
Hat auch ein junges Weib.
Wenn ihm der Ruf erklungen,
Sie wird nicht sagen: Bleib'!

Und im „letzten Bedenken":

Still! es muß ja doch gewagt sein,
Und dir ist es auch bewußt.
Jedes Wort, es muß gesagt sein,
Das mir Gott legt in die Brust.

Um so strenger ist der Dichter, der erfahren hat, was ein Weib dem Manne in unserer Zeit sein kann und sein muß, gegen die deutschen Franen und Mütter der Jetztzeit, die so selten die Höhe ihrer Aufgabe und die Würde ihres Berufes zu begreifen vermögen. Man lese die betreffenden Stellen im Laienevangelium, S. 327 ff.

Was kümmert euch des Mannes ernste Sendung?
Wenn er mit euch nur tändelt und empfindelt,
Wenn durch Fürsprache, Schmeichelei, Verwendung
Dem Söhnchen nur ein Aemtchen wird erschwindelt.

Und wenn er dann nicht stiehlt, zur Predigt gehet,
Und flieht der Säufer, Spieler, Raufer Innung,
Dann habt ihr Alles ja, was ihr erflehet;
Gefährlich, unrecht wär's, hätt' er Gesinnung.

Und:

Ihr ziehet statt zu Freien, statt zu Männern,
Uns zu Bedienten auf, ꝛc.

Wir wollen hier abbrechen, den Verstorbenen glücklich preisen, daß er nicht aus eigener schmerzlicher Erfahrung sprechen mußte, und jedem deutschen Dichter eine Frau wünschen, wie sie Sallet besaß. Wir gehen vom Leben zu den Werken des Verstorbenen über, und deren kommen zwei in

Betracht: das Laienevangelium und die Gesammelten Gedichte, ersteres seit dem Jahr 1842, letztere erst seit diesem Jahre im Buchhandel.

Ueber das Laienevangelium, das religiös-politisch-philosophische Glaubensbekenntniß des Dichters, sind uns noch bei Lebzeiten Sallet's einige Betrachtungen vom Dr. Nees von Esenbeck zugekommen, die wir selbst nur durch folgende eigene einleiten und erweitern möchten, ehe wir den erwähnten Aufsatz einschalten — Sallet's Laienevangelium kann allerdings als Beweis gelten, daß unser Zeitalter bei weitem nicht so irreligiös ist, wie man gewöhnlich vorgibt; freilich darf dann unter Religion nicht die Knechtung des Geistes durch ein unbegriffenes sinnloses Jenseits verstanden werden, in welchem Falle wir mit Bruno Bauer ohne weitere Umstände für gänzliche Abschaffung des unglückseligen, verwirrenden Wortes stimmen würden. Nicht unter die Tyrannei des Gemüths oder unter die Gewalt der Phantasie hat sich der menschliche Geist aufs Neue begeben, sondern im Gegentheil, das Bestimmende und Maß und Gesetz Ertheilende für Phantasie und Gemüth ist der selbstbewußte Geist geworden. Gemüth und Phantasie kommen ihm allmälig entgegen, und alle drei scheinen Eine große Flamme zu werden, wozu der Verstand oder die Vernunft das Licht, Gemüth und Phantasie aber die Wärme liefern. Die Resultate der Philosophie fangen an, ins Blut zu gehen, die Theorie wird Praxis, die Erkenntniß Gesinnung und Wille, der Sonntagsstaat einiger Exklusiven das Werktagskleid Aller, das universelle Eigenthum der Menschheit, Welt- und Volksbewußtsein.

„Ein lebendiges Dasein der Philosophie" wird von den verschiedensten und widersprechendsten Seiten her gepredigt, und es gibt mancherlei Antworten auf die Frage: wie ist ein solch' lebendiges Dasein der Philosophie am leichtesten zu realisiren? „Legt ihr's nicht aus, so legt was unter", und so finden denn viele Leute das, was die Philosophie durch Jahrhundert lange Arbeit zu Tage gefördert hat, kurz, die ganze Weisheit unserer Zeit, sammt ihrem Verlangen nach einem lebendigen Dasein dieser Weisheit, realisirt, wo? in Christus, im Christenthum, von dem uns die Kirche bisher nur die Schale gereicht hat, dessen Kern aber viel süßer sein soll, als alle Mandelkerne der Welt. Diese Leute wagen, nach Hegels Vorgang, es mit der Kirche, wie mit der Philosophie zu verderben. Mit jener, indem sie die ganze Gottlosigkeit der neuesten deutschen Philosophie dem Neuen Testamente auf den Hals laden, aus dem Zimmermannssohn von Bethlehem einen noch tiefsinnigern Philosophen machen, als der Schuster Jakob Böhme gewesen, und aus der Bergpredigt eine veritable Predigt des Berges, des französischen Berges. Sallet im Laienevangelium und sein Kritiker gehören zu den Menschen, die den Muth haben, den freiesten und kühnsten Inhalt ihrer Zeit in sich aufzunehmen, aber nicht den Muth, wie wir, auch die alten Formen zu zerbrechen und den neuen Geist in einen neuen Schlauch zu füllen. Sie glauben das Volksbewußtsein leichter zu reformiren, indem sie wenigstens mit dem neuen und neu gewonnenen Inhalt an eine bereits vorhandene Form anknüpfen. Sie sprechen ungefähr also: Der Rock, den ihr bisher getragen, ist freilich etwas fadenscheinig geworden; aber versucht es einmal, ihr lieben Leute, und wendet denselben um — wie schön euch doch das Futter stehen wird! Natürlich müssen solche Interpreten die Bibel fast ohne alle historische Kritik hinnehmen, wie sie nun einmal ist, und die Forschungen auf diesem Gebiete so gut wie völlig ignoriren. Sallet opfert, wie der kühnste Denker, die ganze alte Welt, das ganze alte Bewußtsein, behält aber fast bis auf das Pünktchen des J den alten Titel bei für das neue Evangelium. Doch, müssen wir hier bemerken, hat sich auch das bei ihm noch geändert, wie wir am Schluß der Kritik seiner Gedichte aus einer Anmerkung ersehen werden. Es schien ihm wohl gefährlich, länger mit dem Christenthum, oder überhaupt mit der Religion, zu argumentiren, da bei den Widersprüchen, die das Christenthum enthält, dieser Weg den Royalisten und Legitimisten so gut wie den Kommunisten und Atheisten offen steht, wovon wir uns bei den Franzosen überzeugen können.

So sehr wir also gegen die Sallet'sche Deutung der christlichen Dogmen protestiren, weil wir gegen alle religiöse, ins Gebiet der Vorstellung fallende Form protestiren müssen, die für die reifere Menschheit entbehrlich geworden ist, so gern bekennen wir uns zu dem Inhalte, den er aus den Evangelien gesucht, und zu der Offenbarung, die er im Christenthume gefunden. Seine Losung ist auch unsere Losung, und Selbstbewußtsein das große Wort, das auch über dem Eingang des Tempels, in dem Sallet opfert, geschrieben steht. Ich wüßte in der That kaum mehr einen Unterschied zwischen der Sallet'schen Weltanschauung und den Resultaten der neuesten Philosophie, wie sie durch Feuerbach und Bruno Bauer gewonnen wurden, anzugeben. — Wir werden bei der Kritik der Gedichte den Beweis nicht schuldig bleiben.

Welche Zeit ist es im Reiche Gottes?

Von Dr. Nees von Esenbeck in Breslau.

Der Verleger von Sallet's Laienevangelium hat den guten Gedanken gehabt, die bisher erschienenen Anzeigen und Kritiken dieses Werks zu sammeln und unter die Freunde desselben zu vertheilen, wofür ihm gewiß Viele Dank wissen werden.

Es kommt hiebei weniger die, an sich zwar nicht uninteressante Vergleichung des Für und Wider in Betracht, welche uns damit bequem gemacht wird, als vielmehr jene höhere Erwägung, daß das alte Evangelium in dem Munde eines Zeitgenossen sich wiedergebären wolle, und daß seiner Stimme die Jünger, die da Ohren haben zu hören, und in denen der Geist des Verständnisses wohnt, nicht fehlen.

Wenn Sallet vor zwanzig Jahren dem Evangelium seine Stimme geliehen hätte, sie würde nur in Wenigen einen Anklang gefunden haben; sie wäre den Herzen fremd geblieben, die sie jetzt in Eintracht zu versammeln beginnt.

Dieses nun, daß eine lebendige Erinnerung an Christus, den Gottmenschen, und daß der Dichter des reinen Evangeliums an der Zeit ist, das ist der rechte und eigentliche Preis dieses Werks und seines Verfassers.

Es dürfte wohl nicht anstößig sein, dem Geiste, der sich hier offenbart, und welcher allerdings in den tiefern und theilnehmenden der hier vorgelegten Beurtheilungen auch einmüthig erkannt wird, noch etwas näher zu treten und ihm das Wort zu gönnen, daß er sich selbst ohne Umschweife ausspreche.

Er wird zuerst dem Zeitalter Gerechtigkeit widerfahren lassen und ihm das Zeugniß geben, daß es so irreligiös nicht sei, als Manche wähnen, und daß es keiner Nachhülfe von Außen in dieser Hinsicht bedürfe, am wenigsten einer geistlichen Züchtigung und symbolischen Einpferchung, sondern nur seiner eigenen Forthülfe, für welche es im Namen des Erlösers sein achtzehnhundertzehnjähriges Recht in Anspruch nimmt, im Namen der Vernunft aber dem Irrthum und der Verstocktheit gegenüber seine Macht gebraucht.

Zum Zeichen dieses gerechten Urtheils diene die Theilnahme, welche das Evangelium in der Sprache der Jetztwelt bei Allen findet, zu denen es gelangt.

Als Christus unter Juden, Römern und Griechen seiner Zeit wandelte und seine Reden zunächst an die Juden richtete, sprach er zu diesen in ihrer Sprache und nach ihrem Verständniß, und zwar nicht zu den Priestern und Schriftgelehrten, sondern zum Volke. Man nehme an, daß er in seiner Gottesmacht auch hätte reden können, wie Luther oder wie Hegel, so würde er dennoch nach seiner Weisheit dort nicht in dieser Weise, sondern gerade nur so geredet haben, wie er wirklich that, weil jene ihn nur so verstehen konnten, in anderer Weise aber nicht. Er gab dem Volke mehr Bild als Wort, und den Worten gab er mehr Tiefe als äußere Entwickelung. Er wollte ja nur Eins begreiflich machen, daß der Gott des Zorns nur dem feigen Sklaven zürne, nicht aber dem, der mit des Menschen Sohn sich Gottes Sohn nenne und dafür erkenne. Damit war das Werk der Erlösung von der Furcht vollbracht.

Und waren denn die Juden jener Tage ein so hoch gebildetes, sittliches Volk, daß nur sie solche einfache Wahrheit richtig fassen konnten? Sollte nicht auch an das Volk der spätern Tage, an das Volk der unsrigen, dieselbe Erlösungsstimme einfach und unmittelbar gerichtet werden können? Der Gott des Zorns war ja als Götze des Aberglaubens verschwunden in dem Augenblicke, da Christus sprach: „Kinder Gottes, es gibt keine Gottes-Sklaven, es kann solche Ungethüme nicht geben; folget mir nach, ich bin der Weg, die Wahrheit und das Leben.“ Es war ferne von ihm, zu sagen: ich bin der „Herr“, wie man jetzt ihn in servilster Weise zu nennen liebt. Nicht der „Herr“, sagte er, sondern „das Leben“, das Leben selbst, und dann „die Wahrheit“. Also auch nicht etwa das künftige Leben, gegen welches dieses Weltleben eigentlich nichts, als nur ein Fegefeuer oder ein Vorfegefeuer zur Vorbereitung sei, sondern schlechthin „das Leben“ nannte er sich, damit freilich auch nicht dieses Leben, wie es gerade damals in Jerusalem war, und daher auch sein Reich nicht von dieser, den Messias hoffenden Welt, eben so wenig aber irgend ein künftiges Leben mit Uebergehung und Nichtbeachtung des frühern, so hoch in die Himmel man auch dieses Leben hinauf verlegen möchte. Dieses Erlösungsleben war alsbald da und bleibt da ewiglich.

So sind alle Worte des Evangeliums nicht bloß auf die Sittenlehre gerichtet, oder auf die Stiftung eines Kultus, sondern durch und durch philosophisch und voll jener göttlichen Kraft, mit der Christus seinen Jüngern selbst mehr als einmal die Macht der Wunder zumuthete und dann den Mangel des Glaubens rügte, der aus der Sklavenfurcht entspringt und den Menschen hindert, den Weg, die Wahrheit und das Leben, die lebendig vor ihm liegen, in Wahrheit zu nehmen, wie sie sind, und mit ihnen einzugehen in des Vaters Reich.

Als Lehre, welche die Jünger in alle Welt verbreiten sollten, konnte die lebendige Gegenwart der Erlösung nur aufgenommen werden durch die selbstthätige Erzeugung des Begriffs der Erlösung, d. i. durch das Erfassen der göttlichen Natur Christi in sich selbst. Und als sie nun, nachdem schon seine persönliche Gegenwart von ihnen geschieden war, zu diesem freudigen Bewußtsein hindurchdrangen und den Geist in sich gewahrten, da wurde zugleich auch die Unreife der Zeitbildung in ihnen offenbar, daß sie wähnten, der Geist sei ihnen von Außen gekommen und nur ihnen, und die Kraft des Ausdrucks, daß sie mit Zungen redeten und in sich gewiß wurden, daß die Sprache des Geistes dem Geiste immerdar und allenthalben verständlich sei, und daß sie dieses Vertrauens mit Zuversicht lebten, — diese Kraft sei ihnen eine Gabe, sei ihnen ein Beruf *).

Damit war denn wieder dem Gott des Zorns der Weg in den Tempel geöffnet, die Lade des neuen Bundes stand wieder wie ein verschlossenes Buch im Heiligthume, die Christenheit trennte sich in Priester und Laien und die Epochen der christlichen Zerwürfnisse begannen ihren Lauf.

Die Geschichte der christlichen Theologie ist die Entwickelung dieser besondern Gestaltung der von und in Christus rein dargestellten Religionsidee; denn es ist das Wesen der Religion, ihren Begriff zugleich als ein Daseiendes zu haben, daher sie sich so eng an die Geschichte anschließt und als die bewußte Natur derselben anzusehen ist.

Der Ausgangspunkt der christlichen Theologie ist, was auch die Theologie dagegen einwenden mag, von dem der Lehre Christi ganz verschieden. Diese steht von Anbeginn in der ewig frischen und vollendeten Gegenwart der höchsten Idee da, jene schiebt das Erlösungswerk auf die lange Bank eines in schlechter Unendlichkeit ewig unvollendbaren Prozesses der Versöhnung durch subjektive Aneignung des Verdienstes Christi und objektive Gnade des immer von Neuem zu versöhnenden, nicht wirklich und göttlich versöhnten Gottes. Es tritt nur ein milderer Jehovah an die Stelle des ältern, zornerfüllten. Im Tempel wohnen die Priester und Schriftgelehrten, draußen steht das Volk. Wo und wie Gott zu finden sei, wissen nur sie, die Weisen und Bevorzugten, zu denen der Geist kommt, gesendet von oben; durch sie hindurch geht der Weg zur Wahrheit, — vom Leben ist nicht die Rede, soll nicht die Rede sein, — das Leben liegt jenseits, und zur Sicherung dessen stehet fest der Unterschied zwischen Zeit und Ewigkeit. Zu ihnen in den Tempel muß Alles kommen, was den Keim des ewigen Lebens in sich trägt, und muß den Keim einsegnen und weihen lassen, damit er nicht in die Zeit wachse, sondern in die Ewigkeit. Da wird der neugeborne Mensch als eine Art Teufelsbrut noch vor der Thüre empfangen und hart angelassen, daß er den Bösen von sich abthue, ehe er eingetragen wird, und dann muß er sich tief demüthigen, und dem freudigen Vater wird eingeschärft, daß er das Kindlein erziehe in der Furcht des Herrn; — und der jungen Liebe wird an der Schwelle einer schaffenden Zukunft des Menschengeschlechtes, am Morgen einer neuen Menschwerdung des Geistes, die Furcht des Herrn nahe gelegt, und der Braut, der Miterlösten, Angesichts des erröthenden Mannes, zugerufen: „und er soll dein Herr sein“! — der dich liebt, soll dein Herr sein! —

---

*) Man vergleiche Sallet's Laienevang., S. 493, in der objektiven Fassung und subjektiven Deutung dieser Dichtweise.

und so sammelt sich alles Leben zur Lehre und Anbetung um die Lade des neuen Bundes.

Daß dieses historische Prinzip die christliche Kirche auf der Schwelle des Judenthums festhält, fällt in die Augen. Die Hauptformen des christlichen Gottesdienstes, die ganze Sprache der Kirche, der im Dogma waltende Geist sind hebräisch. Das sinnlich-erleuchtete römische Heidenthum brachte eine mildernde, aber noch fremdartigere Zuthat hinzu. Die Völker, bei denen das Christenthum einkehrte und einheimisch wurde, gewöhnten sich an diese fremde Form. Wie sie aber fortschreiten in ihrer eigenen, eigenthümlichen Kultur, und wie ihnen aus dem Studium der Geschichte und der Philologie das Dasein und Leben der alten Völker wieder anschaulich wird, nehmen sie immer mehr und mehr jenes ihnen Fremdartige im Kultus und in der Lehre wahr. Sie erhalten sich entweder durch Gelehrsamkeit im Bewußtsein der alten fremden Form, oder sie verlieren mit der Gelehrsamkeit in der Theologie alle Empfänglichkeit für das Leben des Kultus, der ihnen nun ganz fremd und unvernünftig erscheint. Geistesträgheit, scheinheilige Absichtlichkeit erhalten noch lange den schwachen Schimmer des fortdauernden Lebens in Christo. Wer die Zeiten nicht nach einem Vorurtheil oder nach Zwecken betrachtet, sondern nach ihrer Wahrheit, der wird wissen, daß die Zeit sich so entwickelt.

Wird er aber wohl die Heilung des Zerwürfnisses in der Zucht und in der Gewöhnung an den verlassenen Kirchweg suchen? In der Gewöhnung, im Stumpfsinn, in der Heuchelei ist kein Heil zu finden. Und gesetzt, die Theologie billigte den Weg der Gewöhnung, wird Christus ihn billigen? Wird nicht seine Stimme aus dem Evangelium erschallen und sprechen: Ihr sagt's, daß ich der Herr sei; so sollt ihr denn mich in meiner Macht erkennen: ich bin der Herr meiner erlösten Gemeine, der Herr des Lebens.

Von Versuchen entgegengesetzter Art muß nun auch noch die Rede sein. Wie zum erstenmal der Geist den Aposteln von Außen ins Bewußtsein kam, so mußte er von da an der Kirche stets von Außen kommen. Er war ihr daher ein feindseliges; der Natur aber mußte sie ihrerseits feindselig sein, — sie stand ganz allein und ruhte auf sich — höchstens lehnte sie sich, zeitweise ausruhend, an den Staat. Daher die ungemeine Befangenheit und Weltunkunde der frommen Theologen, während dagegen ein Theil der Priester ganz die Schlangenklugheit auf sich nahm und den bannenden Blick auf die Zeitläufe richtete.

Einmal war schon eine schlimme Zeit in der Kirche; da brachte Luther den Geist wieder herein. Weil aber Luther selbst aus dem Priesterstande hervorgegangen war, so war die neue Offenbarung nur ein neues Zerwürfniß. Es wurde dabei besonders klar, wie fest das Antiquarisch-Jüdische, das Fremde, mit der Theologie und dem Kultus verwachsen war; denn es ging nun aus der sinnlich-wohlgefälligen alten Form in die abstrakte der Reformatoren und der Reformation über, und wie jenes nun in dieser um so fremdartiger erschien, aber auch um so beweglicher und dem Zeitengang mehr unterworfen wurde, verschwand es endlich aus dem Kultus und trat nur noch in dessen Hintergrund, als verbindende Fernsicht, auf. Das Evangelium, als solches, und der Name des Erlösers traten mit in jene Form, und die im Reinverständigen sich bewegende Theologie nahm ihre Stelle ein. Was Christus gelehrt, gewirkt, gewollt, — das glaubte man schon längst zur Genüge verstanden zu haben.

Der Umstand, daß diejenigen, welche den Willen hatten, dem Protestantismus aufzuhelfen, und wähnten, daß ihnen die Macht dazu verliehen sei, das Christenthum selbst nur als Theologie, d. h., als eine Form kannten, hatte die Folge, daß sie auch nur auf Erhaltung oder Wiederherstellung der Form, auf Begründung eines neuen guten Scheins hinwirkten. Die allgemeine Gleichgültigkeit auf diesem Gebiete gab sich besonders in unsern Tagen durch die Vereinigung der lutherischen und reformirten Gemeinden in der Form der sogenannten evangelischen Kirche kund. An vielen Orten gingen Aufforderungen ohne alle Auseinandersetzung herum, wie man etwa zur Bildung eines Klubbs oder einer Association einladt. Die Leute unterzeichneten eben so, wie für andere Einladungen, und Viele versicherten auch, wenn sie aus den Kirchen kamen, daß sie gar keinen Unterschied gemerkt hätten; was wohl aus zweierlei Gründen seine volle Richtigkeit hatte, einmal, weil sie überhaupt nichts dergleichen zu merken pflegten, und dann auch, weil der Prediger nur selten aus einem gemeinsamen Geiste heraus, sondern nach seiner eigenen Konfession, der er früher zugethan gewesen, fortlehrte; daher denn auch die, welche bis dahin von derselben Konfession gewesen, nichts merken konnten. Die Andern aber, welche aufmerksam hinhorchten, fühlten sich plötzlich ganz fremd in diesem Kreise, und sahen ein, daß der Unterschied, den man geläugnet hatte, tief gehen müsse, weil er auf Wärme und Kälte der Begegnung, auf das Leben im Verständniß Einfluß übte.

In diesem Insichgehen und subjektiven Ausscheiden der Laien fand der Mystizismus, im weitesten Sinne des Wortes, reichliche Nahrung und wuchs vielgestaltig empor. Alle seine Formen aber halten an der Theologie und an dem theologischen Christus; denn ihr Weg ist vom Ausgange aus verwirrt und unklar; sie suchen allzu viel für sich, als daß sie die einfache Gestalt des Welterlösers in der Schrift aufzusuchen vermöchten.

Solche Momente sind es, in welchen Völker und Gemeinden, eben so wie der einzelne Mensch, an sich selbst gewiesen, den tiefen Sinn der Lehre: Hilf dir selber, so wird Gott dir helfen, mit mehr oder weniger Glück erfassen und sich ans Licht des Selbstbewußtseins heraufringen.

Die christliche Theologie, so weit sie ins Leben übergegangen ist, kann aber das Schicksal, welches sie bei ihrem historischen Ursprunge sich selbst bereitet hat, nicht aus eigener Kraft von sich wälzen; denn sie hat den Geist, der über sie gekommen ist, ursprünglich nicht als den ihrigen empfangen, sondern nur als eine Gabe von außen, und zwar von oben, als eine Gabe des Herrn. Sie wird also den Geist der Erlösung zum Selbstbewußtsein abermals empfangen als einen, der von außen kommt, und zwar wird sie ihn nicht freudig und mit dem Bruderkuß des Ebenbürtigen empfangen, sondern als einen fremden, der den Geist ihres Herrn angreife, und dem sie in treuer Dienstbeflissenheit entgegen sein müsse, wie er auch durch die Versicherung locke, daß er ja ihr eigener Geist sei, der eben jetzt von seiner Befangenheit in der theologischen Gottesanschauung zum Bewußtsein komme.

Diese anscheinend fremde, dennoch aber unmittelbar in der Theologie entspringende und aus ihr hervorbrechende Form des neuen Bewußtseins tritt in unsern Tagen ans Licht und erscheint freilich, wie eben gezeigt worden, als ein Eingreifen der Philosophie in die Theologie, ist aber längst geschichtlich in der Theologie vorbereitet und von ihr erst in die Philosophie übergegangen, welche ja historisch durch die europäischen Philosophen in der Gemeinde steht und als Spekulation eben ihr Verständniß ist.

Die Philosophie hat ihr Werk ohne Weiteres vollbracht: sie hat die Theologie als die Mystik des Bewußtwerdens der Menschheit begriffen, und sofern jene historisch ist, im Bewußtsein ihrer Ebenbürtigkeit die philosophische Geschichtskritik, wie sie in allen andern geschichtlichen Dingen gebräuchlich ist, auch auf den historischen Grund und thatsächlichen Anfang unserer Theologie angewendet. Wenn sie auf der einen Seite behauptet nachdem einmal das lichte Selbstbewußtsein dem Menschen durch sich selbst geworden sei, sei es unnöthig, sich weiter mit jenen trüben historischen Anfängen zu beschäftigen, in welchen die Religion nur noch unbegriffen liege, — so erschüttert anderseits die historische Kritik das thatsächliche Moment der persönlichen Existenz Christi, als des Stifters der christlichen Kirche.

Das Resultat dieser Kritik lag schon in ihrer Aufgabe und in ihrem Anfange; denn das religiöse oder mystische Moment des befreienden Selbstbewußtseins ist so ewig, wie Gott selbst, so ursprünglich, wie der Geist, dessen Wesen Selbstbewußtwerden ist. Es mußte sich bald ergeben, daß die

Offenbarung und der Erlöser nicht in dem Sinne ein historisches Datum und eine bestimmte Oertlichkeit haben, wie etwa eine Schlacht oder wie die Geburt und der Tod eines einzelnen Menschen, u. dgl.

Wollte nun aber die Philosophie dieses kritische Resultat im Einklange mit dem Bewußtsein, daß sie die Theologie bis zu ihrem Ursprunge zu durchdringen und in ihren Begriff aufzulösen vermöge, dahin deuten, daß nunmehr die Theologie nur in der Philosophie und im Erkennen sei, so würde sie dabei ein Moment außer Acht lassen, das sie doch sonst nicht außer Acht zu lassen pflegt, nämlich das Nachweisen der Gewißheit oder der historischen Realität ihrer Erkenntniß.

In der Philosophie steht die Religion unmittelbar als Erkenntniß und in dem Glanze ihrer Idee; sie ist, wie sie wird, sie ist ganz und gar das Leben ihres Begriffs. Das Wissen kann sich dem Wissen überliefern, aber doch nur dem Wissen.

Das Bewußtsein aber, das sich historisch, also religiös, aus dem Gottesbegriff entwickelt, ist freilich dasselbe, aber es steht im Zusammenhange mit dem Leben selbst, es geht aus dem Dunkel in's Licht und trennte sich nie von seiner wesentlichen Ganzheit, welche das Wissen zerlegt, indem es das Dunkle als das nun Lichte zeigt. Die Menschen, die Gemeinden, sind Glieder und Momente dieses historischen Bewußtwerdens, und gehören insofern der Religion an, als sie diese ihre Abstammung in und mit dem philosophischen Religionsbewußtsein zugleich haben, und folglich wissen und festhalten, nämlich: daß das, was ihr Meister lehrte, und was bisher nur als ein Band der Liebe sie verknüpfte, wirklich, als Erkenntniß ausgedrückt, dasselbe sei, was der neuerweckende Geist der Spekulation von sich aussagt und wovon er weiß, daß die Religion nur nach diesem Wissen und nach keinem andern trachten könne, trachten müsse, und selbst nichts anderes, als dieses Trachten, dieses Streben des Lebens nach dem Ewiglebenden sei.

Die Philosophie lenkt sich gegen die Theologie, wie sie ist. Das Wort aber, das ihr den Ursprung gab, bleibt. Die Lebendigen, an die sich der Fortschritt anknüpfen soll, die da bleiben, wenn auch die Theologie unterginge, blicken zurück auf die Lehre dessen, den sie als den Stifter des Christenthums betrachten müssen, an die Ueberlieferung des Evangelii, ohne zu fragen, wie es sich buchstäblich mit dessen Ursprung verhalte. Die Lehre, die Worte sind da. Die Theologie hat sie nach beschränkten und engen Begriffen häufig entstellt; sie hat sie oft durch ihre Erläuterungen und Anwendungen mehr als siebenfach versiegelt; es scheint an der Zeit, sich zu den Worten Christi, abgesehen von allen seinen Aposteln, zu dem, was ihm ausdrücklich in den Mund gelegt wird, zu wenden, — des Gottmenschen

Worte wörtlich und ungeschwächt zu erwägen, in Christus den Philosophen zu erkennen, den berufenen Menschensohn, der durch die Geschichte hindurch zum Licht wandelt, der gestorben ist und begraben, und doch lebt, der das lebendige Dasein der Philosophie ist, von dem sie ausgeht und auf den sie hinausgeht mit dem vollen Lichte des Erkennens.

Dieses nun scheint uns Sallet's Verdienst, daß er die Weisheit Christi durch die Aergernisse und Spitzfindigkeiten und Oberflächlichkeiten theologischer Systeme rein hervorleuchten zu lassen strebt, daß er ihr die Kraft der poetischen Sprache verleiht, die, indem sie die Wärme seiner Liebe ausdrückt, zugleich dazu dient, die in der Ferne der Jahrhunderte verlautende Stimme zu verstärken und unter dem Gerede und Gewühle der Gegenwart hörbarer zu machen.

Man hat gesagt, Sallet trage den Hegelianismus in das Evangelium hinüber und seine Gesänge seien nur rhytmische Ausdrücke für Hegels Religionsphilosophie. Man hätte mit demselben Rechte, wo nicht mit größerm, sagen können, er habe das Evangelium in die Hegelsche Religionsphilosophie übertragen, und dann würde man wohl einsehen, daß diese Behauptung zwar hinke, daß aber das Dasein der Philosophie in der Religion der **Liebe** gerade die Poesie der Philosophie selbst sei, und daß demnach dieses Laienevangelium sich als das höchste Lehrgedicht, welches unsre Zeit aufstellen kann, ausweise.

Ueber den Begriff des Lehrgedichts ist man so wenig einig, daß Manche das hier ausgesprochene Lob für sehr zweideutig halten werden. Wir aber meinen es sehr ernstlich, wünschen aber nicht, daß man dabei an bekannte Muster denken möge. Das Lehren widerspricht allerdings der Dichtung, deren Werke ideale Organismen, also Selbstzwecke sein müssen. Die Darstellung einer Kunst oder Wissenschaft, die zur Belehrung poetische Formen oder Empfindungen entlehnt, kann folglich nie zum Kunstwerk werden und ist und bleibt, wenn sie diese Absicht hat, eine leere Spielerei. Es ist aber dieses auch nur der Buchstabensinn des Wortes „Lehrgedicht"; der eigentliche Sinn dieses Wortes ist, daß die Lehre in der Dichtung, oder daß sie eben als das sich in der Dichtung Selbst-Bezweckende oder als lebendig Erscheinende sei, und in dieser Weise kommt dem Lehrgedicht eine dreifache, nämlich eine epische oder objektive, eine subjektive oder lyrische und eine dramatische Form zu. Wenn sich irgend eine Wissenschaft oder Kunst aus ihrem dunkeln, plastischen Anfange zum persönlichen Bewußtsein entwickelt und in dieser Entwickelung als Organismus dargestellt wird, erscheint gerade dieses, daß die Richtung des Gedichts auf das Bewußtsein seines Inhalts, seines dunkeln Grundes geht, als ein Epos der Lehre, und große Massen der indischen Poesie, überhaupt alle Theogonieen, sind

Elemente dieser Dichtungsweise; sie bewegt sich, im engsten Kreise, in der Fabel, der Parabel, in der modernen Novelle; ihre höchste Aufgabe aber wäre die Entwickelung des Mythus, im weitesten Sinne des Worts, zum Christenthum.

Wenn nun aber das Christenthum als ein schon Gewordenes, als ein Lebendiges, wie es die Schuld seiner menschlichen Gestaltung, seiner Verirrung und Entartung in sich trägt, sich verlangend nach dem reinen Bewußtsein seines Grundes, nach dem, was in ihm das Leben ist, hindurchkämpft und das Bewußtsein des Erlösers als das eigene haben, ihn, wie er lebte und lehrte, zur reinen, wahren und warmen Lebenserkenntniß haben will, so ist die Darstellung dieses lyrischen Aufschwungs des persönlich und endlich gewordenen Christenthums zur Höhe seines göttlichen Ursprungs zugleich die Höhe des lyrischen Lehrgedichts. So dichtete Sallet das Laienevangelium.

Bloß anführungsweise sollen als Belege für den Begriff des dramatischen Lehrgedichts Platons Dialogen, wenigstens die meisten derselben, genannt werden. Das Ideal dieser Gattung ist eine in der Gemeinde lebendige Liturgie, deren Zeit kommen wird.

Wenn nun eine Idee, wie die des Christenthums, aus der Unklarheit ihrer Zersplitterung in der Zeit und der endlichen Form sich zum Bewußtsein entwickelt, so kann sie dieses Ziel nicht auf direktem Wege gewinnen, wie in ihrer einfachen Entfaltung aus dem Mythus. Sie hat sich ja schon zu einem Bewußtsein in der Menschheit erhoben und lebt schon wirklich in Vielen. Aber dieses Bewußtsein ist in unserm Falle selbst wieder ein trübes, ein gegebener Stoff, der in dieser Gestalt dem ihm ursprünglich zum Grunde liegenden religiösen Geiste gar nicht entspricht, vielmehr dessen Bewußtwerden entgegenstrebt und welches nur dadurch zu ihm und zu sich selbst gelangen kann, daß es frei und mit Willenskraft seinen Grund und Anfang wieder sucht, um nun von diesem aus zu sich selbst zu kommen.

Das lyrische Moment, wie es sich nothwendig im Einzelnen offenbart, ist also hier zugleich ein polemisches, dem Bestehenden, sofern es ein Entfremdendes, zwischen den göttlichen Begründer und den einzelnen Menschen Tretendes ist, feindseliges Moment. Es stürzt um, was die Unmittelbarkeit des Christenthums in der Menschheit verdunkelt, — es ist voll heiligen Zorns, und die Propheten des alten Bundes kehren in ihm für eine andere Epoche der Entwickelung wieder.

Der Gang der Darstellung muß dieser sein. Wie ein treues Echo fängt der Geist des Dichters die Urlaute aus dem Munde Christi auf und gibt sie aus der Tiefe seines Wesens, das zwar in einer spätern Zeit steht, dennoch aber sich dem Geiste der Wahrheit und des Lebens gleich weiß, wieder. Dieser Wiederhall des Geistes schallt hundertfältig, wie Donner, durch die Berge und Schluchten, die ihn von seinem Ursprung trennen, und durchbricht das engherzige, beschränkte und beschränkende Geflüster der Scholastik, das, den ursprünglichen Irrthum der Jünger um Christum verbreitend und mehrend, durch die Umwege der Schluchten und Thäler zieht. Er möchte der Welt Stille gebieten, daß Alle den Sohn des Menschen wieder unmittelbar selbst hören und, zu ihm kommend, zu sich kommen möchten. Diesen Charakter trägt die Sprache des Laienevangeliums, und wir müssen ihr gerade das zum Schmuck anrechnen, was Andere ihr zum Vorwurf gemacht haben, — daß sie nicht ohne Härten sei, daß sie dem Jambus hie und da, wie man sich ausdrückt, Gewalt anthue.

Diese Art lyrischer Begeisterung, die erst richten und strafen, — die sich erst durch ein Volksgedräng zu dem, der ihr die rechten Worte verleiht, hindurchkämpfen muß, ehe sie die reinen Saiten des göttlichen Wortes anschlägt, — diese Begeisterung muß den Kontrast des Herben gegen die Milde des göttlichen Lehrers scharf, ja schneidend hervortönen lassen, und Sallet hat uns doch wohl schon in Gedichten anderer Art hinlänglich bewiesen, wie er des reinsten Rhythmus und Wohlklangs der Sprache mächtig sei. Auch hier tönt im Ganzen eine sanfte, harmonische Bewegung der Sprache vor und mit vollem Bewußtsein leiht der Dichter nur am rechten Orte dem strafenden Gedanken das herbere Wort, den gehemmten Rhythmus. Das wird Niemand verkennen, der leseu kann; und wer diese Gedichte von einem Solchen vorlesen hört, der wird nur noch der Kraft des Ausdrucks, nicht aber einer wirklichen Härte inne werden. Ueberhaupt sind wir Deutsche mit dem Rhythmus unserer Verskunst in einer schlimmen Eintönigkeit befangen und höchst einseitig. Die wahrhaft rhythmischen Sprachen der Griechen und Römer wußten davon nichts, und wenn ihr Senar technisch unsern fünffachen Jamben ähnlich scheint, so war doch der Klang dieser, die unbetonten Längen des Rhythmus durch die ganz abweichenden Stellen des Accents ohn' Unterlaß umstimmenden, Verse ein ganz anderer, und sicher hätte kein griechisches Ohr die gewöhnliche Recitation des Wallensteins oder des Don Karlos (um ein Beispiel vom Guten herzunehmen) lange aushalten können, ohne Anwandlungen zum Schlafe zu empfinden. Wie frei bewegen sich aber erst die lyrischen Jamben der Alten! Und da kann's nun Einem einfallen, einer Dichtung, wie das Laienevangelium, den endlosen Fall aus kurz in lang durchgängig zuzumuthen!

Der im Geiste dieses Gedichts liegende Gedankengang ist der, daß gewöhnlich zum Eingange die reine Stimme des Erlösers, so viel wie möglich wörtlich nach dem Evangelium vernehmbar gemacht wird. Ihr gegenüber tritt dann die Entartung ihres Sinnes und Willens, ihr Mißverstehen, die

Heuchelei des Pharisäismus, der ihren Sinn in abstrakten Unsinn steigert und sich dann geberdet, als vermöge er in Folge ganz besonderer Gnadenwirkung, solch Gebot zu befolgen, — diese und andere Gebrechen der abhängig und unnatürlich gewordenen Form des Christenthums treten hervor und gestalten sich als die feindliche Macht, die das Gemüth von dem Verständniß seines Gottes, das zugleich sein Verständniß mit sich selbst ist, scheidet und in die Irre treibt. Nun aber, wenn das Wort an dieser feindlichen Unnatur gebrochen, in sich zurücklenkt, findet es in dem Gemüthe des Dichters plötzlich sein volles Verständniß, und dieses Verständniß, in welchem er sich des Wortes Christi voll erkennt, gibt ihm die Stellung zu seiner Zeit, und die Kraft, die den Leser ergreift und im richtigen Sinne des Wortes erbaut.

Der Eindruck würde hie und da noch mächtiger gewesen sein, wenn nicht der Standpunkt der Erkenntniß zuweilen nicht sowohl unmittelbar auf die ideale Situation des Dichters (des Propheten), als vielmehr nur mittelbar auf diese, unmittelbar aber auf eine außerhalb dieser Dichtung stehende Religionsphilosophie hinzuweisen schiene. Dieses ist indeß nur zuweilen der Fall, und es wurde schon oben auf den Ungrund des Einwurfs, daß der Einfluß des Hegel'schen Systems der Philosophie hier die Poesie beeinträchtige, hingewiesen. *)

---

*) Als ein Beispiel von dem die poetischen Momente beeinträchtigenden Einflusse der philosophischen Begriffsbestimmung vor der Entfaltung des göttlichen Worts aus dem Munde Christi gibt S. 107 „die Ehe“, ein Gedicht, welchem, als die reinste Lichtseite der Auffassung, Nr. 62, S. 207, gegenüber steht. Wir wollen, da es einer Lebensfrage unserer Tage gilt, einen Augenblick dabei verweilen. Christus, der göttliche Philosoph, stellt die Liebe als das Prinzip der Ehe auf, und da die göttliche Liebe ewiger Art, der Mensch aber, als Gottes Sohn, göttlicher Natur theilhaftig ist, so ist die Ehe ihrem Wesen nach heilig und ewig. Damit verhält es sich nicht anders, als mit allen Ideen; vor der Idee ist nichts Besonderes rein, und dieses muß eben sein besonderes Bewußtsein dadurch reinigen, daß es die Idee, als sein Licht und seinen Stern, in sich aufnimmt und sich mit diesem Lichte durchleuchtet, bis es ganz in dieselbe aufgeht, d. h. als Besonderes gar nicht mehr ist. Der Ausdruck dieses allausgleichenden Prinzips in der Menschheit ist die individualisirte Liebe, die, indem sie sich individualisirt, gerade das Gegentheil von dem thut, was die ewige Liebe will — die Verschmelzung des Menschengeschlechts in der göttlichen Liebe. Die Liebe, welche Prinzip der Ehe ist, ist, insofern sie göttlicher Natur ist, unvergänglich und ewig; insofern sie aber zugleich in zwei bestimmten Individuen eine individualisirte Liebe ist, ist sie, wie alles Individuelle, vergänglich und endlich. Das Bewußtsein der Ehe über sich selbst kann also nur dieses sein,

Die 130 Gesänge, welche das Evangelium selbst berühren, gehen den Gang der Geschichte, von der Geburt Christi bis zu dessen Himmelfahrt. Eine Eintheilung in drei Hauptglieder hat der Dichter angedeutet. Einen Abschnitt bezeichnet er selbst durch die Ueberschrift: „Das Evangelium", welches Christi Geburt, Beruf und Wandel berührt. Dann führt die „Bergpredigt" zu Christus dem Lehrer, und gibt ihm Wort und That in allen wichtigen Momenten, welche das Christenthum sich angeeignet hat.

---

daß sie eine Ehe aus Liebe sei, und daß folglich in ihr auch die Ewigkeit (die Weihe oder Heiligkeit) der Liebe sei, welches für die beiden Ehegatten sich auch durch das sittliche Postulat ausdrücken läßt, daß, so gewiß sie ihre Ehe für eine Ehe aus Liebe recht erkennen, — also unter einer Bedingung, — sie auch das Bewußtsein der ewigen Liebe in ihr immer haben sollen. Weiter aber, als die Bedingung, kann doch das Postulat nicht gehen, noch kann es irgend einem Dritten einfallen, jenen bedingenden Grund durch einen Befehl oder durch Strafe ersetzen und festhalten zu wollen. Die Thatsache entscheidet, und die Möglichkeit künftiger, wahrer, relativ-unvergänglicher Liebe bleibt, sofern nicht das Bewußtsein des verfehlten Ziels in einer gescheiterten Ehe durch einen Bann von Außen innerhalb der alten Schranken zur Hölle wird.

Wenn wir nun Nr. 62 lesen, so fühlen wir uns hingerissen zur Bewunderung des Dichters, der mit solcher Zartheit und Schärfe zugleich den tiefen Sinn des Worts erfaßt, das die empirische Unmöglichkeit, der reinen Idee der Liebe, als des Prinzips der Ehe, in der endlichen Lebensform Genüge zu thun, dem Steine erhebenden Pöbel zu Gemüthe führt und dennoch das Postulat aufrecht erhält: „Sündige du ferner nicht mehr". Jenes Wort: „wer sich rein fühlt", schiebt kräftig das Urtheil über diesen ewig unauflöslichen Knoten, der das seinem Wesen nach Ewige in das Irdischvergänglichste und Zufälligste verschlingt, in das Innere zurück und entzieht es dem äußern Richter. Der Gott muß sagen: die Liebe ist ewig; aber des Menschen Sohn weiß, daß diese Liebe nur ein Zeichen des endlosen Suchens der göttlichen Liebe ist. Von dem Urtheil über einen Dieb z. B. hätte Christus gewiß den weltlichen Arm nicht durch einen solchen Zuruf gelähmt. „Ihr sollt verlangen nach der Ewigkeit der Liebe; aber ihr sollt die Gebrechlichkeit der endlichen Liebe nicht verdammen und das Elend der menschlichen Schwäche nicht noch durch eigenmächtige Martern schärfen!" Das war der Sinn jener Anekdote von der Ehebrecherin, und wie lichtvoll tritt er uns aus der malerischen Situation der Dichtung am Schlusse entgegen! Sallet dichtete aus Christi Geist der Liebe in den Begriff der Liebe hinein.

Aber in den Aussprüchen Christi über das Scheiden der Ehe hält der Dichter den Begriff der Liebe, als einer ewigen, fest, und dichtet ihn in die Worte des sich ewig gleich bleibenden göttlichen Weisen hinein. Dieser spricht in demselben Geiste, wie in dem vorigen Falle, als die Frage vom Scheidebriefe, nach jüdischer Sitte, erhoben wurde, von der Innerlichkeit der

Dieser Abschnitt geht von S. 67 bis S. 400, wo er mit dem erschütternden Weheruf über die „Schriftgelehrten und Pharisäer" schließt. Von S. 408 beginnt dann die Erlösungsthat des Leidens, welche sich erst mehr äußerlich und als ein bürgerliches Geschick durch den „vergeblichen Verhaftsbefehl", und dann tief aus dem Innersten durch das „Weltgericht" und die „Salbung Christi" einleitet und mit der „Himmelfahrt" schließt.

Liebe und nimmt zugleich ihre ewige Wesenheit mit in Betracht. Das jüdische Weib war ein abhängiges Wesen in Bezug auf den Mann; der Mann übte eine Art Jurisdiktion in diesem Falle aus; er gab den Scheidebrief. Was hat aber der Scheidebrief mit dem zu schaffen, was bloß den innern Richter hat und bloß vom Sein oder Nichtsein der Liebe abhängt? Wer seinem Weib einen Scheidebrief gibt, der macht sie zur Ehebrecherin, denn der Scheidebrief kann die Liebe nicht vernichten; die Ehe als Folge der Liebe besteht also noch, — daher auch der weitere Schluß, daß derjenige, welcher eine Geschiedene eheliche, mit ihr die Ehe (der Liebe) breche. So entschieden nahm Christus die Liebe, als das unantastbare Prinzip der Ehe, gegen jeden äußern Einfluß eines Bindenden oder Lösenden in Schutz. Nirgends aber deutet er an, daß zwei Verehlichte das Nichtvorhandengewesensein oder das Nichtmehrvorhandensein der Liebe in ihrer Ehe nicht bekennen und die Auflösung derselben als ein für sie, um des Irrthums und des verlornen Lebens und des gegenseitig einander zugefügten Unrechts willen, trauriges Ereigniß aussprechen dürfen. In der Lehre vom Scheidebrief liegt weit mehr Aehnlichkeit mit dem Falle, wo ein Staatsdiener von seinem Fürsten einseitig entlassen wird. Wer wahre Vaterlandsliebe im Herzen trägt, wird fühlen, daß der Bund mit dem alten Berufe und mit dem Vaterlande bei dem so Entlassenen nach der Entlassung eben so warm, ja oft noch inniger fortdauern könne. Schaut aber nun der Einzelne, der Verlassene in seiner Noth umher, wer sich seiner erbarme, so ist sein begehrliches Umschauen der Ehebruch der Vaterlandsliebe, und wer den so Geschiedenen mit seinem Scheidebriefe zu sich ruft und fremdem Dienste gesellt, der bricht mit ihm die Ehe: er vernichtet nämlich das, was auf ewigen Bestand Anspruch hatte. Aber er begeht darin kein Verbrechen, weil ja der Anspruch des Endlichen auf eine die ewige Aufgabe erfüllende That nie über das Sollen im reinen Willen hinausgehen kann.

Der Dichter hat nun in diesem Falle das Mystisch-Ewige der Liebe seinem Begriff nach auf das Bürgerlich-Ewige des sozialen Ehebegriffs übertragen und dadurch den wahren Sinn der angeführten Aussprüche unberührt gelassen, um gegen die Vertheidiger der Ehescheidung, oder richtiger, der mit der Liebe erlöschenden Ehe, das Schwert zu ziehen. Dadurch begegnet es ihm aber, daß er in der abstrakten Vergeistigung des Liebesbundes die irdische Ehe, als solche, aus den Augen verliert, und fast nur allein an dieser Stelle, statt mit dem Ausbrausen lyrischer Bewegung, mit einer hemmenden Paränese schließt.

Wir wollen auch mit diesen Worten unseres Dichters schließen, die, wie wir hoffen, in einem Beispiel mehr über den Geist seiner Dichtung lehren werden, als wir zum Verständniß desselben beibringen konnten; auch war es nicht sowohl unsere Absicht, über Sallet und das Laienevangelium zu schreiben, sondern von ihm ausgehend über das Wesen einer der erhabensten Dichtungsweisen.

Die Himmelfahrt.

Hast du's erlebt, daß ries'gen Jammers Faust
Betäubend, Schlag auf Schlag, dein Haupt getroffen,
Bis dir vor deines Busens Oede graust,
Daraus hinwegzog Glück und Trost und Hoffen?

Die Lieben all', gebrochnen Augenlicht's —
Im Grab — nach Thränen lechzt umsonst dein Kummer,
Und auf der Welt, der weiten, blieb dir nichts,
Nichts — doch im Nichts liegt schon das All' im Schlummer.

Aus Nichts schuf Gott die Welt. So muß der Geist,
Dem Nichts entrufend, seine Welten schaffen. —
Eh' sich der Tiefe Demant blitzend weist,
Muß bis zum Grund dein Herz, der Fels, zerklaffen.

Die Jünger, die vor wenig Tagen noch
Kindisch im Zank gegeizt nach Ehrenplätzen,
Ja still gemurrt: „Wann wird der Meister doch
Mit Macht auf seinen Königstuhl sich setzen?“

Wie sind sie jetzt zertreten und verwaist!
Fort stob ihr Hofstaat thöriger Gedanken.
Im Grabe liegt ihr Kern, ihr Lebensgeist,
Das sie, gleich hohlen Schatten, scheu umschwanken.

Der stolze Königsbau, da liegt er nun
In Trümmern, den sie sah'n im Geiste ragen;
Der Meister ist entfloh'n; nichts bleibt zu thun,
Als einsam, unterm Schutt versteckt, zu klagen.

Hülflos, verhöhnt, gehaßt, vor Schrecken bleich,
Sind sie beisammen in des Grams Betäubung,
Der furchtsam dichtgedrängten Heerde gleich,
Die nur die Angst zurückhält von Zerstäubung.

Da tauchen aus dem grauen Zwitterlicht
Leis auf des Morgens erste, fahle Streifen.
„Er lebt, er schied aus Eurer Mitte nicht.“
Das Wort beginnet schon, sie zu ergreifen.

Erst war's ein Spuk, verworren, wunderbar;
Der sah ihn hier, und dem erschien er dorten.
Doch mehr und mehr wird ihnen offenbar
Der Geist des Meisters in lebend'gen Worten.

Was unstät nur dem Einzelnen sich wies,
Kommt über sie in der Versammlung Halle.
Daß sie der Gottgesalb'te nicht verließ,
Von neuem Leben trunken, spüren's Alle.

Da schwindet hin die Nacht, das Dämmerlicht,
Die Lerche steigt, des Jubelns sich erkeckend,
Und der Gewißheit Siegessonne bricht
Hervor, vom Tode jedes Herz erweckend.

Sie gingen (sagt die Schrift), ihn zu empfah'n,
Auf einen Berg, dahin er sie beschieden,
Und nieder sanken sie, da sie ihn sah'n;
Er aber sprach: „Im Himmel und hienieden

„Alle Gewalt ist mir gegeben. Auf!
Geht aus und lehrt, macht Alle zu den Meinen!
Lenkt zu den fernsten Völkern Euern Lauf
Und taufet sie im Namen des Dreieinen!

„Lehrt Alles halten sie, was ich befahl!
Und siehe! ich bin bei Euch alle Tage,
So lang' die Welt erhellt des Himmels Strahl.“
Sprach's und verschwand. Zum Himmel — geht die Sage.

Und lügt nicht. Ob es auch kein Auge sah;
Er stieg empor ins Lichtreich der Gedanken,
Sitzt, freier Geist, der Kraft zur Rechten da,
Das Dort und Hier beherrschend ohne Schranken.

Da bricht der Jünger Geist das Band entzwei,
Wagt, mit dem Meister Himmelfahrt zu halten.
Dort schau'n sie kühn, was ihres Amtes sei:
Ein göttlich schöpferisches Erdenwalten.

Die Völker alle, geistig blind und taub,
Sollen sie wecken mit des Meisters Worten,
Die Welt zum Licht erheben aus dem Staub,
Bis Eines das Hienieden ward und Dorten. —

Das große Werk, nicht enden konntet ihr's,
Die Menschheit zu erlösen ganz zum Geiste.
Für uns, für fernste Zeit (ich danke Dir's
Für Alle, Gott!) bleibt noch zu thun das Meiste.

Laßt unsre Lenden denn gegürtet sein,
Die Welt, verkündend, mahnend zu durchschreiten.
Ein Jeder kann sich zum Apostel weih'n,
Kann helfen, Gott dem Herrn sein Volk bereiten. —

Gott ist der Vater. Alle Kreatur
Zeugt er im Wort. Er ist der Geist, der Eine,
Stets bei sich selbst, ob er herab auch fuhr.
Der Sohn, Er lebt in uns, in Fleisch und Beine.

Im Geiste nur sind Sohn und Vater Eins,
Denn jeder hat in ihm sein tiefstes Wesen.
Werft ab die Last des Stoffs, des Erdenscheins!
Dann seid ihr, frei in Gott, zu Gott genesen. —

Das ist der Lehre Kern. Wer sie gefaßt
Der weiß, sie ist lebendig nur im Werden,
Der wird sich gönnen weder Ruh' noch Rast,
Bis daß ein Gottmensch jeder Mensch auf Erden.

Das lehrt! Und so die Erd' euch niederreißt,
Dann schaut zu Christo auf, dem ewig wahren!
Er war im Himmel ewiglich, im Geist,
Er brauchte nicht gen Himmel erst zu fahren.

Er hatte seine Wahrheit hier, wie dort,
D'rum bleibt er bei euch, in euch alle Tage. —
Wenn sich in allem Fleisch dereinst das Wort
Erkannt, dann ist erfüllt die heil'ge Sage.

Dann ist vollbracht die große Himmelfahrt,
Dann hat der Mensch die Heimath wiederfunden;
Zur Rechten sitzet er, der Kraft gepaart,
Dem Vater ist der Sohn, im Geist, verbunden.

Die Kritik der Gedichte wird im nächsten Bande folgen.

Bettelpoesie.

Weihnachtsgabe für Hamburg von Wackernagel, Hagenbach ꝛc. Basel, 1842.

Das deutsche Elend ist groß. Entwürdigt, verhöhnt, gedrückt, mit Einem Worte recht- und ruhmlos nach Außen und nach Innen, voll von Schwielen und Schwären am ganzen Leibe, ein jammerwürdiger Hiob auf dem Aschenhaufen seiner Geschichte — fragt jeden Deutschen, jeden Europäer, welches Volk hier gemeint sein kann? Ich brauche das demüthigende Bekenntniß, daß wir es sind, kaum herzusetzen. Wem das Siechthum jahrhundertlanger Sklaverei noch einen gesunden Keru gelassen, wer nicht bei sehenden Augen mit Blindheit geschlagen ist, der muß der Wahrheit die Ehre geben, der muß gestehen, daß, wenn wir bedenken, was wir sein könnten, und sehen, was wir sind, daß unser gegenwärtiger Zustand die Nachtseite des europäischen Völkerlebens genannt werden muß. Man schilt die, die das aussprechen, man nennt es Pessimismus, und erwägt nicht, in welch schroffem Widerspruch man sich mit der sonst so fanatisch vertheidigten christlichen Lehre befindet, die die Erkenntniß seiner Nichtswürdigkeit aller Buße und Besserung mit Recht vorangehen läßt. Ja, wir müssen darauf verzichten, mit Stolz den deutschen Namen auszusprechen, so lange wir noch ein Blatt in unserer Geschichte leseu können; wir müssen, wenn die Scham uns nicht niederdrücken soll, aus unsern häuslichen Tugenden, unsern wissenschaftlichen und künstlerischen Erfolgen (einen nur nicht sehr nachhaltigen) Trost zu schöpfen suchen; aber an den deutschen Namen ein je ne sais quoi von Großartigkeit zu knüpfen, das müssen wir aufgeben. Erkennen müssen wir, daß unsre Geschichte in diesem Jahrhundert neu beginnt, daß wir auf der Bahn der Ehre, der politischen Würde noch wenig Schritte gethan haben, daß wir noch die Kinderschuhe nicht ausgetreten haben. Das ist so schlimm nicht, als es aussieht. Dem Kinde, der Jugend, gehört die Zukunft, und das deutsche Volk ist kein Greis, sondern ein sehr hoffnungsvoller Jüngling. Er ist von geschichtlichem Adel, und er hat sich bisher nur zu viel auf diesen eingebildet. Der Adel ist aber aus der modernen Menschheit verschwunden; man ist jetzt — nur das was man ist, und um Etwas zu sein, muß man Etwas werden, und um Etwas zu werden, muß man Etwas leisten. Da stehen wir, und der Gott der Geschichte, auf diesem Punkte in und mit uns angelangt, wird uns weiter helfen.

Wir haben angefangen, uns vom Mittelalter zu häuten.

Wenn wir dieses wissen, selig sind wir, so wir darnach thun.

Aber vorerst muß Jeder, der es mit dem deutschen Volke gut meint, ihm den Pips der Eitelkeit nehmen; der Dünkel muß verschwinden, als ob wir Etwas wären, sonst werden wir Nichts werden. Von diesem Gesichtspunkte aus haben wir gesagt, und wiederholen: das deutsche Elend ist groß.

Groß ist es durch der Fürsten und der Völker Schuld, es ist ein moralisches Elend.

Nun kommt auch noch das physische hinzu. Feuersbrünste und Ueberschwemmungen, die Gewalt ungezähmter Naturkräfte erinnern uns von Zeit zu Zeit neben unsrer nationalen, auch noch an unsere menschliche Ohnmacht überhaupt.

Wenn nun aber zu all dem vielgestaltigen Elend auch noch die literarische Misere kommt, dann schlägt ein unvernünftiger Mann die Hände über dem Kopf zusammen, verzweifelt am Weltzweck und ergibt sich entweder dem Teufel des Epikureismus, oder beugt sich trostlos unter die Hand eines zornigen Gottes. Ein Vernünftiger aber rüstet sich zur Gegenwehr, und stirbt eher, als daß er sich — ergibt.

Die literarische, die geistige Misere will in dem oben genannten Schriftchen der materiellen Misere wohlthätig unter die Arme greifen. Wenn der Zweck die Mittel heiligt, so dürfen wir kein Wort der Kritik dagegen sagen. Gibt es aber noch Leute, die bei allem Mitgefühl für nothleidende Brüder doch diese Jesuitenmaxime verabscheuen, so wird uns auch erlaubt sein, unsern Lesern zu sagen: Gebt den Hamburgern, was ihr nur immer entbehren könnt, schenkt ihnen den Rock vom Leibe, aber, wenn die bare Geistesarmuth in Düten aus gebornen Makulaturbogen euch um ein Almosen für sie anspricht, dann thut es dem literarischen Ruhm des deutschen Volkes, dem einzigen, den wir zur Zeit noch besitzen, thut es unsrer Ehre nicht zu Leide, daß ihr einen Heller hineinwerft. Seine Brüder unterstützen ist schön, ist heilige Pflicht, aber heilige Pflicht ist es auch, seines Volkes Ehre zu wahren. Kollektirt für Hamburg in Palästen und Hütten: wir sind es überzeugt — denn die Thatsachen liegen vor — jeder Handwerksbursch, jede Magd wird ihr Scherflein geben. Aber diese Art von Kollekte — es ist, als wenn mich Jemand auf der Straße um ein Almosen anginge, und zum

Dank, wenn ich es ihm gebe, mich bäte, einen schmutzigen Stein, den er von der Straße aufhebt, gefälligst in der Rocktasche mit nach Hause schleppen zu wollen.

Aber, nein, werden meine Leser sagen, lieber oder nicht lieber Rezensent, Sie übertreiben's doch, so arg kann's doch nicht sein. Was sind nicht für schöne Verse von Wackernagel seiner Zeit in der Augsburger Allgemeinen gestanden! Die sind doch auch aus der schweizerischen Weihnachtsgabe für Hamburg?

Ganz recht. Dort stehen sie. Sie wissen aber wohl nicht, Werthester, daß der schlaue Referent dort die noch erträglichsten Verse im ganzen Büchlein gegeben hat; obwohl die fanatische Verunglimpfung des Dichters, dem Wackernagel hier nur nachsingt, das fünfmal*) wiederholte Anathema, das er auf Herwegh und seine Mitstrebenden schleudert, mit der christlichen Gesinnung, die sich in dem Buch so langweilig breit macht, nicht sehr harmonirt. Es ist eben so widerlich, von dieser Seite her — wir meinen die pietistische — die von jeher mit dem Servilismus in Ein Horn geblasen, Freiheitsklänge vernehmen zu müssen, als die Zudringlichkeit sonstiger literarischen Bedienten verächtlich ist, die sich die Jakobinermütze auf den leeren Schädel setzen, ohne sich auch nur die Mühe zu nehmen, die Livree auszuziehen und sich in anständige bürgerliche Kleidung zu stecken.

Wir weisen solche Bundesgenossen zurück. Leute, die gewohnt waren, ein hohes Wort von Mund zu Mund zu tragen und über die hohlste Phrase „Hochgestellter" in nachbetenden Variationen sich zu ergehen, oder solche, denen vielleicht nicht einmal dieses hohe Glück zu Theil ward, die wollen jetzt, wo die Freiheit ihre Ritter und Troubadours gefunden, die sie auf den angestammten Thron zu setzen geschworen haben, die wollen jetzt schon für ihre Interessen bei dem bevorstehenden Thronwechsel sorgen, damit sie, wenn die Prätendentin von heute einst legitime Herrin geworden sein wird, auch kommen dürfen und sagen: Auch wir haben für Eure Majestät — — gefochten! Bitten submissest, uns nicht ganz zu vergessen.

Wir haben jene Wackernagel'schen Verse noch die erträglichsten in dem Buche genannt. Um sie aber ganz richtig würdigen zu können, müssen wir

---

*) Ihr (jener Wahnsinnigen, jener Frevler) Thun ist Sünde, Sünd' ist ihre Rede,
Sünd' auf dem Blatte, das sie umgeschlagen,
Und auf dem Blatt von heute Sünde, Sünde!

Nur fortgeschrieen, getreuer Eckart, eine gute Lunge ist was werth in diesen Zeitläuften!

uns auch in ihrer Umgebung noch ein wenig umsehen. „Sage mir, mit wem du umgehst, und ich will dir sagen, wer du bist.“

Auf der ersten Seite nun ist Folgendes zu lesen (von einem der Mitherausgeber, dem Herrn Professor der Theologie, Karl Rud. Hagenbach):

Die Kunde vom Hamburger Brande —
Brüder, auch im Schweizerbunde
Ward sie laut, im Vaterlande. (κατ' ἐξοχὴν)
Alle hören's, alle staunen,
Stille stehet der Verstand!

Hier könnten wir eigentlich aufhören: denn dazu ist rein gar Nichts mehr zu sagen. Der Brand von Hamburg ist ein großes, ein Nationalunglück. Aber die Verheerungen, die er auf entfernte Meilen mit angerichtet hat, kommen uns jetzt erst zu Ohren. Einem Basler Professor ist darüber der Verstand still gestanden. Bei allem Unglück doch noch ein Glück: es ist dieses Stillestehen des Verstandes wenigstens ein klarer Beweis, daß Verstand einmal — da war.

Aber mit diesem „stillgestandnen Verstand“, mit dieser ruinirten Drehorgel wollt ihr nun herumgehen und singen, und den Ertrag von gutmüthigen Zuhörern den Hamburgern zum Christtag bescheeren? — Es ist unerhört.

Und mit diesem stillgestandnen Verstand dozirt man sogar vom theologischen Katheder? — Nun ja; der Herr Professor gesteht übrigens offen S. 202:

Ist eine Handvoll nur auch meiner Schüler Zahl,
Die Zahl, sie steht dermal ja nicht in eig'ner Wahl! —

Aber diese wenigen Schüler müssen sich dann nur um so mehr in dem Verstandesstillstand perfektioniren: er wird sogar in Verse gebracht. Dies zeigen die schülerhaften Verse, mit denen das Buch ausgestopft ist. Mitleid erregend — wenn auch nicht für Hamburg — ist z. B. folgendes thränenwerthe Lied:

Eine Frage.

Es ist mir heut so bang und schwer,
Warum? Das weiß ich nicht;
Die Welt scheint mir so trüb und leer,
Und nirgends seh' ich Licht.

Ich habe Alles, was ich will,
Und was mein Herz begehrt,
Es schweigen meine Wünsche still:
Mir ward so reich bescheert!

Die muntern Freunde winken mir,
Zu ihren frohen Reih'n;
Doch ach, ich kann ja Nichts dafür,
Ich kann nicht heiter sein.

Ich möchte wissen, was mir fehlt,
Und mich so traurig macht?
Warum mein Herz sich härmt und quält,
Und nicht, wie früher, lacht?

Vergebens späh' ich überall,
Ich finde keinen Grund,
Warum das Leben mir zur Qual,
Warum mein Herz so wund?

O sagt es mir, ihr lieben Leut',
Ob ihr vielleicht es wißt
Warum so große Traurigkeit
In meinem Herzen ist?

Gustav Stähelin.

Thränen fließen um und um
Von dem armen Publikum.

Schartenmeier.

Doch fassen wir uns, lieber Junge! — Es ist wirklich der Mühe werth, herauszubringen, warum Sie so unbeschreiblich melancholisch sind. — Sie, Herr Professor, wissen es gewiß: Sie kennen den Dichter von der traurigen Gestalt näher, Sie haben ihn ja eingeführt. Der Herr Professor legt den Finger erst an die Nase, dann an die Stirne und murmelt:

Stille stehet der Verstand! —

Der Verstand, ja; aber der Mund nicht, Ihnen nicht, frommer Stabiler! (Dies Wort ist nur Uebersetzung Ihres so ganz deutschen Ausdrucks.) Denn Ihr „Vergnügliches", eine lange Reihe von gedankenlosen Alexandrinern, gibt in so redseliger Prosa uns Auskunft über Ihr Dichten und Trachten, daß man Sie nun kennt, wie seine eigene Rocktasche. — Mit liebenswürdiger Naivetät, die uns zu einem verbindlichen Bückling und „Nicht doch" hinreißen soll, sagt H.:

Ein Dichter bin ich nicht, das will ich frei bekennen.

Wäre diese Bescheidenheit nicht eine Lüge, so müßte sie sich doch wohl nicht nur in Phrasen, auch in Werken, d. h. in diesem Fall, in keinen Werken, die Poesie sein wollen, kund geben. — Und wie hilft sich nun ein Mann, der weiß, daß er kein Dichter ist, und der doch das Versmachen nicht lassen kann, so wenig als der Kapitän das Fluchen? Hören wir ihn selbst:

So treib' ich's harmlos fort, und was ich bringen kann,
Das bring' ich, nimmt er's an, geruhig an den Mann,
Und wo's der Mann nicht will, versuch' ich's bei den Frauen,
Nachdem ich's mitgetheilt der eignen im Vertrauen.

Ach, wie häuslich, bürgerlich wird Einem da zu Muth! Ein ächtdeutsches, poetisches Stillleben!

Dann macht sich's weiter Bahn (mit Hülfe der Frauen) und kommt so weit herum,
Als eben reichen soll und mag mein Publikum.

Ein ferneres Mittel, den Kreis seines Publikums sich zu erweitern und sich als Dichter in die Literatur einzuschwärzen, sind auch noch solche Weihnachtsgaben, bei denen, indem man sogenannte Opfer auf den Altar des Vaterlands legt, der Altar der Schriftstellereitelkeit, wie man sich schmeichelt, auch nicht ganz leer ausgeht. Diese Hoffnung spricht das Vorwort ganz unverholen aus:

Dreimal eigner Noth zu dienen,
Ist die Weihnachtsgab' erschienen,
Und zum vierten hat sie jetzt
Sich ein weiter Ziel gesetzt:
Weiter als die Klüfte hallen
Eurer Berge, soll jetzt schallen
Unser Lied!

Helf', was helfen mag! — Wir denken aber, dieses scheinbar höchst politische Mittel wird nicht helfen.

Dritter Mann und Pfänderspiel
Wollen nicht verfangen.

Es ist eine spröde Dame, die öffentliche Meinung! Sie wird auch dadurch sich nicht zu Gunsten dieser Basler Unpoesie umstimmen lassen, daß sie sich herausnimmt, der deutschen Philosophie ein Kapitel zu lesen. Der Verf. versichert:

Mit der Philosophie steh' ich auf eignem Fuße.

Der Reimer dieser Verse, unser Stabiler, steht auf gar keinem mit ihr, weder auf einem krummen, noch geraden. Spricht er doch von ihr, wie der Blinde von der Farbe:

Ist das Philosophie, die im geschwornen Gruße
Des Zunft- und Schulsystems mit Phrasen um sich schmeißt (!),
Und, stimmt man ihr nicht bei, im Rasen um sich beißt,
Ist das Philosophie, die von dem Sternenthrone
Den Schöpfer reißt, und sich aufsetzt die Sternenkrone,
Die, was ihr jenseits liegt, als leeren Traum verhöhnt,
Sich diesseits mit dem Fleisch und leeren Schaum versöhnt,
Die Gott zum Spotte macht, und d'rauf den Spott zum Gotte,
Ja, dieser bleib' ich fern und ihrer Priesterrotte.

Bekehren zur Philosophie den stillgestandenen Verstand? — wem könnte das einfallen? Bleib' er nur immer fern, und „lebe er
vergnügt in seinem Gott,
Und trag' als Philosoph der Philosophen Spott!

Auch
„Auf Politik hab' ich mich niemals groß verstanden;
Am liebsten weil' ich da, wo Fried' ist in den Landen."

An der Freiheit vergnügt er sich höchstens der Abwechselung zu Liebe,
„Wenn mich verstimmen will die Meinungeinerleiheit."

Seine Vaterlandsliebe geht nur auf's Alte:
„Vergnügen will ich mich, so lang' die Berge halten,
An dir, mein Vaterland, dem freien und dem alten."

Das ist wohl der Kanton Basel-Stadt im Gegensatz gegen Basel-Landschaft, die alterschwache Schweiz gegenüber der sich verjüngenden, die demokratische gegenüber der aristokratischen. — Doch ist es schon mehr als zu viel gesprochen über diesen literarischen Schund. Wir hätten gern darüber geschwiegen, wenn es nicht unsere feste Ueberzeugung wäre: So lange man das Schlechte existiren läßt, so lange nicht Jeder das Seine thut, um es mit Stumpf und Stil auszurotten, kann das Gute nicht aufkommen. Und vollends, wenn das Schlechte unter der pharisäischen Maske der Wohlthätigkeit auftritt — „Füchslein, Füchslein, verderbet nicht den Weinberg des Herru" — oder wir streifen euch den Balg über die Ohren.

Sollen wir auch von den übrigen Mediokritäten, ja Nullen dieses Almanachs reden? Gott behüte! Ein Balthasar Reber, der darin sich besonders breit macht, begegnet uns so eben wieder auf dem Titel eines Bändchens Zeitgedichte; die Firma ist: Wackernagel und Reber; die Waaren, die dieses Haus liefert, werden wir nächstens mustern.

Zum Schluß noch ein Wort des Ernstes. Gestehen wir uns nur: es ist ein- für allemal aus mit der Poesie des Friedens, der Rosen- und Gelbveigleinspoesie. Man verweist das „Ewigweibliche" an den Rocken, in die Küche, damit es etwas Nützliches schafft, Leinwand und Charpie für die verwundeten, gesunde Kost für die siegesfrohen, hungrigen Streiter. Die Poesie zieht, wie die Jungfrau von Orleans, jetzt den Harnisch an, die Schäferin umgürtet sich mit Erz, denn Gottes Stimme, des Volkes Stimme ist an ihr Ohr gedrungen und hat sie aus ihren schönen Träumen aufgeschreckt, und sie wird eher im Panzer sterben, als ihn niederlegen. Seit die Poesie Männertracht umgethan und ins Feuer geht, ist freilich der Hain verödet; die zierlichen Beete im Garten der Romantik liegen zertreten, und statt der zum Balkon hinaufschmachtenden Töne der Guitarre, statt des melancholischen Waldhorns vernimmt man schmetternde Trommetenstöße, die das Gezwitscher und Geklingel der süßen Galans überschreien. Aber auch die Fanfaren sind Musik, auch der Krieg ist Poesie. Geh' in ein Kloster, Mädchen! Wem sein Behagen lieber ist, als das Fechten mit den bösen Geistern unter dem Himmel, der setze sich hinter den Ofen, der rette sich in den Schoß der allein selig machenden Kirche; hier ist Ruhe, hier ist die Ruhe des Grabes.

Doch nein, auch hier soll es euch nicht so gut werden, ruhig zu dämmern; auch an die Klosterpforten schlägt der Hammer der Zeit, bis sie zerspringen, bis die Gräber ihre Todten wiedergeben. Bis in den Schoß der Alles verschlingenden, Licht und Luft vermaurenden Kirche, bis an die Thore der geistlichen Bastille ist die Kriegshymne des neuen Geistes gedrungen. Machet die Thore auf, oder —

L. S.

Politische Afterpoesie.

Zeitgedichte von W. Wackernagel und B. Reber. Basel, Schweighäuser, 1843.

So eben lese ich einen Aufsatz in der Augsburgerin mit der empörenden Ueberschrift: „Ueber die Möglichkeit der Poesie in unserer Zeit.“ Empörend? — Doch nicht so sehr. Ueber die Möglichkeit der Philosophie — das wäre was anders, oder der Vernunft, oder — der Unvernunft. Alles ist in Frage gestellt; warum soll es die Poesie nicht auch werden können? Was einmal da gewesen, kann nie wieder verschwinden: dies ist ein Satz, der nicht mehr absolute Geltung hat, sonst müßte der Kampf gegen das Gewesene, das immer noch nicht verwesen will, weil es von hohen und heiligen Händen immer wieder frisch einbalsamirt wird, zur Verzweiflung führen. Die Frage nach der Möglichkeit der Poesie „kann also möglicherweise, wenn auch nur relativ, eine aufzuwerfende Frage“ sein, obwohl sie an sich ein Hohn auf die Poesie selbst und die Menschheit ist. Aber eben dieses ist ja oft auch das Gemächte, was sich Poesie nennt. Die romantische Poesie ist so herunter gekommen, daß sie, ihrer ästhetischen Seite nach, kaum mehr einen Gegner findet. Die Poesie der Wirklichkeit aber, die Zeitpoesie — wir haben gesehen, welch' ein ekler Schweif von Nachzüglern sich ihr anhängt, der die Frage zu einer erlaubten macht: ist ferner noch Poesie möglich, wenn der unpoetische, versifizirte Lärm so toll, so gemein wird, daß die Vorsänger sich schämen müssen, einer solchen Gemeinde von Mistfinken den Ton angegeben zu haben. Es geht in der Literatur oft, wie in einer langweiligen Gesellschaft: die banalen Phrasen und Gespräche sind abgethan, Niemand weiß mehr, der Konversation eine neue Wendung zu geben, Jeder sieht den Andern mit offenem Mund in stummer Verzweiflung an: wir geistreichen Leute, denkt Jeder im Stillen, sollten wirklich keine vernünftige Unterhaltung mehr auf die Beine zu bringen wissen?

Doch, Einer, der in der Ecke schon den ganzen Abend still gesessen, er flüstert seinem Nachbar was ins Ohr, alle Köpfe recken sich nach jener Seite hin, der flüsternde Kopf zieht sich aber wieder zurück, und — es geht abermals der Engel der Langeweile durch die Stube. Endlich singt Einer ein lustig Lied vor sich hin und spielt mit dem Messer den Takt dazu auf dem Tisch, siehe, da singt und zwitschert und pfeift und trommelt die ganze ehrenwerthe Gesellschaft ein Durcheinander von Stimmen, daß Keiner seinen eigenen Ton hört, viel weniger den des Andern. So peinlich der Anblick der stummen Statisten war, so verwirrend, betäubend, unerquicklich ist nun das Gurgeln und Pipsen der Aufgeregten. Endlich dringt ein kräftiger Männerbaß durch und singt Solo, daß es eine Freude ist; der Knäuel entwirrt sich, man fängt an zu hören, Einer nach dem Andern singt, und Keiner will dem Ersten nachstehen. So wird der Abend doch noch etwas mehr als leidlich. Man sieht welche, die dem König des Abends um den Hals fallen und ihm gerührt danken, daß er den Teufel, der stumm war, aus dem Leib der Gesellschaft ausgetrieben. Aber was ists am Ende? sie gehen heim und verschlafen Langeweile und Genuß, und die schwellende, hinreißende Männerstimme, die von Allem sang, was eine Menschenbrust durchglüht, findet nun — höchstens formelle, ästhetische Würdigung. Einer bemerkt vielleicht seinem Nachbar: hörtest du's nicht — diese kräftige, Mark und Bein durchdringende Stimme — kang sie nicht wie das Sausen einer Klinge über einem Verbrecherhaupte? — Ja, so klang es, meint der Andere, ein Preuße; aber still davon, sein Name darf in guter Gesellschaft nicht mehr genannt werden: du hast den Inhalt seines Liedes gestern ganz überhört; ich selbst bin mir heute erst, wo ich den augenblicklichen Tamuel ausgeschlafen, ganz klar darüber geworden — du, Freundchen, ich sag' dir, sein Lied war gereimter Hochverrath, von einem Königsmörder in Musik gesetzt. – Der Andere murmelt in den Bart:

> Mir wird von Alle dem so dumm,
> Als ging mir ein Freiligrath im Kopf herum.

Und wäre nur die Sache damit abgethan; aber den andern Abend kommt man wieder zusammen. Die Gesellschaft ist — ganz im Stillen — darüber einig geworden: der Männerbaß von gestern — darf sich nicht wieder hören lassen, die Langeweile von gestern wollen wir auch nicht wieder, es muß gesungen werden: was nun? Guter Mond — Am Rhein, am Rhein, da wachsen unsre Reben — Vom hoh'n Olymp herab — man probirt allerlei, aber Nichts will einschlagen. Adsuil, adsuil! Es geht nicht anders, man geräth wieder in die Melodie von gestern hinein: Freiheit, die ich meine! — das gefällt schon eher; „Sie sollen" — nein! ja, Sie sollen — schweigen! – Gott, wer macht's den Leuten recht?

Zwar sind sie an das Beste nicht gewöhnt,
Allein sie haben schrecklich viel gelesen, —

ach, und noch unendlich viel mehr gehört. — Ich hab's, flüstert endlich ein alter, noch von der Burschenschaftszeit her etwas grüner, wenn auch stark in den Pietismus schillernder Professor einem jüngern Verehrer und Schüler ins Ohr — ich hab's; wissen Sie was: wir singen ein Duett, Variationen über die Melodie von gestern; wir lassen das Lied des Hochverräthers nur so ein Bißchen durchklingen; Sie wissen — doch nein, wir gehen ja nicht ins Theater — gleichviel, Sie wissen, welchen Effekt der Choral in den Hugenotten macht, der über — überall durchgehört wird, — ich denke — haben Sie nicht auch einen Gedanken, mein Lieber? — o ja doch, ich verstehe. — Nun denn, wir verstehen uns und — unsre Leute; und wir werden doch auch nicht dümmer sein, als der pfiffige Jude? — Gesagt, gethan! Die zwei führen das Duett auf. Ich verließ die Gesellschaft, ohne den Applaus, auf den man zu sicher gerechnet hatte, als daß er hätte ausbleiben dürfen, abzuwarten.

Die Variationen sind seitdem gedruckt heraus, und werden jetzt von den Basler Missionszöglingen eingeübt, um mit dem anglikanischen Christenthum auch etwas Zeitpoesie in die andere Welt, d. h. unter das Heidenpack zu bringen, — goldene Aepfel in silberner Schale? — das nun eben nicht, aber sauber, appetitlich aussehende Aepfel vom Baum der Zeit, nur leider -- vom Wurm zerfressen.

Lasset uns deutlicher werden. Der Frühling ist da; an guten Tafeln gibt's schon grüne Bohnen, eine Neuigkeit, eine Seltenheit. Der gute Tropf, der Nachbar des Glücklichen, der sie seinen Gästen vorsetzen kann, riecht was davon, er lädt seine Brüder in Christo ein, sie sollen auch grüne Bohnen haben. Der Schelm, er weiß die eingemachten oder gedörrten so zu appretiren, daß sie ordentlich wie frische, grüne Bohnen aussehen, nur etwas gar zu grün; er schlachtet ein Lämmlein, legt's oben d'rauf — und nun komm' Einer her und sage, das seien keine grünen Bohnen mit jungem Schaffleisch, und man esse hier nicht eben so gut, ja noch besser, als beim hochmüthigen Nachbar! Denn, wer will, kann auch noch von jener köstlichen Wurst dazu haben, in der die Orthodoxie das Fleisch, Schleiermachers Theologie den Speck und Hegel'sche Philosophie das Gewürz vorstellen.

Das sind nun freilich, setzt der Theologe hinzu, der das Rezept zu dieser Wurstmasse gab, jene Mischungen, in denen das Abgestandene durch allerlei Zuthat wieder schmackhaft gemacht werden soll, welche schon Lessing so ekel, so widerstehend, so aufstoßend fand.

Indessen Gott hat dermalen in der Welt seltsame Kostgänger, und auf diese rechnen solche Kostgeber, wie Hr. Wackernagel. Daß die Allgemeine in Augsburg mit dem Manne sympathisirt, haben wir bei Besprechung der „Bettelpoesie“ bemerkt; das aber träumt sich wohl kein Leser, daß das ganze System der Allerweltsrechtmacherei, das dort in Prosa, zu Fuße geht, uns hier in recht leserlichen Versen vorgeritten wird. Wem das System recht ist, dem muß auch der poetische Bettlermantel gefallen, den hier ein Deutscher und ein Schweizer, die in Einer Boutique arbeiten, angefertigt und ihm übergeworfen haben.

Wie dort dem bairischen, so wird hier dem basler Christenthum gehuldigt; hier, wie dort, wird, mit den nothwendigen Pausen, die Freiheitstrommel gerührt, aber gedämpft, wie bei einer Soldatenleiche; hier, wie dort, wird an die große Glocke der Einheit, der Nationalität geschlagen; hier wird sogar noch weiter gegangen: der König von Preußen — der vorige, wohlgemerkt; der jetzige kommt wegen seiner exorbitanten Festberedsamkeit und punischer Treue schlimm weg — wird aufgefordert, den Kaiserstuhl zu besteigen, den Oesterreich verwirkt hat. Es ließe sich der Gedanke leicht noch weiter ausführen, wie diese Zeitgedichte, genau betrachtet, nicht viel mehr sind, als die gereimte Allgemeine Zeitung. Wir heben nur noch Einen Hauptpunkt hervor, in welchem dieses Journal und diese Zeitgedichte zusammen treffen: es ist der unverhohlene Haß gegen die wahren Zeitgedichte und Zeitdichter, gegen Herwegh und seine Mitstrebenden. Dieser Haß ist fanatisch, äußert sich daher auch in roher, bäurischer Weise, ist aber um so wunderlicher, als man sich nicht scheut, den Gehaßten auszuplündern, wo es gehen mag, Inhalt und Form von ihm zu borgen. Für die Polen hatte W. noch ein Herz; wer hatte es nicht? Für sein Volk hat er allerlei geistliche Moral, Trostsprüche, Bußpredigten; und wo die Zeit wirklich zum Wort zu kommen scheint, da hören wir Nachklänge von Herwegh, Hoffmann u. A., die dasselbe frischer und ehrlicher schon ausgesprochen haben. Die Sonette über die deutsche Flotte z. B., haben sie Einen neuen Gedanken, wenn es nicht der ist, England sei die junge Ente, von dem Mutterhuhn Deutschland ausgebrütet, das ihr ins Wasser nicht folgen kann? Man muß Hrn. W. hier seine eigenen Worte S. 35 ins Gedächtniß rufen:

> Das war recht hübsch, und was er sprach,
> Man hat es pünktlich aufgeschrieben.
> Doch ist der bunte Schwätzer nach
> Wie vor ein Papagei geblieben.

Ein Papagei ist ein närrisches, spaßhaftes Thier, über das man noch lachen kann. Aber die Krähe, die sich mit fremden Federn putzt, und, wenn es geschehen, auf den Adler, dem sie sie gestohlen, loszieht — das ist ein Geschöpf, das von Freund und Feind zurückgestoßen wird. Ein Paar Pröbchen:

W. begrüßt den in Preußen Unaussprechlichen also:

Ritter Georg, dich selber möcht' ich fragen,
Mir bleibt es unklar; bitte, sag' es klärlich,
Wornach dein Herz begehrt so höchst begehrlich
Und was denn kommen soll nach diesen Tagen?
„Ein Kaiser, hoch auf deutschem Schild getragen."
Da paßt dein vive la république schwerlich,
„Verbrüderung mit Frankreich, treu und ehrlich."
Wie? Schrie'st du nicht: Auf Frankreich losgeschlagen?
Dir selbst aufs Maul geschlagen hast du, Lieber!
Und rechn' ich ab, so bleibt am letzten Rande
Kein groß und schmeichelhaft Summa Summarum;
Im besten Fall ein hitzig Nervenfieber,
Darin du phantasirst von Mord und Brande,
In schöner Vers' und Prosa Lirum Larum.

Wer sieht hier nicht in schlechter „Vers' und Prosa Lirum Larum" die getreue Uebersetzung der berüchtigten Herweghartikel der Allgemeinen Zeitung mit Benutzung der Literarischen? — Armer Herwegh! Als du vor einigen Tagen hier durchzogst, im Begriffe, dem schönen Süden zuzuwandern, ach! hätt' ich gewußt, daß du das hitzige Fieber hast, ich hätte dir ernstlich abgerathen, unser kühlendes Klima zu verlassen; und deine schweigsame Bonhomie, deine heitere Laune, dein gutmüthiger Humor! — wie waren doch meine Augen gehalten, daß sie nicht sahen, wie das eitel fieberhaftes Phantasiren war! Und dein scharfes, klares, durchdringendes Auge — wie konnt' ich ahnen, daß es der Spiegel einer von absurden Widersprüchen hin und her gerissenen Seele sei? —

Aber ich werde doch wohl meinen Augen und Ohren noch trauen dürfen; die sagen mir so viel: Es gibt Kranke, die jeden Gesunden mit giftigem Neid ansehen; es gibt verbrannte Köpfe, die überall Brand riechen, Faselhänse, die jeden Ton aus freier Brust für Verrücktheit erklären:

Und eben jetzo geht im besten Schwange
Von Buben ächt nach Vettelart betrieben,
Ein zänkisch zahnlos bissiges Gefasel. (S. 116.)

In dem Sonett XXIX kulminirt die Gemeinheit. Schändlicheres hat noch kein deutscher Dichter gegen andere geschrieben:

Nicht kopfen dürft ihr an der Heimath Thoren;
Wer wollte selbst sich dem Profosen zeigen? u. s. w.

Der Leipziger Literatenverein, der dem König von Würtemberg für seine wahrhaft königliche That dankte, wird ohne Zweifel Herrn W. ein Diplom als Ehrenmitglied schicken; wo nicht, so wird ihn doch ganz gewiß als den Ihrigen anerkennen — die Bande der Zeitungsschreiber, die nach dem verruchten Briefe und dessen Folgen sich, nicht wie Ein Mann, sondern wie Ein Bube erhob, und Zetermordio über den Frechen schrie, der in so hoher Gegend, wo so leicht Lawinen stürzen, ein Wort gewagt, bei dem ihnen eine Gänsehaut über den ganzen Leichnam lief.

W. selbst sagt S. 124:

Die Freiheit und das Himmelreich
Gewinnen keine Buben.

Er hat mit diesem Worte sich und seine Gesellen sammt und sonders gerichtet.

Einen Spaß kann ich aber doch meinen Lesern nicht vorenthalten. In meiner Kritik der neuern Gedichte von Wackernagel, die im vorigen Jahre im „Deutschen Boten" stand, hatte ich rühmend den Vers erwähnt:

Was da lebt, hat auch sein Recht,
Und sein Recht das Neue;
Besser doch ein Hund, der lebt,
Als ein todter Leue.

Der Gedanke ist natürlich nicht von W., sondern nach Pred. Sal. IX. 4 gereimt. Ein Lob, wie das im D. B., mußte ihm bedenklich, gefährlich scheinen. Er hetzt also den wackern Vers mit zwei andern Hunden todt, wieder mit biblischer Anspielung (er macht, scheint's, seine Reime mit der Konkordanz in der Hand): — Als ein todter Leue —

Nicht so ganz! ich weiß den Fall (Jud. XIV, 14),
Wo in schönster Weise (nämlich aus dem Aas)
Süßigkeit vom Starken ging,
Von dem Fresser Speise.
Doch von Hunden duftet's nie
Honigsüß zur Höhe;
Da vernimmst und spürst du nur
Stank, Gebell und Flöhe.

Herr, merken Sie nicht, wie Sie sich selbst „aufs Maul schlagen"?

Soll ich noch reden von den mehr oder minder versteckten Angriffen dieses christlich liebevollen Freiheitssängers auf Prutz, auf den Verf. des deutschen Michels u. A.? Kein Wort mehr über einen, einst gern gehörten Poeten, der eifriger, als Mancher um seines Volkes Liebe, um seine Verachtung buhlt.

Dieser Mann ist eine Pension werth!

Wie ich den zweiten Theil der Zeitgedichte ansehe, finde ich meine ganze gute Laune wieder. Das Erste, was ich erblicke, ist — ein Motto von Herwegh. Der Mann, der die Widersprüche haßt, wie die Sünde, läßt solche schreiende Dissonanzen in seinem Buche zu? — Es ist zum Lachen. Und nun das erste Gedicht von Balthasar Reber: „Deutschland und die Schweiz": risum teneatis amici!

Ich frag' euch, deutschen Brüder, alle,
Kommt, schaut auch unsre Freiheit an!
Ob hier der Freiheit Strom nicht walle
Frei, wie er immer wallen kann?
O wenn ihr Deutschen das errungen:
Fürwahr, im Sturm des Festgeläuts
Lobpreistet ihr mit Feuerzungen,
Schlügt jauchzend euren Zorn ans Kreuz.

Sic, sic! und noch einmal sic! — Gleich hintendrein bekommen die schweizerischen Radikalen, die mit dieser neidwürdigen, absoluten Freiheit nicht zufrieden sind, eine tüchtige Maulschelle. — Ein Gedicht: „Die Straußen", das anfängt:

Das Christenthum, ihr möchtet's stürzen,

belehrt uns dumme Deutsche und Schweizer, daß wir das Christenthum nur deßwegen stürzen wollen, weil wir fürchten, die Welt möchte dadurch frei werden.

Wißt ihr, warum so übermächtig
Die Welt sich nach der Freiheit drängt?

Warum denn? Hans, deine Gründe!

Nur, weil der Christenglaube prächtig
Als Held die Fesseln hat gesprengt!

Der Grund war mir etwas unklar, bis ich an das Gedicht kam: „Der Vorort" (par excellence):

Mein Zürcher Volk, das nenn' ich brav,
Du Brudervolk zum Küssen! —

Ach, so ein christliches Emeutchen! Wenn wir so eins in Basel zu Stande brächten, oder in der übrigen Welt — es wäre zum Küssen! — Und doch, was bliebe noch zu wünschen im Lande, wo man singen kann:

Wir sind die Freien! hör's alle Welt:
Wir sind die Schweizer, die Echten.
Und wer es mit uns nicht von Herzen hält,
Den werfen wir zu den Schlechten.

Ha, ha, die „schlechte Presse" auch hier zu Land! —

Ihr rollt wie die Lawinen fort,
Gleich Strömen wir.

Ist das dieselbe, langsam strömende, wasserblaue Seele, die nachher von sich rühmt:

Sonst bin ich sanft; doch beim Gedanken:
Dein freies Vaterland will wanken,
Da bricht in mir der Löwe los!

Guter Freund, ihr habt euch sonst verrathen; wir wissen, wer in der Löwenhaut steckt!

Noch Etwas: wißt ihr auch, wer zur Hegemonie in Europa (sie nennt Rebers Compagnon „Europa's blödes Rind", S. 136) berufen ist?

Mein Hirtenvolk der Völkerherden,
Europa's Hirte soll es werden,
Sie leiten in der Freiheit Schoß.

Wir Deutschen bekommen übrigens auch unsre Elogen, obwohl mit „wenn" und mit „aber" verbrämt. Frankreich aber — das taugt rein gar Nichts, höchstens zum Losschlagen:

Dein Herz ist ein Vulkan, ein Feuerkrieger,
Kann nur Tyrann sein oder Freiheitstiger.

Woher diese Vorliebe für Deutschland, diese Franzosenfresserei bei dem Basler? Frankreich ist katholisch oder atheistisch, die Deutschen aber sind in der Regel gute Christen: Deutschland,

Ja, du bist frei: nicht Adler nur, auch Taube;
Dein Schild, es ist der reine Christenglaube; —
Du eine Heldin, nicht ein Donnerheld, u. s. w.

Deutschland, du bist ein Weib, und ein Weib ist und bleibt ein Weib, und wär's die Jungfrau von Orleans. Laß dir ja nie einfallen, ein „Donnerheld" werden zu wollen und in Stahl zu hüllen deine zarte Brust! Dulde, dulde, und vergiß deine Mannheit.

Wenn, Deutschland, du willst auf den Schauplatz treten,
Wenn du der Freiheit Palme willst erringen, u. s. w.

überhaupt, wenn noch was aus dir werden soll,

Dann, Deutschland, mußt du vor dem Kreuze knien!

Deutschland wird der Schweiz für diesen guten Rath dankbar sein und — sich's überlegen. —

Ludwig Seeger.

Philosophie der That.*)

Vom Verfasser der Europäischen Triarchie.

Von der Kartesischen Philosophie ist nur das erste Wort wahr; er konnte nicht cogito ergo sum, sondern nur cogito sagen. Das Erste (und Letzte), was ich erkenne, ist eben meine Geistesthat, mein Erkennen. Der Geist, das zum Selbstbewußtsein erwachte Leben, konstatirt seine Sichselbstgleichheit oder Identität durch das Denken des Denkens. — Alles weitere Erkennen ist nur eine Explikation dieser Idee, der Idee par excellence. Ich weiß, daß ich denke, daß ich geistig thätig bin oder, da es keine andere Thätigkeit gibt, daß ich thätig bin, nicht aber, daß ich bin. Nicht das Sein, sondern die That ist das Erste und Letzte. — Gehen wir zur Explikation dieses Aktes, so finden wir dreierlei: ein Denkendes, ein Gedachtes, und die Identität Beider, das Ich. „Ich denke" heißt: Ich stellt sich (oder setzt sich) sich selber vor, als ein Anderes, kommt aber durch die Aufhebung dieser Reflexion wieder zu sich, nachdem es gleichsam durch die Entdeckung seines eignen Lebens im Spiegel außer sich gekommen. Es sieht ein, daß das Spiegelbild sein eignes ist. — Das Erwachen des Lebens zum Selbstbewußtsein ist ein komplizirter Akt. Das einfache Ichsagen konstatirt keine Identität. Wer da sagt: Ich bin Ich, oder: Ich weiß, daß ich bin, der weiß Nichts, der glaubt nur an einen mathematischen Punkt, der sieht in's Schwarze, sieht nur, was nicht wirklich, nämlich den Unterschied des Denkenden vom Gedachten, des Subjektes vom Objekte, nicht deren Identität. Das einfache Ich, das Denkende im Unterschiede vom Gedachten, ist leer, hat keinen Inhalt; es ist keine Raison drin, in diesem Ichsagen; es ist hohl, kein moi raisonné, kein Gedachtes, sondern ein Geglaubtes. Erst das

*) Aus der Einleitung zu einem später erscheinenden, größern Werke.

„Ich denke" konstatirt Etwas, die Sichselbstgleichheit des Einen im Andern. Was der Ichsager glaubt, das Ich, die Identität, wird hier zum begriffenen Inhalt der That — wogegen sich hier der mathematische Punkt, das schwarze Nichts, das sich Sein nennt, als der mitten in seiner Thätigkeit fixirte, erstarrte Akt des Selbstbewußtseins zeigt. Wird nämlich dieser Akt nur halb vollzogen, das Denkende im Unterschiede von sich, dem Gedachten, fest gehalten, so rennt der Geist seinen Kopf wider die Mauer, wider die Schranke, die er geschaffen und nicht durchbrochen; er verrennt sich in eine Sackgasse. Die That erstarrt. Die Brücke, der steile Uebergang vom Denkenden zum Gedachten, ist abgebrochen, die Lebensarterie unterbunden. Das lebendige Werden wird todtes Sein und das Selbstbewußtsein zum theologischen Bewußtsein, das sich nun einen Uebergang aus dem schwarzen Nichts zum blassen Sein vorlügen muß. Das Schattenreich hebt an. Alles Gedachte ist nur noch sein Schatten, wie andrerseits das Denkende zum lichtlosen Punkte zusammenschrumpft. Das wirkliche Leben, das lebendige Ich, die selbstbewußte Identität, erscheint nun, wo Denkendes und Gedachtes getrennt sind, außerhalb Beider; es ist das Unerkannte, aber Geahnte oder Geglaubte. Dieses äußerlich vorgestellte Leben ist eine leere Reflexion des leeren Ichs, der Schatten eines Schatten, der theologische Gott, das „ewig Seiende", der „absolute Geist", u. s. w.

Das selbstbewußte Ich, von dem alle Philosophie ausgehen muß, weil das „Ich denke" eben so sehr unbeweisbar, wie über allen Beweis erhaben (da der Zweifel daran ebenfalls ein Akt des Denkens ist), dieses moi raisonné des Kartesius ist also keineswegs ein Beweis für das abstrakte Sein, sondern für's Denken, für die Geistesthat. Das „Ich denke" hat sich uns als die That gezeigt, die drei Momente in sich hat, welche zusammen das Ich bilden, und welches Letztere eben deshalb kein Sein, weder ein denkendes, noch ein gedachtes, sondern die Vollziehung eines Aktes ist: die Bewegung des sich auf sich als ein Anderes beziehenden oder sich von sich unterscheidenden, aber in diesem Sichanderswerden oder Sichunterscheiden seine Sichselbstgleichheit erkennenden Lebens. — Das Ich ist mithin nicht etwas Ruhendes oder Bleibendes, wie die Ichsager meinen, sondern im Wechsel, in steter Bewegung, wie das Leben, bevor es zum Selbstbewußtsein erwacht ist, ebenfalls in stetem Wechsel. Wie die „Weltkörper", so wie Alles, was wir wachsen und sich bewegen sehen, ist auch der Mensch, und zwar nicht etwa bloß der sinnliche, sondern auch der geistige Theil desselben, sein Selbstbewußtsein, in stetem Wechsel, in einer sich stets ändernden Thätigkeit. Bleibend ist nur diese Thätigkeit selber oder das Leben. Nothwendig ist die stete Veränderung des Ich, weil es nur Ich ist dadurch, daß es sich ein Anderes wird, d. h., sich bestimmt, beschränkt, und in diesem Sichandereswerden oder Sichbeschränken seine Sichselbstgleichheit oder freie Selbstbestimmung erkennt. Ohne diesen Akt ist es kein wirkliches Ich, keine Identität, sondern entweder seiner eignen That unbewußt (unschuldiges, natürliches Leben), oder im Zwiespalte mit sich selbst, ein zerrissener Lebensfaden, eine unterbrochene Linie, ein schwarzes Nichts. — Die Reflexion ist die Parze, die mit der Scheere des Verstandes den kontinuirlichen Lebensfaden durchschneidet, die Bewegung unterbricht, den Athemzug erstickt. Ich ist eine Geistesthat, eine Idee, welche nur im Wechsel zu begreifen. Ueber dem Wechsel steht nur das Gesetz, welches demselben die Bewegung bedingt. Der Geist erkennt dieses Gesetz durch die Erkenntniß seines Lebens. Indem er sich, seine eigne Thätigkeit erkennt, so erkennt er alle Thätigkeit, alles Leben, mit derselben Gewißheit. Leben ist Thätigkeit. Thätigkeit aber ist Herstellung einer Identität durch Setzen und Aufheben seines Gegentheils, Erzeugung seines Gleichen, seiner Sichselbstgleichheit, durch den Durchbruch der Schranke, in welcher Ich Nichtich. Thätigkeit ist, mit Einem Worte, Selbsterzeugung — deren Gesetz der Geist durch seine eigne Selbsterzeugung erkennt.

Der Wechsel, die Verschiedenheit des Lebens, kann nicht als ein Wechsel des Gesetzes der Thätigkeit, als objektiv verschiedenes Leben, sondern nur als eine Verschiedenheit des Selbstbewußtseins begriffen werden. — Die Reflexion, die Alles auf den Kopf stellt, sagt umgekehrt: „das objektive Leben ist verschieden, das Ich stets dasselbe.“ Sie erfaßt das, was Wechsel des Ichs, des Selbstbewußtseins ist, als einen Wechsel des vom Ich vorgestellten Andern (welches es selbst ist); alle ihre Vorstellungen werden ihr zu objektivem Leben, das denn freilich sehr verschieden, in jedem Momente ein Anderes, weil eben das Ich sich in jedem Momente ein Anderes wird, weil das Selbstbewußtsein eine kontinuirliche Kette von Vorstellungen, weil die Idee, die Eine Geistesthat, nichts Fixes ist, sondern Bewegung, Erregung, auf- und absteigt vom niedrigsten Selbstbewußtsein (welches diesen Namen im gewöhnlichen Sinne freilich noch nicht verdient) bis zum höchsten oder klarsten, und eben so umgekehrt. Die verschiedenen Arten oder Erregungen des Selbstbewußtseins, welche sich in der Zeit als verschiedene Momente, Stufen, Schichten, Geschichten — im Raume als verschiedene Exemplare oder Naturen darstellen, sind wirklich das Produkt einer und derselben Thätigkeit, die das S e l b s t b e w u ß t s e i n am Ende als seine e i g n e erkennt. — Aber die Reflexion, die Thätigkeit, die nie zu ihrer Sichselbstgleichheit kommen kann, sieht überall das Gegentheil der Wirklichkeit. So erscheint ihr denn auch das objektive Leben verschieden, das Ich aber (von dem sie nichts weiß, das sie nur glaubt) als das Bleibende, Unsterbliche!

Aus jeder bestimmten Idee, aus jeder Stufe des Selbstbewußtseins folgt nothwendig ihr Gegentheil, ihr Gleiches als Anderes, und zwar so lange, bis sich die bestimmte Idee explizirt hat, d. h., jedes Wesen verdoppelt sich, bis es erschöpft ist, schafft so lange, lebt so lange, ist so lange thätig, bis es sich ausgewirkt. Dann ist die Zeit dieser bestimmten Idee, dieses bestimmten Ichs, eben zu Ende. — „Nein“, sagt die Reflexion, „dann fängt's erst recht zu leben an!“ — Der Geist, der sich nirgend selbst im Leben fand, der, wenn er sein Bild im Lebensspiegel schaute, den Kindern ähnlich seinen Kopf hinter diesen Spiegel steckte, um zu sehen, ob was dahinter ist, und dort natürlich stets das leere, schwarze Nichts fand — dieser Geist, der, nachdem er sich selbst erzeugt, reflektirt, explizirt hat, in seinem Andern nicht sich, sondern ein von ihm wirklich Verschiedenes zu erblicken glaubte — der mithin überall Schranke, Negation, Nichtigkeit erblickte — steckt auch zuletzt noch seinen Kopf hinter den Lebensspiegel, um dort zu suchen, was er in sich hätte suchen und finden müssen. — Der arme Teufel, der stets verneint, aber nie zur Negation der Negation, zum Durchbruch der Schranke kommt, der eine Pupille hat, die Alles auf den Kopf stellt, aber keinen Sehnerv, der den Gegenständen wieder auf die Beine hilft, reißt mit ungeschickter Hand die Wurzel, die verborgene Basis des Lebensbaumes, aus dem Boden und gibt sie den Lüften preis, während er die Wipfel in die Erde senkt und der Fäulniß überliefert. Nachdem er seine That entgeistet, zum Körper, zum todten Kadaver gemacht hat, will er diesen Körper verewigen. Er stellt sich die Ewigkeit als die zeitliche Fortdauer eines unveränderlichen Körpers vor. Er stellt sich das Zeitliche, das bestimmte Ich, als ewig, und das Ewige, das Gesetz, als zeitliches, bestimmtes, beschränktes Ich vor. Es liegt im Wesen der Reflexion, Absurdes zu denken.

Das Expliziren einer bestimmten Idee oder Geistesthat, das Auswirken einer bestimmten Stufe des Selbstbewußtseins oder Lebens, der Menschheit etwa, ist deren Verwirklichung, deren Individualisirung. — Das Individuum ist das Sichanderswerden der bestimmten Idee, wodurch diese eben wirklich, Identität wird. So wird im menschlichen Individuum das humane Selbstbewußtsein wirklich. Das Individuum ist die einzige Wirklichkeit der Idee; nur in ihm kann das Leben überhaupt zum Selbstbewußtsein kommen, da keine Identität, kein Ich denkbar ist außer der That, von der wir im Eingange gesprochen. Das Allgemeine ist mithin unwirklich, nur eine Abstraktion des Individuums, welches die Idee reflektirt, welcher es angehört, sich aber im Gegensatze zu ihr, nicht als ihre Wirklichkeit begreift. Die Lebensidee im Allgemeinen, das ewige Gesetz, „absoluter Geist“, „Weltgeist“, „Gott“, oder wie man das Allgemeine und Ewige eigentlich oder uneigentlich nennen mag, ist nur ein Wechsel, ein Sichanderswerden, in der Verschiedenheit, im Individuum oder richtiger in einer unendlichen Reihe von Individuen, im unendlichen Sichanderswerden oder Sichselbsterzeugen wirklich; das Allgemeine kommt, mit andern Worten, aus den Individuen zu seinem Selbstbewußtsein, und der Mensch, der die Lebensidee, das Allgemeine, als sein Leben erkennt, ist seine höchste oder vollkommenste Wirklichkeit. — Das ist freilich nichts Neues, sondern bei allen Philosophen, namentlich bei den neuern zu finden. Auch soll hier keine neue Wahrheit ausgesprochen, sondern die alte wiederholt werden, weil das Folgende diese alte Wahrheit zur Grundlage hat und man sie dem in der Sackgasse der Reflexion festgerennten theologischen Bewußtsein gegenüber nicht oft genug wiederholen kann. Das theologische Bewußtsein ist die große Lüge, das Prinzip aller Knechtschaft (und Herrschaft), welcher unser Geschlecht unterworfen ist, so lange die Lebensidee ihm eine äußerliche, so lange es die selbstbewußte That noch nicht erkennt. Gegenwärtig, wo dieselbe sich Bahn zu brechen anfängt, verbindet sich das theologische Bewußtsein mit den bestehenden materiellen Mächten, mit den Institutionen, die es selbst ins Leben gerufen, um mit deren Hülfe die freie Geistesthat zu bekämpfen — eine sehr natürliche Allianz, eine Allianz von Vater und Sohn, die Beide ihr Haus vertheidigen — eine Familienallianz, die nicht zu verachten!

Noch ist diese Familienallianz nicht genug von allen Seiten beleuchtet, gewürdigt worden. Auf der einen Seite vergaß man über dem Vater den Sohn, auf der andern über dem Sohn den Vater. Das theologische Bewußtsein, die Religion, der Vater, wurde dort in seiner innern Lügenhaftigkeit erkannt, wo man sich um den Sohn, die Politik, wenig kümmerte und ängstigte. In Deutschland hat man über dem religiösen Dualismus den politischen schier vergessen, und in neuester Zeit, wo man auch hier anfängt, sich um die Politik zu kümmern, zeigt sich die allerdings natürliche Erscheinung, daß man hier kaum über das ABC der modernen sozialen Bewegung hinaus gekommen ist. Man fängt mit Anno 1 der Republik an und rechnet's dem, der von den neuesten Erscheinungen im Gebiete der politisch-sozialen Bewegung ein dürftiges Referat, vom abstraktesten, engherzigsten Gesichtspunkte aufgefaßt, nach Deutschland bringt, als eine Heldenthat an.*) — In Frankreich dagegen, wo man den Sohn, den politischen Dualismus entlarvt, steckt man noch bis heute im religiösen. Proudhon, der tüchtigste Vorkämpfer in der neuesten sozialen Bewegung, spricht sehr

*) Man sehe die Kritik der Stein'schen Schrift: „Der Sozialismus und Kommunismus des heutigen Frankreichs" im letzten Quartal-Heft der „Rheinischen Zeitung".

salbungsvoll vom „Gotte", dem „Vater", und von seinen „Kindern", den Menschen, die alle „Brüder"; glaubt auch das Möglichste gethan zu haben, indem er gegen die „Pfaffen" loszieht, wie die guten Deutschen in der Politik aufgeräumt zu haben vermeinen, wenn sie gegen die Könige polemisiren. Aber Proudhon läßt sich's nicht träumen, daß das, was er selbst noch anerkennt, vollständig hinreicht, um, konsequent durchgeführt, Pfaffen und Könige, Willkür und Eigenthum wieder in ihre alten Rechte einzusetzen oder zu erhalten. Die vagueu Phantasiebilder von Gott dem Vater und seinen Kinderchen sind es eben, welche, von den Königen und Pfaffen ausgebeutet, zur Herrschaft benutzt worden. Denn die Kinderchen müssen Vormünder haben, und unter den Söhnen des Vaters kann nur Einer der Erstgeborne sein; auch gibt es ungleiche Brüder — und nichts ist natürlicher, als daß die menschliche Gesellschaft, wenn ihr Verhältniß zu ihrem Wesen in kindlicher Weise als ein Familienverhältniß aufgefaßt wird, auch von Autoritäten beherrscht, am „altehrwürdigen" Glaubensgängelbande gelenkt werden muß. Wer aber sagt denn unserm französischen Philosophen, der so sehr gegen alle äußere Herrschaft protestirt, daß wir einen Vater außer oder über uns haben, daß wir Kinder eines Andern sind? — Sein Geist, der die Identität, die Einheit mit seinem eignen Wesen, ahnt oder fühlt, aber nicht erkennt, stellt in der Weise der Reflexion diese Einheit sich vor, vor sich hin, als ein ihm äußerliches Andere. Er hält diese Trennung für wirklich. Wenn aber diese Trennung eine wirkliche, so sind auch die Menschen wirklich getrennt, nicht verbunden, verschieden, nicht gleich, entgegengesetzt, nicht einig —, und wenn sie mit solchen religiösen Vorstellungen an die Aufhebung des Eigenthums gehen wollten, so würden sie, trotz aller Protestationen Proudhon's gegen den rohen, materiellen Kommunismus, doch nur zum rohesten, abstraktesten, zum mönchischen oder christlichen Kommunismus, zur Vernichtung aller Selbständigkeit der Individuen, zur Ertödtung des Lebens oder der Freiheit gelangen. Denn sie würden nur dazu gelangen, indem sie dem Allgemeinen, welches sie sich außer sich, als himmlische Macht, als Persönlichkeit vorstellen, sich vollständig unterwerfen oder dieser Persönlichkeit gegenüber ihre eigne verläugnen oder ertödten — eine unerträgliche Knechtschaft, wenn konsequent durchgeführt, ein unmöglicher Zustand, mit dem sich das Mittelalter, das Juste-milieu-Zeitalter längst abgefunden, indem es neben der himmlischen Tyrannei die irdische Willkür ins Leben rief und herrschen ließ, so daß ein beständiger Kampf zwischen den Repräsentanten der unwahren Individuen und des unwirklichen Allgemeinen, zwischen den irdischen und himmlischen Interessen herauf beschworen wurde. — Die soziale Freiheit ist entweder eine Folge der Geistesfreiheit, oder sie ist bodenlos und schlägt um so gewisser in ihr

Gegentheil um, je revolutionärer sie sich gegen die bestehenden Zustände, die uns aus dem Justemilieu=Zeitalter überkommen sind, verhält. — Dem christlichen Kommunismus würde ein christliches Mittelalter auf dem Fuße folgen, wenn es denkbar wäre, daß die Geschichte am Ende einer Entwickelung wieder von vorn anfinge.

Auf beiden Seiten sind, wie man sieht, die Kämpfer für die Freiheit, weil sie isolirt, nicht stark genug, um den vereinigten Gegnern zu widerstehen.

Die Lüge der Religion und Politik muß mit Einem Schlage und schonungslos entlarvt, die Schlupfwinkel, Verschanzungen, Esels= und Teufelsbrücken der Gegner müssen zumal verbrannt und vernichtet werden. — Wir wissen wohl, daß es zahme und lahme Philosophen gibt, die, weil ihnen der Zornmuth der That abhanden gekommen ist, in dem Lügendreckhaufen der Religion und Politik mit ihrer Diogeneslaterne umherstöbern, um wo möglich noch einige brauchbare Gegenstände hier aufzugabeln. Aber es lohnt sich nicht der Mühe, die armseligen Lumpen aus dem Schutte der Vergangenheit hervorzusuchen, um sie in die Papiermühle der Dialektik zu bringen und metamorphosirt zu Markte zu tragen, vorgebend, es sei das alte, bekannte Material, nur anders formirt. Die Form ist das Wesen; der Geist muß jedenfalls seine Produkte selbst erzeugen, und die Philister, die eher zugreifen, wenn sie glauben, die Waare, die man ihnen bietet, sei aus ihrer alten Rumpelkammer, merken's doch am Ende, daß es nagelneue Produkte sind, die man ihnen so billig als alte verkaufen will. Man kann nun einmal der gaffenden Menge das Stutzen nicht ersparen; die Philister werden vor jeder Urgeistesthat wie vor einer Teufelserfindung scheu zurückbeben, bis sie sich nach und nach mit ihr befreundet, sie begriffen haben. — Was ist denn Wahres in der Religion und Politik? — Allerdings, es schlummert Wahrheit in ihnen. Aber nicht die Wahrheit, sondern das Schlummern derselben ist dasjenige, was der Religion und Politik eigenthümlich ist. Hört die Wahrheit auf zu schlummern, erwacht sie, so hört sie auch auf, im Dualismus der Religion und Politik zu erscheinen. — Religion und Politik sind Uebergänge von der Bewußtlosigkeit zum Selbstbewußtsein des Geistes. Der religiöse Dualismus, die himmlische Politik, ist ein Produkt der Reflexion, des Zwiespaltes, des Unglücks — eben so der politische Dualismus, die irdische Religion. Obgleich die Reflexion nichts davon weiß, daß sie die Eselsbrücke des Geistes, so ahnt sie es doch, und diese Ahnung spricht sich in Träumereien von einem verflossenen goldenen Zeitalter, später in Prophezeihungen eines zukünftigen bessern Zustandes aus, in welchem aller Kampf, Zwiespalt, Sünde aufhören soll. — Die Bibel selbst, dieses altehrwürdige Aktenstück vom Ursprunge unserer Reli=

gion und Politik, das uns mit der größten Naivetät in die theologische Sackgasse einführt, läßt Adam die erste Stimme eines ihm äußerlichen höhern Wesens erst nach dem Sündenfalle vernehmen. Sie prophezeiht in ihrem letzten Abschnitte einen Zustand der Erkenntniß, in welchem alle Kreatur einig, nicht mehr unterschieden sein werde von einander und ihrem Gotte. Der ganze Christus ist eine Anticipation dieser Erkenntniß. Gerade deshalb aber ist seine Rolle beendigt von dem Augenblicke an, wo die Prophezeihung nicht mehr statthaft, weil sie in Erfüllung gegangen. Auch der Staat ist eben so, wie die Kirche, eine Antizipation des einigen sozialen Lebens. Gerade weil Religion und Politik auf ein Zukünftiges hinweisen, werden sie nie zugeben, daß dieses Zukünftige ein Gegenwärtiges sei, indem sie sich dann selbst aufheben würden. Ja, sie müssen, weil ihre Rolle im Hinweisen auf eine Zukunft besteht, in welcher diese ihre Rolle zu Ende gespielt ist, die Gegenwart dieser Zukunft stets hinausschieben. — Um von der Wahrheit nicht Lügen gestraft oder verläugnet zu werden, müssen sie selbst die Wahrheit lügen und läugnen. — Das ist die beste Seite, die man der Religion und Politik abgewinnen kann; doch das ist nicht ihr ganzes Wesen.

Das Wesen der Religion und Politik besteht, wie gesagt, darin, daß sie das wirkliche Leben, das Leben der wirklichen Individuen, von einem Abstraktum, von dem „Allgemeinen", welches nirgend wirklich, außer im Individuum selber, absorbiren lassen. — Das ist der Begriff und das zeigt auch die Geschichte dieses edeln Schwesterpaares. Der Moloch ist der Urtypus desselben. Menschenopfer bilden überall den Grundton des Gottesdienstes und Staatsdienstes. Der „absolute Geist", der im „Staate" seine Wirklichkeit feiert, ist eine Nachbildung des christlichen Gottes, der seinen erstgebornen Sohn kreuzigen läßt, der Wohlgefallen hat am Marterthum und auf einem Märtyrer, „auf diesem Felsen", seine Kirche baut. Der christliche Gott ist eine Nachbildung des jüdischen Moloch-Jehova, dem die Erstgeburt geopfert wird, um ihn zu „versöhnen", und den das Juste-milieu-Zeitalter des Judenthums mit Geld abgefunden hat, indem es die Erstgeburt „auslöste" und Vieh statt Menschen opferte. Das ursprüngliche Schlachtopfer war überall der Mensch — und wenn er auch später sich „auszulösen" oder zu „erlösen" versuchte, so ist er's doch immer, so lange die Religion und Politik bestanden, im figürlichen Sinne geblieben, und ist's noch jetzt. — Religion und Politik sind als Gegengewicht gegen den rohen Materialismus der Individuen, die sich, bevor sie zum Selbstbewußtsein gelangt sind, einander bekämpften, ins Leben getreten und haben Repräsentanten allgemeiner Interessen geschaffen, die als unwirkliche Wahrheit der unwahren Wirklichkeit feindlich entgegen getreten sind.

Im „Gottesdienst“ warfen sich die Priester, im „Staatsdienste“ die Könige, Aristokraten und sonstige Ehrgeizige und Egoisten, Narren und Betrüger als die Repräsentanten „allgemeiner“ Interessen auf, lebten vom Schweiße und Blute ihrer Untergebenen und schrien die Aufopferung als höchste Tugend aus. — Es ist nicht nöthig, stets zu wiederholen, daß die saubere Geschichte aller Religionen und Staaten eine nothwendige war. So lange die Völker und Individuen noch nicht zur Sittlichkeit oder Selbsterkenntniß gelangt waren, mußten sie sich's allerdings gefallen lassen, von Ihresgleichen wie das liebe Vieh behandelt zu werden; so lange sie sich selbst nicht zu beherrschen verstanden, wurden sie von äußern Mächten beherrscht. Das ist klar. Aber klar ist auch, daß, wenn Religion und Politik das Produkt eines viehischen Zustandes, sie selbst oder ihre Repräsentanten eben nur die andere Seite jenes Materialismus sind, in welchem Individuen und Völker befangen. — Die Priester und Herrscher können nicht dadurch entschuldigt werden, daß die Völker sie nothwendig machten, eben so wenig wie die Individuen und Völker ihre Sklaverei etwa durch ihre Priester und Herrscher entschuldigen können. Sklaverei und Tyrannei, abstrakter Materialismus und Spiritualismus, bedingen sich gegenseitig — und beklagenswerth sind nur die, welche nicht einsehen, daß aus diesem geschlossenen Kreise der Knechtschaft nur durch radikalen Bruch mit der Vergangenheit herauszukommen ist. Diesen Bruch haben die Franzosen und Deutschen zu Stande gebracht, die erstern, indem sie die Anarchie in der Politik, die andern, indem sie dieselbe Anarchie in der Religion hervorriefen. Aber die Hauptsache ist, den Mittelpunkt zu finden, aus welchem diese Macht der Negation auf beiden Seiten entstanden. Ohne diesen Mittelpunkt ist Alles Stückwerk und schlägt wieder in sein Gegentheil um, wie dies zuletzt in Deutschland und Frankreich wirklich geschehen ist.

Die Knechtschaft hat ihr geschlossenes System; sie hat einen wohlgeordneten Bau der Lüge aufgeführt, wodurch ihr über die noch ungeborne Freiheit ein Uebergewicht gegeben ist, ein theoretisches und praktisches Uebergewicht, so lange die Freiheit ihr nicht ebenfalls mit Konsequenz, mit der Konsequenz der Wahrheit, entgegen tritt. Die Freiheit wird der geschlosseneu Phalanx der Knechtschaft gegenüber stets den Kürzern ziehen, so lange sie ihr Prinzip nicht eben so konsequent durchführt, wie die Knechtschaft das ihrige. So lange der Dualismus nicht überall, im Geiste wie im sozialen Leben, überwunden ist, hat die Freiheit noch nicht gesiegt Die dualistische Weltanschauung mußte freilich in der Geschichte nothwendig hervortreten. Aber die Lüge ist darum nicht minder Lüge. Unsere ganze bisherige Geschichte war so zu sagen eine Nothlüge. Der Christ, um wirklich zu werden, mußte als Individuum gegen Andere erscheinen, zunächst also im Gegensatze zu sich selber. Der Geist entwickelt sich an und in dem Widerspruche mit sich selbst. — Die Geschichte, die nichts Anderes als eben diese Entwickelung des Geistes ist, konnte mithin auch nichts Anderes als die Erscheinung des Widerspruchs sein — und man darf sich daher nicht wundern, daß bisher nur dieser Widerspruch, der Kampf des Individuums mit sich und dem Allgemeinen, zum Vorschein kam. Das wahrhafte Individuum — der selbstbewußte Geist, der freie Mensch, das wirkliche Allgemeine — war bisher noch nicht herausgebildet. — Das Allgemeine hatte mithin, da es außer dem Individuum nicht wirklich ist, noch keine Wirklichkeit. Das Individuelle erschien, im Gegensatze zu seinem Wesen, dem Allgemeinen, als Besonderes; das Allgemeine, im Gegensatze zur Wirklichkeit, als Abstraktum — Gott, Priester, Papst, Kirche, Staat, Monarch u. s. w. So tritt uns überall das abstrakt Allgemeine auf der einen Seite, auf der andern dagegen das materielle Individuum entgegen, ein zwiespaltiges, in sich selbst nichtiges Lügenphantom, da das Allgemeine ohne Wirklichkeit leblos, das Besondere ohne Wahrheit aber geistlos ist. Dieser Zwiespalt des Geistes offenbarte sich, wie gesagt, in der *ganzen* bisherigen Geschichte. Seine höchste Spitze aber hat er in der vollendetsten Religion, im *Christenthum*, so wie in der vollendetsten Staatsform, in der *Monarchie*, erlangt. Es ist ganz richtig: das Christenthum ist die *wahre* Religion, und die Monarchie ist die *Spitze* aller Staatsformen. Mit andern Worten: die *absolute Religion* und der *absolute Staat* ist eben nichts anderes als der *Absolutismus* der himmlischen und irdischen *Tyrannen über Sklaven*. — Die Herrschaft und ihr Gegensatz, die Unterthänigkeit, ist das Wesen der Religion und Politik, und in je vollkommnerer Weise sich dieses Wesen manifestirt, desto vollkommener ist die Form der Religion und Politik. — In der absoluten Religion und Politik ist der Herr Ein Herr Aller. Die Allgemeinheit zeigt sich hier als die Negation alles Individuellen. Vor Gott und dem Monarchen verschwinden alle Existenzen. Der Gott und der Monarch selbst sind keine wirklichen Individuen; sie sind *erhaben* über alle Wirklichkeit, sind *geheiligte Personen*, *gar keine Personen*: der Monarch, wie der Gott, ist die *Majestät*, unbegreifbar! Denkt nicht darüber — betet nur an — fallt auf's Knie!! — — Die Abstraktion kann nicht weiter getrieben werden, und der Dualismus, auf dieser Höhe angelangt, kann sich nicht mehr halten — er schlägt um: die Revolution und der Kritizismus beginnen. Das abstrakt Allgemeine muß dem abstrakt Individuellen weichen; aber dieses ist nicht mehr, wie im Anfange der Geschichte, das natürliche Individuum, sondern das geistige Subjekt. Nicht die individuelle Willkür, sondern die subjektive Freiheit, nicht die natürliche Gleichheit oder gleiche Berechtigung der unvermittelten Gegensätze einander bekämpfender Individuen, sondern die abstrakten Menschenrechte oder das gleiche Recht der abstrakten Persönlichkeit, des reflektirten Ichs, des mathematischen Punktes, kommen nunmehr zum Vorschein. Die Majestät und Souveränität des Einen hat sich in die Majestät und Souveränität Aller umgekehrt. Während dort das abstrakt Allgemeine in der Form des Einen über das Besondere herrscht und die Individuen unterdrückt, herrscht hier das abstrakt Individuelle in der Form der Vielen über das Allgemeine und unterdrückt die Einheit. An die Stelle der Hierarchie und der Stände, an die Stelle der gefesselten Individuen tritt die Repräsentation und die Konkurrenz der Einzelnen. Durch diese Revolution entsteht eine wesentlich neue Geschichte. Das Individuum fängt wieder mit sich, die Geschichte mit Anno 1 an, macht in raschen Zügen, auf den Schwingen des Geistes, den Weg von der Anarchie der abstrakten Freiheit aus durch die Knechtschaft, zum letzten Male, und gelangt endlich zur wirklichen Freiheit, indem es nicht nur das Gesetz der Negation, sondern den Mittelpunkt begreift, von welchem aus sich diese Macht der Negation auf der einen und andern Seite als subjektive und objektive Geistesthat manifestirte.

Die Revolution hat den Dualismus bestehen lassen; die geistige, wie die soziale, die deutsche, wie die französische Revolution hat wirklich Alles beim Alten gelassen, so scheint's wenigstens, und es ist kein bloßer Schein, das fühlt Jeder. Es ist Alles wieder restaurirt worden, das ist geschichtlich, und die Geschichte hat immer Recht. Was hat auch die Revolution gethan? — Ihre Freiheit und Gleichheit, ihre abstrakten Menschenrechte waren nur eine andere Form der Knechtschaft. Die andere Seite des Gegensatzes, das abstrakt Individuelle, kam zur Herrschaft, ohne daß der Gegensatz von Herrschaft und Knechtschaft aufgehoben, überwunden wurde. Die unpersönliche Herrschaft der Gerechtigkeit, die Selbstbeherrschung des sich selbst gleichen Geistes, hat die Herrschaft der Eineu über die Andern nicht verdrängt. „Die Tyrannen haben gewechselt, die Tyrannei ist geblieben." Das Volk, sagt Proudhon, war nur der Affe der Könige. Diese motivirten ihre Gesetze durch die Formel: Car tel est notre plaisir. — Das Volk wollte auch einmal das Plaisir haben, Gesetze zu machen. Seit fünfzig Jahren hat es deren tausende gemacht, und es scheint noch immer Plaisir daran zu haben. — Wir fügen hinzu: das Volk war nur der Affe der Priester. Robespierre, der die Existenz eines „höchsten Wesens" dekretirte, gefiel sich in der Rolle eines Pontifex Maximus. — Unsere Burschenschäftler sind gute Christen und möchten aus ihrer Mitte einen frommen Kaiser salben, der zugleich Papst. — Der St. Simonismus war eine Nachäffung der Hierarchie. Die „Bramanen der Logik" wollten aus ihrem

Meister einen zweiten Christus machen, feierten in ihm die „Wiederkunft des Herrn“ oder den Paraklet. — Die frommen Demagogen treiben fortwährend in Deutschland und Frankreich ihr Unwesen, und ihrer Einer hat den Thron bestiegen. — Daneben werden alle möglichen Freiheiten beansprucht: die Handels-, Gewerbe-, Lehr- und Gewissensfreiheit. Wozu? Zu Gunsten der Privatinteressen und Privatmeinungen, welche durch „freie Konkurrenz“ der Wahrheit und Gerechtigkeit die Herrschaft abzuringen gedenken! — Was ist diese Demokratie anders, als die Herrschaft der individuellen Willkür unter dem Namen der „subjektiven“ oder „persönlichen“ Freiheit? Worin unterscheidet sie sich von der Herrschaft des Einen? —

Allerdings, die Revolution unterscheidet sich vom ancien régime. Es ist ein Wendepunkt in der Geschichte eingetreten, und zwar ein eben so wichtiger, als zu jener Zeit, da das Selbstbewußtsein das erste Lebenszeichen von sich gab und sich als das Allgemeine im Unterschiede von der Besonderheit erfaßte, als die Königs- und Priesterherrschaft, die Herrschaft des Moloch, begann. Jetzt nämlich nimmt das Individuum wieder sein Recht in Anspruch — aber zunächst doch eben nur als das Besondere, nicht als das wirkliche Allgemeine. Jetzt aber ist der Widerspruch, in dem sich der Geist mit sich selber befindet, ein unerträglicher von Haus aus; denn es ist nicht mehr das unbewußte, natürliche Individuum, sondern das bewußte, geistige Subjekt, welches sich mit seinem Wesen im Widerspruche befindet. Es *erkennt* seine Unwahrheit als Einzelnes, ohne daß es diese Erkenntniß *bethätigt*; es *weiß*, daß es im Unterschiede von der Allgemeinheit in der Unwahrheit, aber es *will* diesen Unterschied fest halten, weil es sich noch vor dem „Menschenteig“ des ancien régime, den es kaum negirt, aber nicht überwunden hat, *fürchtet*. Das Gespenst des Absolutismus läßt das Individuum jetzt noch nicht sogleich zur Besinnung kommen. Es umarmt die Freiheit in einer Art von Fieberwuth, so daß sie in seiner Umarmung erstickt. Aus purer Angst, in den „*Menschenteig*“ zurückzufallen, macht es sich zum *Stein* und wirft sich mit aller Macht auf seinen Gegensatz, das abstrakte Allgemeine, ohne zu bedenken, daß es eben dadurch seinen Todfeind, der am Sterben liegt, noch erhält. Das abstrakt Allgemeine hat keine Kraft mehr, ist zu altersschwach, um noch die Individuen zu unterdrücken, das Besondere zu absorbiren; aber dieses wirft sich ihm freiwillig in den Rachen — und Moloch verschlingt's noch, wie ein Kranker, dem man, um ihn noch einige Zeit zu erhalten, die Nahrung einzutrichtern sucht.

Im natürlichen Leben sind die Gegensätze die Formen, in welchen die Lebensidee erscheint, so daß es hier ohne Gegensätze kein Leben gibt. Aber das natürliche Leben ist nicht die Verwirklichung der Freiheit, und so lange der Geist noch mit der Natürlichkeit behaftet ist, kann von Freiheit auch bei ihm keine Rede sein. — Aber der Geist und seine Welt, das soziale Leben, der Mensch und die Menschheit kommen endlich zu ihrem sichselbstgleichen Dasein, wo alle die Formen, in welchen sich seine Thätigkeit bis dahin fixirte, zur Gewohnheit und „andern Natur" wurde, gesprengt werden und nichts als die Thätigkeit übrig bleibt — wo sich alle Naturbestimmtheit in freie Selbstbestimmung umgestaltet. Die deutsche Philosophie hat dieses Ziel des Geistes in Einer Beziehung, in Bezug auf's Denken, längst erkannt, und obgleich die Philister, als sie ihren ganzen Vorrath an verkörperten Ideen, an welchen sie etwas Greifbares hatten, was sie als ihr „Eigenthum" betrachten konnten, in Rauch aufgehen sahen, Zeter über die Mordbrenner schrien, die ihnen Alles „negirten", so hat man sich doch wenig daran gestört. Was bei uns in Bezug auf's Denken, das geschah in Frankreich in Bezug auf's soziale Leben. — Die französischen Sozialphilosophen, früher schon Babeuf, ein Zeitgenosse Fichte's, in neuester Zeit Proudhon, legten das Feuer des modernen Geistes an das Gebäude der alten Gesellschaft — wie die deutschen Philosophen es an das Gebäude des alten Glaubens legten. — Aber beide, die französischen wie die deutschen Mordbrenner, wissen es kaum, wohin sie gelangen. Das Ziel des Sozialismus ist kein anderes, als jenes des Idealismus; es ist dieses: nichts von alle dem alten Plunder übrig zu lassen, als die Thätigkeit. Keine von den Formen, in welchen sich diese letztere bisher fixirte, kann bestehen vor dem freien Geiste, der sich eben nur als thätiger erfaßt, nicht bei irgend einem gewonnenen Resultate stehen bleibt, dieses fixirt, verkörpert, materialisirt und als sein „Eigenthum" aufspeichert — der vielmehr, als die Macht über alles Endliche, Bestimmte, stets darüber hinausgeht, um sich stets von Neuem als Thätiger — freilich jedesmal in bestimmter Weise — zu erfassen. Darin eben unterscheidet sich die freie That von der unfreien Arbeit, daß hier, in der Knechtschaft, die Schöpfung den Schöpfer selbst fesselt, während dort, in der Freiheit, jede Beschränkung, in welche der Geist sich entäußert, nicht zur Naturbestimmtheit, sondern überwunden und so Selbstbestimmung wird.

Es ist jetzt die Aufgabe der Philosophie des Geistes, Philosophie der That zu werden. Nicht nur das Denken, sondern die ganze menschliche Thätigkeit muß auf jenen Standpunkt erhoben werden, wo alle Gegensätze schwinden. Der himmlische Egoismus, ja, das theologische Bewußtsein, wogegen die deutsche Philosophie gegenwärtig so sehr eifert, hat diese doch bis jetzt verhindert, zur That fortzuschreiten. — Fichte ist in dieser Beziehung schon viel weiter gegangen, als die neueste Philosophie. — Die Junghegelianer, wie paradox es auch klingen mag, stecken noch immer im theologischen Bewußtsein; denn obgleich sie den Hegelschen „absoluten Geist“, die Nachbildung des christlichen Gottes, obgleich sie auch die Hegelsche Restaurations- und Justemilieu-Politik aufgegeben haben, obgleich sie endlich den religiösen Dualismus negiren, so stellen sie doch dem Individuum noch immer das Allgemeine, als „Staat“, entgegen, kommen höchstens zur Anarchie des Liberalismus, nämlich zur Schrankenlosigkeit, aus welcher sie aber wieder in den theologischen „Staat“ zurückfallen, weil sie nicht zur Selbstbestimmung oder Selbstbeschränkung fortschreiten, sondern im Fürsichsein der Reflexion verharren. Das soziale Leben hat bei ihnen den Standpunkt der Reflexion, die Stufe des Fürsichseins, noch nicht überwunden. Auf dieser Stufe erscheint das Objekt der Thätigkeit noch als ein wirklich Anderes, und das Subjekt, um zum Genusse seiner selbst, seines Lebens, seiner Thätigkeit zu gelangen, muß das von ihm getrennte Objekt als sein Eigenthum fest halten, weil es außerdem mit dem Verluste seiner selbst bedroht ist. — Erst in dem materiellen Eigenthum kommt es dem Subjekte, das auf der Stufe der Reflexion steht, zum Bewußtsein, daß es für sich thätig ist — nein, thätig war. Seine That erfaßt es nie als präsente; es lebt nie in der Gegenwart, sondern nur in der Vergangenheit. Seines wirklichen Eigenthums, seiner gegenwärtigen That geht es stets verlustig, weil es sich noch nicht in seiner Wahrheit zu erfassen vermag; nur den Schein, den Widerschein seines Eigenthums, seiner Thätigkeit, seines Lebens hält es fest, als ob eben dieser Widerschein sein wahres Leben, sein wirkliches Eigenthum, seine eigene That wäre! – Das ist der Fluch, der in der ganzen bisherigen Geschichte auf dem Menschen lastete, daß er nämlich die Thätigkeit nicht als Selbstzweck, und den Genuß stets von ihr getrennt erfaßte, weil eben die ganze bisherige Geschichte nichts Anderes als die Entwickelung des Geistes darstellt, der, um wirklich zu werden, in Gegensatz zu sich treten mußte. So wie dieser Fluch mit der Religion und Politik in's Leben trat, so wird er auch wieder verschwinden, nachdem die Herrschaft der Religion und Politik zu Ende, die Stufe der Reflexion überwunden ist und das Reich der Spekulation, die philosophische Ethik, beginnt und das ganze Leben umfaßt. — Das erste Wort, wodurch sich der Gott der Reflexion dem Menschen offenbarte, war jener Fluch, den die Bibel uns in dem bekannten Spruche: „Im Schweiße deines Angesichtes sollst du dein Brod verzehren“, getreulich überlieferte. Das erste Wort dagegen, wodurch sich der freie Geist dem Menschen offenbarte, ist der bekannte Ausspruch der Ethik des Spinoza; „Gut ist, was die Thätigkeit fördert, die Lebenslust erhöht.“ Die „Arbeit im Schweiße des Angesichts“ hat den Menschen zum Sklaven und elend gemacht; die „Thätigkeit aus Lust“ wird ihn frei und glücklich machen.

Weil man bis jetzt in Deutschland und Frankreich nicht vereint, sondern jede Seite isolirt nach der Freiheit strebte, ist zuletzt auf beiden Seiten eine Reaktion eingetreten, und zwar französischerseits, wo man die Geistesfreiheit noch nicht errungen, von der Religion oder Kirche, in Deutschlaud dagegen, wo man die soziale Freiheit vernachlässigt hat, von der Politik oder dem Staate aus. Dort sehen wir den Klerus und die Legitimisten, hier den Adel und die Pietisten täglich an Macht gewinnen. Dort ist es die aus der Revolution hervorgegangene Staatsmacht, hier die aus der Reformation hervorgegangene Wissenschaft, welche sich bedroht fühlt. Und weil beide revolutionären Mächte in ihrer Einseitigkeit oder Isolirtheit ohne Boden sind, so suchen sie, im Gefühle ihrer Schwäche, den Gegner, den sie, vereint, vernichten könnten, zu besänftigen und machen Konzessionen. Daneben aber entwickelt sich jetzt auf beiden Seiten das Gefühl des Mangels, so daß neben dem, was bisher errungen wurde, in Deutschland also neben der offiziellen Wissenschaft, in Frankreich neben der offiziellen, revolutionären Regierung, eine sogenannte radikale Partei auftaucht, welche nichts von Vermittlung und Nachgiebigkeit wissen will, weil sie ihre Kraft, den Zusammenhang der Geistesfreiheit mit der sozialen, zu ahnen beginnt. — Die radikale Partei in beiden Ländern tritt den aus der geistigen und sozialen Bewegung hervorgegangenen offiziellen Mächten feindlich entgegen. Der Protestantismus und die Juliregierung werden angegriffen. Der französische Arnold Rnge, Pierre Leroux, polemisirt gegen die Justemilieu-Regierung, wie der deutsche gegen den Protestantismus, weil sie die Halbheit dieser Errungenschaft, wie gesagt, zu erkennen anfangen und einsehen, daß dieselbe, unzureichend, den Gegner zu vernichten, sich ihm am Ende auch wohl noch ganz unterwerfen müßte, um ihre Scheinexistenz schmachvoll zu retten. Hierdurch entsteht eine scheinbare Allianz des Radikalismus mit der Reaktion. Die Allianz des Radikalismus mit der Reaktion ist freilich nur eine ironische, wie sie z. B. in der „Posaune" Bruno Bauers deutlich genug diesen ihren Charakter zu erkennen gibt. Daß es in Frankreich mit der Allianz des Radikalismus und der Legitimisten eine ähnliche Bewandtniß hat, wie in Deutschland mit jener zwischen den Radikalen und Pietisten gegen den alten Rationalismus, liegt auf der Hand. Aber hier, wo man sich zu praktischen Zwecken verbindet, tritt die Ironie in den Hintergrund und man zeigt der Welt eine ernste Maske. Dem nicht ganz oberflächlichen Beobachter erscheint diese Allianz darum nur noch um so komischer. Das Volk läßt sich aber hier durch diese ironische Allianz hinter's Licht führen, d. h. zur Religion zurück, die hier als unerhelltes Gebiet beiden Parteien, der radikalen und reaktionären, zum Stützpunkt dient; wie es in Deutschland der „Staat" ist, der von den Philosophen und Pietisten zu entgegengesetzten Zwecken und mit entgegengesetzten Mitteln (nämlich von diesen mittelst der materiellen Staatsmacht, von jenen mittelst des abstrakten Begriffs) ausgebeutet wird, so ist es in Frankreich die „Kirche", die Religion. — Die Sache des Volkes hat dadurch auf beiden Seiten verloren. Wie in Deutschland der „Staat", die Politik, so ist in Frankreich die „Kirche", die Religion, zum Verräther geworden an denen, die mit einem Gegenstande, den sie nicht kannten, spielten. Bis auf diesen Punkt ist die Bewegung in Deutschland und Frankreich, das Streben nach Freiheit von der Philosophie und vom sozialen Leben aus, im gegenwärtigen Augenblicke gediehen. Die Isolirtheit der Bestrebungen für Geistesfreiheit und für demokratische Institutionen hat endlich in Deutschland aus der politischen, in Frankreich aus der religiösen Macht eine gefährliche Waffe gegen den Fortschritt geschmiedet. Diejenigen, die volksfeindliche Zwecke verfolgen, sind die Demagogen geworden. Es ist, wie man sieht, hohe Zeit, daß die isolirten Bestrebungen sich zusammenfassen .....

Die freie Geistesthat ist der Mittelpunkt, von dem alle Bestrebungen der Neuzeit ausgegangen und auf den sie alle wieder hinaus laufen. Es ist daher nöthig, das Gesetz derselben, ihren Organismus, ihre Konsequenzen zu erforschen. Die Basis der freien That ist die Ethik des Spinoza, und die vorliegende Philosophie der That soll eben nur eine weitere Entwickelung derselben sein. Fichte hat den Grundstein zu dieser Fortentwickelung gelegt; aber die deutsche Philosophie konnte als solche eben nicht über den Idealismus hinaus kommen. Um zum Sozialismus zu gelangen, hätte Deutschland auch einen Kant für den alten Organismus der Gesellschaft haben müssen, wie einen für's Denken. Ohne Revolution fängt sich keine neue Geschichte an. Wie sehr auch in Deutschland die französische Revolution Anklang fand, so wurde doch das Wesen derselben, das eben in dem Umsturz der bisherigen Säulen des sozialen Lebens bestand, durchaus verkannt. Für das Denken wird in Deutschland der Werth der Negation erkannt, für's Handeln nicht. Der Werth der Anarchie besteht aber darin, daß das Individuum wieder auf sich selbst angewiesen wird, von sich ausgehen muß. — Der philosophische Kritizismus Imanuel Kant's brachte aber nur für's Denken diese Anarchie hervor, und sein nächster Nachfolger, Fichte, legte den Grundstein der neuen Geschichte daher auch nur für's Denken, nicht für das ganze Leben des Geistes, nicht für die freie soziale Thätigkeit. In dieser Beziehung hat man sich begnügt, die „Resultate der französischen Revolution" sich anzueignen. Aber damit ist nichts gethan. In der Geschichte, im Leben des Geistes, handelt es sich nicht um Resultate, sondern um das Hervorbringen derselben. Das „Wirken, nicht das Werk" ist die Hauptsache.

Mit dem „Werk“ hat der Geist nichts weiter zu schaffen, als neuerdings daraus zu wirken, zu spinnen und zu spannen. — Resultate sich aneignen, heißt, alte Flicken auf alte Kleider setzen. Mit solchem Flickwerk hat man sich, was die soziale Thätigkeit betrifft, bei uns begnügt, und glaubte, was Rechtes gethan zu haben. Nur in Frankreich widerfuhr dem Geiste sein Recht in Betreff der freien sozialen Thätigkeit. Aus der Anarchie des Terrorismus ging Babeuf hervor, der französische Fichte, der erste Kommunist, der den Grundstein zur Fortentwickelung der neuen Ethik in Bezug auf die soziale Thätigkeit gelegt, wie Fichte, der erste gründliche Atheist, diesen Grundstein in Bezug auf das Denken gelegt hat. Dagegen wurde in Frankreich, was das Denken betrifft, nichts Rechtes geschaffen, und wie sehr man sich hier wiederum abmüht, die „Resultate der deutschen Philosophie“ sich anzueignen, so ist doch bis jetzt nichts Gescheidtes dabei herausgekommen, aus demselben Grunde, weßhalb in Deutschland dieses Aneignen von Resultaten fehl schlug.

Der Mensch muß mit sich anfangen, mit dem Ich, wenn er schaffen, thätig sein will. — Wie die alte Geschichte, die Naturgeschichte, mit dem ersten Menschen anfing, so muß auch die neue, die Geschichte des Geistes, mit dem ursprünglichen Individuum anfangen. Cartesius hat einen unglücklichen Versuch gemacht — er ist, wie wir gesehen haben, beim zweiten Worte gescheitert. Spinoza hat Alles gethan, aber die Geschichte hat sich nicht sogleich seiner That bemeistert; seine Ethik lag mehrere Jahrhunderte unfruchtbar im Boden, bis endlich das zweischneidige Schwert der geistigen und sozialen Revolution den Schutt wegräumte, der den Keim der Neuzeit erdrückte. Da zeigten sich plötzlich zwei Blättchen, deren Wurzel unbekannt. Atheismus und Kommunismus wurden von Fichte und Babeuf in den beiden Hauptstädten diesseits und jenseits des Rheins, in Berlin und Paris, zum Schrecken der Philister gelehrt, und Jünger strömten herbei, die sich für die Lehre begeisterten. Atheismus und Kommunismus! — Besehen wir uns das neue Pflänzchen.

Das Furchtbare desselben ist seine scheinbare Bodenlosigkeit. Die Anarchie, auf welche sich die beiden Erscheinungen, Atheismus und Kommunismus, zurückführen lassen, die Negation aller Herrschaft, im geistigen wie im sozialen Leben, erscheint zunächst als schlechthinige Vernichtung aller Bestimmung, mithin aller Wirklichkeit. Aber es ist in der That nur das äußerliche Bestimmtwerden, die Herrschaft des Eineu über den Andern, was die Anarchie aufhebt. Die Selbstbestimmung wird hier so wenig negirt, daß vielmehr deren Negation (die durch das Bestimmtwerden von Außen gesetzt) wieder aufgehoben wird. Die durch den Geist geschaffene Anarchie ist nur eine Negation der Beschränktheit, nicht der

Freiheit. Nicht die Schranken, die der Geist sich selber setzt, werden in der Anarchie aufgehoben — denn die Schranken, welche der Geist sich selber setzt, bilden den Inhalt seiner freien Thätigkeit — also dieses Sichsetzen, Sichbestimmen oder Sichbeschränken ist es nicht, was vom freien Geiste negirt werden kann, sondern das Beschränktwerden von Außen. Wenn ich eine Macht außer oder über meinem Ich glaube, so bin ich von Außen beschränkt. Wenn ich dagegen das Objekt denke, selbstbewußt nach dem Gesetze meines Geistes erzeuge, so beschränke ich mich selber, ohne von Außen beschränkt zu werden. Ebenso kann ich im sozialen Leben mich selber bestimmen, in dieser oder jener bestimmten Weise thätig sein, ohne eine äussere Schranke meiner Thätigkeit anzuerkennen — ohne einem Andern das Recht einzuräumen, mich zu beschränken. — Wie nun, wenn aller Kommunismus und Atheismus, alle Anarchie darauf hinausliefe, die äußerlichen Schranken in Selbstbeschränkung, den äußern Gott in den innern, das materielle Eigenthum in geistiges umzuschaffen? — Das fänge schon minder schrecklich, ist aber gerade das, was die Atheisten, Kommunisten und Anarchisten wollen, wollen müssen, da sie nichts Unmögliches wollen können.

Erkennen wir inzwischen an, daß die Anarchisten nicht sogleich das volle Bewußtsein dessen hatten, was sie wollten. Das aus der Revolution hervorgegangene freie Individuum hat nicht seine Schranken, sondern zunächst seine Schrankenlosigkeit, nicht seine Selbstbestimmung, sondern seine Bestimmungslosigkeit, sein **Unbestimmtsein** begriffen. Es erkannte noch nicht, daß die wahre Negation des Bestimmtwerdens von Außen die Selbstbestimmung von Innen heraus sei. Die Folge davon war, daß es nicht zur Ueberwindung der äußern Schranken kommen konnte, daß die Anarchie vielmehr wieder in ihr Gegentheil, in die Herrschaft des Einen über den Andern umschlug. Man mußte wieder die äußere Schranke, das materielle Eigenthum, die absolute Verschiedenheit der Individuen toleriren, weil man nicht verstand, sich selbst zu beschränken, seine Thätigkeit selbst zu bestimmen, das Ich in seinem Anderswerden, die Thätigkeit in ihrem Fürsichsein geistig zu erfassen. Die Terroristen und Babeufisten schrien über Verrath der Revolution, während zwei tiefsinnige Männer, welche erkannten, was dieser Verrath nothwendig erzeugen mußte, St. Simon und Fourier, sich bemühten, dem Uebel abzuhelfen, indem sie die Schrankenlosigkeit der sozialen Thätigkeit, welche den Gegensatz der Individualitäten schärfer hervortreten ließ, als je zuvor, zu bestimmen, zu beschränken, wieder neu zu „organisiren" strebten. — In ähnlicher Weise entsetzten sich die Kantianer und Idealisten, während Schelling und Hegel schon darauf sannen, wie die negirte objektive Welt wieder herzustellen sei. — Aber in diesem Restaurationseifer verkannte man andererseits wiederum das Wesen der Revolution. St. Simon nahm die persönliche Autorität, Fourier das materielle Eigenthum, Schelling das Gefühl und Hegel das Sein zu Hülfe, um die objektive Welt wieder herzustellen — alles äußerliche, vom modernen Geiste längst negirte Bestimmungen. — Endlich begann, in Deutschland, wie in Frankreich, im Mikrokosmus der Nationen, wie im Mikrokosmus der Individuen, die bekannte neue Bewegung, die Rückkehr zum Ausgange der Revolution; der Restaurationskönig wurde vertrieben, Hegel, der Restaurationsphilosoph, starb an der Cholera morbus, die Philosophen und Sozialisten der alten Schule flackerten noch einmal auf und flackern theilweise noch immer fort, ohne ursprüngliches Licht schaffen zu können; man kommt endlich auf die ersten Helden der Revolution, in Frankreich auf Babeuf, in Deutschland auf Fichte zurück, um mit dem Anfange anzufangen und ohne Sprung fortzuschreiten. Proudhon geht von der Anarchie, die deutsche Philosophie vom Selbstbewußtsein aus. In Deutschland wird wieder der Atheismus, in Frankreich der Kommunismus gelehrt; aber man bleibt nicht mehr bei der Bestimmungslosigkeit stehen; das dialektische Moment hat Proudhon, wie Feuerbach, aufgenommen, ohne es zur Wiederherstellung der alten, äußerlichen, negirten Objektivität zu gebrauchen. Auf dieser Bahn muß fortgefahren werden, so wird endlich die Freiheit errungen.

Die Freiheit ist die Ueberwindung der äußern Schranke durch Selbstbeschränkung, das Selbstbewußtsein des Geistes als Thätiges, die Aufhebung der Naturbestimmtheit in Selbstbestimmung. Die ganze bisherige Geschichte war, was das soziale Leben und das Denken betrifft, eben so die Naturgeschichte des Geistes, wie Alles, was wir objektive, materielle oder Körperwelt nennen, nichts Anderes, als diese seine Naturgeschichte ist. — Der Unterschied der Geschichte der Menschheit von der Naturgeschichte im eigentlichen Sinne ist nur der, daß in der Natur jede Selbstbeschränkung des Geistes fixirt, der Gegensatz, in den der Geist zu sich selbst tritt, ein bleibender, während in der Menschheit jede Selbstbeschränkung des Geistes nur eine Entwickelungsstufe und darüber hinausgegangen wird. Die wahre Geschichte des Geistes beginnt erst da, wo alle Naturbestimmtheit aufhört, der Geist entwickelt, das Selbstbewußtsein reif und die Geistesthat klar erkannt ist. Mit dieser Erkenntniß beginnt das Reich der Freiheit, an dessen Pforten wir stehen und anklopfen. Diese Erkenntniß ist der wahre Himmelsschlüssel, der uns lange genug von dem römischen Bischof vorenthalten wurde. Die deutsche Kirchenreformation hat zuerst den Arm nach ihm ausgestreckt, aber ihr Arm war nicht lang genug. Doch die Reformation wuchs heran zur deutschen Philosophie, und neben ihr entstand die französische Revolution. Mit diesen beiden Armen entreißen die europäischen Völker ihren Vormündern den Schlüssel, das ist gewiß! — Vereinigung der Bestrebungen ist jetzt die Hauptsache. Es gibt nur Eine Freiheit, wie es nur Einen Geist gibt.

Der Mittelpunkt der sozialen und Geistesfreiheit ist die Sittlichkeit, das höchste Gut, die „Erkenntniß Gottes", wie sich Spinoza, oder das Selbstbewußtsein des „absoluten Geistes", wie sich die Hegelianer uneigentlich ausdrücken. Es ist das Bewußtsein des Geistes von seiner Sichselbstgleichheit in seinem Sichanderes werden, die Ueberwindung des Anderessein als Fixes, die Umwandlung der Naturbestimmtheit in Selbstbestimmung. Ohne dieses ist keine Gleichheit, mithin keine Freiheit möglich. An sich ist freilich Alles Eins, Alles also gleich. Aber dieses beweist zu viel, beweist mithin gar nichts. Wenn Alles gleich, so ist auch die Pflanze, das Thier dem Menschen gleich, und Heine, der abstrakte Pantheist, könnte mit vollem Rechte, von dem ironischen Gesichtspunkte des „Atta Troll" ausgehend, die Freiheit und Gleichheit der Menschen (welche Aristokraten gegen die Thiere sind) persiffliren, indem er den Kommunismus vom Bären, den Menschen gegenüber, vertreten läßt. — Nicht nur das Streben nach Freiheit, nicht nur der Kommunismus, sondern jedes ernste Streben der Menschen, jede sittliche That ist lächerlich, wenn Alles Eins ist. — Wer keine andere Freiheit als die Schrankenlosigkeit, keine andere Gleichheit als das Nivellement kennt — Pantheismus und Kommunismus im Sinne des Spiritualismus — wer die Einheit nur als Negation der Verschiedenheit auffaßt und zum Idealismus nur durch den Materialismus gelangt, wie die Christen dazu gelangt sind; wer nicht über die abstrakte Anarchie zu gelangen vermag, wie die Radikalen vom Schlage Heine's — dieser letzte Ritter der modernen Romantik, dieser Verwesungsprozeß des Mittelalters — der muß jeden Augenblick in sein Gegentheil umschlagen und zuletzt die Welt für verrückt erklären, weil er selbst verrückt geworden. — Es ist eine moralische Verrücktheit, dieselbe, in welche die Welt verfiel, als sie, zur Zeit Christi, an sich selbst irre wurde, die irdischen Interessen negirte und die himmlischen proklamirte. Kommunismus und Anarchie tauchten auch damals auf, nämlich Bärenkommunismus, Freiheit als Schrankenlosigkeit, wo die Weltlichkeit oder die Staatsmacht zur Geistlichkeit wurde. Man würde, wie bereits gesagt, die Geschichte des Mittelalters wieder neuerdings beginnen, wenn man bei dem abstrakten Kommunismus und Idealismus stehen bliebe. Aber diesem ist nicht nur in der Religionsgeschichte, sondern auch philosophisch, nicht nur in der Staatengeschichte, sondern auch durch den Sozialismus sein

Recht widerfahren. Die deutsche Philosophie ist bereits über den Idealismus Fichte's, wie der französische Sozialismus über den Kommunismus Babeuf's hinausgegangen. Man hat die Geschichte des Mittelalters schon wieder geistig durchlebt. Wir sagen nicht mehr: es ist Alles Eins; wir sagen nicht mehr: es ist Alles gleich — eben so wenig, wie wir sagen: es ist Alles entgegengesetzt, Alles verschieden — sondern der Geist macht Alles entgegengesetzt und Eins, verschieden und gleich; er schafft sich sein Gegentheil, das Andere, die Welt, das Leben, um jedesmal über diese Bestimmung, Beschränkung seiner selbst hinaus zu gehen, zu sich selbst zurück zu kehren und zu erkennen, daß es *sein* Gegentheil, *seine* That, *sein* Leben ist, um sich selbst, mit andern Worten, als lebender oder thätiger zu begreifen, nicht materiell zu erfassen und festzuhalten, wodurch die freie That objektive Thatsache, die ihn beschränkte, das geistige Fürsichsein materielles Eigenthum würde, das seine Sichselbstgleichheit, seine Sittlichkeit aufhebt, seine Freiheit negirt, den Fluß seines Lebens, seiner Bewegung hemmt und fixirt. — *Das materielle Eigenthum ist das zur fixen Idee gewordene Fürsichsein des Geistes.* Weil er die Arbeit, das Ausarbeiten oder Hinausarbeiten seiner selbst nicht als seine freie That, als sein eignes Leben geistig begreift, sondern als ein materiell Anderes erfaßt, muß er's auch für sich fest halten, um sich nicht in's Endlose zu verlieren, um zu seinem Fürsichsein zu kommen. Eigenthum hört aber auf, dasjenige dem Geiste zu sein, was es sein soll, nämlich sein Fürsichsein, wenn nicht die That im Schaffen, sondern das Resultat, die Schöpfung als das Fürsichsein des Geistes — das Phantom, die *Vorstellung* des Geistes, als sein *Begriff*, kurz, sein Anderssein als sein Fürsichsein erfaßt und mit beiden Händen fest gehalten wird. Es ist eben die *Seinsucht*, die Sucht nämlich, fortzubestehen als bestimmte Individualität, als beschränktes Ich, als endliches Wesen — die zur *Habsucht* führt. Es ist wiederum die Negation aller Bestimmtheit, das abstrakte Ich und der abstrakte Kommunismus, die Folge des leeren „Ding an sich", des Kritizismus und der Revolution, des unbefriedigten *Sollens*, was zum *Sein* und *Haben* geführt. So wurden aus den *Hülfszeitwörtern Hauptwörter*. So wurden aus allen Zeitwörtern Hauptwörter, und so wurde, was zur wandelnden Peripherie gehört, zum bleibenden Mittelpunkt gemacht; ja, so wurde die Welt auf den Kopf gestellt!

Freiheit ist Sittlichkeit, Vollziehung des Gesetzes des Lebens überhaupt, der geistigen Thätigkeit, sowohl im engern Sinne, wo die That Idee, wie im weitern, wo die Idee That genannt wird, mit klarem Bewußtsein desselben, also nicht aus Naturnothwendigkeit oder Naturbestimmtheit, wie bisheran in dem Leben aller Kreatur geschehen ist, sondern aus Selbstbestimmung. — Ohne diese Sittlichkeit ist kein Zustand der Gemeinschaft denkbar, aber ohne Gemeinschaft auch keine Sittlichkeit. Das Räthsel, wie aus dem geschlossenen Kreise der Knechtschaft hinausgegangen werden kann, löst der Geist, er allein, durch dialektischen Fortschritt, durch seine Geschichte. Die Geschichte hat bereits den geschlossenen Kreis der Knechtschaft durchbrochen. Die Revolution ist der Durchbruch aus der Gefangenschaft, Gefangenheit und Befangenheit, in welcher sich der Geist befand, bevor er selbstbewußt. Die Anarchie hat freilich zunächst nur, wie wir sahen, die äußere Schranke durchbrochen, ohne zur Selbstbestimmung oder Selbstbeschränkung, zur Sittlichkeit fortzuschreiten. Aber die Revolution ist noch unvollendet, und sie weiß, daß sie unvollendet. Aber die Anarchie konnte nicht bei dem Anfange stehen bleiben, und sie ist wirklich nicht dabei stehen geblieben. Und indem wir, Kinder der Revolution, über sie hinaus zur Sittlichkeit fortschreiten, so ist eben das Räthsel gelöst. — Die Vorläufer der Revolution haben diese Lösung des Räthsels *geahnt*. Montesquieu schon sagte, die Republik sei nicht möglich ohne Tugend. Die Vorläufer der Revolution hatten, wie aus diesem Ausspruche sowohl, als aus manchen andern von Andern, z. B. von Jean Jacques Rousseau, deutlich genug hervorgeht, eine Ahnung vom Zustande der Gemeinschaft und der Sittlichkeit, deren Reich beginnt. Aber sie *erkannten* diesen Zustand nicht und griffen, in Ermangelung von klaren, bestimmten, inhaltvollen Ideen, zu Worten, die vergangenen Zuständen angehörten, und glaubten damit dasjenige zu bezeichnen, was werden sollte. — Das Wort Tugend war bis jetzt ein unbegriffenes Symbol, eben so das Wort Republik. Res publica und virtus sind inhaltlose Worte, wie der Zustand, den sie bezeichneten, ein inhaltloser war. Ihr Inhalt mußte erst durch die Geschichte herausgebildet werden. Unsere Sittlichkeit ist eine andere als die Tugend der Alten, unsere Freiheit nicht die ihrige — wie sollte der zukünftige soziale Zustand dem alten gleichen? — Die alten Zustände sind längst negirt, das Christenthum ist schon über sie hinaus gegangen, und das Mittelalter über das Christenthum. Montesquieu hat in der Politik einen ähnlichen Fehler begangen, wie Luther, der Vorläufer der deutschen Philosophie, in der Religion. Die Revolution wollte in ihrem noch blinden Triebe den Urstaat rehabilitiren, wie die Reformation das Urchristenthum, während die Geschichte längst über diese Urzustände hinausgegangen. Das kam daher, weil sie das Bewußtsein der Ausartung, der Abirrung hatten, aber nicht wußten, daß der Irrthum der Durchgang sei von der Bewußtlosigkeit zum selbstbewußten Geiste. Jeder Urzustand ist ein unentwickelter Keim, der verwesen muß, um zum lebensvollen Baume, zur kraft- und saftvollen Frucht zu werden. Wer den Urzustand, der will die Geschichte wieder ganz von vorn anfangen. — Das wollen wir schönstens bleiben lassen, und müssen's wohl! Was wir wollen, ist etwas Nagelneues, was noch gar nicht da gewesen. Darúm müssen wir es erst entwickeln. Freiheit und Gleichheit sind schöne Worte. Wir haben uns für sie geschlagen, für sie geopfert, und wir wollen für sie wieder auferstehen und einstehen!

Schweizerische Belletristik. *)

Bilder und Sagen aus der Schweiz, von Jeremias Gotthelf. Erstes Bändchen. Solothurn, Verlag von Jent und Gaßmann, 1842.

Jeremias Gotthelf, den wir kürzlich in diesen Blättern uns kritisch angesehen haben, ist, nach diesem Bändchen zu urtheilen, dahin gekommen, daß wir ihn unter die Belletristen rechnen müssen. Unter Belletristik aber verstehen wir die Literatur des Müssiggangs, des Amüsements, die Brocken, die ein schreibfertiger „Unterhaltungsschriftsteller" dem Lesehunger, der Langeweile hinwirft. Zwar weist Gotthelf die Absicht „zu erzählen, nur um zu erzählen", die man ihm etwa unterlegen möchte, zurück, er „wolle, sagt er in der Vorrede, als guten Samen freundliche Worte streuen in die Herzen seiner lieben Landsleute, Worte, welche das Gemüth erheitern, den Glauben stärken: daß noch etwas Gutes an uns ist", u. s. w. Phraseologie! weiter Nichts. Daß noch viel, recht viel Gutes an G.'s Landsleuten ist, glauben wir ohne, ja trotz seiner Versicherung; wir sagen trotz: denn dieses Büchlein, das diesen Glauben stärken soll, ist eben kein glänzender Beweis davon. Die „schwarze Spinne" ist ein Mährchen, das einfach, ohne lange Vor- und Nachreden, in Grimm'scher Weise erzählt, sich ganz gut ausgenommen hätte. Aber Nutzen mit einem blauen Mährchen stiften wollen — wem ist das je eingefallen? Oder erheitern soll dieser höllische Gespensterspuk? oder bessern? Lieber Gott, das Volk wird nach der symbolischen Bedeutung des grünen Mannes mit der rothen Hahnenfeder, nach der der ekelhaften Spinne, dem Produkt eines Kusses von Mephisto auf die Wange einer freigeistigen Lindauerin (es muß natürlich eine Fremde sein: einer Eidgenössin kann so Etwas nicht arriviren) fragen, es wird den ganzen Kram nehmen, wie er da steht, und Gotthelf hat nicht nur Niemand

*) Dieser Artikel war für den alten deutschen Boten bestimmt und knüpft an eine dort abgedruckte Rezension an.

erheitert, gebessert, trotz seiner Einleitung von 25 Oktavseiten, trotz alles Gräßlichen, was er aus dem Hexenkessel einer mittelalterlichen Währwolfenphantasie aufgetischt, trotz aller ermüdenden Wiederholungen, die er sich erlaubt hat, — er hat etwas Unnützes, wo nicht geradezu dem Volke Schädliches geschrieben. Denn für Leute, die das Glatte lieben, erklärt er ja ausdrücklich, schreibe er nicht. Der Freiherr von Brandis ist, wie schon einmal in diesen Blättern, Nro. 63, von mir anerkannt worden ist, ein herrlicher Romanzenstoff. Uebrigens hätte nach der dort gegebenen Erklärung Gotthelf nicht nöthig gehabt, noch gehässige Reklamationen gegen den Referenten zu machen, der vor einigen Jahren im Morgenblatt diese Sage gereimt wiedergegeben hat. Die Sache ist zu unbedeutend, und der Ton, in dem diese Reklamation gemacht ist, zu wenig anständig und eines Mannes von so viel Talent und Ruf würdig, als daß darüber viel Worte zu verlieren wären. Eine poetische Bearbeitung eines von einem Andern gegebenen prosaischen Stoffs ist etwas so Unverfängliches, daß nur eine sehr gereizte Eitelkeit es als ein „Versen" (ein für uns neues Verb), als eine Reimerei bezeichnen kann. Nach Gotthelfs Ansicht hätte z. B. Shakespeare immer in Anmerkungen erklären müssen, daß er den Hamlet aus dem und jenem dänischen, den Romeo aus diesem italienischen, den Cäsar 2c. aus diesem griechischen und römischen Autor entlehnt habe. Jede deutsche Romanze müßte nachweisen, welcher todte oder lebende Autor den Stoff dazu geliefert. Kurz, diese Anmerkung hätte füglich wegbleiben können, ohne daß Gotthelfs Autorruf darunter gelitten, oder der des Angegriffenen unverdienter Weise gewonnen hätte. Jedenfalls aber wäre dann unser Autor nicht in den Verdacht gerathen, daß er nicht wisse, was in der literarischen Republik Brauch und guter Ton ist. — So viel in eigner Sache. — Wiederholt und angelegentlich empfehlen wir unsern Lesern die Lektüre „des Ritters von Brandis" von Gotthelf: und sollte je Einem derselben die poetische Bearbeitung davon aufstoßen, so soll es mir lieb sein, das Urtheil der Einsichtigen über das Verhältniß beider Darstellungen zu einander zu vernehmen, ein Urtheil, das, wie man mir schmeicheln will, von dem des H. Gotthelf bedeutend abweichen würde. — Indessen sei die Sache abgethan. Gotthelfs Verdienst zu schmälern oder gar mir zuzueignen, ist mir nie eingefallen, und die Rezension seines Uli mag dafür zeugen, wenn es irgend noch eines Zeugnisses bedarf. — Aber nicht unterdrücken können wir die Bemerkung, daß wir unser Urtheil, Gotthelf sei auf belletristischem Wege, durch jene Note nur bestätigt sahen. Wer mit Belletristen umgegangen, oder wem in seiner Entwickelung der Durchgang durch das belletristische Element nicht erspart worden ist, der kennt diese kleinlichen Neckereien, diese Gereiztheit, diese Eitelkeit, dieses ängstliche Bemühen um den Ruhm der Originalität, wie es bei dieser Klasse von Autoren sich findet. Wer sich bewußt ist, nur aus der Fülle seines Herzens heraus und für das Wohl des Ganzen, des Volks, zu schreiben, der fragt nicht mehr darnach, ob sein Name mit mehr oder weniger Eklat in der Lesewelt genannt wird. Was ist auch all dieser Puff, den so ein Belletrist macht oder von sich machen läßt? Eine Rakete, die kaum aufgestiegen wieder sich umbiegt und in blasse Leuchtkügelchen zerfliegt.

Wir achten das Talent Gotthelfs viel zu sehr, als daß wir ihm ein ähnliches Prognostikon stellen möchten. Aber wir warnen ihn als einen Mitstrebenden vor den vielfachen Versuchungen, an denen es wohlredneрische Freunde, spekulationssüchtige Buchhändler und andere gefährliche Nachbarn bei einem aufstrebenden Talente nie fehlen lassen. Diese belletristischen Illustrationen werden alle sammt und sonders in Kurzem als das erkannt werden, was sie sind, und die brillanten Namen, die sich die Miene geben, nur ihr Volk verherrlichen zu wollen, werden auslöschen gleich einem Lichte, das von dem Hauch einer größern Zeit ausgeblasen, nur stinkenden Rauch zurückläßt. — Bei der geringen Anzahl von Schriftstellern aber, die die Schweiz zählt, wäre es doppelt zu bedauren, wenn Einer ihrer Begabtesten auf den gleichen schlimmen Wegen wie gewisse Schriftsteller von Profession ertappt würde, fremde Schriftsteller noch dazu, die sich doch sonst, in Bausch und Bogen genommen, eines so humanen Abscheu's von ihm zu erfreuen haben. — Ueber den Fortgang des Unternehmens wird seiner Zeit wieder berichtet werden. Wir scheiden von unserm Jeremias ohne Groll, auf freundlicheres Wiedersehen!

L. S.

Inhalt.

CPSIA information can be obtained
at www.ICGtesting.com
Printed in the USA
BVHW03s2003240418
514314BV00013B/114/P